PRESSE-PEOPLE

CARL HIAASEN

PRESSE-PEOPLE

roman

TRADUIT DE L'ANGLAIS (ÉTATS-UNIS)
PAR YVES SARDA

ÉDITIONS DES 2 TERRES

Titre original :
STAR ISLAND

Éditeur original :
Alfred A. Knopf, Random House Inc., New York

ISBN original : 978-0-307-27258-4

ISBN : 978-2-84893-120-3

www.les-deux-terres.com

Pour Sonny Mehta,
grand éditeur et ami

1

Le 15 mars, deux heures avant le lever du soleil, un auxiliaire médical du nom de Jimmy Campo découvrit un inconnu en sueur blotti à l'arrière de son ambulance. Elle était garée derrière le Stefano Hotel, où Jimmy Campo et son collègue avaient été appelés pour soigner une jeune femme blanche de vingt-deux ans qui avait avalé un cocktail contre-indiqué à base de vodka, Red Bull, hydrocodone, graines pour oiseaux et laxatif – à tous égards, un appel de routine pour le 911 à South Beach, jusqu'à présent.

L'inconnu avait deux appareils photo numériques 35 mm pendus à son cou grassouillet et une volumineuse sacoche de matériel était en équilibre sur son ample giron. Il portait une casquette des Dodgers et une oreillette Bluetooth. Ses joues charnues et rubicondes luisaient de transpiration, son corps empestait comme le sac à linge sale d'un taulard.

– Sors de mon ambulance, lui dit Jimmy Campo.

– Elle est morte ? demanda l'homme tout excité.

– J'appelle les flics si tu ne te bouges pas de là, mec.

– Qui est là-haut avec elle : Colin ? Shia ?

Si l'inconnu pesait trente bons kilos de plus que Jimmy Campo, il n'avait pas un gramme de muscle. Jimmy Campo, ancien thriathlète, traîna l'intrus hors du véhicule avant de le déposer sur la chaussée gluante, sous un lampadaire.

– Cool, bon Dieu, lui dit l'homme en vérifiant que son matériel photo n'avait pas souffert.

Quelque part dans l'ombre, des chats errants s'emmêlaient les pattes, en poussant des miaulements.

Dans l'ambulance, Jimmy Campo trouva ce qu'il était venu chercher : un emballage stérile sous vide contenant un kit à perfusion pour remplacer celle que la jeune victime d'overdose avait arrachée de son bras droit en se débattant sur le sol.

L'inconnu se remit sur pied avec difficulté et dit :

– Je te filerai mille dollars.

– Pour quoi faire ?

– Quand vous la descendrez, laissez-moi la prendre en photo.

Le bonhomme plongea la main dans les plis de son pantalon défraîchi et en sortit un gros paquet de biffetons.

– Vous avez vot' boulot à faire, et moi, le mien. Tenez, voilà mille.

Jimmy Campo regarda les billets dans la main de l'inconnu. Puis il leva les yeux vers le deuxième étage de l'hôtel, où son collègue, presque à coup sûr, était en train d'éviter de marcher dans le vomi.

– Elle est célèbre ou quoi ? demanda Jimmy Campo.

Le photographe pouffa.

– Ah mec, t'es même pas au courant ?

Jimmy Campo songea à l'écran plasma 132 centimètres haute définition qu'il avait vu en vente à prix cassé chez Brands Mart. Il songea à sa petite amie lâchée dans la nature, avec sa MasterCard perso, ayant explosé son plafond dans le centre commercial de Dadeland. Il songea à toutes ces lettres désagréables de sa coopérative de crédit.

– Qui que ce soit, elle n'est pas morte, dit-il au photographe. Pas ce soir.

– Cool.

L'homme continuait à tendre la liasse de billets de cent dollars à la lumière du lampadaire, comme s'il appâtait un clebs avec de la viande hachée crue.

– Tout ce que t'auras à faire avant de la charger dans le fourgon, dit-il, ça sera de rabattre la couverture et de t'écarter vite fait pour que je puisse la shooter. J'aurai besoin de cinq secondes, pas plus.

– Ça ne sera pas joli-joli. Cette jeune femme est malade.

Jimmy Campo prit le fric froissé et le rangea dans son portefeuille en le lissant.

– Elle est réveillée au moins ? demanda le photographe.

– Ça va, ça vient.

– Mais on peut voir ses yeux sur une photo, hein ? Elle a des yeux vert océan sublimissimes.

– Je n'ai pas remarqué, dit Jimmy Campo.

– Tu ne sais vraiment pas qui c'est ? Sérieux ?

– Pour qui tu travailles, au fait ?

– Je suis en partenariat limité, fit le type. Moi et moi-même en personne.

– Et où je pourrai voir cette superphoto que tu vas prendre ?

– Partout. Tu la verras partout, dit l'inconnu.

Dix-huit minutes plus tard, Jimmy Campo et son collègue sortirent du Stefano Hotel en pilotant une civière pliable sur laquelle gisait une forme mince et inerte.

L'absence d'escorte surprit le photographe ; pas le moindre garde du corps, petit ami ou parasite. Un agent de police de Miami Beach suivait en solo la civière. Quand le paparazzi se mit à mitrailler, le flic réagit à peine, ne faisant aucun effort pour protéger la fille très éprouvée des éclairs du flash. Ça aurait dû lui mettre la puce à l'oreille.

Se faufilant plus près, le photographe intercepta la civière qui roulait, en oscillant et couinant, vers l'arrière ouvert de l'ambulance. Fidèle à sa parole, Jimmy Campo tira le drap vers le bas et fit un pas de côté, lui laissant un créneau.

– Cherry ! cria le photographe à la fille au visage défait. Cherry, mon cœur, tu veux pas faire un grand sourire à tes fans ?

Les yeux dénués de curiosité de la jeune femme étaient ouverts. Ils n'étaient pas plus vert océan que vert menthe ou vert pomme, ni d'aucune autre nuance de vert. Ils étaient bêtement marron.

– Nom de Dieu, maugréa le photographe, en abaissant son Nikon.

La jeune femme sur la civière sourit derrière le masque à oxygène et lui envoya un baiser.

Agrippant le bras de Jimmy Campo, le paparazzi lui cria :

– Rends-moi mon blé !

– J'vois pas de quoi vous parlez, m'sieur, répondit l'auxiliaire médical, en envoyant bouler d'un coup de coude le répugnant personnage dans l'ombre.

Dans l'habitacle d'un 4×4 Suburban Chevrolet avec chauffeur, qui traçait *via* le MacArthur Causeway en direction du Jackson Memorial Hospital, une pop-star connue sous le pseudonyme de Cherry Pye était penchée sur un seau à glace plaqué argent, agitée de haut-le-cœur bruyants. Son véritable nom était Cheryl Bunterman, l'un des nombreux secrets férocement gardés de son existence. Depuis ses quatorze ans, âge auquel elle avait fait sa première apparition dans une tenue de cow-girl en daim plutôt douteuse, sur la chaîne Nickelodeon, Cherry Bunterman avait été présentée à tous et partout comme Cherry Pye.

Celle qui avait inventé ce nom éhontément « pornichon » était assise, juste à côté de ladite Cherry, sur la troisième banquette en cuir du grand Suburban, et caressait les cheveux blonds tout collés de sa fille.

– Ça va mieux maintenant ? s'enquit Janet Bunterman d'une voix apaisante.

– Non, môman, j'ai la tête dans le cul.

Cherry pleurnicha, puis dégueula avant de s'assoupir à nouveau. Mi-assise, mi-affalée, elle portait un peignoir en éponge blanc, cadeau du Stefano Hotel, et rien en dessous. Même à demi inconsciente, elle gardait ses petites mains aux ongles rouges rivées au bord du seau à glace.

Janet Bunterman avait depuis longtemps choisi de fermer les yeux sur le goût prononcé de sa progéniture pour la drogue et l'alcool et, en cette occasion particulière, décréta qu'une assiette de fruits de mer avariés, mangée tardivement sur le pouce, était responsable du coup de pompe actuel de Cherry. Les autres passagers étaient un médecin recruté sur place, deux attachées de presse au visage de marbre, un coiffeur et un garde du corps trapu du nom de Lev, qui prétendait avoir servi dans le Mossad.

– Qui a commandé ces infâmes coquilles Saint-Jacques au room-service, au fait ? demanda Janet Bunterman.

– C'est Cherry, fit Lev.

– Absurde, le coupa sèchement la mère de la superstar.

– Et aussi les deux bouteilles de Grey Goose.

– Lev, combien de fois je t'ai recommandé de ne pas appeler le 911 ? Comme si elle n'était rien qu'une... *nobody*.

– J'ai cru qu'elle était en train de mourir, répondit le garde du corps.

– Oh, pitié. On en a connu à la pelle de ces alertes gastriques.

Si le médecin observait d'un œil neutre sa nouvelle patiente, les attachées de presse, de vraies jumelles, échangeaient des regards moroses. Le coiffeur, lui, bâillait comme une guenon.

– Cette fois, c'était pire, fit le garde du corps.

– Ça suffit, le coupa Janet Bunterman. Inutile de la chambouler davantage.

– Demandez au toubib. C'était grave.

– Ça suffit, j'ai dit. Des tas de filles ont des problèmes d'estomac. Pas vrai, Dr Blake ?

– Attendons le résultat des tests à l'hôpital.

Le médecin faisait preuve de diplomatie, car il savait très bien ce qui apparaîtrait dans le sang et l'urine de Cherry Pye. En arrivant dans la chambre 309 du Stefano, il avait trouvé la starlette nue, mouchetée de cosses de graines de tournesol et agitée de soubresauts comme un cafard empoisonné, sur la moquette. Le garde du corps avait pris le médecin à part et lui avait fourni une liste de toutes les substances connues de lui que la patiente avait consommées pendant la nuit, et leur quantité approximative. Le médecin avait un désir pressant de se libérer de cette fine équipe avant que les trois cents milligrammes de Dulcolax ne fassent leur effet laxatif.

– Ma foi, notre Annie nous a sauvé le coup, c'est sûr, dit Janet Bunterman d'un ton positif.

– C'est son boulot, fit froidement remarquer l'une des attachées de presse.

– C'était sa soirée de libre, dit l'autre. On a eu du bol.

– Ann est une pro, acquiesça Lev.

– Parfois, ajouta Janet Bunterman, après un temps plein de causticité, je me dis que c'est bien la seule sur laquelle on puisse compter dans ce conglomérat.

– Qu'entendez-vous par là ? demanda Lev.

La conversation fut mise entre parenthèses par le réveil de Cherry Pye, qui dégobilla de plus belle avec des haut-le-cœur de stentor.

Après ça, elle s'essuya la bouche avec l'une de ses manches et se mit à geindre.

– Quelqu'un pourrait me tenir cette saloperie de seau, par pitié ?

– Bien sûr, ma chérie, dit sa mère. Lev va te tenir le seau.

– Non, Lev ne le tiendra pas, fit Lev.

La mère de Cherry Pye leva le bras et cogna avec colère sur l'un des plafonniers, qui illumina crûment la scène, déjà à peine supportable dans le noir.

– Lev, lui dit-elle, tourne-toi et stabilise le seau pour Cherry. C'est le moins que tu puisses faire.

– Non.

– Personne, alors ? gargouilla Cherry. Merde, je vous paie à quoi faire, bande de connards ?

Nul, y compris la mère de l'intéressée, ne bougea le petit doigt. Seul le coiffeur parla.

– Allez, vous autres, en piste, dit-il. Fifille a bobo.

Janet Bunterman scotcha un regard noir bien rôdé sur le garde du corps.

– Lev, je te jure que si tu ne tiens pas ce seau à vomir pour mon enfant malade, ton gagne-pain par ailleurs, t'es viré.

– Compris.

– C'est tout ? Tu n'as rien d'autre à dire ?

– Non, madame Bunterman, ce n'est pas tout. Votre fille est une catastrophe ambulante, bordel. En plus, elle chante comme une grenouille asthmathique.

Le garde du corps tapa sur l'épaule du chauffeur.

– Gare-toi, François, fit-il. Que je quitte cette fourgonnée de givrés.

Toujours chargé de ses appareils, Bang Abbott retourna dans le hall du Stefano, où il se repositionna en embuscade derrière un schefflera en pot. Les gros bras de la sécurité ne lui prêtèrent nulle attention, ce qui voulait sans doute dire que Cherry Pye avait déjà quitté l'hôtel.

Si elle y avait jamais été.

Bang Abbott renonça et roula dans sa voiture de location jusqu'au prochain McDonald's. En guise de petit déjeuner, il se commanda trois burritos McSkillet, une viennoiserie et du café noir. Il fut rejoint dans un coin du fast-food par un certain Fremont Spores, individu crispé au teint grisâtre, qui venait se faire payer.

– Payer quoi ? le railla Bang Abbott. Ton tuyau était crevé.

Spores, dont le banc de scanners radio numériques tournait vingt-quatre sur sept dans la cuisine de son appartement de Collins Avenue, passait pour le meilleur dans sa partie.

– Tu m'as demandé de te faire savoir tout ce qu'il y aurait côté plage concernant une certaine jeune femme blanche. Tu m'as dit de t'appeler illico s'il y avait quelque chose sur le plan boîtes et sur le plan hôtels.

Spores montra sa dentition tachée.

– Chipote pas avec moi, enfoiré.

Bang Abbott haussa les épaules.

– Ton tuyau crevé m'a coûté mille dollars.

– Overdose d'une nana de vingt-deux balais au Stefano... excuse du peu. Et maintenant, tu viens me dire que ce renseignement vaut pas cent dollars merdiques.

– Tu t'es trompé de pouffe, Fremont.

– Bienvenue à Miami. Maintenant, tu me files le blé.

– Sinon ?

Spores se leva lentement, vacillant sur des guibolles d'épouvantail. Fouillant dans la poche de son T-shirt, il en sortit une cigarette trempée, qu'il sécha sous son aisselle.

– J'ai d'autres clients, plus importants que toi, dit-il à Bang Abbott, qui pouffa.

– *Des* clients ? Elle est bien bonne, celle-là.

Spores alluma sa cigarette.

– Primo, un qui s'appelle Restrepo, c'est un homme d'affaires d'Amérique du Sud. Pour lui, j'écoute les fréquences des gardes-côtes. De la patrouille maritime, aussi. Plutôt duraille, le mec.

– On se calme, Fremont.

– Mon pote Restrepo, il m'a dit de l'appeler de jour comme de nuit si jamais j'ai un service à lui demander. Il m'est tellement reconnaissant du bon taf que je fais pour lui, il m'a dit de le mettre au courant si jamais dans ma vie, j'avais des problèmes.

Spores toussa puis regarda Bang Abbott, en plissant des yeux à travers la fumée de cigarette.

– Ça, c'est un problème ou pas ?

Bang Abbott jeta deux billets de cinquante dollars sur la table.

– Merci du dérangement.

– Va chier, fit Fremont Spores, qui rafla le liquide et s'en alla.

Après son petit déjeuner, le photographe revint en voiture au Stefano. Son plan, c'était de se faufiler jusqu'au deuxième étage et d'aller frapper à la porte de la chambre 309, rien que pour être sûr. À mi-chemin de l'ascenseur, l'un des agents de sécurité l'intercepta. Parce qu'il était tôt, et que le hall d'entrée était vide, le type se sentit libre de filer un coup de genou dans le bas-ventre de Bang Abbott.

Alors qu'il regagnait en boitillant sa place de parking, Bang Abbott repéra le groom chétif qui lui avait assuré que Cherry Pye faisait la fête au deuxième ; cette autre désinformation apparente avait coûté au paparazzi cinquante dollars de plus. Le groom, qui venait de quitter son service, était planté à un arrêt de bus et tirait sur la veste élimée de son uniforme tout en jacassant dans son portable. Bang Abbott surgit derrière lui et lui pinça la peau duveteuse de sa nuque jusqu'à lui faire pousser un hennissement.

– Tu m'as niqué, lui dit le photographe.

– Même pas vrai ! s'exclama le groom en se libérant d'une torsion.

– C'était pas elle, *chico*, dit Bang Abbott.

– Dans la 309, hein ?

– C'est ce que t'as dit.

– *Man*, je l'ai vue la meuf, de mes yeux vu.

– Pas la bonne meuf. Maintenant, tu vas me refiler mes cinquante dollars.

Le groom recula, craignant que le massif photographe n'envisage de le tabasser pour récupérer son blé.

– Attends, *man* – c'était elle à 100 %. Je la reconnaîtrais partout, cette fille. J'ai téléchargé toutes ses vidéos, et si tu me crois pas…

Il leva son iPhone pour souligner ses dires, même s'il n'avait pas du tout l'intention de laisser ce gros lard mettre ses sales pattes dessus.

– Écoute-moi bien, petit, reprit le paparazzi. J'ai maté moi-même la nana. Ce n'était pas *du tout* Mlle Cherry Pye. Je l'ai shootée sur cette civière pourrie pendant qu'on la transportait jusqu'à l'ambulance.

Le groom redressa la tête.

– De quoi tu causes, mon frère ? Elle n'est pas partie sur une civière, on l'a évacuée en fauteuil roulant.

– Me raconte pas…

– *Via* la cuisine, *man*. Même que c'est moi qui ai tenu les portes.

Bang Abbott fila un coup de pied dans le trottoir.

– Et y avait pas d'ambulance, ajouta le groom. On l'a embarquée dans un Suburban noir.

– Ben, enculé jusqu'à l'os.

Bang Abbott se gratta le crâne.

– J'me suis demandé où t'étais, mon pote. Comment t'as fait pour la louper ?

– On l'a fait sortir par la cuisine, bordel ?

– La meuf était déchirée grave, dit le groom. J'veux dire, elle gerbait dans un seau à glace.

Un cliché à palper un max, songea le paparazzi, tristounet. De l'or en barre dans le monde entier.

Le bus arriva en vrombissant, faisant crisser ses freins. Le groom eut beau faire vite, Bang Abbott lui bloqua le passage.

– T'as vu d'autres shooteux dehors ?

– D'autres quoi ?

– Photographes. Quelqu'un a shooté notre fifille en pleine « dégobillade » ?

Le groom fit non de la tête.

– Promis juré, j'ai vu personne.

– Pasque si cette photo paraît n'importe où dans le monde, même dans le *Prépuce Hebdo de West Fargo*, je viendrai te courir après pour récupérer mes cinquante billets. Compris ?

Bang Abbott s'écarta, et le groom grimpa en hâte dans le bus. Le photographe regagna sa voiture, goba quatre Advil et mit le cap sur le Standard où, d'après la rumeur, Jamie Foxx était descendu.

Ces jours-ci, une photo de l'acteur valait entre mille et deux mille dollars, tout dépendait de la garde-robe et du degré de sobriété de ses conquêtes, qui le plus souvent étaient de vraies bombes. Cependant, un seul cliché exclusif de Cherry Pye dans les affres dégradantes d'une overdose serait allé chercher dans les cinq chiffres, supposait Bang Abbott. Cinq bons chiffres assurés.

Il espéra du fond de son cœur flétri et calcifié que le groom disait la vérité. Il espéra que personne d'autre n'avait chopé la photo.

Il décida aussi de découvrir comment il s'était fait avoir. Ce n'était pas vraiment une question d'honneur, car Bang Abbott n'entretenait aucune illusion sur l'odieux statut de sa profession. Cependant, il était doté d'une fibre compétitive farouche et détestait être contrecarré ou doublé, que ce fût par un collègue paparazzi ou le people qui était sa cible. Il prenait très mal de tels revers.

La nature morne et souvent solitaire de son travail – traquer des gens qui n'obéissaient à aucun programme – empilait une succession d'heures malsaines au cours desquelles Bang Abbott pouvait se monter fiévreusement le bourrichon. C'est ce qui arriva pendant qu'il arpentait le trottoir devant le Standard Hotel, attendant que Jamie Foxx y rentre en fanfare après une folle nuit en boîte.

Il n'était pas inhabituel que les stars tentent de berner les paparazzis en mettant des perruques ou en changeant de voiture, mais cette fois l'entourage de Cherry Pye avait fait preuve d'une astuce et d'un esprit d'entreprise exceptionnels. Plus Bang Abbott y songeait, plus son agitation grandissait.

J'obtiendrai une photo de cette pouffe foldingue dans toute sa gloire dysfonctionnelle, se jura-t-il amèrement, peu importe ce qu'il m'en coûtera.

2

Ann DeLusia se réveilla à 4 h 09 du matin dans la chambre 409, et ne put se rendormir. Au premier appel, elle faisait trempette dans la baignoire.

Pas une baignoire en marbre de classe internationale non plus, pas dans ce Deco Hotel minable. Quelqu'un s'était imaginé que ça serait cool de conserver les vieux sanitaires des années 1930, un vrai trésor de design. La baignoire était si riquiqui qu'Ann DeLusia ne pouvait s'y allonger sans sortir les pieds de l'eau et les appuyer contre le carrelage mural suintant.

Même si elle portait un casque antibruit, et que Lenny Kravitz balançait à donf, elle entendit quand même sonner le téléphone. Comment faire autrement ? On l'avait fixé au mur, juste à côté de la cuvette des toilettes, en tablant sur le fait que les gens importants aiment à bavarder tout en posant leur pêche. Même dans sa nouvelle vie cinq étoiles, Ann refusait d'adopter cette pratique.

Le temps qu'elle retire son iPod, sorte de la baignoire conçue pour un lilliputien et s'enveloppe d'une serviette, le téléphone avait cessé de sonner. Elle enfila un peignoir éponge qu'elle trouva dans la penderie et s'assit sur le lit, en attente. Deux minutes plus tard, le téléphone sonna de nouveau. Ann décrocha en disant : « Yo ».

– Tu peux venir ici tout de suite ? lui demanda Janet Bunterman.

– C'est ma soirée de libre. Je ne suis pas seule.

Mensonge inoffensif : Ann n'avait pas envie qu'on la croie aux ordres.

– On a besoin de toi, fit Janet Bunterman.

– Je dois m'habiller comment ?

– Prends l'escalier. Fais vite.

– Je n'ai qu'un peignoir sur le dos.

– Ils s'en ficheront complètement à l'hosto.

Et c'est reparti, songea Ann DeLusia.

– Encore une *gastrite*, Janet ?

– Ramène tes fesses ici, Annie. L'ambulance sera là d'une minute à l'autre.

L'ambiance dans la suite de Cherry Pye était à l'urgence, pas à la panique. Lev protégeait la porte, en conversant à voix basse avec un inconnu qui trimballait une sacoche noire. Au bar, Léo, le coiffeur de Cherry, se préparait un Tom Collins. Les attachées de presse se tenaient en tandem près de la baie vitrée, fumant clope sur clope et murmurant avec gravité dans leurs portables assortis. La starlette elle-même avait déjà été transportée dans la chambre principale, où elle était soignée par sa mère et une infirmière hispanophone que la sécurité de l'hôtel avait dépêchée sur place.

À genoux parmi les flacons de médicaments et les cannettes de Red Bull vides, Ann reconnut un jeune acteur à cheveux bouclés pour l'avoir vu aux MTV Awards, même si elle n'arrivait pas à se rappeler son nom. Vêtu d'un débardeur et d'un caleçon enfilé à l'envers, il ramassait des comprimés sur la moquette. Ann se pencha et lui dit :

– Vous feriez mieux de sortir d'ici.

– Un instant, fit l'acteur sans lever la tête.

Il ne s'en irait pas sans ses Vicodine.

– Comment va la jeune fille de la maison ? demanda Ann.

Le jeune homme secoua la tête.

– Elle a becqueté, genre, cinq cents grammes de saletés de graines pour oiseaux. Elle disait qu'elle reviendrait en cacatoès.

– Qu'elle reviendrait d'où ?

– Mais enfin, vous savez… de l'autre côté. Après sa mort, elle veut revenir en cacatoès.

– Ah ça me plaît bien, ça, fit Ann.

– On est allés aujourd'hui à la Jungle aux Perroquets et on a eu droit à un show privé, rien que pour nous deux. Y avait tous ces oiseaux cool qui faisaient des tours de malade, qui roulaient en tricycle, dansaient avec des parapluies, des trucs comme ça. En rentrant, on a dû s'arrêter chez Pet-Smart pour acheter un sac de graines.

– Encore heureux que vous ne l'ayez pas emmenée au rodéo, dit Ann.

– Elle écoute les livres de Shirley MacLaine sur cassettes, alors elle est genre branchée à fond réincarnation.

L'acteur se leva, protégeant au creux de sa main les comprimés qu'il avait récupérés.

– Vous avez pas vu mon jean ? demanda-t-il.

À ce moment-là, ils entendirent la sirène de l'ambulance. Lev poussa le jeune homme hors de la suite et l'avertit de la boucler.

– Où vous voulez que je me pose ? demanda Ann.

– C'est pas moi le metteur en scène, fit Lev, en désignant d'un signe de tête glacial les attachées de presse jumelles.

L'une d'elles, toujours pendue au téléphone, pointa du doigt un coin près du bar. Ann s'étala de façon convaincante sur le sol. Léo s'agenouilla et lui chiffonna les cheveux méticuleusement.

– Défais ton peignoir, lui chuchota-t-il. Vite, tu es censée être malade.

– Malade à mourir ou juste malade après une teuf ?

La seconde jumelle se planta au-dessus d'Ann DeLusia et lui dit :

– Il faut que tu dégueules quand les urgentistes rappliqueront ici.

– D'accord.

C'était l'un des talents d'improvisation qui avait valu à Ann d'obtenir ce boulot. Fermant son téléphone d'un coup sec, l'attachée de presse expliqua :

– On les a appelés pour une overdose.

– Imaginez un peu.

– Donc, on a besoin de vomi pour la plausibilité.

– La *quoi* ?

Ann songeait à ce qu'elle avait mangé au dîner : lasagnes et petite salade César du room-service. Mais c'était huit heures plus tôt.

– Vous risquez d'être obligées de faire avec des spasmes à sec.

L'attachée de presse aurait froncé le sourcil, compte non tenu du fait que son visage était paralysé du front au menton par une souche brésilienne de toxine botulique de contrebande.

Elle a l'air toute luisante de frais ! s'émerveilla Ann, en l'observant d'en bas. *Un vrai carrelage de salle de bains.*

Léo s'empressa de quitter la suite, les lugubres sœurs sur ses talons. L'homme à la sacoche noire fut admis dans la chambre à coucher de Cherry, dont on verrouilla la porte de l'intérieur. Quelques instants plus tard, les urgentistes arrivèrent et Lev, jouant les petits amis anxieux, les fit entrer.

Ann DeLusia se livra à quelques soubresauts impressionnants sur la moquette et se débrouilla même pour recracher un peu de bile. L'unique moment non mis en scène de sa performance fut celui où elle arracha la perf de son bras ; Ann avait une trouille bleue des aiguilles.

Elle surprit Lev en train de raconter aux urgentistes qu'il ne connaissait pas son nom, encore moins ses proches parents, car il l'avait rencontrée pour la première fois ce soir-là seulement, dans le carré VIP du Set, où elle se livrait à une *lap dance* sur un ailier fort remplaçant de la NBA. Ann se dit que ce dernier détail fictif était d'une salacité sans nécessité.

– Vous êtes sûr qu'elle a plus de vingt et un ans ? demanda l'un des auxiliaires médicaux à Lev.

– Le barman m'a dit qu'il lui avait demandé une pièce d'identité.

– Alors, où est son sac ?

– Comment je le saurais ? fit Lev.

Ann DeLusia fut donc sanglée sur la civière en tant que Mlle X non accompagnée. Puis fut vaguement déçue qu'un seul et unique paparazzi – un blaireau craignos qu'elle avait déjà repéré auparavant – rôde derrière l'hôtel pendant qu'on la poussait vers l'ambulance. Où était passé le reste de la meute des vermines ? se demanda-t-elle. Britney S. ou Paris H. devaient être en ville.

Le trajet jusqu'à l'hôpital fut bien plus confortable que d'habitude, même si Ann dut repousser deux nouvelles tentatives de lui piquer la veine d'une perfusion de glucose. Aux urgences, les auxiliaires médicaux informèrent l'infirmière des admissions que les signes vitaux de ladite Mlle X paraissaient parfaitement normaux – pouls, tension, respiration –, ce qui semblait bizarre vu qu'elle était censée avoir fait une overdose. L'infirmière n'étant pas exactement consumée par la curiosité, Ann, en l'espace de quelques minutes, fut laissée sans surveillance dans une petite salle d'examen qui empestait l'eau de Javel et la vieille pisse.

Au-delà de la porte entrouverte, en entendant gémir et se plaindre de vrais patients, elle éprouva un pincement de culpabilité d'occuper un lit indûment. Sautant à terre, elle noua le cordon de son peignoir, réunit ses cheveux en queue-de-cheval (qu'elle fixa avec un gant d'examen élastique recyclé en chouchou) et sortit pieds nus de l'hôpital. Personne ne tenta de l'arrêter. Personne ne lui adressa la parole.

Elle trouva une Town Car blanche, moteur tournant au ralenti, sur une place de parking handicapés, exactement où Lev le lui avait dit. Ann monta à l'arrière et baissa la vitre pour admirer ce qu'il restait du lever de soleil sur la Floride.

– J'ai des beignets, lui proposa le chauffeur.

– Miam.

Il lui tendit le sac à travers la banquette.

– Je suis supposé vous ramener à l'hôtel, à ce qu'on m'a dit.

Ann DeLusia, en cillant, leva les yeux vers le ciel, de plus en plus éclatant.

– Où ailleurs, sinon ? soupira-t-elle.

Cheryl Gail Bunterman, née à Orlando, était la cadette et la plus extravertie d'une fratrie de quatre. Dès l'âge de six ans, elle arriva bonne première d'un radio-crochet régional avec une version pleine d'entrain mais chantée faux de *Big Yellow Taxi*, chanson qu'elle avait apprise en écoutant l'un des albums de Joni Mitchell de sa mère. En grandissant, la présence scénique de Cheryl s'améliora plus que sa façon de chanter ; ses parents compensèrent agressivement ce handicap à coups de tenues provocantes et de leçons de danse d'une *petite* strip-teaseuse recrutée dans un club privé pour messieurs du coin, l'équivalent pour le centre de la Floride d'un cabaret parisien. Ned et Janet Bunterman étaient bien déterminés à faire de leur petite chérie en sucre une superstar.

Essuyant les plâtres de son nouveau nom de showbiz, Cherry Pye auditionna pour (et obtint) un petit rôle de cow-girl caracolante dans un téléfilm spécial pour la jeunesse mal fichu, appelé *Western au bord de l'Hudson*. La trame était la suivante : une bande d'ados innocentes mais néanmoins débrouillardes, originaires du Wyoming, se perdaient lors d'un voyage scolaire à New York et se voyaient forcées de dresser leur campement dans un tunnel de métro du Bronx.

L'ex-Cheryl Bunterman n'avait qu'une seule réplique – « Du balai, *vaqueros* ! » – mais la vivacité crâne de son élocution enchanta l'un de ses spectateurs, un certain Maury Lykes, qui avait VODéisé le programme dans son penthouse de Key Biscayne, où il passait trois mois de l'année. Maury Lykes, producteur de disques, organisateur de concerts, « croqueur » de talents toujours en quête de nouveaux visages, était accro à la chaine Nickelodeon. Et nourrissait de plus un goût délictueux pour les mineures.

Cherry Pye subit trois mois de coaching ruineux avant que Maury ne se résigne au fait qu'elle avait le filet de voix le plus tenu qu'il ait jamais entendu chez quelqu'un qui n'était pas en soins palliatifs. On fit venir au studio d'enregistrement une vocaliste bien connue en renfort tandis qu'on expédiait Cherry étudier l'artisanat précieux du chant en play-back synchrone.

Son premier single « Touche-moi Touche-mi comme t'en as envie » fut distribué le jour de son quinzième anniversaire, accompagné d'une vidéo diffusée en podcast. Le tollé de groupes chrétiens offusqués qui s'ensuivit provoqua un pic des ventes, qui propulsa l'essai inaugural de Cherry Pye à la neuvième place du hit-parade. Un CD du même titre, sorti en hâte trois mois plus tard, se vendit à 975 000 exemplaires. Et se révéla le plus gros succès de l'année de Lolita Records. Maury Lykes en récompensa Cherry par un contrat qui en fit une millionnaire instantanée et en même temps, pour l'essentiel, son esclave à vie – une vie mouvementée et à surveiller de très près s'il en fut. Ces derniers temps, ses frasques inconsidérées faisaient plus sensation que sa musique, situation que Maury Lykes brûlait de rectifier. Il avait appris de sources fiables qu'anticipant son crash final l'un des principaux tabloïds avait déjà rédigé la nécro de Cherry.

– Elle part en tournée dans trois semaines, rappela-t-il à Janet Bunterman.

– Ne vous inquiétez pas, Maury. Elle va rebondir.

Ils se tenaient au pied du lit, dans une chambre privée du Jackson Memorial. Cherry gisait devant eux, profondément endormie et ronflant comme un sonneur. On lui avait calé, sans plus de cérémonie, un bassin sous ses fesses nues, car le laxatif avait frappé avec une force optimale.

– C'est votre fille, bon Dieu. Placez-la sous contrôle, fit Maury Lykes, en une énième resucée de conversations dont il avait choisi d'oublier le nombre. Ce que ça exige, je m'en tape. Collez-lui un système de sécurité LoJack dans le cul, s'il le faut.

– Pas si fort, chuchota la mère de Cherry.

Le producteur la conduisit à l'extérieur, dans le couloir. Et remarqua que la porte de la chambre de Cherry n'était pas gardée.

– Et merde, où est passé Lev ? demanda-t-il.

– Oh, on a dû le virer.

– Pour quelle raison ?

– Insubordination, répliqua Janet Bunterman.

– Énorme erreur. Giga-maousse erreur, fit Maury Lykes avec irritation. Lev était fine mouche. Il dominait les choses.

– Oui, ma fille comprise.

– Tout est venu de Cherry. Vous ne pouvez pas le reprocher à Lev.

– Elle a un faible pour un certain type d'hommes, fit Janet Bunterman.

Ouais, songea Maury Lykes. Tous ceux qui se trimballent avec 3 grammes de coke et une paire de couilles.

– Bon, qu'est-ce qui s'est passé hier soir ? demanda le producteur.

– Elle est sortie en boîte avec ce garçon qui joue dans le prochain Tarantino.

– Celui qui fait le surfeur nécrophile ? C'est quoi son nom, déjà : Tanner machin ?

Maury Lykes aimait toujours savoir qui ses pupilles à la ramasse fréquentaient. Il n'aimait pas le découvrir en lisant les tabloïds ni en regardant TMZ.com.

– C'est ce connard qui lui a filé tous ces comprimés ?

– Ce n'est qu'une gastrite, Maury. Cherry a mangé des coquilles Saint-Jacques avariées.

– Ouais. La dernière fois, c'étaient des aubergines.

– Où voulez-vous en venir ? fit Janet Bunterman.

– Et la fois d'avant, une salade Cobb.

– Elle a l'estomac hypersensible. Interrogez son médecin !

Maury Lykes appréciait à sa juste valeur une mauvaise conduite en public occasionnelle – ça avait prolongé la carrière de plusieurs de ses clients qui, autrement, auraient disparu du radar de la célébrité en raison d'un manque de talent manifeste. Scandales dans les aéroports, conduite en état d'ivresse, vols à l'étalage ratés et autres épisodes de délaminage pouvaient être utiles entre deux projets, quand n'existait nul autre moyen pour une jeune star de ne pas se faire oublier. Mais sous peu, Cherry Pye allait lancer un CD de come-back très attendu (son deuxième du nom) et s'embarquer dans une tournée de concerts de vingt-sept villes, qui (à la consternation grandissante de Maury Lykes) n'avait pas encore fait le plein. La rumeur d'une nouvelle overdose ferait désordre et aurait l'effet d'une douche froide sur la vente anticipée des billets, car, à ce stade, même les fans les plus fidèles de Cherry ne paieraient pas quarante-deux dollars pour la voir se produire en étant déchirée. Ils pouvaient déjà regarder ça gratuitement sur YouTube : le fameux (et infâme) concert avorté du Boston Garden, par une fraîche soirée de printemps, deux ans plus tôt.

Avant son titre d'ouverture, Cherry avait décidé sur un coup de tête d'essayer le *crystal meth* – « juste pour voir d'où venait le buzz », comme elle l'expliqua ensuite dans le magazine *Details*. Elle avait tenu trois chansons et à aucun moment le mouvement de ses lèvres n'avait correspondu à la voix de la bande play-back filtrée par les haut-parleurs. Quand le public des premiers rangs avait commencé à la conspuer, Cherry avait pivoté sur elle-même, baissé son minishort en cuir et, se penchant en avant, gratifié d'une lune les contestataires. Naturellement, elle avait perdu l'équilibre, était tombée sur la tête, ne laissant plus à Lev, qui s'improvisa pompier de service, qu'à la transporter dans les coulisses.

– Faites attention, dit Maury Lykes à Janet Bunterman. Votre fille devient un cliché ambulant, et je ne représente pas de clichés.

– Si, s'ils vendent des disques, Maury.

– Mais ils ne vendent pas de disques. Ils font vendre du papier, c'est tout, rectifia-t-il. Alors, débarbouillez-la, et gardez-la clean.

– Elle doit faire attention à ce qu'elle mange, marmonna Janet Bunterman.

– Et qu'elle ne baise plus avec des acteurs, d'accord ? Ils ont une mauvaise influence.

– Oh, attendez un peu, le garçon d'hier soir, il a incarné Tennessee Williams à Chicago.

– Il peut avoir enculé Tennessee Ernie Ford au sous-sol du Grand Ole Opry si ça je lui chante, je m'en fiche, rétorqua Maury Lykes. Ne laissez plus ce gamin s'approcher d'elle. Vous avez un stylo ?

Janet Bunterman dénicha un feutre rose dans son sac. Maury Lykes s'en empara et nota un numéro de téléphone au dos de l'une de ses cartes de visite professionnelles.

– Cherry va avoir besoin d'un nouveau garde du corps.

– C'est qui ? Il bosse pour vous ?

– Si vous ne l'appelez pas, moi, je le ferai.

Maury Lykes pressa la carte dans la paume de Janet en ajoutant :

– C'est un expert en « gastrites ».

La mère de Cherry Pye tiqua.

– J'espère qu'il n'a rien à voir avec Lev.

– Ah pour ça, non, il ne ressemble pas à Lev, ma chère. Il ne ressemble à personne que vous ayez déjà rencontré.

Bang Abbott trouvait encore du plaisir à exercer son métier, tel qu'il était. Contrairement à la majorité des paparazzis, il avait travaillé autrefois pour un journal sérieux, à l'époque où la presse ne comptait pas pour des prunes. Pendant quatre ans, Claude J. Abbott avait été photographe au *St Petersburg Times* et quasi tout ce temps avait exécuté son boulot sans faire de vagues, mitraillant scènes de crime, accidents de voiture, cyclones, crues subites, fêtes d'anniversaire dans les maisons de retraite, jours d'adoption à la SPA, auditions de pom-pom girls, concours des filles du calendrier de la chaîne de restos Hooters, le procès d'un élu du comté qui allait à la pêche aux Louveteaux sur Internet, une course de 10 kilomètres contre le cancer de la peau, une course de 5 kilomètres contre le VIH, une marche athlétique contre l'ostéoporose, la naissance rarissime d'un léopard des neiges à Busch Gardens, la mort du plus vieux mangeur de feu du monde à Sarasota, et une descente anti-ecstasy, où un éminent évangéliste transsexuel se retrouva piégé.

Emplafonner plusieurs voitures de fonction avait valu à Bang Abbott son surnom, et il allait se faire virer du *Times*, quand, à la stupéfaction de la rédaction, il remporta le prix Pulitzer de la photo d'information, l'une des récompenses journalistiques les plus prestigieuses. Si la photo autoprésentée de Bang Abbott, où un touriste canadien se faisait mutiler par un requin citron, allait devenir bientôt un sujet de contestation, un court moment, il avait pu jouir de son triomphe. Prévoyant des ennuis ultérieurs, il avait pris soin de dépenser rapidement les dix mille dollars qui étaient venus avec le Pulitzer, sélectionnant une superbe console de jeux japonaise pour son petit appartement de Clearwater Beach. Comme il le faisait pour tous ses collaborateurs primés, le journal avait proposé une augmentation à Bang Abbott, que ce dernier déclara insuffisante. Le *Boston Globe* et le *Washington Post* lui firent de meilleures offres, qui furent annulées au final, quand les circonstances répugnantes entourant la photo du requin commencèrent à fuiter.

Un soir, au cours de cette période sombre et tumultueuse, le *Times* envoya Bang Abbott shooter un concert de Hannah Montana à Tampa, mission qu'il perçut à juste titre comme étant punitive. Après coup, il était sorti prendre des verres avec un groupe de paparazzis qui pourchassaient la jeune chanteuse et, fasciné, avait écouté avec avidité leurs récits de bataille sensationnalistes. Bang Abbott s'était rendu compte qu'il pourrait se faire plus de blé avec le cliché d'un lolo de starlette capricieuse et imprévisible qu'en se cassant le cul pendant six mois pour un salaire de journaliste. Mieux encore, les photographes freelance n'étaient tenus à aucune de ces règles d'éthique hautaines empêchant, par exemple, d'acheter des refileurs de tuyaux ou encore de se faire passer pour, disons, un technicien de scène de crime. Seules l'ampleur de son imagination et la taille de ses couilles bridaient un paparazzi.

Bang Abbott avait laissé ses nouvelles connaissances tapageuses, quitté le bar et roulé directement jusqu'au siège du journal, où il avait retiré furtivement le certificat du Pulitzer d'une vitrine honorifique dans le hall d'entrée. Cinq jours plus tard, il était à Beverly Hills et filait Cameron Diaz sur Rodeo Drive. Même si, au début, les horaires exclusivement nocturnes lui avaient ébranlé le système, Bang Abbott en vint finalement à se persuader que c'était le genre de vie pour lequel il était fait. Qu'on le castagne, le repousse, l'insulte, qu'on lui écrase les orteils ou qu'on lui crache dessus ne le dérangeait absolument pas. Si planquer pouvait être la barbe, l'excitation de la traque, c'était toujours l'éclate.

Et puis le blé… ma foi, sur le plan blé, c'était royal.

Malgré sa sortie entachée du journalisme conventionnel, Bang Abbott ne regretta jamais ses années de vache maigre en tant que photographe d'un quotidien. En vérité, cette expérience l'aida à devenir un paparazzi plus agile et plein de ressources. Son instinct de prédateur, exceptionnellement aiguisé, faisait l'admiration de ses concurrents, c'est pourquoi il enrageait tant de s'être fait berner dans les grandes largeurs au Stefano.

Même s'il répugnait à admettre sa défaite, il savait que ça ne servait à rien de faire le tour des nombreux hôpitaux de la région de Miami ; l'entourage de Cherry Pye avait le chic pour la faire entrer et sortir en douce des établissements de santé. Dans chaque ville qu'elle visitait, on s'assurait à l'avance des services d'un médecin discret, ce qui entendait qu'il ou elle serait de garde pour la durée du séjour de la superstar. Si jamais une urgence survenait, le docteur devait rester aux côtés de Cherry tout au long de l'épreuve, jusqu'à ce qu'elle soit en sécurité à bord d'un jet privé qui la ramènerait chez elle. Cette fille ne volait jamais sur des lignes commerciales, sauf si elle voyageait à l'étranger.

Pour cette raison, Bang Abbott ne perdit pas de temps à poireauter dans cet éternel panier de crabes qu'est le Miami International. À la place, il courut au Tamiami Executive Airport, que les célébrités privilégiaient pour se faufiler dans et hors de la ville. Il se gara près du terminal des jets charters dans une zone d'ombre, d'où il pourrait guetter un Suburban noir.

À cet instant précis, un troupeau acharné d'acolytes de Bang Abbott embouteillait les portes d'un bar à sushis de Lincoln Road, où Jennifer Aniston partageait en toute innocence des California rolls avec Robert Downey Jr. Un serveur avait appelé Bang Abbott pour le rencarder et, pour une centaine de dollars de plus, lui garantir un accès exclusif *via* une issue de secours.

Bien que la photo de Jen eût été du tout cuit, Bang Abbott l'avait écartée au profit d'une bimbo de la pop sans talent, dont l'étoile pâlissait et qui était, à une overdose par maladresse ou un accident de voiture pour ivresse près, aux portes de Morgue City. Le paparazzi était convaincu que, lorsque Cherry Pye finirait par casser sa pipe – soit en s'étouffant dans son propre vomi soit en pliant son Beemer autour d'un pylône quelconque –, le fait serait retracé comme une tragédie américaine, la mort d'une belle innocence détruite.

Marilyn le retour.

Bang Abbott tenait à être celui qui décrirait ce déclin sordide avec ses photographies, qu'il imaginait, dans sa folie des grandeurs, accrochées un jour dans un musée d'art contemporain, côtoyant celles de Richard Avedon ou d'Annie Leibovitz. Et bien entendu, il lui fallait le cliché du sac mortuaire.

Mais voilà qu'un 4×4 apparut au loin, et Bang Abbott se servit de ses jumelles pour en vérifier la marque. C'était un GMC Yukon, pas un Suburban, mais ce demeuré de groom pouvait avoir confondu sans problème les deux breaks. Bang Abbott attendit qu'il s'arrête au bord du trottoir, puis, s'extirpant tant bien que mal de sa voiture de location, braqua un de ses appareils, dont le moteur d'entraînement bourdonnait déjà.

Cherry Pye n'émergea pas du 4×4, mais son garde du corps, oui.

– Salut, superblaireau, lança-t-il à Bang Abbott.

– Donne-moi cinq secondes, Lev, pas une de plus, plaida le photographe en désignant du geste les vitres teintées. Un joli sourire pour tous ses fans.

– Elle n'est pas là-dedans, fit Lev.

– Allez. Rien qu'un cliché.

– Vois par toi-même.

Lev s'écarta d'un pas de la portière.

Bang Abbott se faufila en se tassant devant le garde du corps et colla sa grosse tête dans l'habitacle du Yukon qui, en effet, était vide. Il poussa un véritablement braiment.

– Nom de Dieu ! Où elle est ?

– Chais pas. M'en fous. (Lev souleva sa housse à vêtements du siège.) Merde, quand est-ce que tu t'es douché pour la dernière fois, vieux ?

– Je te filerai cinq cents dollars, déclara Bang Abbott. Dis-moi seulement où elle est et ce qu'elle fait.

– Je suis pas contre, dit Lev. Mais grouille.

Il tendit sa paume ouverte. Bang Abbott compta les billets avec méfiance.

– Comment ça se fait que tu m'aies jamais laissé te payer avant ?

– Parce que Cherry me payait davantage.

– Je t'emmerde, Lev. Où je peux la trouver, bordel ?

Le garde du corps consulta sa montre-bracelet.

– D'après moi à trente-six mille pieds quelque part au-dessus du golfe du Mexique.

– Hilarant. Tu pourrais être le Chris Rock juif, tellement t'es drôle.

– Sérieux. La mère de Cherry m'a viré, fit Lev avec rancœur. (Il montra un Lear sur le tarmac, qui faisait chauffer ses moteurs.) Voilà mon tacot, ducon. Ça a été un plaisir.

Zieutant le jet en attente, Bang Abbott chercha en tâtonnant dans sa sacoche un téléobjectif.

– Tu déconnes avec moi encore une fois, pas vrai ? Ma belle est dans cet avion.

Lev éclata de rire.

– Essaie plutôt Stevie Van Zandt. Il m'emmène jusqu'à Teterboro – on rentre.

Quand Bang Abbott tendit maladroitement la main vers son fric si mal dépensé, le garde du corps l'allongea d'un coup de boule.

– Encore un scoop chaud bouillant, fit Lev, en le toisant par terre, comme ça t'en auras eu pour ton blé. La fille que tu as shootée à l'hôtel ce matin, ce n'était pas Cherry.

– Sans déc, fit Bang Abbott en respirant bruyamment.

– Ils t'ont totalement niqué, gros paf.

– Comme si j'en avais quelque chose à battre.

– Et ce n'était pas la première fois, non plus.

– Quoi ? se récria Bang Abbott.

– J'espère que tu choperas le cancer de la bite, lui balança Lev. Et qu'un jour, elle te restera dans la main.

Puis, enjambant le photographe étalé comme une crêpe, il disparut en franchissant les portes du terminal.

3

Janet Bunterman téléphona à la chambre d'hôtel et dit :

– Prends-toi quelques jours de repos, Annie.

Ann DeLusia savait ce que ça signifiait : Cherry Pye retournait en désintox.

– Payés, d'accord ? demanda-t-elle à la mère de Cherry.

– Oh, je suppose.

– Pasque je suis sûre que vous avez envie que je reste en stand-by.

– Juste au cas où, fit Janet Bunterman.

Sa fille fuguait souvent quand elle était en désintox – ou, comme Janet Bunterman s'obstinait à dire : en « cure diététique ».

– Comment elle va, Janet ? demanda Ann DeLusia.

– Elle dort à poings fermés dans son lit. Elle ira mieux demain.

– Vous êtes déjà de retour à L.A. ? C'est ce qui s'appelle rapide.

– On a affrété un jet, répondit Janet Bunterman.

– Super.

Ann nota mentalement de demander une augmentation quand elle reviendrait en Californie.

– On aura besoin de toi ici, mercredi prochain. Le label d'Usher donne une grande fête en son honneur au Beverly Wilshire, fit la mère de Cherry.

– OK, dit Ann DeLusia.

Il n'y avait pas de quoi fantasmer. Elle n'assisterait pas effectivement à la fête d'Usher ; elle ferait semblant d'y assister. Le 4×4 noir de rigueur la transporterait du domicile de Cherry Pye, à Holmbly Hills, jusqu'à l'hôtel ; une fois là, on la pousserait par une entrée de service sous les yeux des paparazzis embusqués. On l'installerait dans une chambre une heure ou deux, en lui permettant de tuer le temps en regardant un film en VOD et en se commandant une pizza. Puis le garde du corps de Cherry escorterait Ann hors de l'hôtel, en empruntant la même porte, afin que la même horde la mitraille en toute crédulité. Le but de la manœuvre, c'était de donner la fausse impression que Cherry Pye était dans le circuit, débordant d'enthousiasme et d'insouciance, quand elle se tapait en fait avec morosité trois séances de groupe par jour dans la plus sélect des cliniques « rehab » de Malibu.

Si c'était un taf particulier que de servir de doublure secrète à une célébrité « planante », Ann DeLusia gagnait plus que ses amies actrices qui ramaient. Son plan, c'était de mettre à la banque un max de blé afin que, lorsqu'un rôle prometteur se présenterait enfin, elle puisse dire *adios* aux Bunterman. Malheureusement, il y avait une probabilité croissante que la fille de Janet y passe accidentellement avant ça, auquel cas Ann retournerait faire la queue avec ses amies et auditionner pour des *soap operas* et des pubs pour tampons hygiéniques.

– N'éteins pas ton portable, dit la mère de Cherry.

– Je me casse d'ici demain sans doute.

– Pour aller où ?

– À Key West, peut-être. Je sais pas, dit Ann. Ou à Grand Bahama.

– N'oublie pas de te tartiner de…

– D'écran total. Ouais, Janet, je sais.

Si Ann DeLusia bronzait sans problème, la peau de Cherry Pye, précisément, rougissait et se couvrait de cloques, comme du vinyle bas de gamme. La fonction de leurre d'Ann nécessitait qu'elle ressemble à la chanteuse pâlotte, car un léger hâle poserait problème, même à distance.

Dans la plupart des autres domaines, les deux filles se ressemblaient. Toutes deux faisaient un mètre soixante-dix. Toutes deux chaussaient du 40. Si Ann pesait 59 kilos, Cherry fluctuait entre 60 et 63, au gré de sa rétention d'eau et de sa consommation d'alcool mensuelles. Si les cheveux blonds et raides de Cherry étaient un poil plus foncés que ceux d'Ann, il était facile d'y remédier. Ni l'une ni l'autre ne possédaient une poitrine d'une opulence embarrassante ; si les seins d'Ann étaient d'origine, Cherry avait déjà usé trois sets d'implants et faisait du shopping pour s'en acheter de nouveaux. Les deux filles avaient le visage plutôt rond, le nez petit, non rectifié, et une fossette au menton. Ces similarités n'avaient rien d'étrange ni d'accidentel ; Ann DeLusia avait été engagée principalement en raison de sa ressemblance avec l'ex-Cheryl Bunterman. Ses dons d'actrice étaient un bonus.

La différence physique la plus notable entre les deux filles – encore plus évidente que leur teint – résidait dans leurs yeux ; ceux de Cherry Pye étaient verts, ceux d'Ann, marron. Ann ayant une aversion phobique pour les lentilles de contact, elle mettait d'habitude des lunettes noires griffées monstrueuses avant de lancer les paparazzis à ses trousses.

– Tu as ton passeport ? demanda Janet Bunterman.

– Merde, marmonna Ann.

Le passeport était dans son appartement, là-bas, à West Hollywood. Ce qui voulait dire qu'elle pouvait tirer un trait sur les Bahamas.

– Key West, c'est l'éclate, lui dit la mère de Cherry. On descend toujours à Pier House.

– Ça marche.

– Il y a une plage seins nus, mais...

– Ne vous inquiétez pas, Janet. J'ai un plein bidon de protection 50.

La perspective d'une soirée bruyante de plus parmi les frimeurs de South Beach était si déprimante qu'Ann demanda au concierge de lui louer une voiture. Au crépuscule, sustentée, ses bagages bouclés, elle roulait vite sur l'Homestead Extension, tandis que la voix atone du GPS la guidait vers le sud. Même si elle n'était jamais allée dans les Keys, elle imaginait que n'importe quel endroit devait y être plus intéressant qu'Ocean Drive.

La circulation sur l'US Route 1 s'engorgeant dans Florida City, dernier arrêt sur le continent, Ann s'engagea vite fait sur Card Sound Road, une route à péage à deux voies non éclairée, seul autre accès à Key Largo nord. Son GPS fut brièvement déstabilisé par cette manœuvre mais, ignorant ses instructions sévères de faire demi-tour, elle appuya sur l'accélérateur.

Bientôt, une nouvelle carte routière admit de fait qu'Ann ne s'était pas perdue, même si elle ajoutait quelques kilomètres de marécages et de mangroves à son trajet. Une poignée de voitures la croisèrent, fonçant dans l'autre sens, à part ça elle était seule dans ce qui ressemblait à une zone tropicale de la quatrième dimension. Elle se demanda où était passée toute cette affreuse banlieue tentaculaire ; brusquement, plus un seul toit en vue. La route en fin de compte fit un tournant et, surgissant du vide, apparut un petit village de pêcheurs, où des écriteaux peints à la main annonçaient la vente de crabes bleus frais. Repérant un troquet en bord de mer du nom d'Alabama Jack's, Ann envisagea de s'y arrêter pour une pause pipi. Mais l'endroit étant plongé dans le noir, elle roula jusqu'au poste de péage. En tendant la main par la vitre pour payer le dollar demandé, elle sentit des gouttes de pluie sur son bras.

Le péagiste lui dit :

– Ça souffle en bourrasque. Allez-y mollo sur le pont.

– Merci, répondit Ann, en songeant : quel pont ?

Il se dressa alors devant elle sur la route isolée, sous la forme d'une arche de béton à pente raide, enjambant un large chenal aux flots houleux. Des rafales de vent poussèrent la voiture de location dès l'attaque de la montée, aussi, Ann ralentit, sa visibilité gênée en outre par le balayage rapide des essuie-glaces. Une fois au sommet, elle freina juste assez longtemps pour admirer le panorama : vers le nord, par-delà la baie de Biscayne, s'étendait le Grand Miami, qui brillait d'un éclat doré, flouté légèrement de nuages ; de l'autre côté, sous des cieux plus clairs, au-delà du Card Sound, c'était l'éparpillement scintillant des îles. Pendant qu'elle descendait le grand pont en roue libre, dépassant les pêcheurs et leurs lanternes, Ann s'imagina franchir une sorte d'ourlet cosmique entre deux royaumes diamétralement opposés. Ça procurait un sentiment de libération et quasi aventureux de quitter l'un de ces mondes pour l'autre, même si un hôtel pour touristes l'attendait à la fin du voyage.

Souriant de satisfaction, elle alluma la radio. La pluie s'atténua en crachin, le compteur grimpa jusqu'à 96 kilomètres-heure et, assez vite, elle se retrouva en pilotage automatique émotionnel. D'épaisses mangroves enserraient la route de part et d'autre, pinçant la lumière des phares. Ann eut la sensation de filer à travers un long tunnel lisse. Deux ralentisseurs firent cahoter la voiture, et le virage en épingle à cheveux prit Ann par surprise.

Tout comme la silhouette grisâtre et trempée accroupie sur la ligne médiane.

Elle n'eut que quelques millièmes de seconde pour voir qu'il s'agissait d'un homme, et qu'il soulevait quelque chose de mouillé dans ses mains.

Ann jura, donna un violent coup de volant et sentit immédiatement la voiture s'envoler. L'accident parut se dérouler si lentement qu'il en devint onirique et, pour cette raison, elle n'eut pas aussi peur qu'elle l'aurait dû.

N'empêche qu'en tournoyant dans les airs dans sa Mustang de location vers un mur de mangroves, Ann comprit que son plan vacances allait être radicalement modifié.

Cherry Pye se réveilla à minuit et, vaille que vaille, trouva le chemin de la cuisine. En entendant résonner le cliquetis des glaçons, Janet Bunterman enfila en hâte un peignoir puis le couloir.

– Eh, où est Lev ? demanda Cherry.

– On l'a viré, tu te souviens ? Là-bas, à Miami ?

– Pas vraiment.

– Qu'est-ce que tu bois, ma chérie ?

– Du jus de cranberry, fit Cherry.

– Et quoi d'autre ?

– Coolos, m'man.

Cherry marcha jusqu'à une fenêtre, écarta les rideaux et jeta un œil dehors. La rue était déserte : ni équipes télé ni photographes.

– Où ils sont ? demanda-t-elle.

– Qu'est-ce qu'on en a à faire.

– Lev me manque. Il était cool.

– Tu veux manger quelque chose ? lui dit Janet Bunterman. Je vais demander à Marissa de nous faire des omelettes.

– Il avait son tu-sais-quoi piercé.

– Ou des crêpes. Ça te plairait des crêpes ? insista Janet Bunterman.

– Je te parle de Lev. Il avait un bidule en platine passé juste au bout... c'était trop mortel.

– Merci pour cette image, reprit Janet Bunterman, qui songea : peut-être qu'elle me déteste *pour de bon.* Ce qui expliquerait le string framboise et le T-shirt où on lisait PREMIER CHOIX.

Cherry Pye bâilla puis s'affala sur un canapé en cuir.

– Quand est-ce qu'on peut retourner en Floride ? Tanner loue une villa à tomber sur Star Island.

– On t'emmène une semaine à Malibu. Maury y tient beaucoup.

– Pas encore à Rainbow Bend. Pas question, merde.

La mère de Cherry lui dit que ça ne serait pas si mal.

– Ils ont un nouveau prof de yoga du Bangladesh. En plus, l'un des Foun's Pilotes vient juste d'y entrer... j'ai vu ça sur E! Channel. Le batteur, je crois.

– J'emmerde Maury. J'irai pas à Rainbow Bend, dit Cherry. Et tu peux pas m'y obliger.

Janet Bunterman rappela à sa fille que Maury Lykes avait investi massivement dans le CD à venir de Cherry, qui coulerait à pic comme un sac de bouse de vache pétrifiée si jamais la tournée de concerts faisait un flop. Et Maury Lykes était peu disposé à envoyer Cherry sur les routes, avec une prétendue « gastrite ».

– Ma chérie, on n'a pas les moyens de s'offrir un autre Boston, observa Janet Bunterman avec douceur.

–J'aurai un nouveau garde du corps pour la tournée ? Parce que cette fois, je veux un Black. Et faut qu'il ait le crâne lisse et luisant, comme celui de Britney. Ce jeune mec a l'air *trop mauvais*, dit Cherry. En fait, je veux *deux* grands Blacks chauves. Et faudra qu'ils fassent du kung-fu ou je sais pas quoi, genre ce truc de folie avec lequel Lev a expédié le type qui me harcelait à Dallas.

– C'était rien qu'un coup de poing, dit Janet Bunterman. Un bon vieux coup de poing des familles dans les parties. Maury m'a parlé d'un gorille qu'il veut qu'on engage. D'après lui, il est meilleur que Lev.

Cherry eut un regard rusé.

– Meilleur à quoi faire ?

– Pourquoi tu dis des choses pareilles ? Tu veux me briser le cœur ?

–J'irai à Malibu à une seule condition, m'man. Je veux changer de nom.

– T'inquiète pas de ça, ma puce, on t'inscrit toujours sous le nom de « Sally Simpson ».

– Non, pas que pour ma désintox. Je veux changer de nom pour de vrai.

– Quoi ?

– Pour de bon.

Janet Bunterman était résolue à rester zen face aux titillations de sa fille. Elle lui répondit :

– Les CD ont déjà été emballés pour l'expédition, OK ? Les billets sont imprimés, le site Web est opérationnel. Tu es une marque, ma chérie. Une franchise musicale.

– Et alors, Diddy, *lui*, il change bien de nom comme de chemise.

Cherry se leva pour aller remplir son verre. Sa mère, qui la suivit dans la cuisine, fut soulagée de la voir se verser un Ocean Spray sec, sans vodka.

–Je veux un nom en un seul mot, fit Cherry, portant un toast à l'air ambiant. Genre Beyoncé, Madonna ou Eminem… et arrête de me regarder comme ça, m'man. Je déteste ça.

Janet Bunterman reprit :

– Tu sais ce que va dire Maury : le monde entier te connaît sous le nom de Cherry Pye, alors ne bousille pas un truc qui marche. C'est la façon de penser de Maury.

Cherry haussa les épaules en aspirant son jus de fruit à grand bruit.

– Tu veux l'entendre, oui ou non ? J'ai pensé que tu devais être la première.

– Bien sûr, fit sa mère du bout des lèvres.

– Cherish !

– Un seul mot. Tu es sérieuse.

– Ouais, rien que Cherish. Cool, non ?

Cherry Pye se mit à sautiller sur place.

– Yo, allez tout le monde, on tape des mains pour Cher-ish ! Cher-ish ! Cher-ish !

– On reparlera de ça après la tournée, dit Janet Bunterman.

Cherry déclara qu'elle avait faim mais ni d'omelette ni de crêpes. Elle enfonça la tête dans le réfrigérateur. La lumière vive éclaira crûment son visage blafard et couperosé.

– J'ai chié une poignée de graines pour oiseaux, dit-elle. C'est un signe de quoi, *ça* ?

– De réincarnation, répondit sa mère.

– Eh, tu crois que ce ceviche est encore bon ? Tiens, sens-le pour moi.

Le jour où Michael Jackson fit son overdose, déclenchant la fièvre médiatique la plus répugnante depuis le procès d'O.J. Simpson, Bang Abbott se trouvait à 4 000 kilomètres de Los Angeles. Il s'était rendu à Nassau en avion pour y vérifier un tuyau, vague mais alléchant, selon lequel Mitt Romney se payait du bon temps avec deux putes italiennes sur Paradise Island. Le candidat républicain à la présidence y était soi-disant descendu à l'Atlantis sous son propre nom, et *L'Œil national* avait déjà préparé un gros titre tonitruant sur deux lignes :

RENDEZ-VOUS DU MORMON ET DES BIMBOS
C'EST DU TORRIDE AUX BAHAMAS !

Malheureusement pour Bang Abbott, il s'agissait d'un autre M. Romney – Melvin de son prénom, vétérinaire veuf originaire de Joplin, Missouri – qui visitait les îles en compagnie de ses deux grandes filles. Jamais on n'avait confondu l'une de ces deux femmes avec une prostituée d'origine méditerranéenne, et elles ne surent que faire de l'odieux gros paparazzi qui leur colla aux talons à Cable Beach, pendant que leur père jouait au black-jack. À peine Bang Abbott se trouva-t-il en présence de Melvin Romney, tombant lui aussi des nues, et qui ne ressemblait en rien à l'ex-gouverneur du Massachusetts, que le photographe retourna fissa à l'aéroport pour y appeler *L'Œil*.

C'est là qu'il apprit que le « Roi de la pop » avait expiré. Bang Abbott tomba aussitôt à genoux en poussant un sanglot déchirant que d'autres voyageurs prirent pour un cri de chagrin, ce qui était bien le cas. Bang Abbott savait que la mort de Jackson était l'occasion unique d'une vie, perdue à jamais – une photographie du corps à découvert serait allée chercher dans le demi-million de dollars, peut-être plus. Ça aurait été un coup tabloïdique épique, plus gros qu'Elvis dans son cercueil ou John Lennon sur la table d'autopsie.

Ce qui aggrava la douleur de Bang Abbott, c'était qu'ayant anticipé une telle fin sordide pour Jacko-le-Barjo, il avait cultivé méticuleusement des sources potentielles, depuis le moindre auxiliaire médical doté d'esprit d'entreprise jusqu'au personnel mécontent de la morgue. Il avait même envoyé des billets pour les Dodgers à une standardiste du 911, qui avait été d'accord pour composer le numéro de Bang Abbott (juste après celui des pompiers) en cas d'appel d'urgence du manoir loué par Michael.

Et voilà que tous les préparatifs du photographe avaient été vains. Le créneau doré pour obtenir une photo qui cartonne se présente dans les premières heures de chaos après le malheur arrivé à une célébrité ; ensuite, les chances de décrocher une exclusivité sont réduites. Bang Abbott était coincé dans une impuissance exaspérante à trois fuseaux horaires du lieu du cataclysme jacksonien. Au moment où il déboula de l'avion à LAX – après un retard insupportable à Atlanta –, le cadavre de l'« homme au gant » était en sécurité sous la garde du coroner, et l'histoire appartenait à la télévision. Les brigades de paparazzis débarquées de tous les coins de la planète à Los Angeles étaient, de l'avis de Bang Abbott, aussi stupides que des lemmings. Aucune photo ne valait le risque de se faire piétiner à mort, sauf si les porteurs lâchaient le cercueil et que Michael en personne se livrait à un « moonwalk » à l'horizontale en dévalant les marches du Staples Center.

Son incapacité à tirer profit de la mort de Jackson marqua à vie Bang Abbott, qui résolut de ne pas rater le coche la fois d'après. De toutes les stars qui brûlaient la chandelle par les deux bouts, Cherry Pye paraissait la plus à même d'arriver bonne première au tombeau, et pour cette raison, elle était devenue l'objet d'une surveillance morbide de la part de Bang Abbott. Sans être aussi mondialement connue ni aussi douée que Jackson, c'était une superbombasse et donc, à ses yeux, elle vaudrait un max de blé une fois morte.

Entre-temps, il avait des factures à régler. À peine descendu de son vol de Miami, il vérifia sur son BlackBerry les messages de la veille. Un voiturier du Peninsula l'avait appelé pour lui dire que Katie Holmes dansait sur une table du bar de l'hôtel. Puis un teinturier de Westwood avait téléphoné pour signaler que Johnny Depp avait déposé en personne une ceinture de smoking à nettoyer. Puis une serveuse du Hugo's lui avait retracé, le souffle coupé, une entrevue déplaisante avec Star Jones à propos d'un triple déca *latte*.

Seul le repérage de Katie suscita l'intérêt de Bang Abbott, qui suspecta le tuyau d'être crevé ; sa source était si éperdument myope qu'il avait une fois confondu Lyle Lovett avec Anjelica Huston.

Bang Abbott effaça les messages et mit le cap sur Holmby Hills, la luxueuse enclave entre Bel Air et Beverly Hills où Michael Jackson s'était endormi de son dernier sommeil. Cherry Pye y louait une maison de huit chambres à coucher, plus six salles de bains, un gymnase avec sauna, une salle de billard et une cave champignonnière. Le photographe le savait pour avoir appelé l'agence de location en prétendant être intéressé par l'achat de ladite maison.

Comme toujours, il arrêta sa voiture un demi-bloc avant. Si le coupé Mercedes représentait un leasing coûteux pour un paparazzi, il valait chaque dollar investi, car il permettait à Bang Abbott de se garer pratiquement partout. Les flics du voisinage répugnaient à faire embarquer une Classe S, craignant qu'elle n'appartienne à un magnat d'Hollywood qui appellerait leur chef et ferait du ramdam.

Bang Abbott prit avec lui l'un de ses Nikon, verrouilla la voiture et se baguenauda jusqu'au pied de l'allée de Cherry. Il était seul en chasse, ce qui était souvent le cas en ce moment. Tant de starlettes très jeunes partaient spectaculairement en vrille que les tabloïds devaient se bousculer pour suivre le rythme. Par conséquent, une photo de Cherry Pye en goguette n'avait plus autant de valeur que précédemment et ne garantissait plus à coup sûr la première page. C'était un fait sur lequel Bang Abbott refusait de s'appesantir. Le nouveau CD et la tournée de concerts la propulseraient de nouveau sur la *A-list*, il en était certain. Quand la horde enragée de ses pairs se remettrait en chasse, Bang Abbott serait à des kilomètres en tête.

Il s'accroupit à l'ombre d'une haie de ficus pour attendre. Légalement parlant, c'était une violation de propriété, si bien qu'il restait aux aguets des véhicules de patrouille de la police. Une heure eut beau s'écouler sans que personne n'entre ni ne sorte, il n'éprouva aucune impatience. Si Cherry n'était pas dans la maison, elle allait sans doute arriver. Il se demanda si Lev lui avait dit la vérité sur le fait qu'on l'avait viré – si c'était le cas, l'entourage de Cherry lui engagerait un nouveau garde du corps. Avec un peu de chance, le type serait plus flexible, éthiquement parlant, que Lev.

Quand un 4×4 tout terrain d'un blanc douteux stoppa devant la maison de Cherry, Bang Abbott se remit lentement sur pied. Le conducteur baissa la vitre en disant :

– Tu me fais une blague, hein ?

C'était un autre paparazzi. Il s'appelait Teddy Loo, et son plus gros coup avait été un des clichés-founes de Britney. Bang Abbott lui fit un doigt tout en lui disant de se casser.

– Si j'étais pas le roi des bons Samaritains, je me serais pas arrêté, continua Teddy Loo. Je t'aurais laissé moisir ici toute la journée comme un étron au soleil.

– De quoi tu parles ?

– Tu l'as ratée, mon pote. Elle vient d'entrer à Rainbow Bend, y a environ une heure.

– Bien joué, fit Bang Abbott.

– Je ne te baratine pas. J'ai les photos.

– Impossible. Qui t'a filé le tuyau ?

Teddy Loo éclata de rire.

– Personne, mec. J'étais là-bas à pister un batteur de rock qui vient de découvrir les joies de l'héro. On m'a appelé pasque le mec risquait de se barrer de désintox, tu vois l'genre, alors j'ai pris une caisse et je me suis garé à l'endroit habituel. Et bingo, devine qui stoppe dans son Beemer crème vanille : Cherry et sa môman ! Pas de gorille ni rien, juste toutes les deux.

Bang Abbott en eut la nausée.

– T'es bien sûr que c'était elle ? demanda-t-il, en songeant à la doublure. Fais-moi voir les photos, Teddy.

– Tu t'es fait battre sur le poteau, *man*. Ça arrive.

– Je ne te crois pas.

Avec un soupir de commisération, Teddy Loo secoua la tête. Il sortit son appareil et fit signe à Bang Abbott, qui s'approcha du 4×4 tout-terrain comme d'un conteneur à ordures puant. Par-dessus l'épaule de Teddy Loo, il regarda une série de photos défiler sur l'écran LCD de l'appareil, et éprouva la main de fer du désespoir.

La jeune femme qu'on poussait dans le centre Espoir & Bien-Être de Rainbow Bend était sans conteste Cherry Pye, pas une usurpatrice. Teddy Loo l'avait shootée en train de fouiller dans son sac, à la recherche de ses lunettes de soleil. Au grand dam de Bang Abbott, les gros plans de Teddy étaient d'une netteté à toute épreuve, et on ne pouvait se tromper sur les yeux verts renversants de Cherry, reconnaissables entre tous. Elle était en jean et sweat de surf noir. Comme d'habitude, sa mère était en tenue de cours de tennis d'hôtel.

– Va pas me détester, fit Teddy Loo avec un grand sourire, et il rangea son appareil. Tu veux que je te ramène à ta caisse ?

Bang Abbott lui dit non merci. Il tenta de se calmer *via* des pensées réconfortantes. Il se rappela la fois où l'un des agents de sécurité de Michael Jackson avait roulé en Hummer H2 sur les deux pieds de Teddy Loo aux portes du Ranch Neverland. Il revoyait le même Teddy Loo ramper sur la chaussée avec des glapissements de hyène estropiée, tandis que Bambi agitait sereinement sa main gantée derrière l'une des vitres du véhicule sur le départ. C'était un grand classique.

– Je ne te déteste pas, Teddy, lui dit Bang Abbott. Tu as eu du bol aujourd'hui, c'est tout. Certains jours, il vaut mieux être chanceux que bon.

– Je suis désolé pour toi, *man*.

– Ah ! Faut pas.

– Tu sais qui vient d'acheter cette baraque au bout de la rue ? Celle au portail en pierre ?

– Ouais. Kiefer Sutherland, répondit Bang Abbott.

Teddy Loo se gondola.

– Tu vois, c'est ce que j'veux dire, t'as deux trains de retard. Sutherland l'a vendue à Sandra Bullock qui vient de la revendre à Paula Abdul.

– Et c'est là que tu vas maintenant ? Pour la shooter, *elle* ?

– On m'a filé l'info qu'elle balade son carlin chaque mercredi pile-poil à midi. Tu veux venir ?

– C'est génial, Teddy, sauf que je gâcherai pas un centimètre de pelloche pour Paula Abdul, même si elle foutait le feu à ses tifs en plein Ivy Restaurant. Et deuzio, on est même pas mercredi, pauvre tache.

Bang Abbott battit en retraite jusqu'à sa voiture. Et ne décoléra pas de tout le trajet jusqu'à Malibu.

4

Ann DeLusia fut surprise de ne pas se réveiller à l'hôpital. Au lieu de ça, elle était couchée dans une voiture, qu'elle supposa être l'épave de la Mustang. Puis, sa vision devenant plus nette, elle s'aperçut que l'automobile était vieille et rouillée, que son habitacle avait été dépouillé de tout, et qu'elle était sous la garde d'un parfait inconnu.

L'homme passa la tête par l'une des vitres ouvertes et lui dit de se tenir tranquille.

– Vous avez eu une sacrée soirée, lui dit-il.

Ann acquiesça, tout en le dévisageant. L'inconnu avait la soixantaine bien tapée, sa peau fripée était aussi brune que du cuir. S'il avait un œil brillant, l'autre, faux et fendu, s'adaptait tant bien que mal à la forme de son orbite. Son crâne dégarni était coiffé d'un mince bonnet de douche diaphane d'où jaillissaient deux tresses argentées, chacune entrelacée de cartouches de fusil rouges et vertes. Ann remarqua qu'on en avait percé les embouts afin de pouvoir y faufiler les cheveux.

Lesdites tresses n'avaient rien de couettes en bonne et due forme ; elles semblaient pousser en oblique de son crâne recuit, et selon des angles conflictuels. Leurs racines nattées étaient visibles à travers le bonnet de douche, plusieurs centimètres au-dessus de chaque oreille. Un look grunge d'enfer, même si Ann doutait que ce fût là l'effet recherché par l'inconnu.

– Vous êtes le type qui était au milieu de la route, dit-elle, la lèvre gonflée.

– Ma hanche s'est bloquée.

Il avait une voix de velours profonde.

– Au moins, je ne vous ai pas heurté.

– Vous avez de super-réflexes, fit-il.

– Je suis grièvement blessée ?

– Pas d'os brisés, mais quelques bleus. J'ai dû vous détacher de la ceinture au couteau, fit l'inconnu, qui mima la chose avec ses doigts.

Puis il disparut de sa vue. Quand elle se redressa, Ann se sentit endolorie, avec le tournis. Elle se demanda comment le SDF pouvait être certain qu'elle n'avait aucune fracture, à moins d'avoir été orthopédiste dans la phase productive de son existence. L'idée qu'il l'avait examinée pendant qu'elle était inconsciente lui filait la chair de poule.

Il revint avec un mug de thé chaud.

– Fait maison, précisa-t-il. Production locale.

– J'ai mal partout.

– Compréhensible.

D'une main, l'homme la souleva de la voiture et la transporta sur une couverture près d'un feu de camp. Il la cala debout et l'aida à siroter son thé. Elle s'aperçut qu'il était affublé d'un vieil imper crasseux et chaussé de baskets noires sans chaussettes. Elle se payait peut-être la pire migraine de l'histoire de l'humanité.

– C'est une vraie voiture de course ? demanda-t-elle, en regardant la carrosserie écaillée de l'épave.

Elle avait les flancs placardés d'autocollants décolorés, et le numéro 77 était encore lisible sur le capot et les portières.

– Elle est plutôt cool. D'où vous la sortez ?

– D'une Jiffy Lube 300, répondit l'inconnu.

– Vous étiez pilote ou un truc comme ça ?

L'inconnu parut trouver la question plutôt humoristique. Ann s'aperçut qu'il était très grand, trop sans doute pour entrer dans une voiture de course.

Il se détourna, alla s'occuper d'une poêle à frire qui grésillait sur le feu.

– J'ai passé toute la nuit ici ? lui demanda-t-elle.

– Tout juste.

– Vous n'avez pas appelé d'ambulance ?

– Je n'ai pas le téléphone, Ann, dit l'inconnu.

Elle remarqua alors qu'on avait déposé son sac à main et son sac de voyage sur le capot piqueté de rouille de la voiture de course. Il était évident que l'homme avait fouillé dans ses affaires, sinon il n'aurait pas su son prénom. Elle se demanda pourquoi il n'avait pas utilisé son portable à elle pour appeler les secours.

– Vous connaissez quelqu'un dont la voiture marche ? Vous pouvez m'emmener chez un médecin ?

– Petit-déjeunons d'abord, puis on planifiera.

– OK, d'accord.

Ann prit conscience qu'elle était affamée.

– Il y a quelque chose qui sent bon.

– Du crocodile, dit l'inconnu.

Elle se fendit d'un sourire, jouant le jeu.

– Miam, mon plat préféré.

– C'était ce que je récupérais sur la route hier soir quand vous avez failli m'aplatir comme une crêpe. Rien qu'un petit spécimen d'à peine un mètre vingt. Un fourgon FedEx l'a chopé, le mec n'a même pas donné un coup de frein.

– En fait, je n'ai pas si faim que ça, dit Ann.

L'homme lui expliqua alors qu'il était illégal de manger un crocodile d'Amérique du Nord car l'espèce en était protégée au niveau fédéral.

– Mais c'est un vrai péché que de laisser perdre une aussi bonne viande, dit-il. Vous pouvez inscrire ça sur vos tablettes comme une loi naturelle, ma jeune dame : ne jamais laisser perdre de la bonne viande.

– J'ai de l'aspirine dans mon sac, fit Ann.

– Bien entendu.

– Et un téléphone, aussi.

Il ne revint qu'avec le flacon de Bayer et, le tapotant, fit tomber trois comprimés dans la paume d'Ann. Elle les goba aussitôt et lui dit :

– Il faut vraiment que j'aille voir un médecin.

– Certaines personnes m'appellent Skink, fit l'homme. Ou capitaine. Ça dépend.

– Vous vivez par ici ?

– Votre voiture a coulé… j'en assume l'entière responsabilité. Tenez, goûtez.

Les morceaux de queue de croco avaient plutôt bon goût, découvrit Ann. Celui de poisson beaucoup trop cuit.

– Je croyais m'être emplafonnée dans les arbres, dit-elle.

– Vous avez filé direct au travers, comme une fusée, répondit l'homme. Pour atterrir à la renverse dans l'eau.

– Ah la vache !

Ann frissonna à l'idée d'avoir frôlé la noyade. Pourtant, il lui semblait bizarre que ses vêtements et ses bagages ne soient pas humides.

– S'il vous plaît, emmenez-moi chez un médecin, dit-elle.

– Ça va aller.

Son sourire la prit par surprise. Pour un SDF, il avait des dents incroyables, si blanches et si bien alignées ; et il les avait toutes, aussi.

– Voici la situation, mademoiselle Ann DeLusia, dit-il. Je ne peux pas vous laisser repartir tout de suite.

– Quoi ?

Elle crut avoir mal entendu.

– J'ai besoin de votre aide pour un projet, fit-il.

Elle reposa l'assiette.

– Je vous arrête tout de suite, capitaine. Vous me paniquez.

– Quand tout sera terminé, je vous arrangerai un transport rapide… promis, lui dit-il. Mais pendant un petit moment, il faudra que vous restiez avec moi.

Ann en avait les mains qui tremblaient.

– Bon Dieu, vous êtes dingue ? C'est du kidnapping !

– Je regrette vraiment de vous imposer cet inconvénient, fit le dénommé Skink. Des bananes frites, ça vous dit ?

Le batteur des Foun's Pilotes, c'était Methane Drudge. Il refusa de reconnaître que ce n'était pas son nom de baptême. L'animateur le tança gentiment en lui disant :

– On ne fera pas beaucoup de progrès si tu ne t'engages pas sur le chemin de l'honnêteté envers toi-même.

– Chemin de mes couilles, ouais. Qu'est-ce que t'en dis ? fit Methane Drudge.

Cherry Pye leva les yeux au ciel, en se disant : encore un rocker bas de plafond, couvert de tatouages cheapos de Venice. Quelle chierie. *Chiantissime.*

L'animateur insista.

– Methane, tu es venu de ton plein gré à Rainbow Bend, comme tous ceux qui se trouvent dans cette pièce. Tu t'es engagé par écrit à essayer ça, à notre façon, tu te rappelles ?

Methane eut un rire rauque.

– Mec, j'étais total foncedé à la China White. J'aurais mis au clou ma petite sœur de treize ans.

– Connard, fit Cherry.

C'était pour ça qu'elle ne couchait jamais avec des batteurs ou des bassistes.

Ils formaient un petit groupe, seulement six patients et le thérapeute. Cherry reconnut certains des autres toxicos, déjà présents dans ses désintox précédentes. Une jeune femme était presque aussi célèbre qu'elle, en raison de son statut de covedette d'une sitcom à succès du câble. Elle y jouait la voisine perpétuellement en chaleur d'une mère célibataire sous pression qui faisait des études dentaires.

L'animateur reprit :

– La guérison dépend d'une connaissance complète de soi-même, et on ne peut savoir qui on est réellement sans poser le masque. C'est pour ça qu'on utilise nos vrais noms, ici à Rainbow Bend. On reviendra au cas de Methane plus tard dans la discussion. Cheryl, tu veux bien t'exprimer ?

– Pas vraiment, fit Cherry, qui détestait qu'on l'appelle Cheryl.

– S'il te plaît, fit l'animateur.

Il était nouveau à la clinique. Le fait d'être un établissement pour frappadingues si haut de gamme posait à Rainbow Bend un sérieux problème de renouvellement du personnel. Il était apparemment difficile de trouver des psys, même à n'importe quel salaire, pouvant tolérer une clientèle gâtée de déjantés du show-biz.

– Cheryl, s'il te plaît, donne-nous le *la*, l'encouragea l'animateur.

– Ouais, bof.

Cheryl avait déjà pratiqué l'exercice des dizaines de fois, n'empêche qu'elle aurait tué pour avoir une cigarette.

– OK, donc, les choses vont superbien. J'ai un nouveau CD qui sort dans quelques semaines, incroyable, d'enfer. Il s'appelle *LGR et Kourt Véku*, avec des k partout, puis je démarre une tournée, genre, d'une centaine de villes. En plus, j'ai fait de la figu pour Kid Rock le mois dernier à Vegas, et il est trop *craquant*. Bon, quoi d'autre – OK, j'ai sans doute un peu trop teufé, à cause de la pression, et tout ça. Essayer de terminer l'album, vous voyez, plus me préparer à partir sur les routes. Il y a, genre, dix-huit chansons à apprendre et elles sont toutes différentes. En plus, j'ai dû virer deux de mes chanteuses *backup* parce qu'elles me laissaient pas assez d'espace, vous voyez. Elles avaient, genre, zéro respect. Alors j'ai dû me débarrasser de ces salopes et en auditionner de nouvelles...

– Excuse-moi, Cheryl, l'interrompit l'animateur. Tu peux revenir en arrière et nous en dire un petit peu plus sur ta façon de faire la fête ?

Methane applaudit de ses mains tatouées.

– Ouaiiis ! On veut tout savoir.

Cherry Pye se trémoussa sur sa chaise.

– Toujours la même merde. Je sors avec certaines personnes, vous voyez, puis, c'est retour aux mauvaises habitudes. Vous autres, pas la peine que je vous fasse un dessin, non ?

Tous les autres patients opinèrent d'un air entendu, sauf Methane, qui se claquait les rotules des deux mains, suivant le tempo d'une chanson qu'il était le seul à entendre.

– Ça commence toujours par l'alcool, Cheryl ? fit l'animateur.

– Nan. Tout ce qui est sur la table, n'importe quoi.

– Donc, tu n'as pas de drogue de prédilection ?

Cherry fit non de la tête.

– Je suis le mouvement. Tout est bon.

– Mais les résultats le sont beaucoup moins, hein ? fit l'animateur. C'est comme ça que tu as atterri ici.

– Eh. On voit bien que tu ne sais pas ce que c'est d'être moi.

Methane gémit.

– La voilà qui plagie Tom Petty. Lâche-moi, merde.

– Joue pas au con, tu veux, lui balança Cherry.

L'animateur la remercia de s'être exprimée, puis demanda :

– Suivant ?

– Mais je n'ai pas fini, se plaignit Cherry.

– Il faut que chacun ait le temps de s'exprimer.

– Yo, j'lui laisse mon tour, bordel, offrit généreusement Methane.

– Cool, fit Cherry. (Puis s'adressant à nouveau au groupe :) J'avais encore une chose à ajouter. Je vais changer mon nom pour Cherish.

– Cherish quoi ? demanda l'actrice de sitcom.

– Cherish tout court. Un seul mot. Je l'ai choisi parce que ça sonne, genre, d'une pureté absolue.

L'animateur eut un claquement de langue désapprobateur.

– Cheryl, tu ne fais que te créer une nouvelle façade derrière laquelle tu te caches. Ce n'est pas prendre le chemin de l'honnêteté envers soi-même.

– Y a qu'à voter, dit-elle. Que tous ceux qui sont pour Cherish lèvent la main.

– Attendez... on ne vote pas en thérapie, protesta l'animateur.

Quatre des cinq autres patients levèrent la main. Seul Methane Drudge vota contre. Il déclara que Cherish, c'était bidon. Que ça sonnait comme une marque de parfum nulle. Cherry ignora son commentaire.

– Je songe aussi à me faire faire des seins plus gros, dit-elle au groupe.

Cette fois, il y eut quatre voix contre. Tout le monde sauf Methane Drudge affirma que les seins actuels de Cherry étaient ravissants. Le bassiste s'abstint, en soulignant qu'il devait les voir en vrai avant de se décider.

– Pervers, marmonna Cherry, en croisant les bras.

L'animateur se leva, visiblement contrarié par le tour qu'avait pris la discussion.

– Il est temps de faire une pause, lança-t-il sèchement avant de sortir.

Rainbow Bend disposait d'un jardin zen ombragé, entouré de murs couverts de lierre. Cherry y dénicha un carré de soleil et s'assit en tailleur sur l'herbe douce. Methane s'approcha et lui offrit une Camel. La fumée lui irrita la gorge, qui était encore à vif suite à son Festival de vomissements de Miami. Methane lui demanda combien de désintox elle avait suivies et elle répondit quatre, avec celle en cours.

– Tout ça, c'est qu'un tas de conneries, dit-il.

Cherry eut un rire acerbe.

– Tu crois ?

– Qu'est-ce qu'ils feraient si tu leur disais merde et que tu te cassais ?

– Chais pas. Ils factureraient la semaine entière à mon manager.

– Et merde, dit Methane, je suis censé rester coincé dans cette communauté baba trente jours. Exclu.

Le soleil chauffait les joues de Cherry qui ferma les yeux et dit :

– J't'écoute, mec.

– J'veux dire, t'aimes être ici ou quoi ? Pasque moi, j'en ai déjà assez vu.

– Ah ouais ?

Cherry rouvrit les paupières et regarda le filiforme skinhead aux yeux bouffis. Pourquoi les toxicos ne se brossent-ils jamais les dents ? se demandait-elle. Ce type peut se payer le luxe d'être accro à l'héro pour trois cents dollars par jour et pas de fil dentaire, merde ?

– T'sais ce qu'on devrait faire ? reprit Methane. On devrait se barrer… toi et moi.

– Wouah.

– On pourrait se sauter cette saleté de mur sans souci.

Il cligna de l'œil et fit tomber la cendre de sa cigarette dans le bassin aux carpes koïs.

– Allez, viens, qu'est-ce qu'ils vont faire, merde ?

– Crier hourra, sans doute, répondit Cherry.

Elle se remit debout en époussetant le fond de son pantalon. Elle songea à Tanner Machin Truc, là-bas, à Star Island, en essayant de se rappeler si la baise avec lui avait été bonne. Elle avait le vague souvenir de l'avoir aidé à enfiler une capote, mais le reste était brumeux.

–Je suis sûre qu'on pourrait sortir par la grande porte, à l'aise. On n'est pas en prison, mec. C'est rien qu'un spa pour alcoolos et toxicos.

Methane lui expliqua qu'il ne pouvait pas s'en aller par l'entrée principale parce que ses potes du groupe, ce ramassis de têtes de nœud hypocrites, avaient engagé deux gorilles latinos pour le surveiller de près et s'assurer qu'il ne se taillerait pas. Ça avait quelque chose à voir avec la police d'assurance de leur producteur – Methane devait être déclaré négatif aux tests de dépistage avant de pouvoir repartir sur les routes.

– La poisse, fit Cherry.

– Alors, qu'est-ce que t'en dis ? On fait le mur, on court à la plage et vive la défonce.

– Ma mère en mourrait.

– Bah, allez, *Cherish*, fit le batteur en souriant et en suivant d'un doigt le tour de son cou.

Elle lui rendit son sourire.

– C'est sympa à entendre. Redis-le pour voir.

– Cherish ? T'aimes bien, hein ?

Elle jeta sa Camel dans le lierre.

– OK, on le fait. Moi, d'abord.

Methane la hissa par-dessus le mur d'un mètre cinquante. Elle s'écorcha les paumes avec les plantes grimpantes qui le couvraient, puis tomba à quatre pattes dans des broussailles sèches, en haut d'un talus qui surplombait la Pacific Coast Highway. Le batteur atterrit avec un grognement près d'elle, en se tordant la cheville. Ils longèrent le mur jusqu'à l'angle de la propriété et s'engagèrent sur un sentier de randonnée pour descendre la colline.

Quand Methane déclara qu'il avait trop mal à la jambe pour continuer, Cherry lui dit d'agir en homme. Ils ne pouvaient pas appeler une voiture car ni l'un ni l'autre n'avaient de portable. Rainbow Bend avait confisqué les appareils lors de leur admission, ce qui était dû à un problème avec certains patients qui téléphonaient à leurs dealers ; ceux-ci se dévouaient pour faire le trajet jusqu'à Malibu et lançaient des sacs plastique de comprimés, cristaux de crack, têtes de cannabis et poudre par-dessus le mur. Certaines matinées, le jardin zen ressemblait au vestiaire des douanes à LAX.

– Continue d'avancer, intima Cherry au batteur.

– Mais je crois que je me suis niqué le pied, geignit-il.

– Fais pas ta chochotte.

Le sentier débouchait à quelques centaines de mètres de la guérite blanche plantée au bas de l'allée bordée d'arbres, qui menait au chalet de Rainbow Bend. Aucun membre de la brigade de surveillance des Foun's Pilotes n'était visible, mais le préposé de la guérite parut avoir remarqué les deux randonneurs improbables. Si Cherry était habillée d'une manière peu susceptible normalement de soulever les soupçons à Malibu – jean Hudson, sandales Rafe et haut noir DK –, Methane avait le look d'un dégénéré néo-nazi et pédophile. On l'avait déposé à Rainbow Bend en bottes de combat délacées, marcel blanc en lambeaux et ample bermuda de bain taille basse, qui non seulement laissait voir la raie de ses fesses mais aussi le tatouage d'une croix gammée entrelacée d'un serpent.

– Tu sais quoi ? On se sépare, mec, lui dit Cherry Pye.

– Merde, *baby*, je tiens à peine debout. Donne-moi le bras.

Elle se mit à avancer d'un bon pas dans la rue. Le batteur boitillait après elle, en jurant entre ses dents.

Une berline quatre portes argent, dont le moteur tournait au ralenti, était garée au bas de la pente du bloc. Un quidam corpulent en casquette dodelinait au volant. Cherry s'approcha et tapota le coffre de ses ongles, faisant tellement sursauter le conducteur qu'il en perdit son oreillette Bluetooth.

Une fois qu'il eut baissé la vitre, elle lui dit :

– Vous pouvez m'emmener quelque part ?

– Et moi aussi ? intervint Methane dans son dos.

L'homme lui demanda où elle allait.

– Holmby Hills, répondit Cherry. Puis à Burbank.

– Eh, la plage, t'en fais quoi ? lui rappela Methane.

Le conducteur observa Cherry avec curiosité.

– Vous voulez dire à l'aéroport de Burbank ?

– Si c'est pas trop vous déranger. Mais l'essence, c'est totalement pour moi.

– Pas de problème.

– J'ai, comme qui dirait, un rendez-vous au sommet à Miami.

– OK. Grimpez.

Cherry se glissa sur le siège passager à l'avant.

– Sympa, la caisse. C'est la nouvelle Classe C ?

– S, précisa le conducteur.

– Une tuerie.

C'est une voiture bien luxueuse pour empester la frite, songea Cherry. Ce type lui rappelait vaguement quelqu'un, même si elle n'arrivait pas à situer son visage.

Methane frappa le flanc de la Mercedes en disant :

– La portière arrière est verrouillée, mon frère.

– On y va, dit Cherry au conducteur.

– Et votre ami ?

– C'est un handicapé mental, grand modèle, je veux dire. Contentez-vous de rouler.

– Mais bien sûr.

– Eh, *Cheryl* ! s'écria Methane, narquois. Dis-lui d'ouvrir la portière, merde !

Elle ne se donna même pas la peine de se retourner quand ils s'éloignèrent à toute allure, abandonnant le batteur en train de gesticuler en pleine rue. Décochant un sourire adorable au conducteur pansu, Cherry lui dit :

– Merci. Mon nom, c'est Cherish.

– Je sais qui vous êtes.

– Ah ouais ?

Elle jeta un coup d'œil sur la banquette arrière et aperçut parmi les emballages froissés de McDo un grand sac photo et une paire de jumelles.

– Oh, c'est pas vrai, bordel, dit-elle.

L'homme lui tendit une patte graisseuse.

– Claude Abbott. Superfan.

5

La crise du marché immobilier n'aurait pas pu tomber à un plus mauvais moment pour Jackie Sebago, dont le cercle privilégié d'investisseurs avaient englouti collectivement plus de neuf millions de dollars dans le projet « résidentiel » de ce dernier. Histoire d'apaiser leurs inquiétudes, la SARL en commandite simple de l'Îlot Sebago convia lesdits investisseurs à un séminaire fastueux dans le très sélect Ocean Reef Club, sur Key Largo nord, havre de paix légendaire pour les individus blancs, riches et nerveux. Au programme des réjouissances, on trouvait du tennis, du golf, de la pêche en eau profonde, des cours de Pilates, des massages aux pierres chaudes, un concert privé de Michael Bolton et – si nécessaire – une visite du site du lotissement, situé le long de la County Road 905, à quelques kilomètres à peine au sud du club. La visite en question serait des plus brèves, puisque à ce jour, on avait coulé seulement deux dalles de béton.

Le plan de Jackie Sebago, c'était que les investisseurs se divertissent pendant la journée et boivent toute la soirée, afin de minimiser les occasions de subir un audit en règle. Jackie avait pris leur argent et acquis quatre parcelles d'un demi-hectare, sur lesquelles il avait prévu de construire un total de vingt-quatre résidences de luxe, à un jet de pierre de l'Atlantique. Le terrain à lui seul avait coûté quatre millions ; plutôt que de traiter avec une banque fouinarde, Jackie l'avait réglé en liquide, en tapant dans la mise de fonds des investisseurs. Il s'était approprié les cinq millions restants, préférant financer la phase de construction grâce aux futurs acomptes d'acheteurs enthousiastes. Ce tour de passe-passe floridien classique marche bien quand il y a pléthore de clients crédules et pétés de thune ; sur un marché sinistré, la formule est désastreuse.

Avec répugnance, Jackie Sebago avait puisé dans sa propre caisse noire luxembourgeoise les 250 000 dollars que coûterait le raout d'Ocean Reef. Fort de son expérience, il était persuadé qu'un week-end d'excès en tous genres imbibés de soleil détournerait toute velléité de révolte. Huit des neuf investisseurs avaient répondu présents ; tous feraient suivre soit leur femme soit leur maîtresse. Jackie les retrouva au carrousel à bagages de Miami International et les escorta à l'extérieur jusqu'à un bus luxueux, équipé d'une télé satellite et d'un *wet bar.* Il s'imaginait que plus vite ils seraient bourrés, mieux ce serait.

Pourtant, le trajet jusqu'aux Keys fut tendu. L'un des associés, un jeune loup des *hedge funds* originaire de Providence, refusa tout alcool fort et cribla bruyamment Jackie de questions auxquelles ce dernier était peu enclin à répondre. L'homme, un dénommé Shea, adopta un ton accusateur, alarmant son hôte, qui attendit en vain que les autres investisseurs prennent la défense de sa droiture. Au lieu de ça, ils devinrent silencieux, sauf pour murmurer, à l'occasion, un mot à leurs compagnes, et écoutèrent avec des mines d'une sobriété perturbante les interrogations nasillardes dudit Shea. Jackie Sebago entendait les glaçons tinter dans leurs verres au moindre cahot du bus.

Le point soulevé était le solde de l'apport des investisseurs et l'utilisation de ce capital. Quand Jackie assura à Shea que l'argent était en sécurité en Californie, ce roquet arrogant eut le toupet de mettre en question ce piètre mensonge en exigeant et le nom de la banque et le numéro de compte. Jackie se déclara insulté et proposa à Shea de lui restituer son investissement en totalité par virement électronique. Il dégaina son smartphone comme pour lancer la transaction, et flippa quand Shea ne fit pas machine arrière. En fait, tout un chacun dans le bus observait

Jackie pour savoir s'il irait jusqu'au bout. C'était l'horreur : personne ne prit la parole pour le tirer de ce guêpier.

Saisi d'une terreur rampante, Jackie gagna du temps en prétendant chercher dans sa liste de contacts le numéro privé de son banquier. Quelle façon merdique de démarrer un séjour en Floride, songea-t-il. Ces monstres d'ingratitude ne méritaient pas que Michael Bolton en personne leur donne la sérénade.

– C'est quoi le problème, bon Dieu ? demanda Shea.

Jackie fit défiler sa liste de plus belle.

– Je pensais avoir le numéro dans mon répertoire, mais je suppose qu'il est dans mon autre Pearl.

Puis il fit mine de consulter sa montre-bracelet.

– De toute façon, merde, les banques viennent de fermer à L.A.

– Alors, faites ça par mail, conclut Shea.

– Qu'êtes-vous en train d'insinuer exactement ? demanda Jackie, comme s'il ne le savait pas.

C'était un cauchemar : et si chacun d'eux exigeait la restitution de sa part ?

À cet instant-là, comme par miracle, le chauffeur écrasa les freins. Le bus fit une violente embardée, avant de s'arrêter dans un soubresaut. Jackie remonta la travée en vitesse, enchanté d'avoir une bonne excuse pour fuir l'interrogatoire de Shea.

Le chauffeur du bus aggripait le volant comme un perdu.

– Nom de Dieu, j'ai failli la heurter, hoqueta-t-il, en pointant du doigt une jeune femme qui gesticulait au bord de la route, dans la lueur des phares.

Chaussée de tongs à strass, elle était drapée dans une étoffe légère en damier noir et blanc.

– Tout le monde reste à sa place, lança Jackie Sebago d'un ton théâtral à ses investisseurs, qui paraissaient plus contrariés que soucieux.

Jackie considéra la piétonne en détresse comme une diversion divine, et bondit hors du bus.

– Dieu merci, vous vous êtes arrêtés, fit la jeune femme.

– Que s'est-il passé ? Ça va ?

Jackie observa qu'elle était des plus séduisantes, même avec une lèvre gonflée.

– C'était l'épouvante, dit-elle. Je ne vous raconte pas. Il m'a obligée à porter ça… cette horrible *vieillerie.*

Elle désigna avec dégoût d'une pichenette son accoutrement soyeux.

– C'est quoi ça ?

– Ça vient d'une course NASCAR à la noix.

– Le drapeau à damier ?

– Ouais, c'est un vrai malade dans sa tête.

La jeune femme chassa de la main un nuage de moucherons. Jackie Sebago trouvait qu'elle était drôlement appétissante, enveloppée de ce drapeau Jiffy Lube, mais ravala prudemment son compliment.

– Vous voulez que j'appelle une ambulance ?

– Emmenez-moi d'abord loin d'ici, d'acc ? Genre, tout de suite.

La jeune femme s'avança vers le bus, dont le moteur tournait au ralenti. Jackie l'arrêta en lui disant :

– Mais on va dans l'autre sens, jusqu'à Ocean Reef.

– Parfait. Partout ailleurs qu'ici, ce sera fabuleux.

– C'est quoi votre nom, mon chou ?

– Annie, fit-elle.

Elle grimpa dans le bus à la suite de Jackie Sebago. Ce dernier expliqua au chauffeur que la jeune femme avait besoin d'être soignée et qu'elle les accompagnerait jusqu'au club.

Shea le héla depuis l'arrière :

– Qu'est-ce qui se passe, bon Dieu ?

– Cette jeune dame est blessée. On l'emmène, claironna Jackie.

Aider cette femme le rassérénait beaucoup. Sa présence détonnante lui garantissait qu'on ne causerait plus audits ni comptes bloqués pendant le reste du trajet.

L'une des épouses demanda à ladite Annie ce qui avait bien pu lui arriver.

– C'était abominable, juste abominable, fit-elle en frissonnant. Je ne peux pas en parler.

Jackie ordonna au chauffeur du bus de repartir.

– Oh non, attendez ! lâcha Annie. J'ai oublié quelque chose.

Elle sauta du bus et disparut dans l'ombre des mangroves. Jackie Sebago regarda avec appréhension par la vitre. Puis s'adressa aux passagers impatients :

– Pas d'inquiétude, elle revient tout de suite.

La jeune femme était de retour quelques instants plus tard, mais elle n'était plus seule. Un géant grisonnant, avec des tresses cliquetantes rouges et vertes, pénétra sans un mot dans le bus à sa suite. Ses yeux semblaient loucher, il était nu sous son imper et coiffé d'un bonnet de douche mal ajusté, imprimé de papillons décolorés. L'homme s'était rasé le corps, qu'il avait bronzé, et se l'était peinturluré à la manière d'un aborigène.

Jackie tâtonna pour dégainer son portable, mais trop tard. Quand l'inconnu lui braqua en pleine tête un Remington à canon scié, Jackie fut soulagé d'entendre l'un des investisseurs se récrier :

– Faites pas ça, m'sieur ! C'est lui qu'a tout notre blé !

La dénommée Annie prit en dépôt le portable de Jackie. Puis, s'avançant dans la travée avec une taie d'oreiller crasseuse, elle collecta tous les autres téléphones en disant :

– Toutes mes excuses. Ce type est vraiment impossible.

D'une voix tremblante, le chauffeur du bus supplia l'inconnu de ne pas l'abattre. Ce dernier lui fit signe de rouler.

– Qu'est-ce que vous voulez ? chevrota Jackie Sebago. C'est du vol à main armée ou quoi ?

– Tu peux toujours repasser, lui répondit l'homme aux tresses.

Janet Bunterman appela Maury Lykes pour lui annoncer la mauvaise nouvelle.

– Cherry a fait le mur à Rainbow Bend.

– Merde.

– Elle a affrété un G5 et s'est renvolée pour Miami.

– Avec quelle thune ? demanda Maury Lykes.

– Il y avait un autre passager à bord de l'appareil. On pense que c'est le batteur des Foun's Pilotes... il a disparu de la clinique en même temps que Cherry.

– Magnifique. Elle ne pouvait pas s'enfuir avec le chanteur d'un groupe, je suppose. Un type du genre surfeur aux muscles bien dessinés mais sensible au fond, que toutes les ados d'Amérique ont envie de se taper. Non, votre fille va se choisir le barjo toxico sans talent, le racho aux dents pourries.

Maury Lykes soupira avec amertume.

– Quelle émouvante histoire d'amour, Janet. Je meurs d'envie de la lire dans les tabloïds.

– Parce que vous croyez que Ned et moi, ça nous met aux anges ?

Maury Lykes dit qu'il poursuivrait les Bunterman jusqu'au dernier dollar qu'ils possédaient si jamais Cherry Pye se mettait à l'héro avant sa grande tournée de concerts.

– Elle ne ferait jamais ça ! se récria Janet Bunterman. Et même si c'était le cas, on peut trouver un moyen pour que ça le fasse.

– Pardon ?

– Y a qu'à voir tous les grands musicos qui en ont pris et qui n'en sont pas morts. Clapton, Keith Richards, David Bowie... je veux dire, Maury, on se calme ! Ne supposons pas automatiquement que la situation est ingérable.

Il y eut un long silence à l'autre bout du fil. Puis, Maury Lykes dit enfin :

– Janet, vous feriez mieux de prendre le premier avion pour la Floride, bordel. En attendant, je compte bien dénicher votre idiote de fille et la tenir en laisse.

– Comment ?

– Ce type dont je vous ai parlé. Le nouveau Lev.

– Mais on n'a même pas eu l'occasion d'avoir un entretien avec lui, se plaignit Janet Bunterman. Il faut suivre le processus, Maury. Il n'a pas encore été engagé officiellement.

– Considérez que c'est officiel, répondit Maury Lykes, qui raccrocha.

Janet Bunterman faisait ses bagages quand son mari entra et lui dit que les attachées de presse jumelles l'attendaient en bas. Des bruits de l'admission de Cherry à Rainbow Bend, et de l'escapade qui s'en était suivie, avaient fuité, et le tandem des RP avait concocté un plan.

– Elles squattent la cuisine en clopant, précisa Ned Bunterman avec dégoût.

– Eh bien, mets-les dehors, comme on fait avec les chats, lui dit sa femme. Tu viens à Miami avec moi, oui ou non ?

Ned Bunterman répondit que non. En disant qu'il s'était engagé à jouer dans un tournoi de golf de bienfaisance à Palm Springs.

– Pour sensibiliser le public au problème du lupus, ajouta-t-il.

– Je croyais que c'était la semaine dernière.

– Non, ma chérie. La semaine dernière, c'était au profit du cancer du côlon, et ça se passait à Torrey Pines.

– Ah bon.

Janet Bunterman n'avait aucune raison de croire son mari qui, depuis plusieurs années, entretenait une liaison avec un couple bisexuel danois d'âge mûr, propriétaire d'une boutique de dépôt-vente à Pasadena. Parfois il les accompagnait de longs week-ends à Ojai ou Moab. Janet Bunterman tolérait les galipettes de son époux car il faisait un boulot à peu près correct en gérant les gains de leur fille, et qu'elle, de son côté, avait une liaison chaude bouillante avec son professeur de tennis trentenaire.

– J'ai eu une idée géniale pour faire taire cette rumeur, dit Ned Bunterman.

Sa femme rangea avec soin trois maillots de bain dans sa valise et lui dit :

– Ce n'est pas une rumeur, mon chéri. C'est une réalité.

– Tu veux bien m'écouter, d'acc ? On n'a qu'à introduire en douce Ann DeLusia à Rainbow Bend en pleine nuit. Puis demain, genre cinq minutes à l'heure du déjeuner, elle ira faire un petit tour sur la terrasse du solarium – celui du premier étage, tu te rappelles ? On le voit depuis la rue. Comme ça, les paparazzis pourront la mitrailler au télé. On n'aura qu'à l'affubler d'un grand chapeau et de lunettes noires.

Ned Bunterman eut un sourire madré.

– Les photos feront le tour de la planète et tout le monde la prendra pour Cherry, bien au chaud en train de purifier ses chakras.

Janet Bunterman secoua la tête.

– J'y ai déjà pensé, Ned. Mais il y a un petit problème : Annie est à Key West et ne répond plus au téléphone.

– Tu plaisantes ? Ann ?

– Ouais, et je suis franchement furax. On est en alerte rouge, là, et elle est en train de décompresser à Tequilaville.

Ned Bunterman tentait rarement de corriger les références erronées de son épouse ; dans leur union, elle s'était depuis longtemps octroyé le rôle d'autorité en matière de culture pop.

– Les Lark t'attendent, Janet, lui dit-il.

– Merde, ce que j'ai besoin d'un verre.

Lucy et Lila Lark rengainèrent leurs portables et écrasèrent leurs cigarettes quand les parents de Cherry Pye sortirent sur la terrasse du patio. Comme les jumelles avaient recours aux services hors pair du même chirurgien esthétique brésilien et suivaient un régime d'injections de Botox identique, peu de gens arrivaient à les distinguer. Ce n'était pas vraiment nécessaire, comme l'avaient appris les Bunterman. Les deux Lark parlaient comme une seule femme. Elles se spécialisaient dans les célébrités à problèmes, et avec Cherry Pye, elles ne chômaient pas. En général, on consultait Lucy et Lila seulement lorsqu'une carrière partait en vrille à la vitesse grand V, ce qui expliquait pourquoi tant de leurs clients finissaient morts ou en prison. Prévoyant un destin similaire à Cherry, les Lark facturaient leurs services aux Bunterman à la semaine.

– Écoutez-nous bien. On oublie Rainbow Bend, leur dit Lucy.

– Moi, ça me va, dit la mère de Cherry.

– De même qu'on oublie le Stefano, ajouta Lila.

Ned Bunterman leva timidement la main droite, comme s'il était en cours de philo.

– Alors, c'est quoi la version officielle ?

Les jumelles échangèrent un regard, puis Lucy reprit :

– Cherry est partie rendre visite à des amis en Floride, elle se repose avant sa tournée de concerts.

– Qui démarre à Miami, dit Lila, alors pourquoi ne serait-elle pas là-bas ?

Lucy opina.

– Tout à fait. Elle est au Stefano depuis une semaine. On s'arrangera pour que le directeur fuite l'info au *Herald*.

Le père de Cherry leva à nouveau la main.

– Quelqu'un l'a prise en photo à Malibu quand Janet l'a amenée à la clinique. C'est partout sur le site Web du *Globe*, et sur TMZ aussi.

Tandis que les Lark méditaient sur cette nouvelle donnée, Janet Bunterman demanda :

– On en a vraiment quelque chose à faire de ce vieux torchon de *Globe* ?

Lucy fit claquer deux doigts.

– Cherry est allée rendre visite à une amie à Rainbow Bend. Une de ses bonnes amies qui traverse une mauvaise passe.

– Évidemment, renchérit Lila. Puis, elle a repris l'avion pour la Floride afin de…

– Se reposer et de répéter en prévision de la tournée, termina Lucy.

– Oui, de se reposer et de répéter.

Si les Bunterman tombèrent d'accord pour dire que l'histoire tenait debout, ils restaient inquiets par rapport au batteur.

– C'est un accro à l'héroïne bien connu, dit Janet Bunterman. D'après Maury, ce serait la cata absolue si quelqu'un repérait Cherry en train de zoner avec lui.

– Vous parlez bien du bouffon des Foun's Pilotes ? fit Lucy.

– Son nom, c'est Methane Drudge, précisa sa sœur.

Janet Bunterman acquiesça.

– D'après Maury, ça tuera dans l'œuf les ventes de billets si les fans de Cherry croient qu'elle marche à l'héro. Une telle rumeur suffirait à faire sombrer la tournée, d'après lui.

Les jumelles sourirent.

– Cherry ne « zone pas » avec M. Drudge, dit Lila, car M. Drudge est retourné à Rainbow Bend. On l'a ramassé hier après-midi, dans les pommes, sur la plage, derrière la maison de Kate Hudson.

Ned Bunterman déclara que c'était une merveilleuse nouvelle. Janet Bunterman demanda :

– Alors qui Cherry a-t-elle embarqué avec elle dans l'avion pour Miami ?

Les Lark ne s'engagèrent pas dans une spéculation sans objet et conseillèrent aux Bunterman de localiser leur écervelée de fille au plus tôt et de lui adjoindre un garde du corps sérieux.

– Car, de notre côté, on ne peut pas faire grand-chose de plus, leur dit Lucy.

– Oui, ajouta Lila. On n'est que de pauvres créatures humaines.

Bang Abbott n'avait jamais volé en avion privé jusque-là. Et prenait un pied fantastique. Il en était à sa troisième vodka-orange au moment où ils survolèrent le Nouveau-Mexique. Il shoota tranquillement une photo de Cherry Pye, roulée en boule, les yeux fermés, de l'autre côté de la travée. Entendant cliqueter le déclencheur, elle quitta son siège et lui balança un coup de poing.

– Du calme, petite, lui dit Bang Abbott, en écartant vite fait son appareil.

– Tu me refais le coup et on te largue, toi et ton gros cul, à l'ouest du Texas. Et je rigole pas.

– Pardon, OK ?

Le photographe n'avait certes pas envie de la mettre en pétard. C'était le jackpot de sa vie, ce tête-à-tête avec une starlette en chute libre.

– Ils ont tué la princesse Diana, tu sais, fit Cherry.

– Qui ça ?

– Ceux de ton espèce. Elle essayait de leur échapper quand sa limousine s'est emplafonnée dans ce tunnel.

Cherry fit signe à l'hôtesse.

– Servez-moi un Jack *on the rocks*, commanda-t-elle. Et laissez-moi la bouteille.

– Je ne suis pas comme les autres, dit Bang Abbott.

– Vraiment ? T'es pas un de ces « traquarrazis » ? Ah bah !

Elle fit tomber trois comprimés blancs d'une enveloppe et les goba à sec.

– Me souviens de toi, mec, maintenant. T'es celui qui me demande toujours de lui faire risette.

Elle se fendit d'un rictus bidon de blonde idiote.

– Comme ça tout juste, fit-elle.

– Écoutez, Cherry...

– *Cherish*, nom de Dieu.

– Cherish. C'est ce que je voulais dire.

Invraisemblable mais vrai, l'effet de la vodka se dissipait chez Bang Abbott. L'indicateur de température de la cabine du jet avait beau afficher vingt degrés, il était en sueur comme un sumo constipé. Il n'avait pas prévu un tel accès d'hostilité cohérente chez Cherry. Il avait escompté qu'elle serait raide *stone* : pourquoi sinon aurait-elle invité un paparazzi à partager son vol ?

Dès qu'elle eut fini son premier verre, Bang Abbott lui en servit un deuxième.

– C'est quoi ton nom déjà ? demanda-t-elle.

– Claude.

– J'ai eu un chat qui s'appelait Claude. Il a bouffé un crapaud venimeux.

Cherry Pye haussa les épaules.

– Dieu l'a rappelé à Lui. C'est ce que m'a dit maman.

Soudain, le jet Gulfstream parut tout petit à Bang Abbott. L'idée de devoir converser avec cette fille pendant encore trois heures était démoralisante. Bang Abbott portait zéro intérêt aux souvenirs d'enfance, aux opinions politiques ou autres philosophies de la vie des people qu'il pourchassait ; leurs photos étaient tout ce qui lui importait. Il se demanda combien de temps encore il restait avant que Cherry ne tourne de l'œil, afin qu'il puisse faire une nouvelle tentative avec son appareil.

Mais si elle ne piquait pas du nez ?

– Vous avez l'air lessivée, lui dit-il.

– Merci. Et toi, tu ressembles à Jake Gyllenhaal. *Non, je plaisante.*

Bang Abbott était nul pour parler à bâtons rompus. Ça lui avait été épargné pendant le trajet de Rainbow Bend à l'aéroport car Cherry avait bavassé au téléphone – son téléphone à lui – non-stop.

– Je ne mentais pas quand je vous ai dit que j'étais un de vos fans.

– Ah ouais ? Alors, c'était quoi le premier single de mon dernier CD ?

– « Langue en Cavale ».

Bang Abbott aurait pu réciter l'intégralité de sa discographie, non pas parce qu'il aimait bien sa musique mais parce que c'était futé d'y prêter attention. La valeur des photographies montait et chutait au gré des hauts et des bas de la carrière de Cherry Pye.

Comme c'était prévisible, qu'il connût le titre de la chanson la chatouilla agréablement.

– Tu veux écouter mon nouvel album ? fit-elle en pêchant un iPod dans un cabas en croco, mais la batterie était morte.

– Merde, marmonna-t-elle avant de balancer l'appareil à l'autre bout de la cabine.

– J'ai tout ce que vous avez fait, Cherish, dit Bang Abbott. Même la vidéo de Telluride.

– Aïe-mon-Dieu.

Elle pouffa en se couvrant la bouche de sa main.

Deux, trois ans plus tôt, lors d'une autre accalmie « volontaire » de carrière, Cherry Pye avait fait une *sex tape* et payé un attaché de presse spécialisé dans le genre pour qu'il la fasse circuler sur Internet. Bang Abbott, qui se jugeait fin connaisseur en pornographie amateur, acheta le DVD pour soixante dix-sept dollars, somme qu'il déduisit de ses impôts à titre de frais professionnels. À sa grande déception, les scènes de sexe proprement dit se révélèrent encore plus fastideuses et dépourvues d'imagination que celles de Paris Hilton. Cherry avait choisi pour partenaire un gardien de but de foot argentin hirsute, qui accompagnait le moindre coup de rein d'une grimace, tandis que Cherry fixait le plafond d'un œil vitreux. De temps à autre, elle se trémoussait sans conviction en hoquetant, tel un fox-terrier perclus de rhumatismes. Le tout se déroulait en dix-neuf minutes sur une moquette d'alpaga blanche non loin d'une cheminée à gaz ringarde, dans une station de ski du Colorado.

– C'était superchaud, mentit Bang Abbott.

– Merci, mon gros doudou.

– Ce type sur la vidéo, c'était votre petit ami ?

Cherry éclata de rire.

– Mon *quoi* ?

Bang Abbott perçut qu'elle se dégelait vis-à-vis de lui. Il lui prépara un autre verre et lui dit :

– Je peux vous demander quelque chose ? Vous étiez descendue au Stefano, l'autre soir ?

– Celui de South Beach ? Ouais, je crois.

– Vous vous rappelez s'il y a eu un souci ? Parce que quelqu'un a appelé pour une overdose.

– T'aurais pas des clopes ? fit Cherry.

– Donc je me suis précipité là-bas, vous savez, pour voir si c'était vous, continua Bang Abbott. Mais il y avait une autre blonde sur une civière. On la chargeait dans une ambulance.

– Ben alors, c'était pas moi, dit Cherry avec un brin d'impatience.

Elle demanda une cigarette à l'hôtesse mais on l'informa que la compagnie charter n'en faisait pas provision à bord de ses appareils, Gulfstream compris.

– Ben, ça craint un max, fit Cherry.

– Mais plus tard, je suis tombé sur Lev, poursuivit Bang Abbott. Il m'a appris que votre mère l'avait viré, au fait…

– Ouais, elle peut être carrément garce.

– Bref, Lev m'a dit que cette fille sur la civière était un genre de doublure, insista Bang Abbott. Il m'a laissé entendre qu'elle était payée rien que pour nous feinter.

Cherry Pye parut curieuse.

– Feinter qui ? Tu veux dire la meute des vermines ?

– Nous tous, les paparazzis.

– Oui, la meute des vermines. C'est comme ça qu'on vous appelle, les mecs.

Bang Abbott ne l'avait encore pas entendue, celle-là. Mais ne se sentit pas insulté le moins du monde.

Cherry agissait comme si ses comprimés lui faisaient de l'effet. Elle se redressa en disant :

– Lev va me manquer. Il m'éclatait bien au pieu.

– Mais il m'a raconté des craques, ou non ? Pour le sosie ?

Bang Abbott ne pouvait pas laisser passer ça. Il mourait d'envie de savoir combien de fois on l'avait truandé.

Cherry lui posa une main sur le bras en disant :

– Claude, je ne sais franchement pas de quoi tu parles, merde. (Elle posa son verre et rafla une poignée de cacahuètes salées sur une assiette en cristal.) J'croyais que tu serais vachement plus marrant comme mec. Et enlève-moi ces vieilles pompes ringues, tu veux.

Bang Abbott fit ce qu'on lui demandait. Sa compagne de voyage avait l'air d'être prête à piquer un roupillon, et dans sa tête, il cadrait déjà la photo qui paierait : Cherry ronflant, la bouche ouverte, la demi-bouteille de Jack Daniel's calée entre les jambes.

Cherry avisa le moniteur à écran plat sur la paroi, près de la cuisine.

– Eh, on pourrait se mater un porno.

– Pourquoi vous n'essaieriez pas de prendre un peu de repos ? lui suggéra le photographe.

– Claude, j'ai une question à te poser. C'est quand la dernière fois que tu as baisé ? Et dis-moi la vérité.

Bang Abbott sentit ses joues s'empourprer.

– Vous voulez dire sans avoir à payer pour ça ?

Il tâcha de donner à sa réponse le ton de la plaisanterie. À son grand étonnement, Cherry Pye enleva son jean et se mit à califourchon sur lui.

– Oh, tu vas payer pour ça aussi, lui feula-t-elle à l'oreille. Tout ce qui est bon n'est jamais gratuit.

6

Le dénommé Skink dit à Ann DeLusia qu'elle était bonne joueuse.

– Je vais vous laisser à l'Alabama Jack's. Vous trouverez là un certain Jim en Harley bleue, il vous ramènera sur le continent. Je vous serais reconnaissant de ne pas contacter les autorités pendant un jour ou deux.

– Je vais y penser, si vous permettez.

– L'hôpital le plus proche est à Homestead.

– Je ne me sens pas mal du tout, lui dit Ann.

Cela se passait après que le bonhomme eut emmené les passagers du bus détourné dans une vaste clairière près de l'océan, les eut disposés en cercle autour d'un feu de joie allumé avec leurs bagages et les eut tancés en les vouant aux gémonies pendant trois bons quarts d'heure. Le dénommé Jackie avait écopé du pire – Skink l'avait attaché à un arbre tandis qu'Ann et le chauffeur du bus, à l'écart dans l'ombre, écoutaient en se partageant une bière. Apparemment, ledit Jackie avait recruté quelques accros au crack itinérants pour tailler à la machette dix hectares de mangroves rouges sauvages, entreprise parfaitement illégale destinée à assurer une vue imprenable sur l'Atlantique aux résidences à venir que lui et ses investisseurs envisageaient de bâtir. Ann eut l'impression que les investisseurs eux-mêmes n'étaient pas non plus sous le charme de Jackie, quoique pour d'autres raisons.

– Comment avez-vous appris leur venue ? demanda-t-elle à Skink.

– C'était sur tous les tableaux d'affichage à Ocean Reef. Je m'y suis arrêté un soir pour leur rendre une poignée de couverts.

– Et comment saviez-vous que leur bus s'arrêterait pour moi ?

Il sourit largement.

– Parce qu'un météore arrêterait sa course pour vous, ma chère Annie.

C'était après qu'elle eut renfilé sa tenue de vacances et que Skink se fut noué le drapeau en damier autour de la taille, en guise de kilt. Il lui avait rendu son sac et son portable, soigné ses écorchures de l'accident de voiture avec une crème antibiotique trouvée dans un kit de premier secours à bord du bus. Il l'avait ensuite emmenée sur la tombe d'une panthère qu'un camion de bière avait heurtée de nombreuses années plus tôt, à ce qu'il lui dit du moins. Ce fut là, dans un bosquet de vieux platanes, qu'assis près d'elle, à l'aide d'un stylo torche, il lui avait lu *Remords posthume* de Baudelaire à haute voix. Elle s'était attendue à ce qu'il tente de lui peloter les seins, au minimum, mais rien de la sorte ne se produisit. Quand il lui dit qu'il avait été autrefois gouverneur de Floride, elle lui répondit qu'elle était l'impératrice du Japon.

– Il faut que les choses soient bien claires, lui dit-il. J'ai coulé votre voiture de location à dessein, afin que personne ne la voie et ne vienne vous chercher.

– Ça fait beaucoup de boulot, à vous entendre.

– Jim dira à l'hôpital qu'il vous a trouvée titubant le long de la route.

– Sans problème. Jouer les paumées hagardes, ça me connaît, lui dit Ann.

Ça, c'était plus tard, en route vers l'Alabama Jack's. Quand le bus attaqua la montée du Card Sound Bridge, le faux œil de Skink tomba et roula dans la travée. Ann le retrouva sous le *wet bar* et le lui rendit. Il lui fit promettre de télécharger du Gram Parsons quand elle rentrerait chez elle, et elle lui dit de jeter un œil sur le dernier film des frères Farrelly. Il lui déclara qu'il n'y avait aucun espoir pour les Jackie Sebago de ce monde, en ajoutant que c'était gaspiller son énergie que d'essayer de convertir des crétins pareils. Quand Ann DeLusia lui demanda s'il retournerait au feu de joie sur le site du chantier, il lui répondit que oui, bien sûr.

– Qu'allez-vous faire à ce type ?

– Rien qui ne sera couvert par son régime d'assurance maladie.

– Vous êtes déjà allé en prison ?

– Ne soyez pas ridicule, lui dit-il. Mais je vois où vous voulez en venir. Je ne rajeunis pas.

– Vous avez déjà tué quelqu'un ?

– Oui.

– Moi aussi, dit Ann.

Il réagit comme s'il la croyait.

– C'est vachement désagréable, n'est-ce pas ? fit-il.

– Pire que tout.

Elle lui avait dit deux fois qu'elle était actrice, mais il était évident qu'il l'avait oublié.

– Les flingues, ça fait trop de bruit. D'habitude, j'utilise un pic à glace, ajouta-t-elle sur un ton terre à terre.

Skink ne parut pas l'entendre. Le bus s'était arrêté au péage, et de là, Ann aperçut l'enseigne de l'Alabama Jack's. Skink réinséra son œil de verre pendant que le chauffeur attendait la monnaie.

– Vous avez besoin d'un peu d'argent ? murmura Skink à Ann.

Elle songea qu'il était le SDF le plus atypique qu'elle eût jamais rencontré, même si elle n'en avait pas rencontré beaucoup.

– Non, c'est bon, fit-elle en tapotant son sac à main. Mon téléphone est bien dedans ?

Quand le bus s'arrêta dans le parking désert du bar, Skink lui désigna la moto bleue. Debout à côté se dressait une silhouette à forte carrure, coiffée d'un casque intégral.

– Lui, c'est Jim, dit Skink. Une fois sur le continent, il vous donnera un bout de papier avec un numéro de téléphone. Conservez-le en lieu sûr, Annie.

Elle éclata de rire.

– Est-ce qu'à votre façon zarbi, vous me filez un rencard ?

Il lui plaqua une bise sur le front en disant :

– Il y a trente ans, j'aurais déjà arraché votre culotte avec les dents à l'heure qu'il est. En douceur, bien entendu, avec des bougies au premier plan.

– Des bougies parfumées ?

– Utilisez ce numéro si jamais vous avez des ennuis. Celui que Jim vous donnera.

– Vous parlez sérieusement ? fit Ann. Je vais appeler les flics à votre sujet, m'sieur !

– Mais oui, c'est ça, dit Skink.

Il lui donna une tape sur les fesses pendant qu'elle descendait du bus.

Avant que Cherry Pye ne le prenne en main, l'aventure sexuelle la plus mémorable qu'eût connue Bang Abbott remontait à la soirée qui avait suivi son prix Pulitzer. Le journal organisa une fête dans un *sports bar* en vogue de Saint Petersburg ; là, une employée des petites annonces appelée Naomi avait emmené Bang Abbott dans les toilettes pour dames et l'avait baisé à mort, debout, en équilibre, dans une cabine déverrouillée. La vigoureuse employée n'était pas particulièrement menue et Bang Abbott (même dans ses jeunes années), pas spécialement souple. Résultat : il se claqua les ligaments croisés antérieurs des deux genoux au moment de l'orgasme, ce qui les expédia, Naomi et lui, à grand fracas sur le carrelage. Aux urgences, elle l'avait quasi ignoré, avant de refuser grossièrement de prendre ses coups de fil, une fois retournée à son poste le mois suivant. Avant d'avoir pu la reconquérir, Bang Abbott avait été détourné de son but par de sales rumeurs concernant sa photo primée de l'attaque du requin. Ces rumeurs se confirmant, cela compliqua d'autant la défense de Bang Abbott. Au moment où il abandonna ses béquilles et fit ses bagages pour la Californie, Naomi ne l'intéressait plus. Il apprit par la suite qu'elle avait perdu dix kilos et épousé un concessionnaire Saab.

– C'est ta première fois dans les airs ? lui demanda Cherry.

Bang Abbott opina en bouclant maladroitement la ceinture de son pantalon. Il était dans un état d'hébétude avancé. À en croire sa montre, la chose n'avait duré que quatre minutes en tout ; il avait pourtant l'impression de flotter depuis des jours et des lunes sur un nuage tantrique. Cherry appela à grands cris l'hôtesse, qui s'était retirée discrètement dans la cuisine, et lui réclama un seau à glace.

– C'était incroyable, fit Bang Abbott.

– Tu parles, fit Cherry en leur versant un nouveau verre. Ça te dirait un Percocet ?

– Pas pour le moment.

Bang Abbott s'inquiétait déjà de son degré de vivacité. Cherry lui avait plus ou moins annihilé les sens.

Elle renfila son jean en disant :

– Je suis totalement HS, Claude. Tu m'as achevée.

– Fais un petit somme, lui dit-il.

– Seulement si tu me promets de ne pas me prendre en photo.

– Sur la tombe de ma mère.

Elle tendit la main vers le bas-ventre de Bang, sa petite main y fouissant tel un hamster.

– Je ne rigole pas, Claude, joue pas au con. En tout cas, si t'as envie de rebaiser avec moi.

– Promis, Cherish, dit Bang Abbott.

Dès qu'elle se mit à ronfler, il ôta le capuchon d'un Nikon et la mitrailla une dizaine de fois. Puis il déboutonna son chemisier et prit quelques clichés de plus, pour la presse people européenne. L'hôtesse, qui préparait du café pour les pilotes, marqua sa désapprobation d'un froncement de sourcil mais ne dit rien. Quand Bang Abbott fit mine de lui tirer le portrait, elle rougit et tourna les talons.

Le jet entra dans une zone de turbulences, et Bang rangea prestement son appareil, au cas où les secousses réveilleraient Cherry. Il tenta de s'assoupir, mais ne pouvait s'empêcher de repenser au truc hallucinant qui venait de lui arriver en se demandant pourquoi. Bang Abbott n'arrivait pas à se rappeler un autre « shooteux » que la people qu'il poursuivait aurait baisé. De temps à autre, on entendait parler de l'exhib délibérée d'un mamelon ou d'un relevé de jupe taquin, mais il ne connaissait aucun paparazzi qui aurait eu droit ne serait-ce qu'à une branlette de la part d'une star. L'abîme social entre le parasite et son hôte était considéré comme infranchissable.

Être un « liposuccionniste » de la *A-list* ou un producteur de films star, Bang Abbott le savait, n'aurait en rien amélioré les probabilités astronomiques qu'une sémillante blonde le gratifie d'un coup rapide en haute altitude. Il était bien conscient de son manque d'attrait prédominant : son problème de poids, ses habitudes négligentes en termes de lessive, son attention superficielle à l'hygiène et au toilettage de base. Il était sous de nombreux aspects un porc, et qu'il ait pu séduire Cherry Pye défiait toute explication, même au vu de sa réputation débridée.

Ce mystère tarabusta Bang Abbott pendant le reste du vol, et il fut forcé d'en conclure que Cherry était bien plus défoncée qu'il ne l'avait cru quand elle s'était collée sur ses genoux. Le temps qu'ils atterrissent à Tamiami, elle aurait dessoûlé et il se préparait à un réveil grincheux et à un au revoir des plus brusques. *Et puis après ?* se dit-il. *J'ai du moins quelques photos qui sont une vraie tuerie.*

Mais quand le Gulfstream se posa, il fut surpris de voir Cherry tout sourires.

– Salut, mon gros doudou, lui dit-elle d'une voix ensommeillée. Je peux voir ton téléphone ?

Bang Abbott lui tendit volontiers son BlackBerry. Soit elle ne se rappelait plus ce qui s'était passé plus tôt, soit elle était d'accord avec ce qui s'était passé.

Le jet roulait encore sur la piste quand Bang Abbott, se tassant dans les toilettes, pissa abondamment puis vissa sa casquette des Dodgers sur son crâne. Ce qu'il vit dans la glace renforçait l'extrême invraisemblance de la situation. C'était ultra-stupéfiant que le gros tas fripé à l'air faisandé qui lui retournait son regard se soit fait sauter vigoureusement à 35 000 pieds par une grande pointure féminine du disque. Bang Abbott connut une poussée d'euphorie intrépide. Désormais, tout et n'importe quoi lui semblait possible.

Cherry était encore pendue à son BlackBerry quand ils descendirent de l'avion. Une limousine Lincoln aux vitres fumées les attendait sur le tarmac. Le chauffeur chargea leurs sacs et Cherry grimpa à l'arrière, en claquant la portière. Bang Abbott se hâta de contourner la limousine, mais la voiture démarra dans un crissement de pneus alors qu'il tendait la main vers la poignée.

– Nonnnnn ! beugla-t-il en levant les deux bras au ciel. Mes appareils !

La Lincoln poursuivit sur sa lancée. Avec un joyeux coup de klaxon, elle quitta l'aéroport en franchissant un portail coulissant.

– Pas mes Nikon, fit le photographe au comble de la désolation. Pas mes Nikon, bordel.

L'hôtesse avait tout vu du haut de la passerelle. Bang Abbott leva les yeux et à nouveau les bras vers elle.

– Cette dingue, elle a tout embarqué, la conne !

– C'est épouvantable.

– Svp, mon petit, il me faut un téléphone.

– Je regrette, répondit l'hôtesse, on repart pour Nassau (et ce, avec le même sourire avec lequel elle offrait des cacahuètes salées chaudes). Bon séjour en Floride.

– Va mourir, fit Bang Abbott.

Tournant les talons, il se dirigea d'un pas pesant vers le bâtiment du terminal.

Janet Bunterman prit un vol de nuit et atterrit à Miami International le lendemain matin. Elle attendit presque une heure ses bagages, puis loua une voiture pour se rendre au restaurant du Raleigh, où Maury Lykes trônait sur une banquette au milieu d'une pile de tabloïds.

– Quelles nouvelles de notre nymphette en vadrouille ? demanda-t-il.

– Aucune encore, mais ne vous inquiétez pas.

– Que je ne m'inquiète pas ? Elle est bien bonne, celle-là, Janet.

Maury Lykes passa une langue verruqueuse sur ses dents de devant.

– Elle est censée commencer les répétitions de la tournée... Vous n'avez pas oublié la tournée, n'est-ce pas ?

– Qu'est-ce que je peux faire d'autre ? lui dit Janet Bunterman. Elle a laissé son portable à Rainbow Bend... je n'ai aucun moyen de la joindre.

Maury Lykes lui dit qu'on vérifiait pour lui les points de chute habituels de Cherry à South Beach : le Stefano, le Shore Club, le Setai. Mais on ne l'y avait pas vue.

Le serveur apporta un bloody mary à Janet Bunterman.

– Je parie qu'elle a rejoint ce gamin du film de Tarantino, dit-elle.

– Le Vicodine Boy, autrement dit. C'est bien mon souci, à moi aussi.

Maury Lykes chuchota quelque chose au serveur avant de se retourner vers la mère de Cherry.

– Je vais vous présenter quelqu'un, Janet, mais je ne veux pas que ça vous inquiète. Tâchez du moins de ne pas le *montrer*, promis ?

Avant que Janet Bunterman ait pu absorber l'avertissement, un individu de très haute taille s'approcha de la table et s'y installa. Il portait une moumoute exécrable rose saumon, d'où extrudaient des oreilles aux airs de pruneaux. Son visage semblait avoir été massé avec une râpe à fromage industrielle, puis retouché au pistolet à colle. Les lèvres minces, étiolées, avaient l'air parcheminées et ses yeux bordés de rouge vous fixaient d'un regard morne. Janet Bunterman, baissant la tête par nervosité, se retrouva à contempler le bras gauche de l'homme, en forme de gourdin, qui était gainé à partir du coude d'un sac nylon zippé frappé du logo COBRA GOLF.

– Janet, dit Maury Lykes, voici la personne dont je vous ai parlé... le nouveau garde du corps de Cherry.

– Mon Dieu.

– Il s'appelle Chimio.

– Pouvez-vous m'excuser un moment ? dit Janet Bunterman en se levant.

– Rasseyez-vous, lui dit Maury Lykes avec fermeté.

Le dénommé Chimio clignait des yeux comme un iguane endormi. Une fois réinstallée, la mère de Cherry s'éclaircit la voix et demanda :

– Vous avez un CV, M. Chimio ?

Ce dernier lança un coup d'œil à Maury Lykes.

– Elle plaisante ou quoi ? Nom de Dieu.

– Janet, aux grands maux *et cetera*, fit le producteur. Il faut regarder le bon côté des choses... pour une fois, Cherry ne se tapera pas son gorille.

Il ajouta, s'adressant à Chimio avec un haussement d'épaules :

– Sans vouloir te vexer, l'ami.

Chimio sourit : nouvelle vision d'horreur. Ses dents tachées étaient de minuscules chicots ; on aurait dit qu'on lui avait implanté des grains de riz avariés dans les gencives.

Janet Bunterman pâlit.

– Maury, je peux vous parler seule à seul ?

– Nan.

– Alors je peux avoir un autre verre ?

– Un café cubain pour moi, dit Chimio qui, plongeant la main dans son verre d'eau, y pêcha le zeste de citron qu'il mâchouilla, le réduisant en bouillie.

– Vous mesurez combien ? s'enquit la mère de Cherry, cherchant un sujet de conversation.

– Deux mètres cinq. Et ne me demandez pas si j'ai déjà joué au basket, bordel.

– D'accord.

– Autant demander à un nain comment ça se fait qu'il n'est pas dans un cirque.

– Calmos, s'interposa Maury Lykes. Janet est simplement curieuse de tes antécédents.

– Vous ne lui avez rien dit ? fit Chimio en pouffant à part lui.

Janet Bunterman cherchait autour d'elle le serveur avec anxiété.

– Chimio était un agent hypothécaire très prospère, précisa Maury Lykes.

Improbable mais vrai. Après seize ans et neuf mois accomplis au pénitencier de Raiford, Chimio était sorti de QHS pour bosser direct dans le négoce des prêts immobiliers à Orlando. On était à l'apogée du boom dans ce domaine, et les crédits fragiles abondaient ; l'État de Floride fermait les yeux de bon cœur sur toutes les réglementations restrictives et accueillait à bras ouverts absolument quiconque – des milliers de criminels condamnés inclus – entrait dans le racket du démarchage des prêts hypothécaires. Gonflant ces rangs bigarrés, on trouvait escrocs invétérés, braqueurs de banques, trafiquants de drogue, cambrioleurs, maquereaux, faussaires en tous genres, adeptes du *carjacking*, et même une poignée de tueurs, tels que Blondell Wayne Tatum, plus connu sous le surnom de Chimio[1].

Au nombre de ses victimes, on comptait le vieux dermato tremblotant qui lui avait cramé le visage pendant une séance d'électrolyse ratée, plus le chirurgien esthétique ripou qui lui avait faussement promis de réparer les dégâts. Une négociation ayant réduit la gravité de ses crimes, Chimio avait atterri à Raiford avec des peines confondues relativement légères. Comme nombre de détenus, il changea en prison, même si dans son cas la Bible ne joua aucun rôle dans sa conversion. À la place, ce fut un plus mince volume intitulé *Guide du petit futé pour presser comme un citron le marché du prêt hypothécaire*, qui prêchait en faveur d'une philosophie strictement non violente de la fraude et autres subterfuges.

Une fois dehors, Chimio eut tôt fait d'apprendre, malgré ses côtés brut de décoffrage. Il devint expert dans l'embellissement des qualifications des demandeurs de prêts à risque, par exemple le friturier du restaurant Sizzler de son quartier, pour lequel Chimio verrouilla un total de 525 000 dollars, subprime de quinze ans sans apport. Chimio fut ravi de pouvoir contribuer à la concrétisation du rêve américain – quoique de façon temporaire – d'un gamin de dix-neuf ans au smic, fraîchement débarqué d'un cargo en provenance du Honduras. Chimio tira encore plus de satisfaction de son dessous de table dans la transaction, qu'il investit dans un 4×4 Denali d'occasion avec des jantes sur mesure.

Un crédit voué à l'insolvabilité en engendrait un autre, mais les courtiers du genre de Chimio étaient récompensés sur la

1. Pour les antécédents du personnage, cf., du même auteur, *Cousu main*, Éditions des Deux Terres, 2012 (*NdT*).

quantité, pas sur la qualité. C'était la beauté du procédé. Pour finir, un journal local publia un article peu flatteur en première page sur la société qui employait Chimio et sur son patron, qui avait fait autrefois un séjour de cinq ans à Avon Park pour avoir braqué un fourgon blindé de la Wells Fargo. Le jour de la parution dudit article, Chimio se rendit en voiture à son travail et découvrit l'immeuble claquemuré et une équipe télé qui furetait autour, si bien qu'il s'envola pour Miami Beach, son ancien terrain de prédilection.

– Puis-je vous demander ce qui est arrivé à votre bizness de prêts hypothécaires ? fit Janet Bunterman.

Chimio parut perturbé.

– La bulle a éclaté… Vous regardez pas les infos ? Et le marché s'est effondré, bordel.

Maury Lykes intervint à nouveau :

– Avant d'entrer dans la finance, il était spécialiste de la sécurité. C'est pour ça que je lui ai proposé le boulot, Janet. Il n'arrivera aucun mal à Cherry tant que Chimio sera dans les parages.

Janet Bunterman lança en douce un nouveau regard au visage du garde du corps. Ce qui l'avait ravagé n'était pas, de façon évidente, d'origine génétique ; quelque chose d'épouvantable était arrivé à ce type.

– Bon, je suppose que c'est marché conclu, alors, dit-elle d'une voix ferme alors qu'arrivait son second bloody mary.

Maury Lykes remémora à la mère de Cherry Pye son investissement substantiel dans le nouvel album et la future tournée de concerts.

– Je ne peux courir aucun risque, Janet.

– Mais comment allons-nous la retrouver ?

– Oh, je vous en prie. Elle ne passe pas vraiment inaperçue, fit le producteur.

De sa main non gainée, Chimio laissa tomber un morceau de sucre dans son café.

– Vous faites pas de souci, dit-il, je vais pister son petit cul.

Et puis quoi, ensuite ? se demanda Janet Bunterman. Chimio remarqua qu'elle matait son bras dissimulé.

– Faut que je lui montre ? demanda-t-il à Maury Lykes en lui décochant son sourire Halloween.

Le producteur opina.

– Finissons-en.

– Me montrer quoi ? dit la mère de Cherry.

Maury Lykes lui expliqua que, bien des années plus tôt, Chimio avait été sérieusement blessé pendant qu'il nageait dans la baie de Biscayne.

– Un barracuda a failli le tuer, dit-il.

– C'est horrible, fit Janet Bunterman, avec un mouvement de recul.

– Et en plus, il était gros, l'enculé, ajouta Chimio.

– Et il vous a mordu au visage ?

Maury Lykes la fusilla du regard.

– Non, Janet, *la main.* Il lui a arraché la main d'un coup de dents.

Sans plus de détails, Chimio dézippa la housse Cobra Golf puis la retira. La mère de Cherry Pye en resta bouche bée.

– C'est bien ce à quoi je pense ?

– Muni d'un bloc d'alimentation électrique, fit Maury Lykes d'un ton admiratif.

Chimio leva la chose pour que Janet Bunterman la voie de plus près.

– Et c'est un vrai ? demanda-t-elle d'une voix étouffée.

– Le meilleur de tout, c'est qu'on n'a pas besoin d'un permis de port d'armes comme pour un pistolet.

Il l'alluma et réduisit en lamelles l'arrangement floral, trois orchidées de Singapour dans un vase. Le bruit attira deux serveurs qui rappliquèrent en courant, mais Maury Lykes leur fit signe de s'éloigner.

– Un taille-herbe, murmura Janet Bunterman avec incrédulité.

– Vous êtes une rapide, vous. (Le garde du corps remballa son atypique prothèse.) C'est une rapide, M. Lykes.

Le producteur s'avança sur son siège en se frottant les mains.

– Si on se commandait un brunch, OK ?

– Je n'ai vraiment pas faim, fit la mère de Cherry.

Chimio ouvrit un menu d'un coup sec.

– Tout, sauf du poisson, dit-il.

7

Le policier de la route se présenta : caporal Valdez. Il nota par écrit les noms des passagers du bus détourné puis écouta leur récit. Ce n'était pas la première fois qu'on le faisait venir jusqu'à Key Largo nord pour un incident du même genre, même s'il passa ce fait sous silence aux victimes. Celle du nom de Sebago souffrait de graves douleurs, car on lui avait emmailloté douillettement un oursin dans la région des bourses. Valdez sentit que les autres passagers n'éprouvaient pas de compassion particulière pour l'état de M. Sebago. En fait, un dénommé Shea exigea avec hargne que l'on arrête ledit Sebago sur-le-champ pour fraude et détournement de fonds, délits qui excédaient l'autorité (ou l'intérêt) d'un policier de la route en exercice.

En attendant l'arrivée de l'ambulance, Valdez monta dans le bus pour interroger le chauffeur, qui regardait un des bulletins d'infos du matin *via* la télé satellite. Le chauffeur lui donna un signalement du *carjacker* qui recoupait celui des passagers ; un cyclope de taille imposante, nu et peinturluré, armé d'un fusil à canon scié. Valdez ne fut pas surpris. Trois mois plus tôt, le même suspect avait fait tomber en embuscade deux braconniers de homards et les avaient pendus par les chevilles, la tête en bas, au phare de Carysfort. L'été précédent, le même individu avait retenu pendant plusieurs heures – puis condamné dans une parodie de procès – la fille d'un sénateur de l'État et son compagnon, étudiant d'une fraternité, qui, étant ivres, avaient frôlé une colonie de pélicans en jet-ski Sea-Doo à forte puissance.

– En fait, c'était un mec réglo pour un barjo, dit le chauffeur du pirate de la route.

– Que voulez-vous dire ?

– Ben, il a volé ni flingué personne. Il les a juste insultés.

– Combien il t'a filé ? demanda Valdez.

Le chauffeur du bus rougit.

– Cent dollars. Comment vous le savez ? « Emmène ta femme manger des crabes de roche », il m'a fait. Je risque gros ?

– Non.

À ce que le policier de la route en savait, aucune loi ne sanctionnait les victimes d'un kidnappeur armé si jamais elles acceptaient de l'argent liquide de sa part.

– Et la femme ? demanda-t-il. C'était une otage ou sa complice ?

Le chauffeur y réfléchit un instant.

– Elle n'avait pas l'air d'avoir peur de lui, mais elle était un poil amochée.

– C'était quoi son nom ?

– Je ne l'ai pas bien saisi.

– Où est-elle à présent ? demanda Valdez.

– Il m'a obligé à la déposer à l'Alabama Jack's. Un type à moto l'attendait là.

– Et vous avez vu à quoi il ressemblait, ce type ?

Le chauffeur de bus répondit que le motard portait un casque intégral. Valdez referma son calepin. Il avait plus qu'une petite idée de l'identité de ce motard. Il avait été formé par lui à son entrée dans la police de la route.

– Je peux garder les cent dollars ou pas ? demanda le chauffeur.

– Vous les avez bien gagnés, à vous entendre, lui dit le policier.

En descendant du bus, il sentit une brise agréable et vit le soleil se lever au-dessus de l'océan. Une voiture de shérif banalisée arriva et Reilly, un inspecteur débutant, en sortit. Valdez, qui le connaissait déjà, l'aimait vraiment bien. Il se rappela Reilly lui racontant comment, ayant pris un thazard noir de quinze kilos pendant des vacances à Islamorada, il était rentré direct chez lui à Saint Louis, avait bouclé ses valises et mis le cap sur les Keys. C'était dire à quel point ce type aimait la pêche.

Aujourd'hui, Reilly salua Valdez par ces mots :

– Vous croyez que c'est encore lui ?

Il entendait par là l'homme des bois qui avait pendu les braconniers des mers.

– Il a attaché notre victime à un sumac, dit Valdez. Puis il lui a enfilé une couche-culotte.

– Donc, la réponse est oui.

– À l'intérieur de la couche-culotte, il y avait un oursin.

L'inspecteur fit la grimace.

– Je parie que ça n'arrive jamais dans le Missouri, dit Valdez.

– Où il est ?

Le policier de la route conduisit Reilly près de Jackie Sebago, étendu sur une civière, et qui ne hurlait plus à pleins poumons. Un auxiliaire médical avait dénoué la Pamper's improvisée – un carré d'étoffe à damier soyeux – et examinait de près avec gravité les multiples piqûres d'oursin et les rougeurs produites par le sumac. Reilly supposa qu'on avait administré un antidouleur de cheval à la victime.

– Y a-t-il d'autres blessés ? demanda-t-il.

L'auxiliaire fit non de la tête.

– Rien que lui, là.

– Je peux lui parler ?

– C'est sans doute pas le moment idéal.

– Eh, les gars, vous avez chopé ce psychopathe ?

Jackie Sebago, dans le coaltar, souleva la tête de la civière.

– Matez ce qu'il a fait à mes couilles ! Vous allez me le retrouver, hein ? Et vous me le bouclez, ce salopard de barjo !

– Pas de souci, fit Reilly. On le chopera.

Le policier de la route, qui zonait dans les parages depuis plus longtemps que Reilly, n'en aurait pas juré.

On pouvait toujours utiliser hélicoptères et projecteurs infrarouges, capteurs de flux thermique et autres chiens limiers, le type qui avait détourné le bus nolisé ne serait pas pris. Si la moitié des histoires qui couraient à son sujet étaient vraies, il était déjà au fin fond des mangroves, inatteignable, à dormir parmi les crocodiles.

Ann DeLusia avait la trouille à moto. Agrippée au pilote, elle garda les yeux bien fermés, pressant sa joue contre le large dos du motard. À leur arrivée à l'hôpital d'Homestead, il se gara devant les urgences et l'aida à descendre de sa bécane.

– Attendez, lui dit-elle.

Le dénommé Jim n'avait pas prononcé un mot pendant le trajet.

– Je dois savoir quelque chose.

Quand il retira son casque, elle constata qu'il était afro-américain. Il avait le cheveu gris et la mine sévère.

– Quoi donc ? demanda-t-il.

– Cet homme, là-bas…

– Un vieil ami à moi.

– Mais il est cinglé, pas vrai ? dit Ann.

– Non, m'dame.

De son blouson, le motard tira une pochette d'allumettes où étaient imprimés un crâne et des tibias entrecroisés, et les mots SALOON DE LA DERNIÈRE CHANCE.

– Il y a un numéro de téléphone à l'intérieur, lui dit le motard.

– Vous plaisantez ? Je ne veux plus jamais revoir ce fou furieux ! Jamais de la vie !

– C'est une réaction de bon sens.

Ann mit la pochette d'allumettes dans son sac.

– Qu'est-ce qui tourne pas rond chez lui, de toute façon ?

– Il a un caractère de chien et une mémoire d'éléphant, mais il est parfaitement sain d'esprit.

– Oh mon Dieu ! On voit bien que vous n'avez pas entendu ce qu'il a dit à ces gens dans le bus…

Le conducteur de la Harley posa l'un de ses doigts gantés sur les lèvres d'Ann.

– Je n'ai pas dit qu'il était inoffensif, hein ? Mon conseil : n'appelez pas ce numéro sauf si vous n'avez absolument pas d'autre choix.

– Mais, monsieur, quel genre de vie vous croyez que je mène ? fit Ann.

– Allez, on y va.

Il la fit entrer aux urgences, où il raconta à une infirmière qu'il l'avait trouvée errant sur Card Sound Road, après le pont à péage. L'infirmière demanda à Ann ce qui s'était passé, cette dernière lui dit qu'elle se rappelait avoir loué une Mustang et roulé vers le sud sur l'autoroute, mais qu'après ça, tout était flou. L'infirmière l'installa dans un fauteuil roulant, la poussa jusqu'au service de radiologie, puis dans une salle d'examen privée, où elle demanda à Ann qui avait nettoyé et pansé ses écorchures.

Cette dernière répondit qu'elle ne s'en souvenait pas.

– Peut-être le chauffeur du bus, dit-elle.

– Quel bus ? Vous m'avez dit que vous aviez loué une voiture.

– Ouais, mais je me rappelle avoir roulé dans un bus, aussi. Tout est bizarre et brumeux.

Ann assurait ses arrières, au cas où on la relierait, d'une façon ou d'une autre, au détournement.

– Venez vous étendre, ma petite, fit l'infirmière. Vous souffrez peut-être d'une commotion cérébrale.

Plus tard, un jeune médecin cubain entra avec les radios, qu'il fixa sur un plan lumineux. Il lui apprit qu'elle n'avait ni os cassé ni fracture du crâne. Pendant qu'Ann était étendue sur une table rembourrée, il examina ses ecchymoses et pressa son abdomen à divers endroits. Il lui demanda si elle souffrait de maux de tête ou de nausée.

– Non, je suis juste fatiguée.

– On peut vous faire un scanner, ou attendre de voir comment vous vous sentirez demain.

– Je serai en forme, affirma Ann.

Le médecin lui prescrivit du Tylenol avec de la codéine, en lui disant qu'elle était libre de partir.

– Quelqu'un peut venir vous chercher ? lui demanda-t-il.

– Il faut d'abord que je recharge mon portable.

– Vous pouvez utiliser le mien, lui proposa-t-il. Je m'appelle Carlos, au fait.

– Enchantée, Dr Carlos.

– On vous appelle Ann ou Annie ?

– La future Mme Clooney, voilà comment on m'appelle.

– Oh.

Parfois, c'était Mme Clooney, parfois, c'était Mme DiCaprio, parfois encore Mme Depp. La plupart des mecs recevaient le message cinq sur cinq sans capter qu'elle les faisait marcher.

Ann agita l'annulaire nu de sa main gauche :

– J'ai laissé mon caillou au coffre chez Harry Winston, 4,2 carats.

– Félicitations, fit le médecin sans grand enthousiasme, en lui tendant son téléphone.

Le motard n'était plus là quand Ann revint dans la salle d'attente, où elle balança l'ordonnance de Tylenol dans une corbeille à papier. Une femme flic vint la trouver et nota quelques renseignements sur la voiture de location. Elle insista pour qu'Ann lui fournisse des détails sur l'accident, dont celle-ci prétendait toujours ne garder aucun souvenir. La femme flic ne fit aucune allusion à un bus nolisé qu'on aurait détourné et Ann n'en fit aucune non plus au dénommé Skink. Si elle ne savait trop pourquoi elle protégeait ce fou si dangereux, elle supposa qu'elle pouvait toujours changer d'avis et ne plus simuler l'amnésie – se réveiller un beau matin en se rappelant tout dans le moindre détail, comme dans un *soap opera.*

Une heure et demie après le départ de la femme flic, un 4×4 noir arriva devant les urgences. Ann DeLusia monta à l'arrière près de Janet Bunterman, qui faisait défiler ses mails en sirotant un smoothie boueux. Elle accueillit Ann d'un signe de tête puis lui dit avec sérieux :

– Cherry a disparu et Maury a engagé pour la retrouver un garde du corps difforme à l'attitude complètement infâme. C'est un cauchemar, Annie. Ce type a un taille-herbe à la place de la main !

– J'ai eu un grave accident de voiture, mais ça va mieux maintenant. Merci de m'avoir posé la question.

– Elle a fait le mur à Rainbow Bend, continua Janet Bunterman, puis affrété un jet pour revenir à Miami. Et à l'heure qu'il est, elle a disparu. Oui, *encore une fois.*

– Ai-je précisé qu'un ermite avec un flingue m'a prise en otage ? Et m'a fait manger du crocodile.

La mère de Cherry Pye se pencha en avant et examina d'un air sévère la lèvre supérieure d'Ann, encore gonflée.

– Ça va pas le faire, dit-elle en tiquant.

– J'arrête, Janet.

– Quoi ?

– J'ai rencontré un type fantastique. On va se marier, dit Ann.

– Stop.

– C'est un médecin. On va fonder une famille tout de suite.

– Tu ne peux pas arrêter maintenant… pas avant la tournée.

– Il s'appelle Carlos, et il est brillantissime.

– On te paie combien en ce moment, Annie ?

– Huit cents par semaine. Comme si vous ne le saviez pas.

– Bon, neuf cents, ça te dirait ?

– Allez jusqu'à mille.

– Oh, pitié.

– Carlos a fait son internat à John Hopkins, puis il est parti pendant un an vacciner les lépreux en Sierra Leone.

– C'est quoi ce ramassis d'idioties ? fit Janet Bunterman.

– Il m'apprend à jouer de la mandoline.

– Tu n'es pas drôle. Cherry est toujours ma petite chérie.

Ann haussa les épaules.

– Je suis on ne peut plus sérieuse en disant que j'arrête. Je veux vivre ma vie à moi.

– Mais tu es une actrice, reprit Janet Bunterman.

Elle avait terminé son smoothie et mordillait le bout de sa paille.

– L'accident de voiture… c'est vrai ? S'il te plaît, dis-moi que tu ne t'es pas fait tabasser lors d'un rencard ou un truc du même genre.

– Non, Janet. Rien à voir avec un rendez-vous galant.

Ann eut soudain envie de pleurer sans savoir pourquoi.

– Je suis contente que tu n'aies pas été gravement blessée. Et je pense ce que je dis.

– Comme c'est touchant, fit Ann.

Elle tentait de se rappeler la somme qu'elle avait à la banque. Six ou sept mille dollars au grand maximum ; elle n'irait pas loin avec ça à L.A.

– Bon, alors c'est dit, hein ? Tout baigne ? fit la mère de Cherry.

Ann tendit la main et pinça le bout du nez rectifié deux fois de son employeuse.

– Je suis fatiguée d'incarner votre déjantée de fille. Je veux vivre ma *vida loca* perso.

– Après la tournée, fit Janet Bunterman avec une voix de canard.

Même si Bang Abbott bénéficiait d'une conscience élastique, il éprouvait de temps à autre une pointe de regret du rôle qu'il avait joué dans la malheureuse mutilation de Terence Hughes, orthodontiste de Montréal, venu en Floride passer quatre jours de vacances en famille. Hughes, n'étant pas un imprudent, n'avait rien fait pour mériter ce qu'il lui était arrivé. Il n'y avait aucun avertissement affiché à Clearwater Beach, ce dimanche-là, donc aucun moyen qu'un visiteur de passage sache qu'un banc de requins citrons affamés avait été attiré près du rivage par un seau d'entrailles de mérou rancies.

Les rares fois où Bang Abbott parlait de l'incident, il soulignait qu'il n'avait jamais eu l'intention de causer des dégâts corporels. La photo qu'il avait eue en tête, en la composant de façon détaillée dans son viseur imaginaire, portraiturait une scène de chaos primitif : des innocents à peau blanche terrorisés se ruaient en débandade, hors du ressac vert, un aileron sombre se dressant, menaçant, dans l'écume derrière eux.

Bang Abbott était un fan de cinéma et *Les Dents de la mer* était à l'époque l'un de ses films préférés. Rien n'était plus fascinant en photojournalisme que de capturer un instant de terreur pure, et c'était ce genre de cliché que Bang Abbott avait recherché. Au centre de sa photo rêvée, il se représentait une jeune mère au regard plein d'une détresse effroyable, qui tentait d'échapper à l'océan, un bambin sous chaque bras. Cependant, à la rigueur, il se serait contenté d'ados se débattant dans l'eau ou d'un couple de retraités flageolants.

Afin de se préparer pour ce chef-d'œuvre, Bang Abbott avait zoné sur les quais et papoté avec quelques capitaines du cru, qui lui apprirent que de grands bancs de requins citrons ou à pointes noires croisaient dans les hauts fonds du golfe à certaines périodes de l'année, même s'ils s'attaquaient très rarement à l'homme. Les requins suivaient d'habitude les migrations de leurs proies et ne montraient pas d'appétit pour tout ce qui était plus gros qu'un mulet d'un kilo. Bang Abbott avait demandé si on pouvait appâter ces monstres – purement dans un but de pêche sportive, bien entendu – et les capitaines lui avaient répondu que oui, sûr, c'était facile. Tout ce qu'il suffisait de faire, c'était de leur balancer du poisson.

Donc, un samedi soir, prétextant une expédition de pêche à la ligne, Bang Abbott avait obtenu (contre cinq décis de bourbon Jim Beam) un maxi-seau de têtes et d'entrailles de mérous auprès du second d'un bateau appelé *Appâteur Chef IV*. Le lendemain matin, peu après l'aube, il s'était rendu à la plage et en avait sélectionné un secteur qu'il savait fréquenté par des familles. À l'issue d'une opération salissante, il avait réussi à transférer les déchets de poisson dans un large filet, qu'il avait lesté dans le fond sablonneux, à un mètre vingt de profondeur. Puis il avait regagné le rivage en pataugeant, fixé des téléobjectifs sur deux de ses appareils et s'était installé en attendant la marée basse, qui emporterait la puanteur irrésistible dans le golfe.

Terence Hughes était arrivé à 8 heures 30 avec sa femme et ses trois enfants, dont aucun n'avait exprimé le moindre enthousiasme pour aller se baigner. Il y avait à tout casser une dizaine d'autres touristes en train de cavaler sur la plage quand Hughes était entré dans l'eau tout seul avec force éclaboussures, affublé de palmes et d'un masque mal ajusté. À ce stade, Bang Abbott avait déjà monté l'un de ses Nikon sur un trépied et l'avait braqué vers la zone off-shore où il avait immergé le sac d'appâts.

Pour un individu dont la carrière reposait sur la composition visuelle, Bang Abbott déployait un manque d'émerveillement peu commun pour le monde naturel. Il n'avait jamais immortalisé un coucher de soleil ou une prairie de fleurs sauvages, ni même une troupe de pélicans. S'il n'avait pas d'être humain quelque part dans son cadre, Bang Abbott n'était pas très intéressé. Sa connaissance du comportement animal était peu étendue, basée sur des films gnangnan et autres documentaires télévisés mis en scène. Au nombre de ses idées fausses, il y avait la croyance que des requins, croisant en eau peu profonde, étaient automatiquement faciles à repérer grâce à leur aileron dépassant au-dessus de la surface. Son plan, dès qu'il verrait le premier, c'était de crier un avertissement aux nageurs, puis de se mettre à les mitrailler afin de ne pas rater un seul cliché de leur fuite panique.

Cette combine mal conçue était d'une absurdité dangereuse. Bang Abbott avait supposé que les requins, suivant droit fil leur nez, accourraient au sac d'appâts sans prêter attention aux touristes en folie. Quand les cris avaient éclaté, il avait été pris par surprise, car aucun aileron révélateur n'était visible depuis son perchoir improvisé. Et il avait été choqué pour de bon quand l'un des touristes, un trentenaire, le masque de plongée en bataille, s'écria qu'il avait été mordu.

En hurlant, la victime avait pataugé en direction de la plage, en barattant violemment contre les vagues. Tout en le regardant à travers son appareil cliquetant, Bang Abbott remarqua que l'homme progressait lentement, comme s'il tirait un poids très lourd. D'autres touristes se démenaient pour s'écarter de son chemin, en hurlant et en se poussant les uns les autres.

La raison en était devenue évidente quand Terence Hughes s'approcha du rivage et que son torse émergea au-dessus de la ligne de flottaison. Un jeune requin citron de couleur mate, pesant vingt bons kilos, s'était ventousé au cul du pauvre homme. Cette apparition avait été si bizarre que les spectateurs rassemblés là se répandirent en cris d'effroi. Si, à distance,

Terence Hughes avait d'abord paru frétiller d'une énorme queue rondelette, Bang Abbott eut tôt fait de voir dans toute sa netteté l'horrible tableau dans son Nikon. Le malheureux avait eu beau tendre les bras en suppliant qu'on lui prête main forte, personne – pas même son épouse – ne voulut s'aventurer près de lui.

Des biologistes marins théorisèrent par la suite qu'une rangée de dents supérieure du requin s'était accrochée dans la ceinture en nylon renforcé du bermuda à motifs bariolés dont Terence Hughes avait récemment fait l'emplette. Une fois que la bête se retrouva en suspension hors de l'eau, sa masse, combinée à ses efforts frénétiques pour se libérer, avait arraché le costume de bain de Terence Hughes, ce qui le laissa saignant et à nu. Le requin citron, retombé dans l'eau, s'était enfui à la nage avec le bermuda déchiré et un morceau de la fesse gauche du Canadien de la taille d'un pamplemousse.

Des sauveteurs avaient prestement fait dégager la plage et des agents de la patrouille maritime étaient arrivés en vedette rapide, dont l'une accrocha son hélice sur les restes mâchouillés d'un sac d'appâts, fraîchement enfoui. À ce moment-là, Bang Abbott était loin. Il ne lui avait pas effleuré l'esprit une seconde que le quidam d'âge certain qui baladait en toute illégalité son Jack Russell sur la plage au point du jour avait pris avec son téléphone portable une photo de lui, Bang Abbott, traînant le sac d'appâts dans le ressac ni que ce vieux schnock téléchargerait ladite photo, puis l'e-mailerait au *Saint Petersburg Times* après avoir lu que Bang Abbott avait remporté un prix Pulitzer pour son « Embuscade à glacer le sang d'un requin en Floride ».

La controverse qui s'ensuivit fut alimentée par des blogueurs indignés qui voulaient que Bang Abbott soit poursuivi pour avoir été l'instigateur de cette ruée fatale vers la boustifaille. En fin de compte, l'image du portable du promeneur au chien fut jugée trop floue pour être concluante, si bien que le comité du Pulitzer décida de ne pas dépouiller Bang Abbott de son prix si convoité. Terence Hughes, une fois rétabli de ses blessures, jouit d'une brève période de célébrité ; son chirurgien et lui passèrent dans *Maury* et autres émissions d'interviews très regardées, avec présentation d'une vidéo très crue de la reconstruction de son fessier. Entre-temps, Bang Abbott continua de faire valoir que sa photo contestée n'avait pu être mise en scène puisque tant la victime que le requin, de façon évidente, ne simulaient pas et qu'en outre, il n'existait aucune loi interdisant de nourrir la faune marine aux abords d'une plage publique.

Heureux d'être libéré du journalisme et de son éthique étouffante, Bang Abbott s'épanouissait peu après dans sa nouvelle carrière de paparazzi. La provenance du produit de son travail n'étant jamais remise en question, pas plus que ses méthodes, cela explique pourquoi il fut quelque peu énervé de se retrouver mis sur le grill par Peter Cartwill, rédacteur en chef de *L'Œil national*.

– Claude, ma parole, en voilà une aventure. Et je pèse mes mots.

Cartwill souriait quelque peu froidement.

– Ben, c'est vrai. Vrai de vrai, lui dit Bang Abbott.

– Comme ça, Cherry Pye t'a emmené à Miami en jet privé.

– Ouais, exact.

– Et t'a baisé à t'en couper le souffle pendant le vol.

– Pourquoi j'irais inventer ça, Peter ?

Bang Abbott s'était rendu à la principale salle de rédaction de *L'Œil* à Boca Raton dans le but de vendre sa *sex story* suffisamment cher pour couvrir le coût de ses appareils perdus, ceux que Cherry avait maintenant en sa possession. Bang Abbott entretenait une relation solide avec *L'Œil*, qui avait publié une dizaine de ses photos de people en déroute. Il s'imaginait que le deal serait du gâteau : il parlerait bêtement devant un magnéto, puis l'un des scribouillards de service rédigerait l'article signé de Bang Abbott : « Séduit par une pop-star *stone* à 35 000 pieds d'altitude ! »

Ou quelque chose d'approchant.

– Mais tu n'as aucune preuve, insista Cartwill. Pas la moindre photo.

C'était l'un de ces Australiens durailles qui avaient appris le métier à Fleet Street avant de venir aux States pendant le boom de la presse people post-Elvis.

– Je vous l'ai déjà dit, elle m'a chouré mes Nikon !

– Mais oui, Claude, tout ça est vraiment fantastique.

– Et à vous pour dix mille dollars.

Cartwill gloussa.

– J'ai bien peur que la réponse soit non. Tout ce bin's est trop incroyable.

– Mais c'est seulement parce que vous me connaissez, Peter. Vos lecteurs, ils se doutent pas du tout d'à quoi je ressemble.

– C'est un article à la première personne. Il faudrait publier une photo, fit Cartwill.

– Et merde, pas besoin que ça soit *la mienne.*

Bang Abbott pointa son doigt vers l'autre bout de la salle où un jeune type mignon se tenait à la machine à café.

– Y a qu'à mettre sa gueule à la place. Tout le monde s'en fiche.

– Je regrette, mon pote.

– Tant pis pour vous. Je vais vendre ça à *Esquire.*

Ça contrariait Bang Abbott que Cartwill n'admette pas l'accroche évidente de l'histoire.

– Vous avez souvent entendu parler d'un paparazzi qui se tape une superstar ? Puis qui se fait voler par elle ? Allez, Peter, à d'autres.

– En fait, c'est une bonne chose que tu sois passé, lui dit Cartwill. Tu te rappelles celle-là ?

Il tendit à Bang Abbott une épreuve couleur au format A4.

– On l'a publiée en page deux.

– Évidemment. C'est Cherry après les Grammy. Devant le Viper Room.

– Et tu es tout à fait certain que c'est elle ? demanda Cartwill.

Bang Abbott eut l'impression d'avoir reçu un coup de pied dans les couilles. Cartwill était-il au courant de l'existence du sosie ?

– Vous avez acheté la photo, les mecs ! Bien sûr que c'est elle.

Mais il examinait le cliché de près. Cherry – si c'était elle – portait une mini en cuir et des lunettes noires Chanel quand elle était sortie du night-club et avait traversé Sunset Boulevard telle une flèche. Le flash de Bang Abbott lui avait chopé un côté du visage, le surexposant, ce qui était typique des prises de vue de nuit. Lev était à ses côtés… mais qu'est-ce que ça prouvait ? C'était lui, après tout, qui avait raconté à Bang Abbott que Cherry l'avait dupé plus d'une fois.

– On a reçu un mail à propos de cette photo, Claude, poursuivit Cartwill. Celui d'une infirmière du Cedars Sinaï, une fidèle lectrice de notre journal. D'après elle, Cherry aurait eu du mal à se rendre à un *after* ce soir-là, car elle subissait un pompage d'estomac aux urgences.

Bang Abbott ne détachait plus ses yeux de la photo. Plus il l'examinait, moins il était sûr. La fille aurait pu être Cherry Pye, ou ça aurait pu être sa doublure, qu'il avait photographiée sur la civière derrière le Stefano : sous un aussi mauvais éclairage, impossible de trancher.

– C'est Cherry, man. Qui d'autre, bon sang ? fulmina Bang Abbott. Le type qui marche à côté d'elle, c'est son garde du corps. Son nom, c'est Lev. Tenez, regardez.

Cartwill reprit le cliché sans y jeter un coup d'œil.

– On ne pose pas beaucoup de questions. Tu le sais, ça, Claude. Mais c'est un bizness concurrentiel, et y a des choses qui arrivent.

– Non, pas à moi.

– Cependant, l'identification doit être positive à 1 000 %, continua Cartwill. C'est vraiment la seule règle qu'on ait. Si on publie une photo de Charlize T., il vaut mieux que ça soit elle, bon Dieu. Ce n'est pas de leurs avocats qu'on se préoccupe, mais de notre réputation.

– Votre réputation ? fit Bang Abbott.

Peter Cartwill paraissait sérieux comme un pape.

– Nos lecteurs achètent le journal pour voir en photo la vie fabuleuse de gens fabuleux. S'ils pensent qu'on truque nos clichés, ils ne l'achèteront plus. Le rédactionnel peut être totalement bidon, et il l'est souvent, hein, et alors ? Le public n'a aucun moyen de savoir ce qui est vrai et ce qui ne l'est pas. Mais les photos doivent être authentiques, Claude, car ce sont elles qui donnent de la crédibilité à la partie journalistique.

– Et comment, dit Bang Abbott, songeant : *La partie journalistique*, ai-je bien entendu ?

– En voyant une photo de Julia R. qui sort du supermarché, ils croiront qu'elle a deux cartouches de Marlborough dans son sac, car elle essaie désespérément de perdre cinq kilos pour son rôle dans le nouveau film de Soderbergh. Mais il *faut* que ça soit Julia sur la photo pour que l'histoire fonctionne.

– Qu'est-ce que vous êtes en train de me dire, Peter ?

Cartwill tapa le bureau de l'index.

– De faire gaffe, c'est tout. On n'a pas envie de se griller.

– Pas de souci, dit Bang Abbott d'une petite voix.

En se levant, il remarqua que le coude gauche du rédacteur en chef coinçait fermement le cliché couleur du Viper Room.

– Au bon vieux temps, on avait un espace de dégagement. Tu sais, genre à bon entendeur salut, fit Cartwill. Ce n'est plus le cas aujourd'hui. Quelqu'un flaire l'arnaque, c'est tout de suite partout sur le Net. Avant de pouvoir faire ouf, les coups de fil pleuvent. Et je ne veux pas entendre parler de coups de fil, Claude.

Bang Abbott ne put se contenir plus longtemps.

– Attendez... vous êtes en train de me raconter que vous autres, les mecs, vous trafiquez plus les photos ? Plus de Photoshop, d'aérographe ni rien ? Pas même les clichés aux Bahamas de machine truc chose, cette baleine qui fait le régime Jenny Craig ? Celle que votre patron s'envoie depuis deux ans ? Vous êtes en train de me dire que chaque photo que publie votre canard est blanc-bleu ? Arrêtez vos conneries, Peter.

– Les temps changent, reprit Cartwill. T'as jeté un œil à notre site Web ? On achète des clips vidéo maintenant.

– Pitié.

Bang Abbott détestait ces équipes télé en planque. De vraies larves.

– Et on les paie plutôt bien, observa Cartwill.

– Mais des histoires vraies comme la mienne, non.

– Pas sans images, non. Trop dommage pour tes appareils.

Le téléphone posé sur le bureau du journaliste se mit à sonner.

– Faut que je prenne cet appel, dit-il.

Bang Abbott fit halte à la porte.

– Ça a vraiment eu lieu, vous savez. Là-haut, dans l'avion ? Elle m'a quasiment violé.

– Je te crois, mon pote, fit Cartwill d'un ton si implacable qu'il rendit le photographe fou de rage.

8

Le dénommé Chimio s'était signalé à l'attention de Maury Lykes un an plus tôt, à la mi-temps d'un match de basket du Heat de Miami. Maury Lykes, qui avait des places au parterre, repéra au troisième rang l'un de ses anciens clients du nom de Presley Aaron, un monteur de tuyaux devenu chanteur de country. Sous la direction de Maury Lykes, Presley Aaron avait enregistré une ribambelle de mégahits, y compris « Débrise mon cœur brisé » et le *crossover* tire-larmes, « Papa, c'est quoi le nom de ma nouvelle maman ? ».

Mais la starification avait durement frappé Presley Aaron, dont l'intellect à température ambiante fut balayé par ce tourbillon de fric, de filles et de médias. Il se mit à dérailler sérieux, et après sa quatrième arrestation (en compagnie de deux call-girls de Memphis et avec un kit de rasage truffé de méthamphétamine), Maury Lykes l'avait viré de son label. À l'époque, le producteur s'était persuadé que Presley Aaron finirait par mourir dans des circonstances glauques. Pourtant, ce plouc qui ne payait pas de mine s'était débrouillé pour renoncer à la dope et reconquérir son mannequin d'ex-femme et ses deux jeunes enfants, un triomphe de la volonté et du véritable amour, dont les émissions télé du matin et les tabloïds tenaient la chronique exhaustive.

Curieux de savoir si un album de come-back était sous roche, Maury Lykes se fraya un passage jusqu'à l'endroit où Presley Aaron était assis ; ils s'étreignirent chaleureusement. Le chanteur semblait ne garder aucune rancune au producteur de l'avoir largué.

– Au fond du trou, ma juste place, précisa-t-il.

Maury Lykes ne put dissimuler sa stupéfaction devant la transformation de Presley Aaron : l'accro à la *meth*, blême et dégénéré, était devenu un adepte de la gonflette, bien bronzé. Le musicien lui dit qu'il avait été sauvé par le bon Dieu et aussi par Jake et Ernest, ses deux beaux-frères, qui l'avaient mis en désintox, puis avaient engagé un garde du corps très particulier pour le surveiller de près et le faire marcher droit.

– Chaque fois que je déconne, il me fait le cadeau de me tabasser comme plâtre, dit Presley avec affection. Ce type est un ange.

Ce fut à ce moment-là que Chimio fit son apparition, dominant la foule de toute sa hauteur. Tenant sous un bras deux grandes bouteilles de soda, il portait en équilibre sur l'autre, gainé en partie d'une housse zippée, un plateau en carton de nachos aspergés de fromage. Si Maury Lykes avait vu toute une galerie de monstres et autres gorilles dans sa carrière, jamais encore il n'avait posé les yeux sur le pareil de Chimio. Quand Presley Aaron le lui présenta, Chimio grogna une vague réponse puis s'installa pour dîner. Maury Lykes le cadra comme ex-basketteur ayant subi un accident horrible dans lequel le feu ou des produits chimiques avaient joué un rôle, et sans doute les deux. Maury Lykes supposa que le type avait le bras si amoché qu'il choisissait de le garder à couvert pour épargner sa vue à autrui.

Presley Aaron, s'avéra-t-il, démarrait une carrière de télévangéliste et n'avait nullement le projet de se relancer dans celle de musicien country. Maury Lykes lui souhaita tout le bien du monde et regagna sa place. Pendant la seconde mi-temps du match, il se surprit à jeter des coups d'œil derrière lui à Chimio, qui feuilletait un magazine géographique tout en tripotant les excroissances de peau de son visage. Ce type était aussi impressionnant que repoussant.

Quelque temps plus tard, Maury Lykes appela Presley Aaron pour lui demander si Chimio faisait de la gestion de crise en free-lance, et Presley Aaron fut assez aimable pour lui donner le numéro de portable dudit. Quand Janet Bunterman vira Lev, Maury Lykes sut aussitôt qui il voulait pour remplacer le garde du corps de Cherry Pye. Presley Aaron, désormais clean et sobre, accepta de libérer Chimio de son contrat.

Maury Lykes prit contact avec lui dès qu'il apprit que Cherry avait disparu de Rainbow Bend. Chimio indiqua au producteur de le retrouver au rayon jardinage d'un magasin de bricolage Home Depot à Kendall. Là, il lui dévoila la dernière version du taille-herbe qui lui servait de prothèse et lui en fit une brève démonstration, montrant à Maury Lykes comment on l'avait modifié pour qu'il s'adapte à son moignon de bras puis branché à une batterie en bandoulière. Il lui précisa qu'il s'était servi une fois de l'appareil pour décortiquer en partie un dealer de *meth* qui embêtait M. Aaron.

Si Chimio fut franc sur son passé criminel, il dit à Maury Lykes que la prison lui avait appris à gérer sa violence. Il ajouta qu'il espérait redevenir agent hypothécaire dès que le marché de l'immobilier rebondirait. En attendant, il bossait dans la sécurité personnelle, et faisait des extras à l'occasion comme videur à South Beach.

Maury Lykes fut emballé. Même si Chimio n'avait jamais entendu parler de Cherry Pye, il accepta le boulot. Le producteur lui apprit que Cherry venait de se barrer d'un centre de désintox et fricotait avec un acteur du nom de Tanner Dane Keefe, qui séjournait soi-disant sur Star Island. Chimio lui dit pas de souci… il retrouverait la fille et la remettrait sur les rails.

Après s'être entendus sur un fixe et une indemnité journalière, les deux hommes regagnèrent le parking. Dans un effort de sociabilité, Maury Lykes commenta la taille de Chimio en lui demandant s'il avait été un pro du basket. Chimio lui répliqua que le dernier à lui avoir posé la question avait passé un mois de convalescence dans un hôpital militaire. Maury Lykes s'excusa vite fait et demanda à Chimio de le rejoindre au Raleigh, le lendemain matin, avec la mère de la starlette disparue. Chimio monta dans un Denali à jantes chromées et démarra en trombe, laissant le producteur méditer sur les mesures extrêmes que Cherry Pye l'avait poussé à prendre.

Comme quiconque fraye dans l'artistique, authentique ou fabriqué, Maury Lykes était un inquiet chronique. À présent, avec Cherry manquant toujours à l'appel et Chimio lâché à ses trousses, le producteur se trouvait au bord de la crise de panique. Il était censé vérifier le mixage final de la piste de la principale chanteuse *backup*, celle sur laquelle Cherry ferait son play-back en concert, à condition de se présenter à peu près sobre et ingambe. Il se retrouva, au lieu de ça, à arpenter le studio, avalant du café et consultant son téléphone toutes les vingt secondes pour d'éventuels messages du pisteur-garde du corps. Chimio était le premier meurtrier condamné que Maury Lykes engageait, et il espérait que l'homme comprenait le sens des limites.

Et si jamais il brutalise Cherry ? songeait le producteur. *Ou encore pire, et s'il flashe sur elle ?*

À minuit, il se retira dans son « condo » de Key Biscayne et, comme d'habitude quand il était stressé, improvisa une orgie sur le pouce. Cette fois, les participantes furent trois lestes danseuses qu'on auditionnait pour la tournée de Cherry. Maury Lykes les avait repérées dans une production théâtrale de Winnipeg de *High School Musical* et les avait fait venir en Floride d'un coup d'avion, où chacune signa un papier où elle jurait être âgée de dix-huit ans et avoir bêtement égaré son permis de conduire.

Sous ses directives, les danseuses attachèrent Maury Lykes avant de le frapper à tour de rôle (et à grands coups) avec une raquette de badminton tout en chantant *We're All In This Together*, son second air préféré du formidable succès de Disney. Il était à peine en train de se mettre au diapason des paroles quand son portable se mit à vibrer sur la table de nuit en marbre. Maury Lykes beugla à quelqu'un d'aller répondre, étant donné qu'il avait les mains attachées aux montants du lit par des cordes de parachute.

L'une des danseuses décrocha et dit « salut ». Elle écouta brièvement, puis fit un signe de tête à Maury Lykes.

– C'est pour toi, lui dit-elle. Un mec qui s'appelle Chimio ?

– Détache-moi la droite tout de suite.

– Mais t'avais dit que non, lui rappela la danseuse. Qu'il fallait qu'on te force à nous supplier.

– Pour l'amour du ciel… alors, tiens-moi le bigo près de l'oreille !

La voix à l'autre bout du fil dit :

– C'est quoi, ce bordel ?

– T'inquiète. Donne-moi de bonnes nouvelles.

– OK. J'ai retrouvé la fille.

Maury Lykes hulula de soulagement.

– Bravo, mon frère.

– C'est une chieuse de première aussi, ajouta Chimio.

– M'en parle pas.

– Donc, je double mon tarif.

– Quoi ?

– Vous voulez la revoir vivante, vous me payez le double.

– Non, mais j'y crois pas, putain.

– Elle m'a traité de « moule à gaufre ». Normalement, je tue n'importe qui pour moins que ça. Normalement, je lui colle un leurre à grenouilles dans les narines et je lui arrache la langue par la racine.

Maury Lykes gémit.

– Très bien, tu l'as, ton augmentation. Maintenant, passe-la-moi.

– C'est pas le moment. Elle est totalement HS, rapporta Chimio.

– Charmant. Où l'as-tu rattrapée ?

– Dans une boutique de tatouage de Washington Avenue.

– Merde !

Maury Lykes se débattit de plus belle contre ses liens, ce qui fit sursauter les jeunes « auditionnées ».

– Bordel, qu'est-ce qu'elle a encore fabriqué ? s'écria vainement le producteur dans le téléphone. C'est moche comment ? Moche comment ?

– Tout dépend des goûts, répondit Chimio. À plus. D'ici une demi-heure.

La visite avait débuté de façon prometteuse pour Tanner Dane Keefe, par une vigoureuse branlette à l'arrière de la limousine. C'était la façon de Cherry Pye de le remercier d'avoir largué sa conquête d'un soir quand Cherry s'était pointée sans s'annoncer à Star Island. Plus tard, tout en descendant un cocktail Red Bull-vodka dans la voiture, elle raconta à Tanner Dane Keefe son évasion de Rainbow Bend, aventure qu'il applaudit, en la qualifiant de totalement démente. Si le jeune acteur fut flatté que Cherry ait loué un Gulfstream et volé jusqu'ici depuis L.A. pour renouer contact, il restait sur la défensive quand il s'agissait de partager ses médocs. Il n'était pas partant pour un remake de l'overdose.

Jusque-là, Cherry s'était bien comportée. Le premier soir, ils étaient restés debout jusqu'à 2 heures du mat, jouant au Air Hockey et prenant des photos débiles avec les appareils numériques hors de prix dont lui avait fait cadeau, lui avait-elle dit, un célèbre photographe de mode. En faisant défiler le contenu des cartes mémoire de l'un des appareils, Tanner Dane Keefe était tombé sur quelques clichés carrément peu sexy de Cherry roupillant à bord d'un avion, les nibards à l'air. Cherry avait agi comme si elle n'avait jamais vu ces photos jusqu'alors et les avait effacées une par une, sans cesser de pouffer.

Ce soir-là, leur premier arrêt fut pour le carré VIP d'Abcès, une boîte hyperbruyante de South Beach, où Cherry, en se balançant lentement sur les genoux de Tanner Dane Keefe, lui demanda de l'accompagner dans sa prochaine tournée de concerts. Il lui mordilla le lobe de l'oreille en chuchotant :

– J'peux pas, mon cœur. Quentin a besoin de moi à Vancouver pour des *retakes* des deux dernières séquences.

– Ah, j't'en prie. J'ai *vachement* envie de t'avoir avec moi, Tanny.

– J'peux pas dire non à Quentin... c'est pour le DVD. Tu sais bien, ils tournent, genre, trois fins différentes au choix...

Cherry baissa les yeux.

– Ça craint grave.

– Je vais te dire ce qu'on va faire. J'descendrai voir ton show à Seattle d'un coup d'avion, proposa l'acteur.

– J'aime pas baiser avec des mecs que j'connais pas, surtout des roadies. C'est pour ça que j'ai besoin que tu sois là tout le temps.

– Ben ouais, mais…

– Tanny, tu sais combien de types tueraient pour être à ta place ?

Elle se pressait maintenant contre lui. Tanner Dane Keefe sentait son doux triangle de chaleur, pourtant il n'y succomba pas, ce qui était à mettre au crédit de l'effet émoussant des comprimés.

– Lâche-moi un peu, Cherry. C'est Tarantino… pour sa connerie de version *director's cut.*

– Ouais, ouais.

– On peut en reparler plus tard ? fit-il en songeant : genre, quand tu seras dans le coma ?

Elle le repoussa et bouda un bout de temps, puis fit semblant de flirter avec un célèbre joueur de foot américain aux deux pouces plâtrés. Tanner Dane Keefe, de son côté, alla se distraire en dansant avec un supermannequin thaï, qui faisait quinze centimètres de plus que lui, malgré ses talonnettes. Le mannequin allait lui divulguer son numéro de téléphone quand Cherry Pye, saisissant Tanner Dane Keefe par le coude, le dirigea à l'extérieur, puis fendit avec lui un groupe de paparazzis peu nombreux mais tapageurs.

À l'intérieur de la limousine, on se servit d'autres verres. L'acteur piqua un petit somme et, à son réveil, la voiture était garée devant une vulgaire vitrine, qui affichait des séances de voyance à quinze dollars.

Cherry lui fit franchir la porte d'entrée en le traînant et lui dit :

– Tu vas voir… Elle déchire.

La voyante, qui s'appelait Madame Tula, portait un châle violet décoloré, un collier de cauris et une montre Swatch. Examinant la paume droite de Tanner Dane Keefe, elle lui prédit que son nouveau film serait un mégacarton au box-office, surtout à l'étranger. Puis elle effectua un tirage de tarots pour Cherry Pye et sa mine s'assombrit. Elle déclara que son prochain CD courait direct au flop, à moins que Cherry ne se fasse immédiatement tatouer le cou.

– Quel genre de tattoo ? demanda Cherry pompettement soucieuse.

La voyante ferma les yeux.

– La tête d'Axl Rose sur un corps de zèbre, lui répondit-elle.

Tanner Dane Keefe grogna en disant :

– Je suis pas preneur.

– La ferme, le coupa Cherry.

Madame Tula fit glisser une carte à travers la table.

– Allez voir cet homme.

– Il est là en ce moment ?

– Oui, ma petite, très certainement.

Madame Tula, Debbie Metzenbaum de son vrai nom, ne se crut pas tenue d'informer Cherry Pye que l'artiste tatoueur n'était autre qu'Allan, son frère cadet, spécialiste de créations à partir de la tête d'Axl Rose, ni qu'il filait 15 % à Debbie pour chaque poivrot qu'elle lui envoyait ; 20 % si on le payait en cash.

Tanner Dane Keefe tenta de dissuader Cherry de se faire tatouer, mais elle ne voulut rien entendre, alors il lui fila deux, trois Xanax et s'installa pour regarder. Ôtant son haut, elle s'avachit sur une table et glapit au premier contact de l'aiguille chauffée. Comme Tanner Dane Keefe était trop jeune pour se rappeler Guns N'Roses, il n'avait aucun repère pour juger si la tatoueur était un bon. Le visage hurleur rubicond qui émergeait sur la peau laiteuse du cou de Cherry Pye n'évoqua à Tanner Dane Keefe personne d'autre que sa tante Christine, qu'on avait exclue des réunions de vacances pour avoir agressé sexuellement l'airedale de la famille.

L'acteur tendit un miroir à Cherry pour lui montrer le travail, qu'elle décréta trop mortel.

– Chais pas, mon cœur, fit Tanner Dane Keefe, l'air d'en douter.

Il hésitait à critiquer l'artiste tatoueur qui lui semblait susceptible et pesait cinquante bons kilos de plus que lui. Une clochette tinta joyeusement. Tanner Dane Keefe, pivotant sur sa chaise, aperçut une silhouette d'une grandeur extrême, avec un bras fracassé, une moumoute à la con et un visage totalement détruit. Le type ordonna à l'artiste d'arrêter de dessiner sur Cherry mais, sans se donner la peine d'évaluer l'intrus, le tatoueur répondit grossièrement par la négative. À ce stade, l'escogriffe amoché découvrit son membre défectueux et révéla un taille-herbe rotatif, qu'il enclencha en pressant un bouton.

Le vacarme capta toute l'attention de l'artiste tatoueur. Posant son aiguille, il reconsidéra le visiteur, qui matait le mur sur lequel le tatoueur avait exposé une vingtaine de modèles au design complexe sur papier de riz. Ne désirant pas voir ses œuvres d'art réduites en confettis, le tatoueur demanda poliment à l'intrus ce qu'il voulait.

– Elle, c'est tout.

L'inconnu pointa son accessoire de jardinage vers Cherry, qui lui beugla :

– Casse-toi, sale gueule de moule à gaufre barjoïde !

– Le hic, c'est que je n'ai pas encore fini, objecta l'artiste tatoueur.

– T'en es bien sûr ? demanda le visiteur.

– Faut que je termine la partie zèbre, mec.

– Alors, t'es genre le nouveau Picasso ?

– OK, embarque-la, dit l'artiste tatoueur, avec un ample mouvement de son bras illustré de façon criarde.

Le type ci-devant traité de « moule à gaufre » lui tendit un billet de cent dollars et chargea Cherry Pye sur l'une de ses épaules. L'idée d'intercéder en faveur de sa nana entra brièvement dans l'esprit de Tanner Dane Keefe avant d'en sortir tout aussi rapidement quand l'intrus menaça de le scalper s'il tentait de jouer au héros.

– Pas de souci, lui dit l'acteur.

Puis à Cherry :

– À plus, mon cœur.

– Couille molle ! lui hurla-t-elle depuis le seuil, avant de disparaître, en se tortillant entre les griffes de son échassier de ravisseur. À peine furent-ils hors de vue que Tanner Dane Keefe fonçait hors de la boutique et se jetait à l'arrière de sa limousine, où il se roula en boule sur le plancher. Encore haletant, il chuchota au chauffeur de le ramener chez lui sur Star Island.

Le lendemain matin, on retrouva une Mustang dernier modèle accidentée, propriété de la compagnie Hertz, au fond d'un cours d'eau longeant Card Sound Road. Un pilote d'hélicoptère, du bureau du shérif de Monroe County, avait repéré le véhicule lors d'une brève et infructueuse chasse à l'homme : celle du détourneur dénudé d'un bus privé nolisé. Ledit suspect était toujours en sécurité dans la nature, immergé jusqu'au cou parmi les racines rouges et tordues d'une mangrove au plus profond de la Réserve naturelle nationale de Crocodile Lake.

Depuis les airs, Skink était quasiment invisible, avec son crâne tondu aussi brun et anonyme qu'une noix de coco flottante. Il pouvait rester comme ça des heures dans un marais salé, son esprit dérivant dans une zone méditative qui lui était fort utile chaque fois qu'on le poursuivait. Ce jour-là, pourtant, ses pensées revenaient sans cesse à la jeune femme qu'il avait retirée de la voiture, Annie de son prénom. Annie l'actrice.

Elle ne l'avait pas cru quand il lui avait dit avoir été autrefois gouverneur de Floride, mais il fallait s'y attendre. Lui même avait parfois du mal à le croire. Il n'arrivait plus à se rappeler la dernière fois où quelqu'un l'avait reconnu comme étant Clinton Tyree, tant les années s'étaient écoulées depuis qu'il avait fui le royaume sauvage de Tallahassee. Le mystère de sa disparition, qui avait alimenté la presse politique un certain temps, n'éveillait plus un très large intérêt. Ce qui convenait parfaitement au gouverneur en cavale, qui se trouvait plus heureux de n'être qu'une vague note historique en bas de page qu'il ne l'avait jamais été de faire la une.

Sa localisation approximative n'était connue que d'une seule personne, Jim Tile, son vieil ami, avec lequel Skink entretenait un contact sporadique *via* radio maritime ou téléphone portable, quand il en avait un. Retraité depuis longtemps de la police de la route, veuf de fraîche date, Tile passait son temps à sillonner la péninsule à moto sur toute sa longueur, circuit solitaire en continu de la Panhandle aux Keys, aller retour. Chaque fois que l'homme qu'il appelait toujours gouverneur avait besoin de lui, Tile accourait sans délai. Mieux que quiconque, il savait à quel point les choses pouvaient vite déraper quand Skink pétait un câble. Son exil nomade avait été riche en événements : vandalisme inspiré, tirs embusqués, incendies spectaculaires, enlèvements, et même meurtres. Tile était certain, cependant que, dans chaque cas suspect, la victime pouvait difficilement être décrite comme ayant démérité. Au fur et à mesure que Skink prenait de l'âge, Tile guettait en vain chez lui des signes d'assagissement, mais jusqu'à présent, le seul acte de modération du gouverneur avait consisté à mettre au rancard son AK-47 au bénéfice d'un fusil de chasse Remington à canon scié.

Tile avait posé peu de questions à propos d'Annie avant d'accepter de l'emmener à l'hôpital. Skink se dit qu'elle devait aller bien ; sinon, Jim l'aurait appelé du service des urgences. Pourtant, il se sentait tenaillé par une inquiétude qui frisait celle d'un père, et qu'il ne comprenait pas. La jeune Annie possédait une confiance en elle plaisante, même si ça faisait peut-être partie de son numéro. Il s'était déjà fait bluffer par des femmes de cette trempe par le passé.

Une fois la nuit tombée, Skink se laissa flotter hors du couvert des arbres et émergea dégoulinant comme une loutre mâle sur une pointe de terrain sec. Il se fraya prudemment un chemin au travers de hammocks touffus jusqu'à ce qu'il atteigne son campement, qu'il eut plaisir à retrouver intact. Comme auparavant, les équipes de recherche ne s'étaient pas enfoncées aussi loin dans le marécage. La présence des crocodiles douchait toujours leur enthousiasme : pourquoi risquer de bons chiens pisteurs très précieux pour un vieux vagabond dérangé, et armé d'un fusil de chasse.

Un front froid soufflait sur les îles, et Skink savait que l'hélico de la police avait regagné l'hélisurface, à Marathon. Il fit un petit feu puis poussa jusqu'à la route dans l'espoir d'y glaner de quoi dîner. Il en revint avec un raton laveur et une couleuvre jaune, victimes du même véhicule. Skink supposa que le raton laveur poursuivait probablement le reptile quand il s'était fait heurter.

Il fit frire toute la viande avec du poivre et du Tabasco, avant de l'engloutir en l'arrosant de trois Michelob, piquées dans le frigo du bus nolisé. Il pensa brièvement à Jackie Sebago, cette ordure de mercanti, et se demanda si les médecins avaient comptabilisé tous les piquants d'oursins en les retirant de ses bourses nécrosées. Les photos avaient dû valoir le coup d'œil, rêvassa Skink. Peut-être finiraient-elles dans un manuel de chirurgie.

Après le dîner, il jeta une souche de platane dans le feu et fourra l'une de ses cassettes tant prisées dans un vieux ghetto-blaster à piles. Puis, se coiffant de son bonnet de douche, il s'allongea tout nu dans les feuilles, en fredonnant avec Buffalo Springfield, et se posant en dépit de lui-même des questions sur Ann DeLusia : quelle était sa véritable histoire et étaient-ils appelés à se revoir un jour ?

9

L'ex-Cheryl Bunterman, n'ayant jamais rencontré sa doublure, ignorait tout de l'existence d'Ann DeLusia. Elle avait été totalement sincère en disant à Bang Abbott qu'elle ne voyait pas de quoi il parlait.

Janet Bunterman croyait que ça chamboulerait sa fille si elle savait qu'un sosie-leurre avait été engagé à plein temps, à des fins de RP, et suite aux « gastrites » à répétition de Cherry. Il y avait peu de chances que la star découvre le fin mot, car elle ne lisait jamais la presse people et regardait fort peu souvent les émissions télé consacrées aux célébrités. Les rares fois où elle tombait sur une photo ou des images volées d'elle s'engouffrant dans une party glamour, dont elle ne se rappelait rien, Cherry supposait que, *stone* à ce moment-là, elle avait zappé la soirée entière.

En tant qu'actrice, Ann DeLusia éprouvait une curiosité naturelle à l'égard de celle qu'elle incarnait. Pourtant, les seules occasions qu'elle avait d'observer Cherry en chair et en os, c'était quand on faisait sortir la chanteuse de chambres d'hôtel empestant le vomi tandis qu'on y faisait entrer Ann à sa place. De façon invariable, Cherry était soit inconsciente soit délirante, et sanglée sur une civière. De telles scènes ne donnaient pas à Ann beaucoup de grain à moudre, dans le genre méthode de l'Actor's Studio. Elle avait étudié consciencieusement tous les clips de Cherry et même visionné une bobine abrutissante d'interviews sur tapis rouge, au cas où elle devrait s'exprimer pendant l'une de ces mascarades nocturnes.

Jusqu'ici, Ann n'avait rien vu qui suggérât que l'ex-Cheryl Bunterman était compliquée, incomprise ni même un tant soit peu exploitée. Au contraire, cette fille lui paraissait gâtée, vaniteuse et tête en l'air. Le coup du tatouage ne lui fit pas changer d'avis.

– Très classieux, dit-elle à Janet Bunterman, qui le lui montra sur un Polaroid. On dirait une blenno vue au microscope.

– C'est Axl Rose.

– Lâchez-moi !

– Regarde, il a l'air d'un centaure, expliqua la mère de Cherry, montrant la photo du doigt. C'est censé être le corps d'un zèbre.

– Je vois bien sa bite, Janet, mais où est sa queue ? Enfin, ce machin semble ne pas avoir d'arrière-train.

– Le tatoueur n'a pas eu le temps de le terminer.

– Laissez-moi deviner. Son droit de visite était dépassé, dit Ann.

Janet Bunterman, morose, attrapa une tasse de café sur le plateau du service d'étage. L'entourage, de retour au Stefano, était en train de se regrouper. Ann, assise en tailleur sur le lit de sa chambre, mangeait un bagel au sésame en feuilletant le *Miami Herald*.

– Son tattoo est mal situé, dit la mère de Cherry.

– Et si on le maquillait ?

– Elle est si blanche de peau et cette saleté est si voyante... impossible à cacher à moins de lui faire enfiler un col roulé.

– Ou une écharpe sympa.

– Les Lark connaissent un médecin à Santa Monica spécialiste des retraits au laser. C'est lui qui a cramé Billy Bob sur le bras d'Angelina, dit Janet Bunterman, et le plus gros du Winona de Johnny. Malheureusement, Cherry fait des difficultés. Elle dit qu'elle veut le garder. Maury va lui parler, mais en attendant...

– Pas ques ! s'exclama Ann qui bondit du lit, en envoyant valser le journal. N'abordons même pas le sujet.

– On se calme. On te fera ça au henné, précisa la mère de Cherry. On m'a donné le nom d'une Pakistanaise de Coral Gables qui est soi-disant géniale. Tu pourras l'effacer dès que cette absurdité sera derrière nous.

– Mais je n'ai pas envie de ce truc crade dans le cou, protesta Ann. Les gens vont prendre ça pour un suçon qui s'est infecté.

La-dessus, la porte de la chambre d'hôtel s'ouvrit et un grand type entra, une clé électronique en main. Il s'approcha de Janet Bunterman et rouspéta à propos du petit déjeuner. Ann DeLusia n'écouta pas, car elle regardait, bouche bée, le visage du type. C'était le pire peeling qu'elle eût jamais vu.

– Annie, je te présente Chimio, dit la mère de Cherry. C'est lui, le nouveau garde du corps.

– Salut, dit Ann, sa voix à peine au-dessus du murmure.

L'homme se pencha.

– Tu mates quoi, là ?

– Désolé, mec, mais... je veux dire, et puis merde.

Janet Bunterman intervint :

– Annie, s'il te plaît.

– Ne le prends pas mal, mais on me fait ça à moi ? Je vais direct chez un avocat.

Chimio cligna froidement.

– Je m'en suis chargé différemment.

– C'est quoi l'astuce avec ton bras ? demanda Ann.

Il se tourna vers la mère de Cherry en lui disant :

– Me dites pas qu'elle fait aussi partie de ce cirque bordélique.

– Annie est, euh, la doublure de ma fille. Vous l'accompagnerez parfois en public, comme si elle était Cherry. C'est un petit jeu qu'on doit jouer pour gérer les médias.

Chimio grogna.

– Y a encore de l'augmentation dans l'air.

Dès que l'homme fut descendu, Ann demanda à Janet Bunterman de quelle planète il venait.

– Maury a engagé ce monstre. On n'a pas eu le choix.

– Qu'est-ce qu'en dit Cherry ?

– Cherry n'est pas ravie. Elle avait jeté son dévolu sur un maître d'arts martiaux afro-américain, parce qu'elle croit que

Britney en a un – même si je pense qu'elle se trompe. Je crois que celui de Britney vient des îles Fidji.

Janet Bunterman semblait s'adresser à sa tasse à café.

– Et à l'heure qu'il est, Cherry s'est bouclée dans la salle de bains. Tu as ta petite robe noire ?

– Pourquoi ? demanda Ann avec méfiance. Elle est au fond du marécage avec le reste de mes affaires.

La mère de Cherry eut l'air dépassée.

– L'accident de voiture, vous vous rappelez ? dit Ann.

– Ah oui. Eh bien, alors, il faudra que tu ailles à Bal Harbour cet après-midi t'acheter de nouveaux vêtements, après ton passage chez la Pakistanaise. Les jumelles Olsen donnent une grande fête ce soir au Pub'Bis... ça serait bien que Cherry s'y montre.

– Mais elle sera occupée.

Janet Bunterman opina.

– En pleine séance de retouches, Dieu le veuille. Ce créateur facture dans les trois mille dollars par jour, et c'est un sacré chieur. Mais d'après Maury, il a fait le show de Céline à Las Vegas.

Ann DeLusia n'était pas contre l'idée d'une nouvelle robe, même si personne ne la verrait la porter à l'exception des paparazzis devant la boîte et des serveurs à l'intérieur. Un jour peut-être, elle assisterait vraiment à l'un de ces événements et se payerait du bon temps, au lieu de rester cachée dans une arrière-salle en attendant l'heure de se barrer.

– Est-ce qu'il vient, lui aussi... le nouveau garde du corps ? demanda Ann.

La mère de Cherry soupira.

– Ne va pas lui filer les boules, d'accord ? Il n'a rien à voir avec Lev.

– Aucun sens de l'humour, hein ?

– Zéro. Enfin, y a qu'à le regarder.

– Au fait, c'est quoi ce gros machin à son bras ?

Janet Bunterman le lui dit.

– Wouah.

Ann se surprit à être intriguée par le concept.

– Je ne sais pas ce que Maury avait derrière la tête, marmonna la mère de Cherry.

Ann soupçonna que le dénommé Chimio avait une histoire haute en couleur à raconter.

– Je lui demanderai de me le montrer, son appareillage de folie, dit-elle malicieusement.

– Seulement si tu veux une nouvelle coupe de cheveux, l'avertit Janet Bunterman.

De son portefeuille, elle retira cinq billets de cent dollars et les compta.

– Tiens… et n'oublie pas de garder les reçus.

Avec un petit sourire de doute, Ann examina la somme.

– Je devine que je ne vais pas aller faire du shopping chez Tory Burch.

– Bon Dieu, tu es pire que ma fille.

– Loin s'en faut, lança Ann à la cantonade, tout en sortant appeler un taxi.

Bang Abbott se gara dans la rue, à deux blocs de l'hôtel. Il s'était armé d'un Pentax de seconde main qu'il avait acheté dans une boutique de prêts de Hialeah, ouverte 24 heures sur 24. L'appareil était numérique et le moteur d'entraînement marchait encore, alors basta. Avec un peu de chance, il récupérerait bientôt ses Nikon, et davantage.

Même s'il n'avait pas fermé l'œil depuis son arrivée en Floride, il ne se sentait pas fatigué. C'était typique des fans monomaniaques, même si Bang Abbott n'aurait jamais admis en être devenu un. Il laissa l'appareil dans la voiture et alla explorer le hall, où il repéra le groom chétif et l'entraîna dehors.

– Elle est ici, mon frère ! Chambre 602. J't'ai appelé genre cinq fois, merde, pourquoi t'as pas rappelé ? fit le groom d'un ton geignard.

– Quelqu'un m'a volé mon bigo, répondit Bang Abbott.

Et tous les numéros de mes sources, songea-t-il avec amertume. Si les appareils photo étaient remplaçables, la disparition du BlackBerry était une grosse galère. Il espérait que Cherry Pye ne l'avait pas perdu, ni balancé.

– Elle est là-haut en ce moment, chuchota le groom. J'ai entendu le concierge téléphoner à un serrurier.

– Bon Dieu de bonsoir. Elle a repiqué au truc ?

Le groom lui dit qu'il allait essayer de le découvrir. Bang Abbott lui fila cinquante dollars et le numéro de son nouveau portable, une autre affaire de boutique de prêts.

– Fais-moi savoir quand elle bougera, dit le photographe. Y aura cent de plus pour toi… et passe le mot aux autres, aussi.

Bang Abbott avait retiré un gros paquet d'un DAB.

– Je reste dans le coin, reprit-il en montrant le bout de la rue.

La voiture de location était une Buick bleue deux portes. Spacieuse, elle ne l'était pas, en particulier pour quelqu'un de la circonférence de Bang Abbott. L'air matinal étant frisquet, il remonta les vitres et laissa tourner le moteur, en essayant de ne pas repenser à la baise avec Cherry. Il eut bientôt une érection mollassonne, à laquelle il aurait remédié discrètement si seulement le volant collé serré au siège n'avait pas entravé tout accès frontal. Avec des défauts de design de ce type, songea Bang Abbott, fallait pas s'étonner que General Motors fasse la culbute.

Il glissa sa masse flasque sur le siège passager et, utilisant l'emballage en papier sulfurisé d'un Royal Cheese qui traînait, s'occupa de Claude Junior. Pourtant, même après ça, il ne put s'arrêter de se poser des questions sur Cherry. Pourquoi diable l'avait-elle sauté ? Comme la plupart des paparazzis à succès, Bang Abbott était rarement taraudé par des problèmes d'estime de soi ; il connaissait son rang inférieur dans l'ordre du charnel. Ce que Cherry avait fait avec lui, tout agréable que cela ait pu être, était une entorse à la loi naturelle, comme si un papillon se tapait un cafard.

La plupart des hommes dotés de la connaissance du monde de Bang Abbott, comprenant la futilité de ruminer sur ces galipettes aériennes, auraient archivé au chaud le souvenir pour en nourrir de futurs fantasmes. L'obsession grandissante du photographe se mesurait au fait qu'il soit capable de faire d'un accouplement d'une frivolité vide de sens quelque chose de calculé et de diabolique. Par moments, il était à deux doigts de se convaincre que Cherry était animée de noirs desseins, qu'elle se servait de lui de façon cynique.

Bang Abbott passa la main sous le siège pour s'assurer que le pistolet était toujours bien là : un Colt .38 Special, avec holster en plastique et trois balles. Il l'avait obtenu pour quatre-vingts dollars du même honnête commerçant qui lui avait vendu le Pentax. Même si c'était la première arme qu'il manipulait de sa vie, Bang Abbott n'était pas nerveux. Mécaniquement parlant, le Colt paraissait simple comparé à un appareil photo, et les principes opératoires fondamentaux étaient les mêmes : viser et tirer.

Ostensiblement, il s'était procuré cette arme pour se protéger des éléments criminels bien connus de Floride du Sud, mais au gré de ses rêveries, il s'imaginait la brandir négligemment en présence de Cherry. Comme d'innombrables imbéciles avant lui, Bang Abbott croyait que le port d'une arme à feu obligerait certaines personnes à le prendre davantage au sérieux.

À 9 heures 30, le groom l'appela pour lui dire que le garde du corps de Cherry quittait le hall de l'hôtel en solo.

– Il ressemble à quoi ? lui demanda Bang Abbott.

– À un enfoiré d'alien.

– À un quoi ?

– Tu sais bien… un extra-terrestre. Comme dans un OVNI.

Bang Abbott pouffa.

– Alors, il a, quoi, des antennes qui lui sortent du crâne ?

– Tu verras, mon frère. Il vient de ton côté.

Le photographe se tassa dans la Buick, et jeta un œil au ras du tableau de bord. Quand le nouveau garde du corps de Cherry – et qui aurait-ce pu être d'autre ? – apparut sur le trottoir, Bang Abbott constata que le groom n'avait pas exagéré. Le type était un véritable *geek* monté sur échasses.

Bang Abbott attendit que l'homme l'ait dépassé d'un bloc entier avant de s'extirper de la Buick et de se lancer à sa poursuite. À cause de sa taille, et de l'iridescence corail de sa moumoute, le garde du corps était facile à filer. Sur Alton Road, il entra dans un *diner* bio, où il s'empara d'un menu de petit déjeuner avant de choisir une table loin de la vitre. Il ne dit pas un mot quand Bang Abbott vint s'asseoir crânement face à lui.

– Vous ne me connaissez pas, attaqua le paparazzi. Je suis un photographe de la presse people. Exclusivement free-lance. Votre cliente m'a piqué mon matos.

Le garde du corps ne leva pas les yeux du menu.

– On a voyagé ensemble en avion, puis elle a filé avec ma sacoche photo. J'arrivais pas à y croire, bordel.

Le garde du corps étouffa un bâillement.

– Je vous parle de Mlle Cherry Pye, poursuivit Bang Abbott, en s'efforçant de ne pas le dévisager.

De tout près, le type était une vraie vision d'horreur.

– Deux Nikon et un BlackBerry : faut que je les récupère, le téléphone surtout. Et j'ajoute aussi : je suis prêt à y mettre le prix.

Lentement, l'homme leva des yeux suintants. Les orbites paraissaient enflammées, et les paupières tombantes étaient cartographiées de veines bleuâtres. Pour Bang Abbott, il avait tout d'un gecko mutant. Et ce machin truc qui encombrait son bras : un plâtre ou bien il planquait un Uzi, là-dessous ?

Le paparazzi se présenta et tenta vaillamment de lui serrer la main. Le garde du corps réagit en découvrant les dents, ou plutôt des chicots décolorés.

– Combien ? demanda-t-il à Bang Abbott.

– Quoi ?

– Pour la récup' de ton matos. Combien tu paies ?

– Chais pas. Cinq cents ? lança Bang Abbott. Mais seulement si cette foldingue ne l'a pas salopé.

– Va jusqu'à huit cents, et sans conditions, fit le garde du corps. Si ton matos est cassé, tu le feras réparer.

– Six cent cinquante.

– Du balai, Slim Fast.

Il gagna le comptoir et revint vite fait avec un verre de jus de pamplemousse.

– Vise-moi toute cette saleté de pulpe, remarqua-t-il en fronçant le sourcil.

– OK, huit cents, fit Bang Abbott.

Il nota le numéro de son nouveau portable sur une serviette en papier et le passa au garde du corps.

– Le BlackBerry est mandarine. On ne peut pas le rater.

Il en avait commandé un customisé, de couleur flashy, afin de pouvoir le repérer facilement dans le foutoir de sa sacoche.

– C'est quoi ton nom, mec ? demanda-t-il au garde du corps.

– Chimio.

– C'est français ou quoi ?

– Tu me redis encore une fois « mec », je te pèle la tête comme une pomme, fit le garde du corps avec un clin d'œil, tout en sirotant son jus.

Bang Abbott était déterminé à tisser des liens perso. L'individu n'était pas particulièrement sociable mais, contrairement à Lev, semblait perméable à l'appât du gain. Le photographe anticipait déjà de futurs services, au-delà de la récupération de sa sacoche photo. Cherry Pye pourrait devenir sa people en propriété exclusive si Chimio se laissait acheter.

Mais l'individu était un vrai dur, peut-être même un ex-taulard, si bien que Bang Abbott savait qu'il devait se montrer patient – et extrêmement prudent – dans son approche.

– C'est quoi Cobra Golf ? demanda-t-il innocemment, en désignant de la tête le sac zippé volumineux que le garde du corps portait au bras gauche.

Chimio renifla dans l'air.

– Merde, qu'est-ce qui a crevé ?

Le photographe insista, cherchant un terrain d'entente.

– Quand j'étais gosse, je me suis fracturé le cubitus en deux endroits… en tombant d'une maison dans les arbres. J'ai dû porter un plâtre pendant trois mois.

– C'est pas un plâtre, fit Chimio en soulevant son membre ensaché.

– Oh, fit Bang Abbott. Désolé, vieux.

– Désolé de quoi ? C'est pas *ton* bras qui s'est fait bouffer.

De celui qui était valide, le garde du corps fit signe à une serveuse, qui s'approcha et prit sa commande : quatre œufs sur le plat et une pile de toasts multigrains.

Quand la serveuse se tourna vers Bang Abbott et lui demanda ce qu'il désirait, Chimio s'interposa :

– Apportez-lui que dalle. Il dégage.

Le photographe eut un sourire tristounet et se leva.

– Oui, je crois. Passez-moi un coup de fil quand vous récupérerez mon matos…

– C'est le deal.

– … alors on pourra se retrouver… n'importe où.

– Oui, fit Chimio. Tu sais, on a inventé un nouveau truc génial.

– Ah ouais ?

– On appelle ça du savon. Peut-être que t'en as entendu parler.

Bang Abbott sentit sa nuque s'empourprer.

– À plus, fit-il, puis il sortit du restaurant en traînant la jambe.

L'ex-Cheryl Bunterman était assise sur la cuvette des toilettes, dans la salle de bains de la suite 602, ses pieds nus calés sur la sacoche du paparazzi. À l'extérieur, sa mère toquait à la porte, en l'avertissant que le serrurier de l'hôtel n'allait pas tarder.

– Cherry, on peut régler ça à la poigne de fer ou au gant de velours.

– *Cherish*, je t'ai déjà dit. Et je ne sortirai pas tant que tu ne m'auras pas viré ce connard répugnant pour le remplacer par un superkaratéka black comme celui de Britney.

– Mon cœur, fit Janet Bunterman, j'ai vérifié auprès de son staff. Il vient des îles Samoa.

– Le mec chauve ? Impossible, m'man. Il faisait partie des Raiders.

– Les Samoans jouent aussi au foot, souligna sa mère à Cherry.

– Fais dégager ce monstre, tu veux, OK ? Il me coupe l'envie de pisser.

Cherry et sa gueule de bois carabinée s'étaient enfermées depuis plus d'une heure dans les chiottes. Elle avait passé le temps en jouant avec le portable couleur vitaminée du photographe, en lisant ses textos et en écoutant sa boîte vocale.

– Hep, m'man, devine ? Les Olsen font un truc au Pub'Bis, ce soir.

– Oui, je sais.

– Kanye pourrait y être !

– Où t'as entendu ça ? demanda sa mère à Cherry, à travers le battant de la porte.

– Et David Spade est descendu au Standard, il s'est inscrit sous le nom de « Bubba Gump ». Quoi d'autre… Oh, Ellen et Portia ont annulé leur réservation à la Forge… Uma prend son brunch au News Café avec un mec en chapeau de cow-boy… c'est *tellement* cool.

Janet Bunterman cogna plus fort.

– Qu'est-ce que tu fabriques là-dedans ?

– Chut, m'man !

Cherry Pye écoutait un nouveau message vocal sur le portable du photographe. Il la concernait : un type à l'accent cubain disait d'une voix aiguë qu'elle était au Stefano. Il connaissait même le numéro de sa chambre.

Cherry fut carrément émoustillée. En équilibre sur le rebord de la baignoire en porcelaine à pattes griffues, elle jeta un coup d'œil par la fenêtre, qui offrait une vue partielle de la piscine. On pouvait apercevoir des couples qui prenaient le soleil en se câlinant sans retenue, ce qui indiqua à Cherry qu'aucune équipe vidéo ni aucun paparazzi ne rôdaient parmi les *cabanas.* Peut-être attendaient-ils dehors, à l'entrée, près du hall, songea-t-elle.

– Cherry, mon cœur ? fit une voix d'homme derrière la porte.

– Et merde, se murmura-t-elle. (Puis :) Fous-moi la paix, Maury !

– Je vais compter jusqu'à neuf, répondit-il.

Elle fourra le BlackBerry dans la sacoche photo.

– Casse-toi ! J'ai la chiasse !

– Dis-moi un peu… tu l'aimes bien cette vie dans la ouate que tu mènes ?

Qu'est-ce que c'était censé vouloir dire, ça ?

Elle déverrouilla la porte. Le producteur entra et la referma derrière lui. Son comportement calme était intimidant.

– Où est m'man ? demanda Cherry.

– Montre-moi ce tattoo.

Maury Lykes mit ses lunettes cerclées et examina le cou de Cherry d'un air sceptique.

– Ouais, superbe... et ça tombe à pic pour la photo de couverture d'*US Weekly* que j'ai bookée pour demain.

– Ben, tu peux dire ce que tu veux, je m'en fiche... moi, j'le kiffe ce tattoo. C'est Axl l'homme-zèbre !

– Et qui est-ce... ?

Cherry savait que Maury la mettait à l'épreuve.

– Allez, fit-il. Cent dollars si tu me donnes le nom du groupe.

– Blood, Sweat and Roses ?

Le producteur retira ses lunettes et les accrocha à une boutonnière de son polo.

– *LGR et cetera* est ton dernier gros coup, mon cœur. Si cette tournée fait un bide, tu pourras dire *adios* à la belle vie. Car la « marque » Cherry Pye aura vécu, compris ? *Finito.*

– Trop mortel ! s'écria-t-elle d'un ton de défi. Pasqu'à partir de dorénavant, je vais me faire appeler Cherish.

– Et pourquoi pas « Banqueroute » ? Il te plaît, ce nom ? L'Artiste connue autrefois sous le nom de solvable. (Maury Lykes affichait un sourire impitoyable.) Parce que, mon cœur, je t'attaquerai en justice et tu n'auras même plus un string pour pleurer.

– Et pourquoi ? demanda Cherry d'un ton blessé.

– Rupture de contrat. Détournement de fonds. Ou ce que mes requins d'avocats inventeront.

Maury Lykes se planta devant le miroir et délogea une graine de sésame d'entre ses dents.

– Tu t'es cassée de ta désintox à Malibu, eh bien maintenant, c'est au tour de la désintox à la Maury. Privée de teuf jusqu'à nouvel ordre, lui dit-il. Début des répètes la semaine prochaine... je vais te mailer les bandes sons de ton show afin que tu commences à pratiquer ton *lip sync* légendaire. Le texte des paroles est déjà en route.

– Alors maintenant, je suis, genre, prisonnière ? Non, mais j'y crois pas.

– Notre ami Chimio t'accompagnera partout où il te faudra aller.

– Non, Maury ! Il est horrible !

– Un vrai cauchemar, acquiesça le producteur. Et va pas t'imaginer que le chemin de son cœur soit pavé de fellations... il n'a pas les mêmes faiblesses que Lev.

Cherry haussa le sourcil.

– Tu veux dire qu'il est gay ?

– Non, qu'il est frigide. Peut-être le fils de pute le plus frigide que j'aie jamais rencontré.

Janet Bunterman toqua à la porte de la salle de bains en demandant si tout allait bien. Maury Lykes lui cria :

– Aux petits oignons !

Cherry baissa la voix.

– Mais il sait qui je suis, non ?

– Chimio ? Oh, il peut pas en avoir moins à cirer.

Maury Lykes se détourna du miroir.

– Mon cœur, ne te sens pas personnellement visée. Les psychopathes d'âge mûr, ils sont pas branchés sur l'actu musicale.

L'idée d'être vue en public avec un garde du corps aussi peu séduisant, et potentiellement imbaisable, rongeait Cherry.

– Bon, et comment il a fait pour nous retrouver Tanner et moi, hier soir ? demanda-t-elle en faisant la moue.

Maury Lykes lui raconta que Chimio avait appelé toutes les compagnies de limousines de la plage en se faisant passer pour le pharmacien personnel du jeune acteur, avec une livraison urgente en retard. L'une des standardistes s'était rappelé une prise en charge à Star Island et avait joint par radio le chauffeur, qui lui signala qu'il était garé devant une boutique de tatouage, sur Washington.

– Trop merdique ! s'exclama Cherry.

– Plus que brillant.

Le producteur l'embrassa sur le menton.

– N'oublie pas ce que je t'ai dit : si tu fous en l'air ce projet, tu ne t'éclateras plus un seul jour de ta vie. Sois une gentille fille, et ton prochain album sera signé « Cherish ».

Elle lui jeta les bras autour du cou et l'attira à elle, ultra-près.

– M'abandonne jamais, Maury. Faut me le promettre.

10

Bang Abbott ne mourrait jamais de faim. Même avec un Pentax d'occase, il pourrait toujours se faire du blé.

Quelques années plus tôt, une période de vaches particulièrement maigres, sur le circuit des clubs de L.A., l'avait forcé à transhumer sur les plages de Malibu, où chaque après-midi il traquait les people qui y prenaient le soleil. Bang Abbott se référait à cet été-là comme à sa « Période cellulite », car les tabloïds payaient des sommes absurdes pour des gros plans de culs célèbres : plus ils étaient flasques, mieux c'était. Il s'était fait dix sept mille dollars avec une seule photo, sensationnelle et embarrassante, de Jessica Simpson, plus six mille autres pour une série « gros tas » de Tom Hanks, qui avait pris quinze kilos pour incarner Theodore Roosevelt à l'écran.

Mais les plages n'étaient pas l'endroit où Bang Abbott préférait travailler. Il était difficile de s'y dissimuler, et la luminosité y était souvent trop crue. Pire que tout, il faisait chaud sur les plages en général, et la chaleur faisait le malheur de Bang Abbott. Il transpirait en jets d'écume peu naturels, trempant rapidement sa chemise, sa casquette et même son pantalon. L'odeur ne le dérangeait pas tant que le fait d'être dévisagé ; il était impossible de ne pas se faire remarquer quand on dégoulinait comme un hippopotame du Nil.

Mais un homme doit bien gagner sa vie, donc il était là, explorant la célèbre partie seins nus de South Beach, proche de Lummus Park. Une femme rencontrée en faisant la queue dans un resto Subway lui avait affirmé être femme de chambre au Clevelander, et contre vingt dollars avait rencardé Bang Abbott : Lindsay Lohan et sa dernière petite amie se faisaient dorer sur la 5e Rue. Il s'était dit « et puis merde », peut-être pourrait-il gagner une poignée de dollars de plus en attendant la prochaine virée de Cherry Pye en ambulance.

Jusque-là, pourtant, Bang Abbott n'avait pas repéré les seins nus de Lindsay parmi les dômes huilés et bien droits qui luisaient devant lui à perte de vue. Le rivage était embouteillé par des badauds des deux sexes, nombre d'entre eux prenant des photos, si bien que Bang Abbott ne vit aucune nécessité à fouler furtivement le sable. Pour finir, il reconnut un top model allemand et shoota une dizaine de clichés avant que le compagnon basané de la dame ne le chasse. Une centaine de mètres plus loin sur la plage, le photographe repéra une femme qui ressemblait à Sienna Miller, mais s'avéra n'être qu'une inhalothérapeute patentée de Louisville, dont le mari, accro de la gonflette, n'avait aucun sens de l'humour. Bang Abbott fuyait à toutes jambes quand son portable se mit à sonner. Il ne s'arrêta pas pour répondre avant d'avoir rejoint Collins Avenue.

– Tu veux récupérer tes appareils ou pas ?

C'était le nouveau garde du corps de Cherry.

– Bordel oui. Où tu es ? haleta Bang Abbott.

– À l'hôtel. Rendez-vous dans les chiottes près du hall d'entrée.

– J'y serai dans vingt minutes.

– Et aboule la thune, Slim Fast.

Bang Abbott arriva avec la somme en liquide, et aussi son pistolet, au cas où il se ferait piéger. En entrant dans les toilettes, il vit Chimio planté devant l'un des miroirs, scrutant sa perruque fauve. La sacoche photo était posée sur le sol.

– Comme promis, lui dit Chimio en tendant la main pour qu'il le paie.

– Minute.

Bang Abbott farfouilla en hâte dans la sacoche, y trouva les deux Nikon avec tous les objectifs – mais pas trace du BlackBerry.

– Où est mon bigo ? s'enquit-il.

– Pas à moi qu'il faut le demander.

Les traits rugueux de Chimio se renfrognèrent.

– Bon, file-moi le blé maintenant, que je me casse d'ici.

– Mais j'ai besoin de mon bigo !

– T'as qu'à t'en payer un autre.

– Y a tous mes numéros, toutes mes sources dedans... je suis mort sans ça.

Chimio haussa les épaules.

– On attend après moi là-haut.

Bang Abbott était furieux. Pourquoi Cherry lui rendait-elle les appareils coûteux et gardait-elle le BlackBerry ? Elle semblait bien déterminée à lui prendre la tête. Il compta quatre billets de cent dollars, puis les tendit au garde du corps.

– T'auras l'autre moitié quand j'aurai mon bigo, fit-il audacieusement.

– Ah vraiment ?

Le dénommé Chimio verrouilla la porte des toilettes puis dézippa son moignon, dévoilant ce qui avait l'apparence d'une débroussailleuse mécanique dans les normes. Quand il mit le moteur en marche, le bruit se répercuta à tous les échos sur le carrelage.

Bang Abbott se réfugia dans l'une des cabines, où il souleva son pan de chemise trempé pour découvrir la crosse du Colt passé à sa ceinture. Chimio parut amusé. Avec un sourire sceptique, il lui dit :

– Elle est bien bonne, celle-là, Slim Fast. Maintenant, file-moi le reste de mon blé.

Le photographe s'inclina. Chimio rangea le taille-herbe, expédia d'un coup de pied la sacoche photo dans la cabine dont il claqua la porte.

– Sors pas de là avant un quart d'heure, lui intima-t-il.

Bang Abbott s'y attarda près d'une heure. Le siège des toilettes, sanitaire haut de gamme, était doté d'une circonférence généreuse, et Bang Abbott s'y adapta confortablement. Après inspection, les deux Nikon lui semblèrent intacts, ce qui était un soulagement, même si l'un d'eux avait perdu le capuchon de son objectif. En faisant défiler le contenu de la carte mémoire, Bang Abbott s'aperçut que Cherry avait pris une série de photos, apparemment dans la salle de bains de sa suite. Sur les premiers clichés, elle était seins nus, avec juste une serviette blanche drapée autour du cou. Brandissant d'une main le Nikon au-dessus de sa tête, elle visait le miroir de ses yeux vert de mer, avec des mines aguicheuses. Bang Abbott, supposant que ces autoportraits étaient censés rester privés, sentit monter son excitation.

Puis, en déroulant plus avant, il tomba sur une photo où, débarrassée de sa serviette, Cherry exposait un tatouage tribal criard : la figure d'un babouin en train de pousser la tyrolienne, semblait-il, racccordée au corps tronqué d'un zèbre. Sur le cliché final, Cherry louchait en tirant la langue, et la lubricité de Bang Abbott vira à la fureur. Il songea : *Cette petite pute se fout de ma gueule !*

Aussi sec, et sans une bribe de preuve, il en conclut que Cherry avait mis en scène ces photos taquines à sa toute spéciale attention, et laissé les images archivées dans l'appareil pour se moquer cruellement de lui. Il examina chacune d'elles encore et encore, sa colère enflant d'autant ; et il ressortit de la cabine des toilettes, propulsé sur une pente irrationnelle et fatale.

Ann DeLusia, née à Ames, dans l'Iowa, n'avait jamais connu son vrai père. Sa mère, épicière végétalienne, l'avait élevée seule. Puis, devenue une fondamentaliste bêlante, elle avait épousé un joueur de bowling professionnel quand Ann était en deuxième année à l'université de Michigan State. En mesure de protestation, Ann « décrocha » et, laissant tomber ses études, partit en Californie du Sud, où elle envisageait de devenir scénariste jusqu'au soir où elle coucha accidentellement avec l'un d'eux. Sa conversation étant encore plus fastidieuse que sa façon de baiser, Ann en conclut que l'âge d'or des Elaine May et William Goldman était bel et bien terminé.

Poussée par une amie, elle décida de s'essayer au métier d'actrice et, à cause de son physique – que son idiot d'agent vantait comme étant d'une « saine sensualité » –, elle récolta des apparitions muettes dans des pubs télé pour une gamme de produits d'hygiène féminine, y compris un anneau vaginal recyclable. Ann finit par décrocher le rôle de l'avocate Joanne Jefferson sur la tournée d'une production de la comédie musicale *Rent*, et bien que le salaire fût décevant, elle eut de bonnes critiques. Elle n'eut aucun problème à interpréter une lesbienne et, à la lumière de ses expériences nullissimes avec des Angelinos, se mit à envisager sa réorientation sexuelle dans la vie réelle.

Puis elle connut Lawrence, un flûtiste nanti d'un fonds de placement déclinant, d'une maison de plage à San Clemente et d'un talent singulier au pieu. Ann DeLusia s'installa peu à peu dans un bien être inexplicable avec Lawrence et se surprit à fermer les yeux sur les multiples défauts du personnage, comme son habitude de se doucher avec son épagneul anglais ou de laisser seulement 9 % de pourboire au restaurant. Chaque soir, avant le coucher, Ann massait, avec application et de la mousse Rogaine, le rond de calvitie naissante, de la taille d'une galette, de son nouveau petit ami, délicate attention que la mère de Lawrence affirma être une véritable preuve d'amour.

Au bout d'une année environ, Ann eut la surprise de découvrir que son flûtiste fréquentait une femme de quinze ans de plus que lui, propriétaire d'une chaîne de magasins de nettoyage à sec à Marin County, qui lui payait l'avion pour des orgies et autres fêtes médiévales. Ann largua Lawrence le jour où son agence l'appela pour lui proposer un rôle inhabituel qui payait bien et offrait des voyages fréquents, contre une clause de confidentialité sous serment. L'« audition » consista en un rendez-vous de dix minutes dans le salon-bar du Four Seasons avec Janet Bunterman, qui tripota les boucles blondes d'Ann, examina à la loupe sa carnation et s'informa de son tour de poitrine avant de la congédier. Le lendemain matin, Ann fut rappelée. Elle dit oui car elle avait besoin d'argent, mais aussi parce que l'idée de ne pas jouer un personnage de fiction, d'incarner complètement une autre femme, une femme qui ne se ferait pas avoir par des frimeurs priapiques, fussent-ils joueurs d'instruments à vent, lui plaisait bien.

Sans suivre avec passion la carrière de Cherry Pye, Ann était au courant, *via* la télévision tabloïde, des folies et autres démons de la chanteuse, de sa réputation en dents de scie. Elle s'imagina que bosser secrètement comme double de Cherry ne serait jamais ennuyeux – et peut-être l'occasion de sa vie de mener une existence de star.

– Pourquoi ? demanda la tatoueuse au henné, qui se révéla être libanaise, et non pakistanaise. Pourquoi faire un truc pareil à votre corps ?

Ann DeLusia lui répondit que c'était une longue histoire. La femme scruta le Polaroïd du tatouage de Cherry Pye, en soufflant de désapprobation.

– C'est supposé être quoi ce dessin ?

– Un zèbre à tête d'homme. Un demi-zèbre en fait.

– Non, non, objecta l'artiste. C'est pas bien pour vous.

– Je vous en prie, Sasha. Je n'ai pas beaucoup de temps.

– C'est un pénis, ce machin ? (La tatoueuse le montrait du doigt avec dégoût.) Un pénis de zèbre ?

– C'est possible, concéda Ann.

– Un vrai truc de malade, ma petite ! Laissez-moi vous faire à la place une jolie mite du bambou.

Ann lui dit qu'elle avait besoin de ce tatouage dérangeant pour aller à une fête.

– Je l'effacerai dès demain matin, mentit-elle.

– Avec de l'eau salée et un loofah, d'accord ? Faut laisser tremper vingt minutes, lui recommanda la tatoueuse.

– Pigé.

Ann retira son chemisier, releva ses cheveux et s'assit sous la lampe. Le chauffeur de Cherry l'emmena ensuite à Bal Harbour, où elle s'acheta une minirobe noire et des escarpins chez Max Mara. Même si tout était étiqueté « moins 30 % », Ann finit par puiser dans sa propre réserve de liquide car, pour ne pas changer, Janet Bunterman ne lui avait pas donné assez.

À son retour au Stefano, Ann fila directo dans sa chambre et examina le tattoo sur son cou. *Catastrophique,* se dit-elle. *Dieu merci, on est à South Beach.*

La mère de Cherry vint jeter un coup d'œil.

– Elle a fait du joli boulot, non ?

– Vous me devez une fière chandelle, marmonna Ann.

– Oui, ben, on a juste fait ce qu'il fallait. Cherry a posté une photo sur sa page MySpace. Je suppose qu'à l'heure qu'il est toute la planète est au courant.

– Elle a pris son tatouage en photo ?

Janet Bunterman opina.

– Pendant qu'elle était enfermée dans la salle de bains. J'ai demandé aux Lark de la supprimer mais, d'après elles, elle était déjà devenue virale. Elles m'ont conseillé de rester cool et de faire avec.

– Ouais, apprenez-moi comment on résout ça.

Ann regardait en tiquant la réplique au henné dans la glace.

– Ce qu'elles ont fait, les Lark, c'est aller sur le site pour décadrer les seins de Cherry.

– Complètement. Pas question qu'elle se donne en spectacle.

Ann s'étira sur le lit. Écouter la mère de Cherry lui faisait presque apprécier la sienne en comparaison.

– J'aimerais bien savoir ce qui lui est passé par la tête, dit Janet Bunterman.

– Je ne peux pas vous aider, là. À quelle heure est le bal de promo ?

– Chimio viendra te prendre à 23 heures. Tu as trouvé une robe ?

Ann DeLusia éclata de rire.

– On va faire un couple d'enfer, vous ne trouvez pas ? Moi et le Señor Chimio.

– Ne fais pas ta maline avec lui, Annie. Il ne donne pas là-dedans.

Les retouches de costume prirent plusieurs heures, mais le créateur ne cessa pas de régaler Cherry Pye d'anecdotes sur des divas insupportablement célèbres. Dès qu'il fut parti, Cherry mit le cap sur le minibar, pour mieux découvrir qu'on l'avait délesté des bières et autres alcools.

– C'est quoi, cette chierie ! s'exclama-t-elle.

Chimio, qui lisait un numéro de *National Geographic*, leva la tête et lui dit :

– Ordre du toubib.

– C'est toi qui as fait ça ?

– Mets-la en sourdine, tu veux, lui dit-il.

Jamais jusque-là aucun employé ne s'était adressé à Cherry aussi grossièrement. Elle annonça à Chimio qu'elle le virait sur-le-champ.

– Je ne bosse pas pour toi, ma petite. Mais pour M. Lykes.

Puis il se replongea dans son magazine. Cherry courut dans sa chambre, dont elle claqua la porte. Tout au fond de son sac, elle découvrit un unique comprimé jaune, boulocheux, et le goba. Elle n'avait aucune idée de ce qu'elle prenait ; elle supposa que c'était une « pilule du bonheur », vestige de sa soirée avec Tanner Dane Keefe. Puisqu'on parlait du loup, Cherry avait envoyé des textos à l'acteur, genre, vingt-cinq, avec le nouvel iPhone que sa mère lui avait acheté pour remplacer celui qu'elle avait laissé à Rainbow Bend. Le jeune Tanner ne lui avait pas répondu, indiquant par là à Cherry que leur relation de rêve avait souffert de l'incident au salon de tatouage. Elle songea : et si ce monstrueux moule à gaufre avait fait fuir mon nouveau mec ?

Quand Cherry émergea de la salle de bains, elle ne portait qu'un string couleur chair et un soutien-gorge en dentelle rembourré. Chimio lui lança un coup d'œil amusé mais ne dit pas un mot. Elle vint s'asseoir près de lui sur le canapé, en croisant les jambes de façon languide sur la table basse en verre.

– On ne pourrait pas être potes ? lui demanda-t-elle.

– On ne me paie pas pour ça. Merde, c'est quoi cette odeur ?

– La mienne, fit Cherry avec un rire de gorge. C'est mon parfum perso.

Le produit s'appelait Fizz, une fragrance hâtivement formulée, lors d'un précédent passage à vide dans sa carrière. On en avait vendu moins de quatre mille flacons, le reliquat occupant à présent un entrepôt climatisé dans le Queens.

Fronçant le sourcil, Chimio renifla l'air.

– Laisse-moi deviner : écorce de goyave et pisse de cheval.

– Très drôle. Qu'est-ce que tu lis, mon grand ?

– Tout ce qu'il faut savoir sur les pingouins. Ils s'accouplent pour la vie.

Cherry gloussa.

– Qu'est-ce que ça doit être chiant ! Moi, quand je m'accouple, c'est pour m'éclater.

Elle se glissa plus près, se pressant contre lui.

– Tu parles pas sérieusement, fit Chimio.

– Mon dernier garde du corps, il avait la bite piercée.

– La belle affaire. La mienne est protégée par de la fibre de verre.

Il ferma d'un coup sec le *National Geographic* et se leva.

– Va te fringuer.

Sa mère rentrerait bientôt et ça ferait mauvais effet si elle trouvait sa fille vautrée près de lui en petite tenue.

Cherry leva une jambe et tortilla ses orteils.

– Bon, mon ami, y a une teuf d'enfer au Pub'Bis. Pas envie d'y faire un saut ?

– Tu es consignée.

Il alla au minibar et se décapsula un jus de légumes V8.

– Allez, sois pas si relou, fit-elle.

Chimio la regarda rajuster l'un des bonnets de son soutien-gorge de manière à exhiber le sombre croissant d'un mamelon. Maury Lykes l'avait averti qu'un truc de ce genre pouvait arriver. C'était assez lamentable.

– Je veux une photo de nous deux, ensemble, dit Cherry. Où est cette sacoche noire avec les appareils ?

– Quelle sacoche noire ?

Chimio aspira bruyamment son jus de légumes jusqu'à la dernière goutte. En prison, l'administration avait récompensé sa bonne conduite en lui restituant sa prothèse dynamique et en le laissant débroussailler un carré de jardin dans la cour, derrière la cuisine. Avec le temps, Chimio y avait gagné le goût des produits frais, mais sans aller jusqu'à s'interdire le porc à la jamaïcaine ou braisé à l'ancienne.

– Yo, montre-moi ton engin, le taquina Cherry. Ton faux bras, je veux dire.

C'était rare que Chimio doive exhiber son appareillage électrique deux fois le même jour.

– Je te le laisserai voir, fit-il, mais seulement si tu enfiles un peignoir.

– Cool !

Dès que Cherry sortit de la salle de bains, il dégaina son taille-herbe. Elle ouvrit de grands yeux, et ce fut là que Chimio remarqua qu'elle avait les pupilles dilatées.

– Putain de merde. Allume-le, mec ! dit-elle.

– T'es défoncée ?

– Vas-y, tranche. Tu veux bien ?

Il effleura le starter et s'attaqua au papier mural ivoire clair, à motif damassé. Cherry faisait des bonds de kangourou partout, tant elle était survoltée. Chimio réduisit l'appareil au silence en voyant entrer Janet Bunterman.

– Contente de voir que ça boume, vous deux, fit-elle d'un ton sec.

– Je peux y aller maintenant ? demanda Chimio.

– Vous vous attendez à ce que je paie pour ce mur ?

– Je parie que vous pouvez y arriver, dit-il.

– Aller où ? demanda Cherry.

– Chimio a un rendez-vous, ma chérie, lui dit Janet Bunterman. Je vais rester pour te tenir compagnie.

– Il a un *rendez-vous* ? Ah ouais, tiens.

Cherry laissa s'ouvrir son peignoir, rien que pour donner un choc à sa mère.

– Ben, tu sais, m'man… ce mec, il a, genre, les mains qui se baladent partout. Trop dègue.

Janet Bunterman songea que Cherry mentait sans doute, mais ne désira pas paraître prendre parti contre sa propre enfant. Adoptant un air de préoccupation maternelle, elle se retourna pour apostropher Chimio, que cette sordide accusation laissait de marbre, semblait-il.

– Il s'est passé quelque chose ici ? demanda-t-elle.

De l'index, Chimio creusait, avec désinvolture, une plaie sur son menton. Il dit :

– Ne le prenez pas mal, mais je tringlerais même pas votre fille avec la queue d'un autre.

Janet Bunterman rougit, tandis que Cherry s'écriait avec colère :

– M'man, je veux que tu vires cet abominable pervers, aussi sec !

– Tout le monde se calme, fit Janet Bunterman autant pour s'apaiser elle-même que Cherry.

Le nouveau garde du corps était d'une vulgarité atrocement crasse, sans parler du fait qu'il lui donnait froid dans le dos, mais Maury ne voudrait pas céder et c'était lui qui menait la barque. Chimio demanda quelle heure il était.

– Tard, répondit la mère de Cherry. Vous feriez mieux d'y aller.

Rengainant le taille-herbe, il se rendit à côté dans sa chambre, où il se coiffa d'un béret, chaussa des Ray-Ban panoramiques et enfila un blouson de cuir noir à manches extra-larges. Puis descendant deux volées d'escaliers, il alla frapper à la porte de la chambre 409, où la dénommée Ann l'attendait. Cela intéressa Chimio de voir qu'elle avait un tatouage exactement pareil à celui de l'allumée de fille de Janet Bunterman, au même endroit du cou. Remarquant son regard, elle tenta de le dissimuler sous une mèche de cheveux.

Pendant qu'ils attendaient l'ascenseur, elle demanda :

– Ma robe, ça va ?

– Ça va pour quoi ?

Ann avait utilisé un correcteur de bronzage pour masquer les égratignures sur ses jambes, vestiges de l'accident de voiture. Elle dit :

– Pas grave. Tu sais quoi faire, pas vrai ?

Chimio acquiesça.

– Je sors le premier, puis tu suis pendant que je dégage le passage. Tu t'accroches à mon blouson et tu gueules au premier qui te touche. On s'arrête quelques secondes à la porte, pour que les connards qui planquent devant puissent prendre quelques photos…

Elle fit non de la tête.

– Je ne parle pas de ça. Mais de la fête. Tu comprends qu'on ne traînera ni avec Kanye ou Justin ce soir, pour la bonne raison que je ne suis pas la vraie Cherry Pye, rien qu'une *nobody*. Tout ça n'est qu'une comédie débile, une arnaque de RP… tu en es bien conscient, hein ?

– Est-ce que la question est : est-ce que j'en ai quelque chose à battre ? fit Chimio. Car la réponse est non, tant qu'on me paie pour ça.

Une fois montés dans l'ascenseur, il ajouta :

– On nous collera dans le bureau du directeur du club avec un repas chinois à emporter et une télé écran plat. Une heure à tout casser, puis retour à la voiture.

La dénommée Ann, levant les yeux vers le plafond miroir en verre fumé, vérifia son maquillage. Chimio nota sa ressemblance avec la fille de Janet Bunterman, même s'il trouvait Ann carrément plus jolie.

– Un de ces soirs, je vais me lâcher et danser à en crever, dit-elle. Et merde aux Bunterman.

– Une autre fois, grogna Chimio.

Elle eut un sourire tristounet.

– OK, c'est ta première fois. Mais pas de souci. Je ne te créerai pas d'ennuis.

– Je me fais jamais de souci, répondit-il.

À l'ouverture des portes de l'ascenseur, Ann mit ses lunettes noires. Elle dut marcher vite pour ne pas être distancée par les grandes enjambées de Chimio, les talons de ses escarpins neufs claquaient sur le terrazzo poli. Une poignée de touristes s'arrêtèrent pour la regarder passer, tandis qu'un paparazzi solo, qu'Ann reconnut pour l'avoir rencontré au préalable, la pista à travers le hall.

– Joli, le tattoo, Cherry ! lança-t-il. Et si tu faisais un grand sourire à tes fans ?

Ann le laissa lui tirer quelques portraits, puis repartit à vive allure.

Un Suburban noir du service limousine les attendait devant l'hôtel. Chimio ouvrit la portière arrière et aida Ann à s'asseoir. Au même moment, un groom qui traversait devant le 4×4 perdit l'équilibre et, renversant un chariot plein de valises Vuitton, bloqua l'allée. Le chauffeur bondit du Suburban et se mit à injurier en créole le groom, qui lui rendit la pareille en espagnol.

– Non, mais tu y crois à ces deux-là, bordel ? fit Chimio.

Fermant la portière d'Ann, il alla résoudre le problème en shootant dans les bagages en goguette, les expédiant, l'un après l'autre, dans le couloir des taxis. Ça ne lui prit pas plus de trente secondes, c'est pourquoi il fut surpris de voir le Suburban filer sans lui. Derrière le volant se trouvait coincé le paparazzi qui planquait dans le hall de l'hôtel, ce même gros crétin dont Chimio avait récupéré la précieuse sacoche avant de la lui restituer pour un tarif très équitable.

– Nom de Dieu de bordel de merde, fit Chimio.

Le chauffeur pris au dépourvu se lança à la poursuite du 4×4, spectacle que Chimio aurait trouvé marrant s'il n'avait pas été aussi contrarié. Perdre la doublure n'était de loin pas aussi grave que de perdre la star, mais c'était quand même une erreur de débutant qui pouvait lui coûter son boulot.

Avant de retourner à l'étage annoncer la nouvelle à Janet Bunterman, il fit une pause au bar et se remonta avec un martini dry. Il avait mal jugé le paparazzi, c'était évident, en l'estimant inoffensif ; en repensant à leur rencontre dans les toilettes de l'hôtel, le garde du corps prit conscience qu'il aurait dû se fier à son instinct. Il aurait dû confisquer le flingue de cet abruti, puis lui fracturer chacun de ses doigts boudinés.

On te l'a mis bien profond, songea Chimio avec aigreur. Aucune bonne action ne reste impunie.

11

Au milieu des années 1970, un dénommé D.T. Maltby devint lieutenant-gouverneur de Floride, en tant que colistier de Clinton Tyree, un nouveau venu charismatique. Maltby avait été sélectionné pour le « ticket », car il était originaire du comté rural de DeSoto, et qu'on croyait qu'il pourrait engranger les votes ultra-conservateurs de la Panhandle, ce qu'il fit.

Maltby n'aurait pu être radicalement plus différent de l'homme qui l'avait choisi. Clinton Tyree, ex-star footballistique universitaire et authentique héros du Vietnam, avait une prestance imposante. Par contraste, Maltby était un pharmacien grassouillet et bredouillant, dont les seules blessures de guerre étaient les entailles qu'il avait récoltées aux mains en déchirant les enveloppes de ses sursis d'incorporation annuels. Il avait coulé une décennie à la Chambre des représentants de l'État de Floride, en y peaufinant ses compétences pour le vol, qui ne revinrent aux oreilles de Clinton Tyree qu'une fois l'élection remportée. Le lieutenant-gouverneur étant aussi ripou que le gouverneur était honnête, Maltby ne sut plus où se mettre quand Tyree lança ce qui fut littéralement la croisade d'un seul homme contre la corruption à Tallahassee. Bien entendu, cette mission était condamnée d'avance, mais l'imposant et éloquent gouverneur se débrouilla rapidement pour endiguer le flux abondant des indemnités, gratifications et autres pourboires qui, depuis des années, arrosait en les enrichissant Maltby et ses collègues. Maltby, qui n'avait jamais connu jusque-là d'homme politique floridien qui refusât d'accepter, sous une forme ou une autre, de pots-de-vin – pas même sous celle d'une pile de jetons de casino bahamiens – en vint bientôt à penser que Clinton Tyree était aussi fou que le chapelier d'Alice.

Ce point de vue fut largement adopté après la disparition soudaine du gouverneur. Ce qui arriva le lendemain du jour où l'Administration décida de fermer un havre de vie sauvage en bord de mer du nom de Sparrow Beach, et vendit le terrain pour une poignée de cacahuètes à une société immobilière qui prévoyait d'aplanir les dunes au bulldozer puis d'y élever un front de tours. Naturellement, Clinton Tyree fut le seul et unique à voter contre. Et tout aussi naturellement, D.T. Maltby soutint la majorité – la seule miette de réel pouvoir qui allait avec le titre de lieutenant-gouverneur, c'était d'avoir une voix au sein du cabinet, et Maltby s'en servait à la moindre occasion pour favoriser fidèlement les intérêts des riches et des puissants. Plus souvent qu'à son tour, sa loyauté était bien récompensée.

Au cours du débat concernant la fermeture de la réserve naturelle de Sparrow Beach, Maltby eut bien soin de ne pas ébruiter qu'il se trouvait être le principal actionnaire de la Société de développement de Sparrow Beach qui se portait acquéreuse de l'étendue de terrain vierge. Ce vote une fois de plus déséquilibré précipita l'émotif Clinton Tyree de l'autre côté du miroir. Le lendemain matin, replié sur lui-même, avec une mine de chien battu, à l'arrière de sa voiture de fonction, il donna l'ordre à son chauffeur, un policier de la route du nom de Jim Tile, d'appuyer sur le champignon. Six heures plus tard, Tyree fut déposé à une gare routière d'Orlando et, depuis lors, où il se trouvait devint un mystère. On suspendit les recherches après l'arrivée d'une lettre de démission à Tallahassee et l'authentification de la signature par des experts graphologues du FBI.

Constitutionnellement, D.T. Maltby accéda au poste de gouverneur qu'il occupa pendant le reste du mandat de Tyree, une aubaine follement profitable qui restaura un climat de vénalité insouciante dans le capitole de Floride. À l'approche du nouveau cycle électoral, Maltby s'apprêtait à lancer sa candidature à ce même poste quand son épouse le surprit à baiser une épandeuse et le menaça de communiquer au fisc une pile de relevés bancaires en provenance de Curaçao. Faisant état de problèmes de santé indéterminés, Maltby se retira brusquement du service gouververnemental pour intégrer une société de consulting qui facturait des sommes exorbitantes l'aide apportée aux promoteurs immobiliers afin de mieux contourner les réglementations de construction de l'État.

Avec le temps, Maltby devint assez riche pour acquérir une maison de vacances spacieuse à l'Ocean Reef Club, qui était bien le dernier endroit où il s'attendait à retrouver Clinton Tyree après trente ans de silence et de rumeurs bizarroïdes. Maltby avait supposé que le gouverneur en rupture de ban était mort depuis longtemps. Il ne reconnut pas ce salopard au premier abord, car l'apparence de Tyree avait changé de façon choquante. Mais dès que l'intrus se fendit d'un sourire, Maltby sut à quoi s'en tenir.

– Clint ?

– Je me suis dépouillé de ce nom depuis très longtemps.

Le gouverneur trônait dans la buanderie qui jouxtait la cuisine de Maltby.

– Bon Dieu, qu'est-il arrivé ? Où étiez-vous passé pendant toutes ces années ?

– Aujourd'hui, on m'appelle Skink, l'informa le gouverneur.

Maltby était extrêmement nerveux. Tyler portait des baskets pourries et un imperméable qui ne l'était pas moins. Il avait le crâne rasé et des guirlandes de cartouches vides pendaient à ses deux longues tresses argentées. Il avait perdu un œil, *via* un épisode violent sans doute, et sa peau avait un aspect basané et buriné.

– Que venez-vous faire ici, Clint ?

– Arrête de m'appeler comme ça.

– Attendez : vous êtes en train de poser une pêche dans ma machine à laver ? Nom de Dieu !

Skink se leva en reboutonnant calmement son imper.

– Nous avons une connaissance commune, un certain Jackie Sebago.

La tête tourna à Maltby. Que lui voulait ce fou furieux ?

– Je n'ai pas commis d'effraction. Tu avais laissé les panneaux coulissants ouverts, expliqua Skink. J'ai apporté ma musique, soit dit en passant.

Maltby le suivit avec inquiétude dans la salle de séjour, où le gouverneur inséra un disque dans le lecteur CD en annonçant : « Joe Walsh ». Puis il monta le volume.

– Comment m'avez-vous retrouvé ? demanda Maltby.

– Ta vanité te perdra, pauvre con.

De l'une de ses poches, Skink déploya une feuille de papier jaune vif claironnant que D.T. Maltby avait fait un trou en un sur le golf de l'Hammock Course.

– C'était affiché sur le tableau de liège au clubhouse, fit Skink. Bien joué.

– Vous êtes membre ici ? demanda Maltby avec incrédulité.

Le gouverneur partit d'un rire tonitruant.

– Non, j'habite au bout de la rue, dit-il. Je me balade sur les greens la nuit, quand toi et ta bande de débiles dormez.

Puis, poussant Maltby vers le salon, il le força à s'asseoir sur le carrelage mexicain.

– Et maintenant, raconte-moi tout sur Sebago.

– Jamais entendu parler de lui, répondit Maltby d'une voix tremblante.

– Ce n'est pas ce que Jackie Boy m'a dit. Il m'a raconté qu'il t'avait payé pour que tu lui fournisses des permis de construire pour son projet résidentiel, qui est une abomination totale. Tu as vu les plans ? On a eu un long échange à cœur ouvert tous les deux.

Maltby devint blême. La nouvelle du détournement du bus s'était répandue comme une traînée de poudre dans la communauté d'Ocean Reef.

– Ne me dites pas que c'est vous qui…

– L'Îlot Sebago… ça ne te rappelle rien ?

Skink retira du mur un trophée naturalisé de cerf mulet dont, d'un coup de pouce, il fit sauter les yeux de verre qu'il fourra dans sa poche latérale. Puis il se mit à tourner follement en rond, et en fendant l'air avec les bois de cerf.

De peur, Maltby se compissa involontairement et s'écria :

– Que voulez-vous de moi, merde ?

Le gouverneur interrompit sa gigue de primitif et s'assit sur le bras du fauteuil.

– Ces autorisations de complaisance que tu as arrangées pour Jackie ? Je veux que tu les désarranges... et ne viens pas me dire que c'est impossible. (Il sonda le lobe des oreilles de Maltby du bout pointu des bois de cerf.) Les ordures que tu as arrosées pour les obtenir, tu vas les payer à nouveau pour qu'ils condamnent le site et le ferment, cette fois. Tout ça est très faisable, D.T.

Maltby repensait à ce qui était arrivé à Sebago... on lui avait retiré trente-trois piquants d'oursin des bourses, selon le président du syndicat des copropriétaires.

– Écoutez, le projet de Jackie est très mal barré de toute façon, fit Maltby. D'après moi, il a vendu au bas mot deux lots, et ses investisseurs sont prêts à l'étriper.

Skink devint rayonnant.

– Alors, il faut achever le boulot.

Il se leva et déposa la tête de cerf au centre d'une table basse.

– Dis-moi un peu, D.T. Tu t'es payé cette baraque avec le fric que tu t'es fait sur Sparrow Beach ?

Maltby sentit qu'il se ratatinait dans son caleçon de soie taché d'urine. Alors Tyree était au courant de son intérêt secret dans la société.

– Non, gouverneur, murmura-t-il. Tout est allé à ma femme numéro un.

– Ma foi, on dirait que tu as superbien rebondi, fit Skink en lui tapant sur l'épaule. Tu as pris quelques kilos depuis le bon vieux temps. Laisse-moi deviner : un troisième mariage ?

Maltby, morose, fit non de la tête et leva quatre doigts. Le gouverneur siffla admirativement.

– Tu as suivi une route, et moi, une autre, dit-il. Une éternité s'est écoulée, et regarde-nous aujourd'hui, en train de refaire ami-ami.

– Ouais. Incroyable, fit Maltby d'une voix enrouée.

– Dis-moi la vérité : tu n'as jamais pensé que nos chemins se recroiseraient ? (Skink hulula en frappant des mains.) *Bien sûr que non.* Où se trouve la toute dernière Mme M., au fait ?

– À Sag Harbor.

– En train de dépenser toutes tes économies, j'espère. Excuse-moi.

Le gouverneur farfouilla dans son imper et en sortit un téléphone qui vibrait. Se couvrant son œil de verre, il plissa l'autre pour lire le minuscule cadran, tentant de déchiffrer le nom de son correspondant.

– Si je m'attendais, fit-il tranquillement.

Puis s'adressant à Maltby :

– Même si ça m'a bien plu de rattraper le temps perdu, ne m'oblige pas à revenir te trouver. *Capito ?*

Là-dessus, il s'en fut. Maltby courut à la fenêtre et observa Clinton Tyree traverser au trot le jardin avant de disparaître dans le noir – tresses au vent, imper gonflé, la figure vaguement éclairée par la lueur violette du téléphone portable collé à l'une de ses oreilles.

La première idée qui vint à Maltby fut : pour un vieux schnock, il se tient bien cet enfoiré.

La deuxième fut : pas les flics.

Bang Abbott avait à moitié traversé le MacArthur Causeway avant de s'apercevoir qu'il avait « rapté » la mauvaise blonde.

– Joli travail, dit Ann DeLusia.

– Mais… le tatouage !

– C'est du henné, lui dit-elle. Celui de Cherry est vrai de vrai.

Le photographe tâchait de la mater de plus près et de surveiller la route en même temps.

– Retirez les lunettes noires, lui dit-il.

– Ne soyez pas débile. Ramenez-moi à l'hôtel.

Bang Abbott obliqua vers Watson Island et vint se garer près du musée des Enfants, où il avait laissé sa Buick de location. Il alluma le plafonnier du Suburban et sortit le pistolet, pour bien lui montrer qu'il ne rigolait pas.

– Vous devez être la doublure fantôme. Celle dont Lev m'a parlé, dit-il.

Quand la fille ôta ses lunettes, Bang Abbott jura avec véhémence.

– Le Viper Room, hein ? Après les Grammy ? fit-il.

– Supersoirée. J'ai vu Ashlee Simpson s'étouffer avec une gambas.

– Merde.

C'était la même *nobody* aux yeux marron qu'il avait photographiée sur la civière derrière le Stefano, celle qui lui avait envoyé un baiser moqueur de la main.

– Je ne suis qu'une actrice, et je m'appelle Ann, dit-elle.

– Cherry m'a volé mon matos.

– Quoi ?

– Elle m'a sauté, puis m'a fauché mes appareils et mon BlackBerry, lui expliqua le photographe. J'ai récupéré mes Nikon, mais pas le téléphone.

Ann opina du bonnet.

– Alors vous avez décidé de la kidnapper. Eh bien, au moins ce n'est pas pour quelque chose d'idiot ni de puéril.

– Descendez, lui enjoignit-il d'un ton sec. On change de véhicule.

Elle parut soulagée en le voyant revenir vers South Beach.

– Vous n'aurez qu'à me larguer sur le Strand… j'appellerai un taxi.

Bang Abbott fit non de la tête.

– Vous ne comprenez pas.

Il avait machiné tout le truc dans sa tête avant de se gourer. Il lui fallait maintenant un plan B.

– J'ai payé le groom pour qu'il renverse ces valises, se vanta-t-il.

Ann lui dit qu'il avait un brillant avenir de *carjacker* devant lui.

– C'est carrément un pas en avant, sur le plan carrière.

Bang Abbott était trop préoccupé pour saisir la vanne. Il ne pouvait penser à rien d'autre qu'à Cherry Pye.

– Il va falloir qu'elle paie pour ce qu'elle m'a fait, dit-il. Tombons d'accord là-dessus.

– Et si je pouvais remettre la main sur votre précieux BlackBerry ? Vous reprendriez votre médicament comme un gentil garçon ?

Le photographe sourit à part lui. Comment cette fille pouvait-elle être aussi cruche ?

– Ça ne se passerait pas bien en prison pour vous, lui dit Ann. *Primo*, on vous obligerait à vous doucher toutes les semaines.

Ce coup-ci, Bang Abbott rougit.

– Vous avez vu le flingue, oui ? Je vous ai précisé qu'il était chargé ?

– Où m'emmenez-vous ?

– Elle a besoin de moi et elle ne le sait même pas.

– Cherry ? Vous voulez rigoler.

Bang Abbott s'aperçut qu'il suait comme un âne bâté.

– Elle mourra avant ses trente ans, poursuivit-il, et sera oubliée dans cinq ans...

– Dans moins que ça, fit Ann.

Le photographe mit son visage à la portière pour aspirer de l'air frais. Son crâne résonnait comme un gong. Ils se trouvaient sur Washington Avenue, embourbés dans la circulation autour des clubs privés.

– Marilyn Monroe a disparu depuis combien... cinquante ans ? Mais n'importe qui de plus de seize ans sait encore qui c'est. Pourquoi ? Pas à cause de ses films. Elle n'aurait pas été fichue de baratiner un flic pour se faire retirer une contredanse, tellement elle jouait mal !

– On se calme, mec, dit Ann DeLusia.

– Non, c'est à cause de toutes ces photos fantastiques... voilà pourquoi Marilyn ne mourra *jamais.* Bordel, elle cassait la baraque devant un appareil photo. Le cliché de la piscine... vous l'avez déjà vu ? Un vrai trésor... pour bien se branler, encore aujourd'hui.

– C'est quoi votre nom ? demanda Ann.

– Claude.

– Alors votre but, Claude, c'est d'immortaliser Cherry Pye en la photographiant.

– Ouaip.

L'implication d'Ann présentait une grosse complication, mais Bang Abbott espérait qu'une bonne nuit de sommeil éclaircirait la situation. Il bifurqua sur Collins Avenue et tourna vers le nord, à la recherche d'un hôtel abordable.

– Peut-être que je suis lente à comprendre, dit-elle, mais pourriez-vous m'expliquer comment enlever cette fille ferait progresser votre ambitieux et grandiose projet artistique ? Soit dit en passant, vous pourriez planquer ce flingue sous le siège.

– Un seul jour avec Cherry me suffit. Une fois qu'elle verra les photos, elle sera si estomaquée qu'elle ne portera pas plainte. Et merde, elle m'engagera même à plein temps.

Bang Abbott n'avait jamais travaillé un seul jour en studio de toute sa vie, même si, sous l'emprise de son fantasme, il se projetait dans le rôle d'auteur inné.

– En plus, dit-il, elle me doit quelque chose.

– La baise n'était pas géniale, hein ?

– Ah mais si ! Au-dessus de tout.

Ann remit en place ses lunettes noires à la Jackie O. et se renversa sur l'appuie-tête.

– Ne me sous-estimez pas, l'avertit le photographe, en tapotant le Colt posé sur ses genoux.

– Allez, laissez-moi descendre.

– Oubliez ça.

– Mais je ne peux pas vous aider, Claude. Je ne l'ai jamais rencontrée.

– Ouais, c'est ça.

– Sérieux. Elle ne sait même pas que j'existe, dit Ann.

Le photographe se tassa sur lui-même. Alors Cherry n'avait pas joué les idiotes pendant le vol en avion quand il l'avait questionnée sur sa doublure… elle n'avait vraiment aucune idée de ce dont il parlait.

– Merde alors, fit-il.

Ann applaudit.

– Exactement. Alors l'ensemble de l'opération, tout ce cirque avec le flingue, ça ne rime à rien, OK ? Et maintenant, s'il vous plaît, arrêtez-vous.

L'indécision rendait Bang Abbott malade.

– Bouclez-la et laissez-moi réfléchir.

– Tout sauf ça, dit Ann.

Avisant un Comfort Inn, il vint se garer près de l'entrée du hall. C'était insupportable d'apprendre qu'il s'était fait couillonner une fois de plus… ces gens-là ne reculaient vraiment devant rien ! Le tatouage au henné de l'actrice était identique à celui des photos de Cherry Pye que Bang Abbott avait trouvées dans son appareil. Il demanda à Ann de relever ses cheveux afin de pouvoir jeter un nouveau coup d'œil sur son cou.

– C'est supposé représenter quoi, bon Dieu ? grommela-t-il.

– Un centaure. Moitié Axl Rose, moitié zèbre.

– Sans blague ? Elle aime Guns N'Roses ?

– Ne me demandez pas ça à moi, Claude. Tout ça, c'est ce qu'en dit sa mère, fit Ann. Et si vous voulez le savoir, j'ai vraiment envie de pisser.

Bang Abbott était furieux contre lui-même, mais encore plus contre Cherry de lui faire subir une humiliation cuisante de plus.

– C'est le tattoo le plus moche que j'aie jamais vu sur une fille qui ne se tape pas une bande de motards. Mais à quoi vous pensiez, merde ? Votre petit copain doit être aux anges.

– À mon chèque de salaire, voilà à quoi je pensais, répondit Ann.

Le paparazzi inclina sa tête globulaire et moite.

– Écoutez… pas de sirènes. C'est bizarre, remarqua-t-il. J'imaginais qu'ils avaient prévenu les flics à cette heure.

Ann tomba d'accord avec lui sur l'étrangeté de la chose. Après ce qui avait eu lieu devant le Stefano, des voitures de police devraient être en train de sillonner South Beach en hurlant.

À moins que Janet Bunterman n'ait fait quelque chose d'une bassesse impardonnable : négliger, par exemple, de signaler aux flics la présence d'Ann dans l'habitacle du Suburban. Dans ce cas-là, il s'agirait d'un vol banal de véhicule, et non pas d'un kidnapping, et qu'on traiterait en rapport.

– Je lui tordrai le cou, marmonna Ann.

– Quoi ?

– Rien.

Bang Abbott tendit le bras sur la banquette arrière vers sa sacoche photo.

– J'arrive pas à croire que vous ne l'ayez même pas rencontrée. Ça craint.

– Son entourage pense qu'elle réagirait mal si elle savait. (Ann haussa les épaules.) Moi, ça me va. Je n'ai pas besoin d'une autre Amie Pour La Vie.

– Mais quand elle overdosera pour de bon, vous serez sans boulot.

– Bah, il me restera toujours Broadway. À quoi je peux vous servir, Claude ?

– Vous verrez bien, fit-il. Allons nous enregistrer.

– Mon Dieu, on va me prendre pour une pute.

– Impossible. Pour une star du porno ? Possible.

Le pistolet était bien dissimulé dans la ceinture de Bang Abbott, sous l'abondance de ses plis ventraux, quand ils entrèrent comme un couple dans le hall de l'hôtel. Dès qu'ils furent dans leur chambre, Ann se dirigea vers la salle de bains, ferma la porte et ouvrit les robinets, histoire de créer un bruit de fond.

Une fois assise, elle s'empressa de récupérer son téléphone dans le minuscule sac à main noir, assorti peu ou prou à sa mini-robe noire. Elle avait dû appuyer accidentellement sur la touche bis car elle entendit sonner à l'autre bout du fil. Un homme décrocha et elle sentit sa gorge se nouer quand il lui dit :

– Que se passe-t-il, ma belle Annie ?

C'est à cet instant qu'elle se remémora ce qu'elle avait fait le soir précédent, seule dans sa suite junior au Stefano, quand elle n'avait pu s'empêcher de repenser à sa grande aventure sur la route de Key West. Après un bain chaud et trois verres de cabernet, elle avait retrouvé la pochette d'allumettes que le motard lui avait donnée à l'hôpital, celle du saloon de La Dernière Chance. Dans un moment d'ennui, à demi pompette, elle avait composé le numéro de téléphone noté à l'intérieur du rabat… puis, effarouchée par sa propre audace, avait raccroché avant qu'il ait eu le temps de répondre.

Et maintenant, elle l'avait en ligne.

– Vous êtes là ? demanda-t-il avec ce grondement vocal volcanique.

– J'ai besoin d'un coup de main, chuchota-t-elle.

– Dites-moi où.

Aux oreilles d'Ann, on aurait dit qu'il allait accourir en coup de vent.

– Un Comfort Inn, à Miami Beach, fit-elle.

– Ça m'a l'air douillet tout plein.

– Il s'appelle Claude. Et il est armé.

– Ah.

– Mais je peux le gérer… pour le moment, ajouta-t-elle.

– Raccrochez et appelez le 911.

– D'accord...

La porte s'ouvrit à la volée sur un Bang Abbott à croupetons et rubicond, visant d'une main tremblotante la tête d'Ann de son pistolet.

– Vous vous croyez si maline que ça ? beugla-t-il. Filez-moi ce truc !

– Faites ce qu'il vous dit, conseilla la voix au creux de l'oreille d'Ann DeLusia.

– OK.

– Ne vous inquiétez pas, Annie. Je vous retrouverai.

– Excellent, murmura-t-elle, avant de laisser choir le téléphone entre ses genoux dans la cuvette des W-C.

12

Les Lark étaient de fausses jumelles et, pendant les trente-trois premières années de leur existence, avaient été faciles à distinguer l'une de l'autre. Lila était d'un blond cendré naturel, avec de légères taches de rousseur cannelle et un nez fin ; Lucy avait les cheveux auburn, un teint de pêche et un menton légèrement en galoche. Si elles faisaient la même taille et avaient le même sourire de louve, dû aux incisives démesurées qu'elles avaient héritées de leur père, on prenait cependant les jumelles plus souvent pour des cousines que pour des sœurs.

Avant même d'être en âge de marcher, les deux Lark aspiraient déjà à être identiques. En grandissant, cela devint une obsession qui chagrinait grandement leurs intimes autant que les membres de la famille. Lila et Lucy, dans leur pourchas perpétuel d'un chirurgien de pointe, s'entretinrent au fil des années avec tout un tas de candidats. En bonnes perfectionnistes, les Lark ne manquaient jamais de déceler la faille qui les disqualifiait. Un médecin, cependant, surmonta leur passage au crible : un Brésilien, génial et intrépide, aux aptitudes légendaires pour sculpter la chair. Les deux sœurs le dénichèrent à un match de polo à Wellington, en Floride, où il écouta leur requête extraordinaire et les soumit à un examen côte à côte dans une écurie, derrière un rideau bricolé avec des couvertures de poney. Il leur annonça ensuite des honoraires si monstrueusement hors de leur portée qu'avec un bel ensemble, elles éclatèrent en sanglots et tombèrent à genoux, splash, dans le crottin.

En fin de compte, le rêve d'enfance des Lark fut rendu possible grâce à Presley Aaron, la star de country western déboussolée. Ce fut sa descente en vrille, publique et confuse, de repaires de dope en putes tapageuses, qui finança au final la transformation exhaustive de Lucy et Lila, appelées à la rescousse pour sauver ce qui restait à sauver de l'image du chanteur. À l'époque, les Lark n'avaient pas encore atteint leur statut légendaire au firmament du show-biz, même si certains lascars et autres toxicos de la *A-list* d'Hollywood les avaient déjà engagées, virées et réengagées. Dès leurs débuts d'attachées de presse, les jumelles s'étaient fait connaître par leur sang-froid, leur discrétion et leur incapacité à se laisser impressionner. Lucy avait figuré une fois sur les blogs de ragots pour avoir quitté un déjeuner en terrasse avec Tom Cruise parce que ce dernier ne lui avait pas permis d'allumer une clope.

Le jour où les Lark rencontrèrent pour la première fois Presley Aaron fut celui-là même où il venait de perdre son contrat discographique avec Maury Lykes. Lucy et Lila écoutèrent sans émettre de jugement la triste et lamentable histoire du musicos défonce-man, avant de pondre un communiqué de presse standard, claironnant qu'il avait décroché de la drogue et rencontré Jésus-Christ. Presley Aaron finit en réalité par faire les deux, si bien que les sœurs, mettant de côté leur scepticisme, commencèrent à bosser pour rendre publique sa remontée crève-cœur des abîmes. Leurs efforts culminèrent dans une interview, lors de l'émission *60 Minutes*, où même ce dur à cuire de Steve Kroft fut ému jusqu'au reniflement.

Presley Aaron avait beau être un poil plouc, Lucy et Lila l'aimaient suffisamment bien pour ne pas l'attaquer en justice pour les trois mois d'arriérés de leur note d'honoraires plutôt salée. Après une désintox à rallonge dans les Caraïbes, Presley Aaron s'autodécerna le titre de « révérend » et se vit accorder peu de temps après sa propre émission dominicale sur la Chaîne de la Bonne Parole. Le jour où il parapha le contrat (d'une durée de trois ans, avec une cathédrale et un Falcon 900 à disposition), il FedExa aux Lark le montant astronomique de son solde, assorti d'une prime à six chiffres. En incluant ce mot à son envoi : « Chères L & L, merci d'avoir cru en moi. Loué soit le Seigneur ! »

Les jumelles avaient pour politique de ne jamais croire en aucun de leurs clients. Elles avaient toujours supposé que Presley Aaron, comme tant d'autres, finirait en prison, mort ou participant à une émission de télé-réalité du câble sur les *has been* toxicos. Le chèque de règlement généreux du chanteur était des plus saisissants, et les Lark surent aussitôt comment elles dépenseraient cette manne. Après cinq semaines de flou artistique à Rio de Janeiro, elles descendirent d'avion à LAX en rutilants portraits crachés l'une de l'autre. Quasiment chacun de leurs traits était nouveau : le nez, les joues, le menton, les dents, les seins, le ventre, les fesses et les cuisses. Leur propre mère ne les reconnut pas.

À partir de là, plus rien n'arrêta les deux sœurs, l'équipe incontournable pour les people à moitié cramés. Quand l'attachée de presse chèrement payée de Cherry Pye quitta le navire – après l'avoir accompagnée à une interview à la radio nationale, où elle fit semblant de tailler une pipe au micro –, il y avait déjà le feu au vaisseau spatial. Ce fut Maury Lykes en personne qui appela les Lark à l'aide. Quand il consentit, de mauvaise grâce, à leurs tarifs exorbitants, Lila et Lucy mirent en stand-by leur projet en cours – un acteur de cinquante-quatre ans devenu récemment accro au sexe afin de relancer sa carrière – et se consacrèrent à la stabilisation de la descente en piqué de l'ex-Cheryl Bunterman.

– Et maintenant, on fait quoi ? leur demanda la mère de Cherry, quelques minutes après le *carjacking*.

Elle était assise à sonder le fond d'un bloody mary additionné d'eau tandis que les Lark arpentaient la suite en fumant crânement clope sur clope, les dernières à sous-estimer la gravité de la situation.

– Ce coup-là a un fort potentiel de nuisance, déclara Lila.

– Au-delà de tout, renchérit Lucy, expression codée qu'on pouvait traduire par « attendez de recevoir notre prochaine note ».

Janet Bunterman toussota, l'air maussade. Elle avait encore du mal à admettre qu'un paparazzi avait kidnappé Annie DeLusia. Le nouveau garde du corps avait reconnu cette replète vermine pour l'avoir rencontré précédemment. Il ne faisait aucun doute que la proie visée au départ était Cherry.

– Il va falloir qu'on prévienne bientôt la police, dit Janet Bunterman. La compagnie de location va constater la disparition du Suburban.

En se croisant alors qu'elles arpentaient la moquette, les Lark pivotèrent et soufflèrent face à l'inconvenance de la tâche qui les attendait.

– La première chose à faire c'est de soudoyer le chauffeur, dit Lucy.

La mère de Cherry tiqua.

– Et pourquoi ça ?

Lila agita une main en l'air avec impatience.

– Pour qu'il mente aux flics, bien sûr. Pour qu'il dise qu'il n'y avait personne à bord quand on lui a taxé son 4×4.

– Mais qu'est-ce qu'on fait d'Annie ?

Lucy secoua la cendre de sa cigarette dans une assiette de noix de cajou pas fraîches.

– Annie qui ?

Janet Bunterman sirota son verre, réduite au silence. Les Lark marquaient un point. S'il s'ébruitait que l'entourage de Cherry Pye employait à plein temps un sosie pour camoufler les frasques innommables de la première, ce serait désastreux en termes de RP. Le nouveau CD deviendrait immédiatement suspect, et la tournée de concerts se transformerait en une superclaque médiatique. Maury Lykes, toujours fidèle à sa parole, lâcherait Cherry Pye avant de réclamer la peau du cul aux Bunterman.

– Si ce psychopathe laisse partir Annie – et prions qu'il le fasse – on la paiera pour la museler. Mais s'il devait la tuer, ma foi…

– Il ne resterait plus alors que le chauffeur pour contester votre version de l'histoire, conclut Lucy.

La mère de Cherry avait du mal à en croire ses oreilles, même si elle devait reconnaître le bien-fondé de la chose. Dès que ce givré de photographe s'apercevrait qu'il s'était gouré de blonde, soit il libérerait Ann DeLusia soit il l'assassinerait et se débarrasserait du corps. N'étant pas le moins du monde célèbre ni importante, elle n'avait donc aucune valeur en tant qu'otage.

– C'est nul, fit Janet Bunterman. J'aime vraiment bien Annie. C'est une bonne petite.

Les Lark approuvèrent à l'unisson, même si leurs traits botoxés rendaient difficile de sonder la profondeur de leur sincérité. Parfois, Janet Bunterman éprouvait la démangeaison d'allonger la main et de leur tapoter le visage pour découvrir s'il était au toucher aussi plastifié qu'il le paraissait.

– J'ai eu une autre idée, leur exposa-t-elle. Voilà, on pourrait diffuser un communiqué disant qu'une « précieuse collaboratrice » de Cherry Pye a été enlevée, puis on posterait une récompense. Personne ne sait qu'Annie travaille comme doublure de Cherry... elle pourrait être son assistante perso, ou son habilleuse.

Lucy croisa les bras et, comme elle se détournait, Janet Bunterman remarqua la ressemblance de son profil sculpté avec celui d'une sphynge. De l'autre bout de la pièce, Lila lança :

– Et qu'est-ce qui se passera si la police chope le méchant et sauve Ann ? Pensez à cet inconvénient, Janet.

– Quel inconvénient ?

– Annie deviendra célèbre du jour au lendemain si ça se produit, continua Lila. *Via* les émissions télé du matin, *Access Hollywood*, *ET*, faites votre choix. Ça détournerait l'attention des médias de votre fille, attention dont elle a carrément besoin, surtout pendant la promo de son nouveau CD.

– N'y allons pas par quatre chemins : il n'y a pas de place pour deux bombes dans le même bateau. Annie est une actrice, Janet. À la première lueur des feux de la rampe, ça sera *game over*.

Elles sont brillantes, ces deux-là, songea Janet Bunterman. Retorses, mais brillantes.

– Très bien, combien doit-on donner au chauffeur ? leur demanda-t-elle.

Lucy leva un seul doigt.

– Mille, grand max.

– Et pas un dollar de plus, renchérit sa sœur. Si vous montez trop haut, il flairera quelque chose et il vous mettra la pression.

Janet Bunterman sortit mille dollars en billets de cent du coffre de la chambre et dépêcha une des Lark au rez-de-chaussée pour s'occuper du chauffeur aux cent coups. Puis elle essaya de joindre Ann sur son portable, mais personne ne répondit.

– Vous savez ce qui est superflippant ? fit Janet Bunterman à la jumelle restante, qui se trouvait être Lila. Ce fou furieux en avait après Cherry, ce soir. Et s'il revenait à la charge ?

– Peut-être que vous auriez besoin d'un garde du corps de plus... Carrie Underwood en a deux, vous savez.

Juste, songea Janet Bunterman, mais Carrie Underwood pouvait se l'offrir. Carrie Underwood pouvait faire le plein du Hard Rock pendant un an, si elle le voulait.

– Vous avez rencontré le nouveau balèze ? demanda Janet Bunterman à Lila.

– Pas encore. Il est plus costaud que Lev ?

La mère de Cherry éclusa d'un trait son bloody mary, avant de lancer :

– Vous devriez lui demander une démo.

– Une démo de quoi ?

– Ce type pourrait émonder vos arbres comme rien, fit Janet Bunterman. Écoutez, je ne me sens pas d'attaque pour bavarder avec la police. Ça vous embête de signaler le vol du Suburban ?

Lila Lark faillit sourire.

– Pas de souci. Allez vous coucher.

Ils sortirent par la cuisine du Stefano et grimpèrent dans un monospace anthracite. Le chauffeur s'exprimait avec l'accent de Brooklyn... c'était un jeune type fluet, rasé de près.

Il leur dit qu'il s'appelait Thad. Et qu'il était dans le mannequinat.

– Qui, à part ta mère, en a quelque chose à secouer ? grommela Chimio.

Cherry Pye lui fila un coup de coude dans les côtes.

– Qu'est-ce qui t'a piqué le cul et en a crevé ?

Chimio répondit que personne à Brooklyn n'appellerait jamais son fils Thad. Le chauffeur leva une main, demandant la permission de s'exprimer.

– Il a raison. Mon vrai nom, c'est Lou. C'est l'agence de mannequins qui m'a forcé à en changer.

Cherry se pencha en avant.

– Ben, moi, j'aime bien Thad. C'est très sexy.

– Ah ouais ?

– Moi, je m'appelle Cherish.

Chimio fit la grimace.

– Arrête avec ça, maintenant, lui dit-il.

La soirée avait été mauvaise. Maury Lykes avait appelé en personne pour engueuler Chimio d'avoir perdu l'actrice et l'avertir de ne pas dire un mot là-dessus.

– Eh, où il est passé ton plan chaud bouillant ? l'asticota Cherry. C'est pour ça que t'es d'une humeur de chiotte… elle t'a planté ?

– Ouais. C'est ça, fit Chimio.

Maury lui avait dit d'éloigner Cherry de l'hôtel jusqu'au départ des flics, mais quoi maintenant ?

– J'ai mal à mon tattoo, se plaignit-elle. Se penchant en avant, elle s'adressa à la nuque du chauffeur. Eh, Thad, où je peux me taper du X ?

– Pour de vrai ? demanda-t-il.

– Non, pas pour de vrai, trancha Chimio.

– Parce que je connais un type…

– Non, merci, tête de nœud. Garde les yeux sur la route.

De sa main unique, qui était d'une force exceptionnelle, Chimio serra l'un des bras de Cherry.

– Tu n'as pas idée, bordel, d'à qui t'as affaire, lui dit-il.

– Aïe ! Tu me fais mal !

– Une fois, une dame m'a traité de tous les noms et je l'ai noyée. Au beau milieu de la baie de Biscayne, fit Chimio. J'ai encore l'article du journal.

Cherry se libéra d'une secousse.

– Arrête ! Je t'ai traité de rien du tout !

– Si, tu l'as fait. De « moule à gaufre ».

– L'autre soir ? La vache, t'es sérieux ? J'étais, genre, total défoncée…

– Et j'ai laissé passer, reprit Chimio. Ça ne veut pas dire que j'ai zappé. Puis ce soir, t'es allée raconter à ta mère que je t'ai chopée. Pour essayer de me faire virer, t'as oublié ?

Cherry choisit de bouder ; il pouvait la voir à la lumière projetée par les voitures qui les croisaient. Elle lui dit :

– Désolée, 'kay ? Je le ferai plus. Pfff.

Chimio, remarquant que le chauffeur n'en perdait pas une, lui baffa le côté de la tête.

– T'en as envie ? lui chuchota Cherry.

– Envie de *quoi* ?

– De me choper, mon pote.

Elle donna un coup de sein à Chimio.

– Vas-y. Comme ça, on sera quittes.

Sans la quitter de ses yeux châssieux, il ne fit même pas mine de vouloir la toucher. Il lui dit :

– La dame en question, on était tous les deux dans un bateau. Rien qu'elle et moi.

– C'était genre, quoi : un plan cul ?

Il eut un rictus.

– On était sur l'eau à la recherche de son ex. Bref, elle m'a balancé un vilain nom, alors, moi, je lui balancé l'ancre sur les genoux et elle est passée par-dessus bord. Elle a fait des bulles, des bulles et encore des bulles… et a continué à jacasser pendant qu'elle coulait jusqu'au fond.

– C'est pas *très* drôle, mec.

– CQFD : pousse pas le bouchon trop loin.

À l'avant, Thad éleva la voix en s'excusant d'avance :

– Faut que je tourne soit à gauche soit à droite à ce feu. Vous avez une préférence, vous autres ?

– Prends à droite, vers le *causeway*, lui dit Cherry.

Chimio lui jeta un regard.

– Qu'est-ce qu'il y a à droite ?

– Star Island, lui répondit-elle. C'est là que Tanner habite.

– Qui ça ?

– Mon petit ami, tu te souviens ? Bon Dieu !

Thad les zieutait avec anxiété dans le rétroviseur.

– Le feu est passé au vert, dit-il.

– Et puis merde. À droite toute, fit Chimio.

Ça valait mieux que de rouler en rond toute la nuit avec cette évaporée. Il avait faim, aussi, et il supposa que quiconque habitait sur Star Island avait sûrement de quoi bien se restaurer dans sa maison.

Le vigile dans sa guérite bavassait au téléphone et fit signe au monospace de passer en lui jetant à peine un coup d'œil. Cherry se mit immédiatement à pointer du doigt les villas des célébrités : P. Diddy, Julio Iglesias, A-Rod, Gloria et Emilio Estefan, l'ex de Shaq.

Chimio bâilla et dit :

– Superbandant.

– Tu sais quoi ? Je t'emmerde.

Tanner Dane Keefe louait une maison ayant appartenu autrefois à Rosie O'Donnell ou à Al Capone, selon l'agent immobilier qui la faisait visiter. Cherry frappa un petit moment avant qu'une jeune femme portant des lunettes rouges style Sarah Palin n'ouvre la porte. Elle se présenta comme étant l'assistante personnelle de Tanner Dane Keefe et leur dit qu'il dormait à l'étage.

– Dites-lui que je suis venue jouer, babilla Cherry.

– Mais il est deux heures du matin.

– Vraiment ?

Cherry se faufila derrière la jeune femme et pénétra dans le vestibule, en criant le nom de Tanner.

Chimio trouva le chemin de la cuisine et empila de la dinde fumée sur du pain de seigle avec des tomates et de la mozzarella de bufflonne. Il tartinait le tout de moutarde quand il entendit des hurlements. Il gravit à toute allure les marches d'un escalier en marbre et retrouva Cherry dans une chambre à coucher à plafond haut, avec vue sur la baie. Elle sautait sur place, en piaillant après un jeune homme que Chimio reconnut : le froussard qui l'acompagnait à la boutique de tatouage. Le type était assis dans le lit, un drap remonté jusqu'aux aisselles. Près de lui, une forme allongée restait terrée sous les couvertures.

La femme aux lunettes Sarah Palin suppliait Cherry de redescendre, mais celle-ci, agrippant le drap, tentait avec fureur de l'arracher du lit. La forme non identifiée, près de Tanner Dane Keefe, se recroquevilla en forme de virgule par mesure de protection.

– Montre-toi, pétasse ! brailla Cherry.

Chimio, lui ceinturant la taille de son bras valide, l'éloigna. Elle se débattait en crachant comme un chat.

Tanner Dane Keefe avait pour politique d'éviter toute manifestation de violence, qu'il envisageait comme une menace potentielle à sa photogénie et donc à sa future carrière cinématographique. Il encouragea le garde du corps de Cherry à rester cool.

– C'est moins grave que ça en a l'air, insista l'acteur, même si la forme blottie contre lui se convulsait de crainte. Quelques instants plus tard, une tête féline en sueur surgit des couvertures. Celle de la coach perso de Tanner Dane Keefe, une championne de saut en hauteur prêtée par l'équipe nationale d'athlétisme de Syrie.

Cherry poussa un *wouah* scandalisé. La fille nue bondit en ciseau hors du lit, franchit le seuil de la chambre et disparut.

– Elle bossait sur mes ischio-jambiers, affirma Tanner Dane Keefe.

Son assistante personnelle, s'excusant prestement, s'éclipsa. Cherry Pye montra le poing.

– Tanny, j'arrive pas à *croire* que tu m'aies fait ce coup tordu, à moi !

– Avance. Que je mate un peu ce nouveau tattoo.

– Dans tes rêves, lui dit Cherry. Comment ça se fait que t'aies pas répondu à mes textos ?

L'acteur tapota les couvertures.

– Allez, viens là, *Cherish.* Fais pas ta mauvaise tête.

Au son de ce nom, sa colère fondit. Elle sauta sur le lit et s'y faufila près de lui.

– Tu vois, je porte même pas de capote, lui dit-il en soulevant le drap.

– Ah mon cœur, je t'adore.

Pendant que ces deux abrutis se faisaient des calins, Chimio confisqua un flacon de comprimés sur la table de nuit et un autre dans la salle de bains. Puis redescendit au rez-de-chaussée, où l'assistante personnelle de l'acteur lui apporta une Miller light fraîche.

– Votre amie « Cherish » a laissé tomber ça par terre. Ça sonne.

Elle lui tendit un BlackBerry de teinte vive. Chimio le scruta.

– Vous l'appelez comment, ce coloris ?

– Melon ?

– Nan, je crois pas.

La jeune femme haussa les épaules.

– Mandarine ?

– Passez-le-moi.

Quand il pressa la touche CONNECT, une voix râpeuse à l'autre bout de la ligne lui dit :

– Abbott ?

– Ouais.

– Timberlake vient de prendre une chambre au Mandarin. Tu veux le numéro ?

– Sûr.

– Cinquante dollars ?

– Pas de problème.

– Il est dans la 710. Et Taylor Swift, elle est dans la 714. Je te truande pas, mon frère.

– Sympa.

Chimio raccrocha. Il avait au moins un nom pour le kidnappeur : Abbott. Quelque part il avait un numéro aussi, un vestige de la transaction de ses appareils photo.

Le BlackBerry tinta deux fois. Chimio le prit et lut un texto : *kanye se casse juste du pub'bis. seul. bentley prune.*

Il comprenait maintenant pourquoi Cherry avait gardé le smartphone du paparazzi. Pour quelqu'un comme elle, c'était de l'or, un guide vocal en streaming du circuit des teufs.

L'assistante personnelle de Tanner Dane Keefe lui demanda :

– Vous êtes son garde du corps ou quoi ?

– Plutôt un mentor, répondit Chimio.

– Elle en a bien besoin. Vous croyez qu'ils baisent ? Même après ce qui s'est passé ?

Chimio lui dit qu'il n'en serait pas plus étonné que ça.

– À moins que votre garçon soit trop *stone* pour bander. Un éclair, je dirais pas non.

L'assistante personnelle sourit.

– Dans le frigo, étagère du haut. Comment vous le savez ?

– Cette baraque, elle a tout d'un endroit où on mange des éclairs.

Elle essayait de ne pas le dévisager, mais se débrouillait mal.

– Je peux vous poser une question ?

– La réponse, c'est deux mètres cinq, fit Chimio, laconique.

– Wouah. Vous avez déjà joué...

– Non.

– Pas même en fac ?

D'une voix tranchante, Chimio lui dit :

– Pas même en prison.

Cette info sembla laisser de marbre l'assistante personnelle de Tanner Dane Keefe.

– Pas de sket, comment ça se fait ? À cause de l'accident ?

Chimio se demanda si elle faisait référence à son bras ou à son visage. Ça le stupéfiait toujours que les gens puissent avoir aussi peu de tact. Si être un ex-taulard défiguré pesait lourd dans certains cercles sociaux, apparemment pas à South Beach.

Il se surprit à repenser, pour une raison inconnue, à Annie, l'actrice kidnappée. Il se rappela le moment où ils étaient ensemble dans l'ascenseur de l'hôtel et où elle lui avait demandé de quoi elle avait l'air dans sa nouvelle robe. Ça l'avait pris complètement au dépourvu, qu'elle se soucie de son avis. Maintenant, elle avait disparu et c'était de sa faute. Si Chimio était depuis longtemps immunisé contre le sentiment normal de culpabilité, n'empêche il était furieux contre lui-même.

– C'est un accident de voiture ? lui demanda-t-elle.

– Quoi ?

– Qui vous a esquinté autant. Pure curiosité.

– Non, mais j'y crois pas.

– Si vous ne voulez pas en parler, c'est OK pour moi.

– Laissez-moi les essayer.

Chimio souleva les fines lunettes carrées du bout du nez de la fille. Quand il les mit, il remarqua qu'elles ne modifiaient en rien sa vision. Tout semblait pareil.

– Pas de malaise. Ce sont des verres neutres, dit-elle.

– Alors, pourquoi vous les portez, merde ?

– Vous plaisantez ? (Elle éclata de rire.) Parce qu'elles sont furieusement tendance, voilà pourquoi.

– Je vois, dit Chimio.

Il boucla l'assistante personnelle à l'office et prit deux éclairs au chocolat dans le réfrigérateur. Puis, remontant à l'étage, il désincarcéra Cherry de sous Tanner Dane Keefe, qui la limait avec l'air d'exécuter une corvée, sans la moindre lueur de lubricité. L'acteur parut quasi soulagé que Cherry soit escamotée du lit, où il se laissa flotter, face contre les draps.

Comme Cherry protestait d'une voix chevrotante, Chimio lui fourra dans la bouche un short de gym sale ramassé sur le sol. Puis l'enfila dans un ample sweat-shirt déformé des Dolphins, la balança sur une de ses épaules et descendit péniblement l'escalier, avant de sortir par la porte du vestibule.

Le monospace les attendait, moteur tournant au ralenti, au bout de l'allée. Chimio fit glisser une portière latérale et poussa l'ex-Cheryl Bunterman sur l'une des banquettes. Il se tassa près d'elle droit comme un *i*, en disant au chauffeur-mannequin de les ramener à l'hôtel.

Thad leva les deux pouces en signe d'appréciation.

– Top classe, les lunettes, *man*.

– Ouais, fit Chimio. Furieusement.

13

Bang Abbott décida de filer du Comfort Inn après avoir surpris Ann au téléphone dans la salle de bains. Il supposa qu'elle avait transmis leur position à l'une des parties intéressées, si ce n'était pas aux flics.

Avant le départ, le paparazzi prit une douche en bonne et due forme. L'actrice et lui allaient voyager de compagnie un certain temps, et il n'avait plus envie de se faire vanner sur son odeur corporelle. Il n'avait rien contre les bains ; il avait seulement d'autres priorités. La vie de pisteur de people était trépidante et compétitive à l'extrême : une heure passée à se pomponner, c'était une heure perdue pour battre le pavé.

Ça n'améliorait guère les rapports sporadiques de Bang Abbott avec le savon qu'il n'eût personne pour qui se faire propret ; ni femme ni petite amie, pas même un chien ne l'attendaient pour l'accueillir à l'issue de ces longues soirées de chasse aux stars dans les rues d'Hollywood. Il ne frayait presque exclusivement qu'avec d'autres paparazzis, qu'il se fichait bien d'offusquer. En fait, la nuée humide de sa puanteur se révélait souvent utile quand il était en traque, pour lui ouvrir un passage à travers ses concurrents du flash jusqu'en tête de la meute.

– Claude, ça ne va pas du tout, lui dit Ann DeLusia.

Il la faisait poireauter sur le couvercle des toilettes pendant qu'il se récurait derrière le rideau de douche, insuffisamment opaque. Tout en agrippant d'une main un gant savonneux, il brandissait de l'autre le Colt, drapé d'une serviette pour le protéger du jet de la douche. Et dit à Ann qu'il la buterait si elle tentait de s'enfuir de la salle de bains.

– Bon alors, vous pourriez activer, svp ? lui lança-t-elle.

– Eh oh ! Vous n'avez pas besoin de mater.

– Bon Dieu, Claude. Vous avez déjà entendu parler de la convention de Genève ?

Même avec de l'eau dans les oreilles, Bang Abbott pouvait dire qu'on le charriait. C'était exaspérant qu'Ann se montre aussi teigne en présence d'un flingue chargé. Alors qu'il se démenait pour se sécher dans la minuscule baignoire, elle enfouit son visage dans ses mains en disant :

– Pitié.

Le photographe lui rappela avec irritation que Cherry Pye n'avait formulé aucune plainte pendant qu'elle le sautait allégrement dans le Gulfstream.

– Elle était raide défoncée, dit Ann.

– Qu'est-ce que vous en savez ?

– Elle l'est *en permanence.* C'est pour ça qu'on m'a engagée.

– J'ai besoin d'une autre serviette, la coupa Bang Abbott.

– C'est aussi une pute. Faut être honnête.

Ann lui jeta deux serviettes de bain.

– Vous n'étiez pas là. Vous ne savez pas comment c'était.

– Allez, je me lance, au pif : rapide et bâclé.

Bang Abbott choisit de laisser tomber le sujet. Contrairement à ce morveux de Peter Cartwill de *L'Œil*, l'actrice semblait au moins accepter l'idée que l'idylle avec Cherry avait vraiment eu lieu.

Pudiquement emmailloté, le paparazzi sortit de la baignoire. Pour la première fois, il remarqua que sa captive, par ailleurs séduisante, portait des griffures et des bleus sur les jambes. Quand il lui demanda ce qui lui était arrivé, Ann répondit qu'elle avait eu un accident de voiture.

– J'ai eu les lèvres de Pamela Anderson pendant un jour et demi à peu près. Vous auriez dû me voir.

Elle se leva, en tirant, mal à l'aise, sur l'ourlet de sa petite robe noire.

– Je vais avoir besoin d'un peu d'intimité, Claude.

– Pour quoi faire ?

Il ne lui ferait plus confiance une seule seconde, plus depuis qu'il l'avait surprise à passer ce coup de fil.

– Pour prendre un bain, lui dit-elle.

– Oubliez ça.

Elle leva les yeux au ciel, puis désigna le zèbre à tête d'Axl Rose sur son cou.

– J'veux effacer ce dessin idiot.

– Non, n'y touchez pas, dit-il en agitant le flingue. Pas encore.

– Est-ce que ça veut dire que vous avez un plan ?

– Enfilez vos chaussures. On se tire d'ici, lui dit le photographe.

Plus tard, dans la voiture, il glissa le pistolet par mesure de sécurité sous l'une de ses cuisses, tout en appelant les renseignements pour tâcher de joindre certains de ses contacts. Ann DeLusia l'observait avec curiosité s'exaspérer de plus en plus. Quand elle lui demanda ce qui n'allait pas, Bang Abbott lui répondit qu'il avait des tuyauteurs dans tout Miami qui envoyaient des textos ou laissaient des messages à son ancien numéro avec des repérages de star, sauf qu'il n'en recevait aucun puisque « vous savez qui » avait toujours son « vous savez quoi » en sa possession.

– Ah. Le sacro-saint BlackBerry, dit Ann.

– Maintenant, toutes ces têtes de nœud vont s'attendre à palper.

– Ceux qui vous refilent les tuyaux ?

– Z'ont aucune loyauté, ces enfoirés, se plaignit Bang Abbott. Sous peu, ils vont me zapper et se mettre à vendre à d'autres paparazzis. Tenez. (Il tendit le téléphone à Ann.) À votre tour, lui dit-il. Parlez à la mère de Cherry… c'est elle qui dirige tout ce cirque, pas vrai ?

– Et je lui dis quoi ?

– Que je vous retiens en otage.

– Et puis ?

– Que je veux un échange donnant-donnant : vous contre sa fille.

– C'est presque une honte de gâcher un moment pareil en vous demandant : Sinon *quoi*, Claude ? fit Ann. Vous allez me tuer ?

Il pouffa.

– Et merde, c'est ce dont ils ont envie sans doute.

– Lâchez-moi.

– Sérieux. Vous leur posez un méga-problème maintenant.

Ann se tut, se demandant s'il se pouvait que le photographe eût raison. Il n'était pas tout à fait assez branque pour qu'elle écarte automatiquement tout ce qu'il disait.

– Bon, c'est quoi le grand « sinon ? », lui demanda-t-elle.

– S'ils ne veulent pas d'un échange, je posterai sur Internet certaines photos crados de Cherry *topless* qu'elle a prises elle-même au Stefano… et avec *mon* appareil, cette arnaqueuse à la noix.

Il revenait vers Ocean Drive en se payant tous les feux rouges.

– L'entourage de Cherry n'en rien à battre du *topless*, dit Ann. Un cliché foune, à la rigueur, mais ses lolos ont déjà traîné partout sur le Web, Claude.

Bang Abbott se rembrunit, en se remémorant le voyage de Cherry deux ans plus tôt dans l'île grecque de Santorin. À en juger par les photos d'archives des paparazzis européens, Cherry ne s'était pas donné la peine d'enfiler un T-shirt pendant quinze jours. Bang Abbott lui-même avait raté ce voyage, car il se trouvait à Aspen, à planquer devant une maison dans laquelle, selon la rumeur, un célèbre *quarterback* de la NFL s'était re-déchiré un ligament croisé intérieur en faisant des galipettes sur un futon défectueux avec son top model de petite amie.

– J'ai de la réserve, ne vous faites pas de souci, lui dit le photographe.

Ann soupira.

– Ça alors, je me demande si je suis concernée.

– Vous allez finir par être obligée de jouer pour de bon.

– Ça ne marchera pas. Ses fans vont deviner qu'elle et moi, ça fait deux.

– Eh, vous m'avez bien eu, moi. Vous pouvez rouler le reste du monde, dit Bang Abbott, surtout avec ce tatouage de folie.

Ann ne savait pas trop ce qu'il avait derrière la tête, et n'avait aucune envie de le lui demander. Son intention était d'échapper à ce loser le plus tôt possible, puis de redémarrer son existence. Entre-temps, elle avait ses raisons persos pour appeler Janet Bunterman, qui décrocha à la septième sonnerie. Ann lui expliqua d'abord la situation : les autoportraits de Cherry seins nus et les exigences particulières du paparazzi.

– Il est là en ce moment ? demanda Janet Bunterman.

– Oui, et un peu là. Et il a un genre de flingue.

– J'aime mieux en parler à Maury.

– Faites ça, dit Ann.

– Et aux Lark.

– Et à Cherry, aussi. Elle a le BlackBerry de ce type et il veut le récupérer.

Derrière le volant, Bang Abbott opina, l'air sombre.

– Dites-lui que je suis aussi sérieux qu'une crise cardiaque, lui chuchota-il.

– Il est aussi sérieux qu'une crise cardiaque, répéta Ann.

– Je ne te suis plus, là. Comment se fait-il que Cherry ait le téléphone de ce type ? demanda Janet Bunterman.

– Elle le lui a volé après se l'être envoyé dans l'avion.

Ann n'était pas du genre à édulcorer les mauvaises nouvelles.

– N'importe comment, il le lui faut fissa. Elle pourra le lui rapporter en se pointant à la séance photo.

La mère de Cherry baissa la voix.

– Elle n'aura pas lieu, Annie.

– Il dit qu'une journée avec elle lui suffira amplement.

– Tu peux lui dire que la réponse est non.

– Janet, vous avez prévenu les flics, hein ? Suite à ce qui s'est passé ce soir ?

– Bien sûr qu'on a prévenu les flics.

– Alors ils sont en train de me chercher partout, dit Annie. De passer le comté au peigne fin.

Il y eut un temps à l'autre bout de la ligne, puis un bruit étouffé, ressemblant au bouchon d'une bouteille d'eau qu'on dévissait. Janet Bunterman reprit :

– Ils ont retrouvé le Suburban, il y a une petite heure, sur Watson Island.

– Super, mais je suis bien placée pour savoir qu'ils ne m'ont pas retrouvée, *moi.*

– Annie, c'est un scénario compliqué. Le nouveau CD de Cherry va sortir. Sans parler de la tournée. Inutile que je te précise l'énormité du truc. Ce que j'essaie de te dire, c'est qu'on est en train d'élaborer une stratégie pour te récupérer...

Du talon de sa main libre, Ann martelait le tableau de bord. Bang Abbott lui fila un coup dans les côtes avec le canon de son pistolet puis haussa les épaules, l'air bougon.

– Donc, prends-le relax, disait la mère de Cherry.

– Personne n'a prévenu la police que j'étais dans le Suburban ? Bon, qu'est-ce qui se passe maintenant ? L'affaire est close ?

Ann était outrée, même si elle aurait dû le voir venir. Elle était un secret qui devait rester bien gardé.

– On va y cogiter tous ensemble et trouver une solution.

– Vous me gonflez passablement, lui dit Ann.

– Il t'a fait du mal ?

– Merci de poser la question. Et je ne plaisante pas.

Bang Abbott, furax à présent, s'arrêta au bord de la route et l'apostropha :

– Qu'est-ce j'avais dit, hein ? Qu'ils vous laisseraient choir en un clin d'œil.

Le photographe lui arracha le portable et descendit de voiture. Il entendit la mère de Cherry à l'autre bout de la ligne, qui disait :

– Annie ? Tu es encore là ? Annie ?

Bang Abbott tint le téléphone près du flingue, dirigea le canon vers le ciel et tira une balle qui explosa un lampadaire public.

– Putain merde ! cria-t-il, avant de regrimper dans le 4×4 Buick.

Ses oreilles tintaient et ses mains tremblaient sur le volant pendant qu'il accélérait vers l'ouest, vers Alton.

– Quel pétard, ça a fait ! s'exclama-t-il tout excité. Demandez-lui si j'ai retenu son attention ! Allez. Dites-lui que c'était une vraie balle.

Ann reprit le téléphone.

– Janet, c'est le flingue que vous avez entendu. Ce mec ne plaisante pas.

Mais la ligne était devenue muette.

– Et merde, fit Ann.

Bang Abbott fourra le Colt sous le siège avant.

– C'est des vraies raclures de bidet pour lesquelles vous bossez, observa-t-il.

– Et vous êtes un expert en la matière, cher monsieur.

Elle continuait à garder un œil sur le rétro latéral, en espérant voir s'y inscrire les gyrophares d'un véhicule de patrouille, mais la rue derrière eux était déserte. Bien entendu, un coup de feu isolé n'était plus une priorité absolue pour la police de Miami Beach. Bang Abbott permit à Ann de baisser à demi sa vitre, afin qu'elle puisse guetter en vain le son des sirènes.

L'inspecteur Reilly bossa tard encore une fois : surfant sur les banques de données, il essayait d'en apprendre davantage sur Jackie Sebago. Le bonhomme n'avait pas de casier judiciaire, bien qu'une recherche sur le site Nexis ait fait surgir des articles de presse sur la banqueroute d'un « village condo » de ski dans le Montana, où des partenaires mécontents dudit Sebago lui avaient intenté un procès pour disparition de capitaux et emploi fictif d'une « assistante de direction » qui s'était révélée être sa maîtresse. Le nom de Jackie apparut aussi en tant que directeur d'un complexe de golf du Maryland, condamné à une amende de 37 000 dollars pour empoisonnement d'un troupeau de canards colverts qui ne cessaient de conchier le treizième green.

Cette dernière info, éclairant suffisamment le caractère de Sebago, encouragea la croyance de Reilly que le promoteur était la cible de choix du détourneur de bus délirant de Key Largo nord. Comment un vagabond déséquilibré s'était-il débrouillé pour projeter et exécuter un délit d'une telle précision intriguait l'inspecteur, mais il n'était pas près d'identifier le coupable, encore moins de le découvrir.

L'inspecteur aurait été curieux d'apprendre qu'au nombre des talents improbables du colosse nomade figurait la navigation maritime, et que pendant que l'inspecteur, quittant son bureau, se dirigeait vers chez lui, son suspect fonçait à travers l'obscurité océanique en hors-bord Donzi à rayures, quelque part au large de la côte d'Elliott Key.

Mais il s'avéra que le bateau – que Skink avait pris à une place d'amarrage à Ocean Reef – n'était pas sorti au large depuis des mois. Les propriétaires, qui passaient leurs étés au cap Cod et leurs automnes dans les monts Berkshire, payaient un mécanicien pour venir assurer la maintenance du gros bimoteur Mercury, seulement deux fois par an. Le mécanicien ne faisait jamais décoller le Donzi du quai, se contentant de se la couler douce dans le cockpit avec un pack de six bières Land Shark et de laisser tourner les moteurs au ralenti. Parfois, il faisait suivre une petite copine ou une canne à pêche. Comme le bateau n'allait nulle part, nul besoin pour le mécanicien de remplir à ras bord les réservoirs, c'est pourquoi Skink découvrit que la jauge frôlait le rouge au moment où il passa à l'est de Fowey Rocks.

Sa bonne fortune fut de tomber sur un Aquasport de huit mètres cinquante, en rade à cause de bougies encrassées, que le gouverneur se fit un plaisir de nettoyer en échange de vingt litres de carburant. Les pêcheurs de mérou, à bord de l'Aquasport, même s'ils s'alarmèrent de son apparence dépenaillée et aussi de son fusil de chasse, gardèrent leur calme. Il les renvoya avec une citation galvanisante de Melville, et ils rentrèrent avec soulagement à Black Point, où leurs épouses se morfondaient depuis le coucher du soleil.

À deux kilomètres du rivage de Miami Beach, Skink éteignit le Donzi et décapsula une bouteille de bière, trouvée dans un réfrigérateur près de la *fish box.* Les yeux fixés sur l'enfilade clignotante des néons d'Ocean Drive, il ressentit dans le ventre une crispation qui n'avait rien à voir avec le roulis ni la houle. La vie urbaine le faisait dérailler ; la foule, le bruit, les murs, les lumières. Et cette ville, en particulier, était un champ miné d'incivilités et de prétention. Il y aurait sûrement des incidents, des instants de risque vertigineux, mais quel autre choix avait-il ?

Annie était là-bas.

Skink but une autre bière et poussa un hurlement vers le ciel. Si des décennies d'existence érémitique l'avaient maintenu tout juste en équilibre, ses aversions turbulentes n'avaient jamais faibli. S'il avait fui la résidence du gouverneur en conservant ses valeurs intactes, son idéalisme avait été anéanti, sa patience, réduite en poussière. La politique lui avait embrouillé l'âme bien pire que la guerre, en lui faisant abandonner derrière lui à Tallahassee, en sus de son nom, sa stratégie discréditée de tolérance et de compromis. Les endroits sauvages chéris de son enfance avaient disparu sous les parpaings et l'asphalte, et de même, le reste de l'État avait lui aussi été transformé… par les sangsues avides, déguisées en citoyens blancs-bleus, qui se l'étaient approprié. Depuis son repaire marécageux, Skink ripostait chaque fois qu'une occasion se présentait, et son message n'était jamais ambigu. Même des connards du genre de Jackie Sebago le comprenaient.

Le gouverneur bascula en arrière et, les yeux levés vers les étoiles, se mit à chanter avec une voix de fausset. C'était une berceuse celte qu'il avait apprise de sa mère, disparue depuis longtemps, mais il se souvenait de chaque couplet. Une fois qu'il l'eut finie, il la rechanta.

Puis, remettant le contact, il dirigea plein gaz le bateau volé vers South Beach.

14

Le lendemain matin, tandis que l'ex-Cheryl Bunterman posait pour la couverture d'*US Weekly*, Maury Lykes convoqua à une réunion les parties concernées et commanda deux douzaines de bagels avec saumon fumé et fromage à tartiner. L'arrivée tardive de Chimio parut affecter les Lark, imperturbables d'ordinaire : leur expression chirurgicalement fixe parut se tendre davantage et leurs yeux s'exorbiter encore un tantinet.

Maury Lykes commença par formuler l'évidence.

– Le problème Ann est un problème maousse.

Il agita un doigt recourbé vers le garde du corps.

– Toi d'abord. C'est quoi la prochaine étape ?

– Ça dépend, fit Chimio, si vous voulez que cette tête de nœud crève ou si vous voulez simplement le retour de la fille. Ou encore les deux, peut-être.

– Les deux, fit le producteur.

– Pas si vite, intervint l'une des Lark.

Maury Lykes eut un rire caverneux.

– Je plaisantais, point trait. On ne butera personne.

Chimio haussa les épaules et tendit la main vers un bagel.

– Comme vous voudrez.

Janet Bunterman conta l'appel nocturne d'Ann DeLusia et la façon alarmante dont il s'était terminé : coup de feu et ligne coupée.

– Nom de Dieu, vous croyez qu'il l'aurait abattue pour de bon ? demanda Maury Lykes.

– Un peu de sérieux, fit Chimio, douchant le débat avec son sourire.

Un ange, embarrassé, passa. Le producteur inclina la tête.

– Y a quelque chose qui m'échappe ou quoi ?

– La globalité, dit Lila Lark. C'est bien pour ça que vous nous payez ?

À tour de rôle, les sœurs énumérèrent les périls en termes d'image qu'affronterait l'Équipe Cherry si jamais le rôle d'Annie dans l'histoire venait à être connu, ce qui était sûr et certain d'arriver si elle faisait l'objet de recherches de police.

– Cela explique pourquoi on ne leur a pas dit qu'elle se trouvait dans le Suburban, ajouta la mère de Cherry.

Maury Lykes acquiesça avec impatience.

– Ouais, ouais, je pige tout ça.

– Alors, supposons que ce type ait pété un câble et tiré sur Annie, poursuivit Lucy Lark en essayant de ne pas jeter de coup d'œil à Chimio, ou que pour une autre raison *x*, elle n'en revienne pas. Certes, c'est horrible. Certes, c'est une abominable tragédie. Mais d'un autre côté…

Janet Bunterman saisit la balle au bond.

– Écoutez, Maury, ce serait déjà quelque chose si tout ce qu'il voulait, c'était de l'argent. La situation serait contrôlable. On pourrait payer une rançon et rapatrier Annie nous-mêmes. Mais il veut procéder à un échange : la vie d'Annie contre une journée avec Cherry !

– Une journée ? Pour faire quoi ? demanda Maury Lykes.

– La prendre en photo, à ce qu'il dit. Mais, mon œil.

Tout comme sa sœur, Lila Lark était consciente que son pouls avait des ratés en présence de Chimio. Elle se ressaisit puis dit :

– On peut revenir en arrière rien qu'un instant, vous tous ? Même dans le cas d'une demande de rançon pure et simple, nos chances de nous en tirer sans que personne ne laisse *rien* fuiter dans les médias sont à peu près d'un milliard contre une. Dès que le nom d'Annie sortira, dès que les tabloïds déterreront toute l'histoire, il nous sera impossible de la faire rester sur sa réserve. Quand le magazine *People* l'appellera, Maury, vous croyez sérieusement qu'elle répondra « non, merci » ?

– Merde, marmonna le producteur, se demandant si c'était bien là ce qu'on appelait un « dilemme moral ».

Pour ne pas être en reste en termes de scénario catastrophe, Lucy Lark déclara :

– Imaginez quelle serait la réaction de notre jeune et trop sensible cliente si, en allant sur *TMZ*, elle tombait sur une nana canon du nom d'Ann DeLusia racontant qu'on la payait pour sortir déguisée en Cherry, s'étalant sur toutes les fois où Cherry a joué les Amy Winehouse et été embarquée en désintox…

– En cure diététique, implora Janet Bunterman.

– … une fille que Cherry n'a jamais vue jusque-là, racontant qu'elle a été kidnappée et retenue en otage par un harceleur armé d'un flingue qui a cru par erreur enlever une superstar. Ça serait une histoire ultra-maousse, poursuivit Lucy. Des masses plus maousse que le nouvel album de Cherry, Maury. Des masses plus maousse que la tournée.

Maury Lykes leva les mains en forme de T.

– Merci pour ces propos encourageants et enthousiasmants, dit-il. Et maintenant, par pure curiosité, quelqu'un peut-il me dire comment on s'est retrouvés embringués dans cette giga galère – par exemple, quel lien unit notre starlette autodestructrice et ce photographe psychopathe ?

Les Lark se tournèrent vers la mère de Cherry, qui fit, l'air pincé :

– Apparemment, c'est la personne qu'elle a emmenée avec elle à Miami.

Maury Lykes grimaça de dégoût.

– Dans le Gulfstream ? Bon Dieu de merde.

– Elle a aussi baisé avec lui, ajouta Lila Lark.

– Ben voyons.

Le producteur sortit un cure-dents et s'attaqua au reliquat de graines de sésame entre ses bridges.

– Janet, à ce que j'entends, vous faites un job parental du tonnerre, comme d'habitude.

– Cet homme hallucine, c'est évident. Rien de tout ça n'a jamais eu lieu, affirma avec insistance la mère de Cherry.

Maury Lykes repensa aux nombreuses crises qui avaient émaillé sa longue association avec Cherry Pye : les défaillances, disparitions, abus de drogues et autres orgies. Tous ces incidents, potentiellement briseurs de carrière, s'étaient révélés gérables, et dans quelques cas, avaient même servi à raviver l'intérêt déclinant du public pour sa pupille au talent minimaliste.

Cette nouvelle crise, cependant, était différente. Cherry n'était pas lâchée dans la nature ; mais plus ou moins en garde à vue. Ce qui inquiétait Maury Lykes, c'était le leurre, Ann, la disparue, dont la fiabilité sous la contrainte était une variable inconnue. Une actrice, au nom du Ciel ! Quant au paparazzi à l'esprit dérangé, Maury Lykes se fiait à son instinct en supposant le pire. Il n'était pas difficile d'imaginer le genre de séance photo scabreuse qu'il avait en tête pour Cherry ni le paquet de fric qu'il exigerait pour la non-mise en circulation des clichés qui en résulteraient.

Que Cherry elle-même reste inconsciente de la pagaille qu'elle avait semée était ironique, bien qu'à peine surprenant. *Quelle espèce de débile profonde se tape un paparazzi free-lance ?* se demandait Maury Lykes.

– Notre conseil professionnel, disait l'une des Lark, c'est de ne pas bouger pour l'instant. Et de voir ce que ce fou furieux va tenter ensuite.

– Et pas de flics, ajouta l'autre sœur, à moins que vous n'ayez envie que ça s'étale partout aux infos.

Mais quand Maury Lykes demanda si l'actrice kidnappée avait de la famille proche, personne ne sut lui répondre.

– Pas de petit ami ? Pas d'ex-mari ?

Le producteur, sarcastique, leva ses paumes au ciel.

– Aucun proche qui pourrait être au courant qu'elle travaille pour nous ?

De son ton le plus assuré, Janet Bunterman lui dit :

– Annie a signé un accord de confidentialité.

– Qui pourrait se révéler un document fort utile, commenta Maury Lykes, si jamais on était à court de papier cul. Mon souci, *vous autres,* c'est que quelqu'un se lance à la recherche de Mlle Ann DeLusia, même si ce n'est pas notre cas. Cette idée n'est venue à personne d'autre dans cette pièce ?

Il fusilla les Lark du regard.

– Les jeunes femmes ne disparaissent pas comme ça sans faire de vagues, surtout si ce sont des actrices syndiquées. Tôt ou tard, son absence sera remarquée.

Mouchées, les sœurs en ravalèrent leurs joues jusqu'à la rigidité. Janet Bunterman fit main basse nerveusement sur un demi-bagel qu'elle tartina de fromage blanc.

Chimio prit la parole.

– C'est une sorte de bombe à retardement.

Maury Lykes s'affala avec un soulagement exagéré.

– Oh Seigneur, que la lumière soit.

– Je crois que je connais le nom de ce blaireau, fit Chimio, en glissant un œil au-dessus de ses Sarah Palin.

– Ah ouais ? C'est qui ?

– J'ai un numéro de portable. Laissez-moi tenter le coup.

– Peut pas faire de mal, fit Maury Lykes. Vas-y.

Chimio se leva et s'étira. Ses yeux rougis et tout collés se posèrent sur Janet Bunterman.

– J'y crois pas, vous étiez prête à laisser tomber cette nana, lui dit-il. Sans elle, c'est votre abrutie de fille qui se serait fait choper.

En sortant de la pièce, Chimio adressa un haussement d'épaules aux Lark, qui en restèrent soufflées.

Le premier single de *LGR & Kourt Véku,* un morceau intitulé « Jalouse jusqu'à l'os », fut choisi comme thème de couverture pour *US Weekly.* Le directeur photo proposa à Cherry Pye de se costumer en cannibale. Idée torride.

– Et merde, une cannibale, ça se fringue comment ? demanda cette dernière.

Léo, son coiffeur, en resta lui aussi perplexe.

– Dans la chanson, il s'agit de faire passer le mec d'une autre à la casserole, pas au barbecue, souligna-t-il.

Le directeur photo présenta à Cherry un pagne impression léopard, avec débardeur assorti, qui couvrait à peine les cicatrices de son augmentation mammaire. Elle émergea de sa loge, avec la banane et fleurant bon la beuh. Le photographe, un jeune Belge ayant à son actif de nombreuses couvertures de magazine, déclara son look total fabuleux. Mais quand le maquilleur tenta de dissimuler son nouveau tatouage sous une couche de spray autobronzant, Cherry le frappa au niveau du sternum. Après une pause de trente minutes, pendant laquelle elle taxa une Kool et deux Valium au traiteur, la séance reprit.

Sur l'insistance de Cherry, le tattoo sur son cou devint le point focal des photographies, et Leo, consciencieux, lui coiffa ses boucles de façon à exposer généreusement le visage d'Axl posé sur son demi-cul de zèbre. À midi, Tanner Dane Keefe se pointa sur le plateau avec un DVD de toutes ses séquences du prochain Tarantino, dans lequel il incarnait un *longboardeur* amateur de cadavres mais avec une âme de poète. Cherry et lui disparurent dans la loge pendant presque deux heures, et n'en ressortirent que lorsque le directeur photo cogna à la porte en menaçant de refiler le portrait de couverture à Christina Aguilera, qui avait elle aussi un nouveau CD sur le feu.

Après le départ de Tanner Dane Keefe, Cherry fut ramenée avec force cajoleries sur le plateau, où on lui fit prendre une posture suggestive : à califourchon sur un squelette, en accord avec le thème cannibalistique olé olé. Elle ne tint pas plus de quelques minutes avant de remplir le studio de ses plaintes perçantes, tournant autour d'une « vibration mortelle » qui lui coupait le souffle dans tout le corps. À ce stade-là, on contacta Janet Bunterman et on dépêcha un garde du corps de rechange, Chimio ayant reçu pour mission de traiter avec le ravisseur d'Ann DeLusia. Le nouveau venu s'appelait Kurt ; c'était un immense Afro-Américain body-buildé, qui avait joué autrefois tackle droit pour les Atlanta Falcons.

À sa vue, le visage de Cherry s'illumina.

– Il fait plus l'affaire, dit-elle. Mais il est censé être chauve.

Elle se tourna vers Léo.

– Tu t'occupes de ça, d'acc ?

Le coiffeur ramassa sa tondeuse électrique et fit un pas vers Kurt, qui leva un de ses battoirs en disant :

– Bas les pattes, microbe.

Cherry piqua une crise et s'enfuit dans sa loge. Léo apporta à Kurt un expresso cubain brûlant, qui était délicieux. Au cours du déjeuner, le gorille fit un léger historique :

– Lady Gaga n'a pas réussi à me faire raser le crâne. Ann Hathaway, non plus. Tara Reid, OK elle a essayé – cette fille craque sur Ving Rhames, remarque, j'aime bien Ving à titre perso, mais c'est pas mon meilleur look. Chauve, je veux dire.

– C'est surévalué, tomba d'accord Léo.

– Et maintenant, la meuf d'ici, faut qu'elle arrête avec sa lubie débile et qu'elle se foute au taf, conclut Kurt avec sévérité.

– Fais ce que tu dois faire, mon frère.

Le gorille alla dans la loge, où Cherry était vautrée, toute indécence dehors, sur un canapé. Elle buvait un Red Bull en écoutant le morceau « Jalouse jusqu'à l'os » sur son iPod, tentant sans succès de bien choper le play-back. Kurt lui arracha ses écouteurs en lui disant qu'elle avait exactement trois minutes pour revenir sur le plateau avant que le directeur photo n'annule la couverture.

– Tu crois à la réincarnation ? lui demanda Cherry.

La loge empestait la beuh ; Kurt jeta un coup d'œil à la ronde et aperçut un bédo à demi fumé en équilibre instable sur le bord d'un plateau végétarien.

– Moi, j'ai envie de revenir, genre, en oiseau de paradis ou encore en coquillage, fit Cherry. Et toi ?

– Moi ? En selle de bicyclette de Beyoncé, répondit le gorille. Allez, on y va, maintenant.

Les prises de vue durèrent encore une heure exténuante, jusqu'à ce que le photographe belge manifeste son ras-le-bol en mimant un auto-étranglement. Pendant le trajet retour au Stefano, Cherry devint mûre en apprenant que Kurt assurait seulement l'intérim et ne remplacerait pas Chimio à plein temps.

– Ce monstre barjoïde n'est même pas humain, bordel ! s'écria-t-elle.

Kurt répondit qu'il ne connaissait pas le bonhomme.

– Mais j'ai déjà un job, ajouta-t-il.

– Avec qui ? fit Cherry qui se rapprocha et lui effleura le bras.

– J'peux pas vous le dire.

– Elle te file combien ? Je te donnerai plus.

– Ça paie vachement bien, mais merci quand même, dit Kurt.

Cherry appuya sa joue contre l'épaule de Kurt.

– T'as déjà entendu parler des avantages en nature ?

– J'en bénéficie déjà, fit Kurt en souriant.

– Impossible !

– Chaque soir, fillette. Mais merci d'y avoir pensé.

Livide, Cherry s'écarta de lui.

– C'est total injuste. M'man, elle m'a *promis* un grand Black, tout juste comme toi, fit-elle avec amertume.

– Ouais, ben, faites la queue.

– C'est une chanteuse, une star de ciné, ou quoi ?

– Elle est dans le cinéma, fit Kurt.

– Alors t'es qu'un total menteur, *man*, pasque les actrices de ciné se tapent pas leur garde du corps, affirma Cherry. C'est un fait connu. (Elle farfouillait dans son sac, cherchant quelque chose.) Je déteste cette saloperie de sac !

– C'est quoi l'problème maintenant ?

– J'ai perdu mon BlackBerry.

– Et ça, c'est quoi ? fit Kurt en pointant le doigt. Aveugle, fillette ?

– Non, ça, c'est un *iPhone*. Bon Dieu !

Cherry s'accroupit et se mit à tâtonner sur le plancher du 4×4.

– J'ai vraiment vraiment *vraiment* besoin de ce BlackBerry… il est, genre, orange vif. Allez, mec, aide-moi à chercher.

Mais le smartphone disparu n'était pas dans le véhicule. Cherry boxa le siège en criant :

– C'est le pire jour de merde de toute ma vie de merde !

Le chauffeur, mal à l'aise, jeta un coup d'œil par-dessus son épaule.

– Te fais pas de souci pour elle, lui conseilla Kurt.

– Toi, ferme ta bouche, lui dit Cherry. Peut-être que j'ai besoin que quelqu'un se fasse du souci pour moi, pour changer.

Peut-être que c'est ça, genre – allô ? – cherchez l'erreur ? Beaucoup trop de gens ne se soucient pas de *moi* !

Le gorille intérimaire vérifia l'heure à sa Rolex. Il plaignait le pauvre blaireau coincé dans le job de protection de cette pétasse.

– Eh oh ! aboya Cherry. Tu m'écoutes, au moins ?

Kurt se pencha en avant et demanda au chauffeur d'y aller pied au plancher.

Après leur départ précipité du Comfort Inn, ils passèrent le reste de la nuit dans la voiture de location au deuxième étage d'un parking couvert, non loin de Lummus Park. Ann DeLusia eut un sommeil entrecoupé. Elle envisagea de tenter de s'échapper mais le photographe s'arrangea pour demeurer éveillé, l'épiant d'un œil d'aigle. En guise d'avertissement visuel, il laissa dépasser le canon du pistolet de sous le siège avant, entre ses pieds. En se fondant sur ce qu'elle avait vu, Ann n'avait aucune raison de croire qu'il était tireur d'élite, mais même un manche pouvait avoir du pot. Elle décida de se tenir coite.

Au lever du soleil, les effets désodorisants de la douche du photographe s'étaient dissipés et l'habitacle de la Buick empestait comme un ring de catch. Ann se sentait elle-même poisseuse et infecte. Piquer une tête dans l'océan lui paraissait une idée grandiose, mais Claude, son kidnappeur, lui dit carrément *niet*. Il descendit de la voiture pour prendre un appel téléphonique « superimportant », en laissant étourdiment son otage seule avec le pistolet. Ann le souleva du sol, empoigna la crosse de la main droite, l'index posé aussi légèrement qu'une araignée sur la détente. Un certain temps, elle était sortie avec un policier de la brigade de répression du banditisme de Los Angeles qui l'emmenait au champ de tir le week-end. Elle se débrouillait plutôt bien avec un Glock 19 quand le flic avait rompu avec elle pour épouser sa manucure coréenne.

Ann tenait toujours le flingue du photographe quand il s'installa à l'avant et le lui reprit.

– Alors, on en est là, lui dit-il avec un rire obscène.

– De quoi vous parlez ?

– Vous n'irez nulle part, hein ?

– Claude, vous êtes tellement bidon.

Elle se sentit rougir. Il rit de plus belle.

– Non, vous mourez d'envie de savoir comment tout ça va finir. J'aime bien ça.

Ann se mit à pleurer. C'était ridicule, mais elle ne jouait pas la comédie. Était-il possible que ce c.o.n. ait raison ?

– Vous croyez que tout ça m'amuse ? lui dit-elle.

L'épuisement en était cause ; ça crevait les yeux qu'elle n'avait pas les idées claires. Bon Dieu, elle avait eu cette saleté de flingue entre les mains !

– Si vous êtes maligne comme je le pense, dit-il, dans peu de temps les paparazzis vous pourchasseront, *vous*. Faites-moi confiance, je connais la chanson.

– J'ai pas envie d'être célèbre, protesta Ann en reniflant. Pas comme ça.

– Bien sûr que non. Quelle vie épouvantable. Qui a envie d'être riche, belle et désirée ? (Il lui agita le Colt sous le nez.) Bon, je dois aller retrouver un type, alors soyez une gentille fille et hoops, sautez dans le coffre.

– Je n'en ferai rien. Il faudra me flinguer d'abord.

– Oh, bon Dieu.

– Emmenez-moi. Je ne ferai pas de vagues.

– Vous avez envie de petit-déjeuner ? lui demanda Bang Abbott.

– Oui. Carrément.

Ann était aussi affamée qu'épuisée. Le photographe roula jusqu'à un nouveau McDo classieux, où Ann était l'une des deux clientes à porter une robe de soirée noire courte. L'autre était un travesti musclé avec une perruque couleur Fanta. Bang Abbott commanda trois *burritos* relevés, le choix d'Ann se portant sur un œuf McMuffin. Le paparazzi lui annonça qu'elle avait quatre minutes montre en main pour aller aux toilettes, pendant lesquelles il écrasa deux Ambien qu'il mélangea au jus d'orange d'Ann.

Il lui dit à son retour :

– Maintenant, question importante : qui va paniquer le plus si vous ne donnez plus de vos nouvelles pendant deux, trois jours ? Vous avez un petit copain ?

– Nan, répondit Ann, la bouche délicatement pleine.

– Une maman et un papa ?

Elle secoua la tête.

– Négatif.

– Ils sont morts tous les deux ou quoi ?

– Vous avez raté votre vocation, Claude. Vous auriez dû bosser dans le soutien psychologique, lui dit Ann. Non, ils ne sont pas morts. Je n'ai jamais connu mon père, quant à maman et moi, nous sommes comme on dit « en froid ». Elle avait envie que je sois prof.

Le paparazzi grogna. Il s'était collé sans effort aucun un *burrito* in extenso dans les joues.

– Prof à l'école du dimanche, précisa Ann. Pour sa religion, les arts de la représentation ne sont que sottises païennes. Télévision incluse.

Bang Abbott s'essuya les doigts sur son T-shirt.

– Tout baignait plus ou moins jusqu'à ce que l'une des soi-disant amies de ma mère lui téléphone après m'avoir vue dans une pub pour les tampons Maxipad, poursuivit Ann. À partir de ce jour-là, la très convenable Rachel DeLusia n'a plus adressé la parole à sa brebis égarée de fille. Je suppose que j'aurais dû accepter ce contrat pour Duncan Hines à la place : maman est la reine quand il s'agit de stocker les brownies.

– Donc, à ce que vous dites, vous ne manquerez à personne pendant un petit moment si vous ne répondez plus au téléphone…

– Qui a chu dans la cuvette des W-C du motel…

– Et vos amies ? demanda Bang Abbott.

– Elles m'ont pratiquement laissée tomber.

– Comment ça se fait ?

– Pasque je n'envoie ni tweet ni texto.

Le photographe haussa le sourcil.

– Oh, vous êtes de *celles-là.*

– Donc, la réponse est non, je ne manquerai à personne.

– OK, alors, c'est tout bon.

– Ouais, fabuleux. J'ai vingt-quatre ans et je pourrais être rayée de la planète sans que personne ne s'en aperçoive.

Elle lui passa sous silence le SDF barjo de Key Largo qui lui avait promis de venir la secourir. Une noble proposition, mais en réalité…

– Claude, je suis affreusement fatiguée.

– Finissez votre jus.

Elle ronflait comme un ours en hibernation quand Bang Abbott revint au parking. Il monta jusqu'à un niveau désert et gara la Buick tout au bout. Après avoir enfermé Ann dans le coffre, il gagna en soufflant comme un bœuf l'ascenseur, où il termina son dernier *burrito* McSkillet en descendant, froissant l'emballage vide qu'il jeta sur le sol. Le soleil le frappa en pleine figure à la sortie du parking, aussi rabattit-il sa casquette des Miami Marlins flambant neuve, tout en mettant le cap sur le parc.

Le dénommé Chimio l'attendait près des filets de volleyball. Il portait un ample survêtement noir, dont l'une des manches était coupée, et des lunettes carrées modèle « gay ».

– Marchons un peu, lui dit-il.

Ils longèrent la plage – le paparazzi court sur pattes et traînassant, le garde du corps dégingandé et de guingois –, scotchant même les regards des habitués blasés de South Beach. Si Chimio semblait ne pas remarquer qu'ils attiraient l'attention, Bang Abbott était très mal à l'aise. Habitué à être le voyeur, pas la cible du voyeurisme, sans ses appareils, il se sentait nu.

– J'ai trouvé l'objet que tu cherchais, fit Chimio.

Bang Abbott tâcha de dissimuler sa joie.

– Ah ouais ?

– Tu ne chômes pas, Slim Fast. Cette saleté de truc sonne vingt-quatre sur sept.

– Tu en veux combien ? Je te filerai cinq cents dollars.

Chimio s'arrêta pour admirer une latino seins nus qui jouait au Kadima avec un petit garçon. C'était un joli spectacle, à des années-lumière de la cour de la prison de Raiford.

La balle de Kadima atterrit dans le sable aux pieds pointure 48 de Chimio, et le gamin courut la reprendre.

Ah bon Dieu, se dit le photographe, *ce pauvre môme va dormir la lumière allumée le reste de sa vie.*

Pourtant, quand Chimio lui tendit la balle, le garçonnet leva la tête et, agitant sa raquette, lui dit : « *Gracias.* » Il ne parut pas le moins du monde traumatisé. Bang Abbott fut stupéfait : ce mioche devait être miro.

Chimio reprit sa marche.

– On m'a autorisé à négocier pour la fille, lança-t-il par-dessus son épaule.

Le garde du corps faisait de grandes enjambées, et Bang Abbott se démenait pour rester à sa hauteur.

– Négocier *quoi* ? Je fais une journée de séance photo avec Cherry, et ils récupèrent leur mignonne petite usurpatrice saine et sauve.

– Ça ne marche pas. Ving-cinq mille... le fric pour la gonzesse qui est actrice, point barre.

– T'es dingue ? lâcha Bang Abbott.

– Je rajouterai peut-être le BlackBerry en prime.

– J'ai l'air idiot à ce point ?

Le sourire sinistre de Chimio révéla les minables chicots de ses dents de devant.

– Un gros tas pervers, voilà ce que t'es à mes yeux, lui dit-il.

Bang Abbott était fumasse.

– Vingt-cinq mille, c'est une blague. Tu as une petite idée de ce que cette fille, Ann, sait sur Cherry Pye ? Les dégâts qu'elle peut faire ?

– Je peux sans doute les faire grimper jusqu'à cinquante mille si, de ton côté, tu m'en refiles au moins cinq mille, fit Chimio. Je te recommande aussi fortement de ne pas faire de mal à l'actrice en question si tu ne veux pas mourir de mort ultra-lente, dépiauté comme une saloperie de truite.

Il brandit de façon menaçante le taille-herbe houssé de vinyle. Bang Abbott recula d'un pas.

– Bon Dieu, je ne suis pas un tueur !

– Ben, moi, si. Où elle est en ce moment ?

– En sécurité, promis juré. Elle dort dans la voiture.

Chimio s'était arrêté de marcher une nouvelle fois, ce qui était dû à la présence inattendue parmi les hyperbronzés aux

UV et les lanceurs de Frisbee d'une bonne dizaine de représentants des forces de l'ordre en uniforme. Certains étaient des flics de Miami Beach, d'autres des douaniers, d'autres encore des agents de la police des frontières. Le paparazzi en devint moite de trouille, son Colt pesant comme une ancre à la ceinture effilochée de son pantalon.

Superdécontract, Chimio lui dit :

– Eh, Slim Fast, vise-moi un peu ça.

L'objet de l'intérêt policier était une vedette Donzi, capot bleu sur coque blanche, que quelqu'un avait échouée à fond la caisse, pendant la nuit. Les touristes s'agglutinaient autour, la mitraillant avec leurs portables. Le bateau avait creusé une tranchée dans le sable et gisait à présent incliné côté bâbord, à trente mètres du bord de l'eau, une rangée de bouteilles vides de Land Shark alignées comme à la parade sur le tableau arrière. Il n'y avait personne à bord, et les flics semblaient pressés d'en localiser le conducteur et/ou les passagers.

– Tu parles d'une biture, dit Bang Abbott.

Chimio flaira du trafic de clandestins, là-dessous.

– Ils ramènent des Haïtiens *via* Bimini, expliqua-t-il.

– Et puis ils abandonnent le rafiot ?

– Ça arrive tout le temps.

– Barje, fit Bang Abbott.

Chimio se tourna et prit la direction opposée, le photographe sur ses talons.

– Va dire à ceux qui t'envoient et qui t'emploient que je ne veux pas de leur blé, c'est Cherry que je veux.

– Sinon ? demanda le garde du corps.

– T'inquiète, j'ai un plan.

– De la merde dans la tête, c'est tout ce que t'as.

Une mouette qui venait de repérer la moumoute exotique de Chimio plongea en piqué pour écumer ce matos pour son nid. Pendant que Bang Abbott tentait en vain de chasser l'oiseau de mer, Chimio dévoila en douceur l'outil de jardin fixé au moignon de son coude gauche. Il effleura le contacteur et, d'un seul mouvement de balayage, anéantit la mouette à mi-descente. Un compost de plumes tomba en neige gluante sur un groupe de mannequins français luisants de lotion solaire, qui en poussèrent des glapissements disharmonieux.

Chimio dit à Bang Abbott :

– Cinquante mille dollars, c'est un paquet de thune, Slim Fast.

– Non, c'est non, fit le paparazzi traumatisé, en détalant aussi vite que ses jambes gélatineuses pouvaient le propulser vers Ocean Drive.

15

Le directeur adjoint du Comfort Inn, chargé de l'accueil en journée, s'appelait Vincent. Il aimait bien son boulot. Le rythme était juste le bon, lui laissant plein d'énergie le soir pour traîner dans les clubs, où il dealait ecstasy, Rohypnol et Cialis de contrebande. Sans savoir comment, le blé s'était toujours évaporé à l'aube, si bien que Vincent était soulagé d'avoir son job au motel.

Il était vautré devant son ordinateur portable à télécharger du porno gonzo, quand un SDF se pointa à la réception. Le type, assez balèze, arborait un œil de verre, celui d'un élan naturalisé, semblait-il. Vêtu d'un imper crade, deux tresses grises minables d'inégale longueur poussaient de son crâne rasé. Lesdites tresses étaient agrémentées de cylindres en plastique de couleur.

– Bonjour, fit l'homme.

Vincent le gratifia d'un sourire neutre.

– Je regrette. Nous n'avons aucune chambre disponible.

– Je ne cherche pas de chambre. J'ai besoin d'un renseignement.

– Nous n'engageons personne en ce moment, dit Vincent.

Mais arrivé à ce stade-là de la conversation, le SDF tendit la main et confisqua l'ordinateur de Vincent, qui était de loin son bien le plus précieux. Ce dernier ne fit qu'un bond en disant :

– Rendez-le-moi ou j'appelle les flics !

Le type lui demanda alors si son patron était au courant qu'il se branlait pendant ses heures de travail en matant des vidéos de gang bangs.

– Rendez-moi ça ! s'écria Vincent en allongeant vivement le bras en travers du comptoir, mais le SDF se révéla d'une agilité surprenante.

– L'établissement n'est pas supposé être familial ? s'enquit l'homme, en refermant l'ordi d'un coup sec. Je filerai ça aux flics quand ils vont rappliquer. Ils auront sans doute envie de jeter un coup d'œil à toutes ces saletés.

Vincent était persuadé que son patron – le directeur, qui allait arriver d'une minute à l'autre – réagirait mal en trouvant le hall bourré de flics, et encore plus mal si ces mêmes flics, agglutinés autour de l'ordinateur de Vincent, regardaient Jenna Jameson en train de se taper tous les membres d'une fraternité étudiante.

– Tu veux quoi, mec ? demanda-t-il.

– Un dénommé Claude a pris une chambre, tard hier soir. C'est quoi le numéro ? Il était avec une jeune femme, répondit le SDF.

Vincent se connecta au serveur du motel.

– Je l'ai : Claude Abbott. Ils sont à la 432.

– Il a réglé comment ?

– Avec une carte AmEx, fit Vincent.

– Tu plaisantes.

– On ne prend plus de liquide après minuit. Vous voulez que j'appelle la chambre et que je leur dise que vous êtes là ?

– File-moi juste un passe, fiston. C'est une surprise.

– D'acc, et mon ordi ?

– Je te le rendrai quand j'aurai fini.

– Fini quoi, mec ?

– De faire ami-ami.

Le type prit la clé magnétique et se dirigea vers l'ascenseur, l'ordinateur de Vincent sous le bras.

Dès que celui-ci se retrouva seul, il surgit de derrière le comptoir et gagna en vitesse le parking pour y intercepter son patron, si nécessaire. Il n'avait nullement le désir d'appeler la police, qui entrerait inévitablement son nom dans sa base de données et apprendrait qu'il était en conditionnelle pour vol qualifié, une infraction en état d'ivresse mettant en jeu une voiturette de golf, une chaîne de remorquage et un distributeur de billets. Vincent avait négligé de faire figurer cet épisode sur sa demande d'emploi.

Ne voyant aucun signe de la voiture de son patron, il revint en hâte dans le hall et reprit son poste. Quelques instants plus tard, le SDF sortait de l'ascenseur en l'informant que la chambre 432 était vacante ; M. Abbott et sa compagne ne s'y trouvaient plus.

– J'les ai même jamais vus, lui fit Vincent. Et pourtant, je me pointe ici à 7 heures 15.

– Il y avait un téléphone dans la cuvette des toilettes.

– Pas la peine de me regarder comme ça !

– Je vais avoir besoin du reçu de sa carte de crédit, dit l'inconnu en tendant deux doigts.

– Tu sais bien que j'peux pas faire ça, *man*.

– OK, dit le SDF en s'asseyant par terre.

Retirant alors l'une de ses baskets pourries, il entreprit d'en marteler le couvercle de l'ordinateur portable, jusqu'à ce que Vincent lui remette la facturette où étaient imprimés tous les renseignements de l'American Express de Claude Abbott.

– Merci, fiston, fit l'homme.

Il rendit l'ordinateur cabossé à Vincent, qui le serra sur son cœur.

– C'est quoi ton problème ? siffla-t-il entre ses dents, avec colère, à l'inconnu.

L'homme sortit une bouteille de bière d'une poche intérieure de son imper, en éclusa le dépôt, puis la posa, une fois vidée, sur le comptoir.

– J'espère que tu recycles, dit-il.

La mère et le père de Cherry Pye n'étaient pas les seuls Bunterman à compter sur un méga-carton de *LGR & Kourt VéKu*. Chacun des frères bons à rien de Cherry avait un emploi bidon grassement payé dans la société de gestion de cette dernière, et aucun d'eux n'était intellectuellement équipé pour aller se dénicher un vrai boulot ailleurs. Leonard, l'aîné, habitait à Steamboat Springs et parlait à sa célébrité de sœur, une à deux fois par an peut-être, chaque fois que sa réserve d'autographes de promo était épuisée. Le frère puiné, Adam, répartissait son temps entre La Barbade et Cabo, et communiquait avec la famille, pour l'essentiel, *via* des avis de virement bancaire. Le cadet des garçons, Joshua, vingt-trois ans, possédait une galerie à La Jolla, dédiée à la sculpture homoérotique et aux aquarelles sur papier de boucherie, exécutées avec la queue de son chat persan sourdingue.

L'ex-Cheryl Bunterman n'avait aucune idée du niveau de liquidités nécessaire pour les maintenir à flot, elle et sa fratrie parasite. Cependant, Ned Bunterman, qui tenait les comptes, était tout à fait conscient que le mode de vie familial changerait immodérément si jamais *LGR & Kourt Véku* faisait un bide. L'argent – tout l'argent des autres albums ! – avait fini par se tarir, et les Bunterman flambaient allègrement l'avance à sept chiffres versée à Cherry pour son nouveau CD.

Janet Bunterman dit à Ned de cesser de se biler.

– Le disque va être un énorme carton. Où es-tu, au fait ?

– À Palm Springs, t'as oublié ? Mon tournoi commence dans vingt minutes. Celui pour lever des fonds en faveur du lupus, tu sais bien ?

Janet Bunterman songea : *Oui. Bof.*

– La tournée n'est pas *sold out*, fit remarquer son mari avec gravité. Pas même au Garden. J'ai parlé à Maury.

– Pourquoi être aussi négatif, Ned ? Ça ne vient pas de Cherry, mais de la crise. J'ai entendu dire que Springsteen avait chuté de 7 %.

– Tu as mal entendu, ma chérie, fit Ned Bunterman. Les Jonas Brothers grimpent eux aussi. Coldplay grimpe. Et Britney remplit encore d'immenses salles, même après ces photos de plage dégueus.

Un paparazzi anglais, grâce à un viseur digne d'un *sniper*, avait repéré la chanteuse se dorant au soleil des Maldives, en débardeur mal choisi.

– Attends simplement la sortie du CD, fit Janet Bunterman. On affichera complet au Garden et partout ailleurs. Ils rajouteront des dates, tu verras.

Son mari passa sous silence le mauvais article du magazine *Spin* qui, annonçant le disque, l'avait rebaptisé *MGR au Kourt VéKu*. C'était une bénédiction que Cherry n'aime pas lire.

– Un coup de pub nous ferait vraiment du bien, dit-il.

– Les photos de son tatouage récoltent des tonnes de clics sur le Web, signala Janet Bunterman. Bien sûr, avec ce machin idiot, elle a l'air d'avoir été marquée comme une tête de bétail, et je suis absolument folle de rage contre elle d'avoir bousillé son magnifique tour de cou, mais les clics sur Google explosent tout.

– Si seulement tous ces gens-là achetaient des billets pour le spectacle, reprit Ned Bunterman. Mais non, Janet. Il nous faut quelque chose qui fasse la différence.

Il exprima aussi sa désapprobation que les Lark aient plusieurs jours de retard sur le blog de Cherry, qu'elles rédigeaient à tour de rôle.

– L'affaire Annie les a accaparées, expliqua sa femme.

– Puisqu'on en parle, Maury s'attend à ce que *nous* payions la prétendue rançon. Tu es bien consciente de ça ? Quand je lui ai suggéré que la somme pourrait être prélevée sur le budget de promo du label, il a pété un câble. Et m'a répondu que Lolita Records ne négociait pas avec des criminels.

– C'est ridicule : l'industrie musicale s'effondrerait sans eux !

– Je suis bien d'accord, renchérit Ned Bunterman. Mais Maury campe sur ses positions. D'après lui, dans cette affaire, tout est à la charge de la famille.

La mère de Cherry était au comble de l'exaspération.

– Chimio, le garde du corps, m'a dit qu'il peut persuader le ravisseur – le monomaniaque ou je ne sais quoi – d'accepter cinquante mille. Soixante-quinze, à coup sûr.

– C'est trop, affirma Ned Bunterman.

Il songeait à ses longs week-ends de dégustation de vins avec le couple danois partouzard, et comme ils lui étaient toujours reconnaissants de régler l'addition des dîners et des spas.

– Je suis d'accord. Beaucoup trop, renchérit Janet Bunterman.

Elle songeait, elle, à ses leçons de tennis trihebdomadaires et à ce qui les suivait habituellement, et au fait que son pro de prof s'était habitué aux pourboires de mille dollars qu'elle lui fourrait dans son slip coquille.

Ned Bunterman annonça qu'il devait aller enfiler ses chaussures de golf.

– Dis à M. Chimio qu'on n'ira pas au-delà de cinquante mille. Point barre.

– Le problème, c'est qu'on ne peut pas se payer le luxe de mettre Annie en pétard. On ne peut carrément pas.

Janet Bunterman n'eut pas besoin d'enfoncer le clou. À l'autre bout de la ligne, son mari s'éclaircit la gorge.

– Tu es bien certaine qu'elle est toujours en vie ? Tu m'as bien dit que tu avais entendu un coup de feu pendant le dernier coup de fil... ?

– Oui, elle est vivante. Elle a rappelé aujourd'hui.

Janet Bunterman tâchait de ne pas paraître déçue. Elle s'était dit qu'elle avait moins un cœur de pierre que les Lark, qu'elle n'avait jamais vraiment souhaité que quelque chose d'affreux soit arrivé à Ann DeLusia. D'un autre côté, le photographe qui l'avait enlevée était peu fiable, c'était évident, et imprévisible. Rien ne garantissait qu'il respecterait sa part du marché, indépendamment de la somme qu'on le payerait. Les Bunterman étaient contraints de se montrer prudents.

– Cette histoire de rançon, c'était bien ton idée à la base ? demanda Ned Bunterman.

– Oui. Il n'a jamais réclamé d'argent.

– Rien que Cherry, c'est ça ? Et une séance photo privée.

– Ned, à quoi tu penses ? Ne me le dis même pas...

– Dans le pire cas de figure...

– Non !

– Écoute-moi jusqu'au bout, tu veux, fit le père de Cherry.

Retenir quelqu'un en otage est une lourde tâche et Bang Abbott se sentait épuisé. Observer sa captive cuver sa prise d'Ambien ne l'aidait en rien. Il tenta de se réveiller en revivant dans sa tête – comme il le faisait de nombreuses fois par jour – son idylle avec Cherry Pye à bord du jet privé. Cet exercice agréable soutenait d'habitude le moral de Bang Abbott, mais pas dans son état actuel de fatigue et de doute sur lui-même.

Son plan d'échanger Ann contre Cherry lui semblait très mal parti, et plus il réfléchissait à l'offre de rançon transmise par le garde du corps manchot à la lugubre figure, moins il la jugeait insultante. Il pourrait se tirer de ce souk avec cinquante mille dollars, nets d'impôts, et sans aucune chance de finir en prison. L'entourage de Cherry prendrait les mesures qui s'imposaient pour s'assurer que l'actrice ne porterait pas plainte ni ne vendrait l'histoire de son kidnapping aux médias. Ils lui proposeraient une compensation, et un gros paquet, car ils n'auraient pas le choix.

De son côté, Bang Abbott regagnerait les rangs de la meute des vermines et repartirait en chasse de Lindsay, Paris, Nicole, Kim, Katie, Kate, Katy, Posh, Star, Mischa, Penelope, Jen, Julia, Jessica, Reese, Winona, Gisele, Heidi, Miley… *Non* !

Il ne voulait plus battre à nouveau le pavé.

Cherry Pye était un appel du destin ; le portfolio ultime. Les derniers jours de Cherry, en photos.

Le paparazzi, sentant quelque chose lui frôler la jambe, décocha un coup de pied, à quoi répondit un cri de douleur. En rouvrant les yeux – merde, il s'était assoupi ? – il aperçut Ann, près de lui dans la voiture, qui reculait, le nez en sang.

– Trop mortel, fit-elle en reniflant.

En baissant les yeux, il aperçut le Colt là où elle l'avait laissé tomber, près de la pédale de frein, après qu'il lui eut shooté accidentellement dans le pif. Elle avait dû s'étirer depuis le côté passager pour venir piquer le flingue sous son siège à lui, essayer du moins.

La sale petite sournoise ! Il aurait dû la laisser moisir dans le coffre.

Ann rabattit le pare-soleil et examina les dégâts dans le miroir de courtoisie. Puis soupira.

– Ravissant. Assorti au tatouage.

– Eh oh, je ne l'ai pas fait exprès.

Bang Abbott, farfouillant dans sa sacoche photo, y pêcha une boîte de tissus de nettoyage pour ses objectifs, qu'il lui tendit.

S'en fourrant plein les narines, elle dit :

– Vous les mecs, je ne vous ai jamais compris. Quelle façon crade de gagner sa vie.

– On ne fait que nourrir la bête, ma petite, comme on dit. Dès que personne n'en aura plus rien à battre d'Hollywood, on sera au chômedu.

Il démarra la voiture puis descendit la rampe.

– Tout ce beau monde râle après les paparazzis, mais devinez quoi ? Ils paniqueraient complètement s'ils sortaient un seul soir d'une boîte et qu'on n'y était pas. Car alors, ils sauraient qu'ils sont finis. *Out.*

– Vous vous voyez donc comme une présence positive, et pas comme un suceur de sang de bas étage.

Bang Abbott éructa un rire méprisant.

– Vous pigez pas. Ils ont plus besoin de nous que nous d'eux.

– Continuez à vous la raconter.

Ann parlait comme si elle avait une pince à linge sur le nez.

– J'ai vu un truc en boucle à la télé, une star de cinéma – j'ai oublié qui, une fausse blonde – elle va chercher son petit garçon à l'école et il y a une vingtaine d'enfoirés dans votre genre, à l'affût dans les buissons. Je vous demande un peu, Claude : sérieusement, c'est ça votre *vie* ? Ce pauvre gosse avait sept ans à peine.

Le photographe savait que toute discussion était inutile ; pour une actrice, Ann était d'une naïveté incroyable. Lui-même était un vétéran aguerri des planques de garderie. Une fois, il avait bien failli se faire arrêter à la suite d'un clash avec une nounou réputée qui, pour mieux lui balancer un méchant coup de poing, avait lâché la fillette de Jamie Lynn Spears ou de Jennifer Garner. Cette petite chieuse avait atterri dans un bac à sable, vlan sur la caboche, et s'était mise aussi sec à piauler comme un goret passé dans une broyeuse à bois. La nounou avait composé le 911 et Bang Abbott s'était enfui ; il n'avait pas pris un seul cliché et n'avait jamais su qui était au juste la mère de la gosse qu'il avait épiée.

– N'importe qui est une proie potentielle. Pas de règles, fit-il.

Si certaines personnes ne comprenaient pas comment il pouvait faire ce qu'il faisait, lui, ça ne lui avait jamais fait perdre une seule minute de sommeil. Le trafic des vulgarités de la célébrité était une activité des plus légitimes.

Ann secoua la tête.

– Vous ne puez pas des aisselles, Claude, mais de l'âme.

– Hardos.

– Ouais, bon.

Il lui passa son portable.

– Rappelez la mère de Cherry. Et dites-lui que les conneries, ça suffit.

L'échange fut bref et improductif. Ann eut l'impression que Janet Bunterman faisait tous ses efforts pour paraître inquiète.

– Il t'a laissée aller pisser au moins ? lui demanda-t-elle.

– Sous supervision.

– Et le flingue ?

– Il lui reste cinq balles, dit Ann. Et il veut une réponse tout de suite.

– On s'efforce encore de trouver une alternative.

– Par pitié, Janet.

– Fais-le patienter, lui suggéra la mère de Cherry.

– C'est ça. On va jouer au Scrabble. Prenez tout votre temps, bon sang.

– Annie, je t'en prie – et entends-moi bien : *je t'en prie* – c'est notre top priorité number one. Rappelle dans un petit moment, OK ?

Ann balança le téléphone sur les genoux de Bang Abbott.

– J'en ai vraiment assez de ces gens-là, dit-elle.

– Rien ?

– Elle m'a dit qu'ils cherchaient encore quelle offre vous faire. Incroyable.

– Ben, rien à foutre, dit le paparazzi.

Il trouva un autre parking couvert, choisit encore une fois un niveau désert et enferma à nouveau son otage dans le coffre du véhicule de location. Cette fois, elle n'était pas sous sédatif, il eut donc droit à force jérémiades.

Ensuite, Bang Abbott se rendit à pied au Pub'Bis, qui n'ouvrirait pas avant des heures. Farfouillant autour du conteneur à ordures dans la ruelle, près de l'accès arrière au carré VIP, il repéra bientôt ce qu'il cherchait. Et le plaça délicatement dans un sac plastique.

Puis il alla faire son shopping. Les menottes furent faciles à trouver ; il y avait un sex-shop sur la 5e Rue. Cependant, les vêtements posèrent problème : il ne connaissait pas la taille d'Ann, et l'employée du dépôt-vente ne lui fut d'aucune utilité. Plus tard, dans une chambre au premier étage d'un Marriott, Bang Abbott montra à Ann son nouvel ensemble.

– Magnifique. J'aurai tout d'une demoiselle d'honneur mennonite là-dedans, commenta-t-elle.

Après une douche chaude – il lui accorda cinq minutes de solitude –, elle essaya la robe en cotonnade, qui lui tombait sur les tibias et lui allait comme un sac à patates. Elle était gris souris avec des hachures plus claires et sagement boutonnée par devant. Pour la chausser, Bang Abbott avait sélectionné une paire de ballerines marron, deux pointures trop grandes.

– Combien tout ça vous a coûté, Claude ? Trente, quarante dollars ?

– Vous avez envie de dormir dans cette guenille encore quelques jours, peut-être ? fit-il.

Lorgnant la petite robe noire en piteux état sur le plancher, elle fit non de la tête.

– C'est bien ce que je pensais, dit-il.

La vue des menottes attira des commentaires sarcastiques que Bang Abbott ignora. Il conduisit Ann dans la salle de bains, encore remplie de la vapeur de la douche qu'elle avait prise, et lui dit de s'asseoir par terre. Après lui avoir retroussé la manche droite de sa robe, il lui menotta le poignet à même le tuyau, derrière la cuvette des toilettes.

– Je ne raffole pas de ce look, lui dit-elle.

– Merde, j'ai failli oublier.

Il passa dans la chambre et en rapporta des lunettes noires à la Jackie O. pour masquer le marron des yeux d'Ann. Les fans de Cherry n'auraient pas manqué de le remarquer.

Derrière les lunettes, Ann demanda :

– Vous avez fini ?

Être assise à même le carrelage était inconfortable ; sa nuque et ses articulations étaient encore endolories, suite à son accident.

– Débraillons un peu ce décolleté, fit Bang Abbott.

– Claude, je vous vois venir.

– Vous avez envie que ça soit *moi* qui défasse les boutons ? Parce que je le ferai.

– Non, merci.

Ann était douée pour le débraillé, c'était une part importante de son rôle de doublure de Cherry.

– Davantage, dit le photographe.

– Je ne pense pas.

– Un lolo à l'air. Allez.

– Non !

– Vous voulez vous en tirer vivante ?

– Dépêchez-vous de prendre cette photo débile.

Elle était quasi certaine désormais qu'il ne l'abattrait pas, du moins pas intentionnellement.

– Bougez plus.

Il s'agenouilla près d'elle, retira la ceinture de son pantalon et la sangla autour du bras menotté d'Ann, au-dessus de la saignée, ce qui fit saillir ses veines.

– Joli le détail, observa Ann, même si elle était anxieuse.

– Attendez de voir.

Bang Abbott alla chercher le sac plastique. Ann blêmit quand il en sortit la seringue usagée trouvée près du conteneur à ordures, derrière la boîte de nuit.

En le voyant la remplir d'un bon quart d'eau, tout ce qu'elle réussit à lui dire, ce fut :

– Je vous en prie, pas ça.

– Allez. Tenez-la juste comme ça.

Il lui plaça le tube de la seringue hypodermique dans la main gauche, entre l'index et le médium, puis disposa son pouce sur le piston.

– Merde, qu'est-ce qu'ils ont vos doigts ?

– Rien, fit Ann.

Pendant qu'elle était enfermée dans le coffre, elle avait cogné des deux poings contre le couvercle, pour essayer d'attirer l'attention de quelqu'un.

– Où vous avez trouvé la shooteuse ?

– Derrière le Pub'Bis.

– Charmant.

Elle pensa à de la méthamphétamine ou à de l'héroïne, peut-être.

Le paparazzi se recula et examina sa pose.

– Tournez la tête de côté en fixant votre bras, comme si vous étiez prête à vous piquer.

– J'ai pigé, OK ?

La main d'Ann tremblait car elle était terrifiée à l'idée de se planter par accident l'aiguille usagée. Elle distinguait une goutte de sang séché au bout.

Bang Abbott se rapprocha et chamailla les cheveux mouillés d'Ann de façon à dissimuler son nez gonflé, tout en exposant le tatouage distinctif sur son cou.

– Ça va le faire, lui dit-il.

À travers l'objectif de second ordre de son portable d'occase, la fille était le parfait sosie de Cherry Pye. Le paparazzi prit plusieurs clichés : avec du grain, d'un voyeurisme amateur. C'était purement et simplement le look qu'il désirait obtenir.

– Maintenant, ils sauront que je ne rigole pas ! exulta-t-il.

Ann jeta la seringue dans la baignoire et desserra prestement la ceinture de son autre bras.

– Où est la clé de ces saletés de menottes ?

– Il nous faut seulement son e-mail, dit Bang Abbott.

– Celui de Cherry ?

– Non, de sa mère. C'est votre boulot : rappelez-la et obtenez son adresse mail perso.

– Alors détachez-moi de cette cuvette, d'accord ?

– Faut d'abord que je pisse un grand coup.

– Ce n'est pas drôle du tout, fit-elle.

– Quoi… comme si j'allais vous faire confiance ?

Il empocha le portable puis, retirant de sa ceinture le volumineux pistolet, il se le fourra sous l'aisselle droite.

– Claude, vous songez sérieusement à vous débraguetter ? lui demanda Ann.

Bang Abbott pressa ses genoux potelés l'un contre l'autre tout en se débattant avec son pantalon.

– Vous n'avez qu'à regarder de l'autre côté et la boucler, OK ? J'ai un problème de prostate.

Ann se masqua les yeux de sa main non menottée.

– J'adore le show-biz, dit-elle.

16

L'ex-Cheryl Bunterman était d'une humeur massacrante de se retrouver consignée dans sa suite un samedi soir, avec un garde du corps tout sauf ragoûtant, à regarder la télé au lieu de courir les boîtes de South Beach. Quand elle se plaignit d'être traitée en prisonnière, son gorille, le dénommé Chimio, changea de chaîne : il zappa une comédie de Seth Rogen pour une émission de combat en cage, en montant le son à fond.

Cherry Pye, ni *stone* ni soûle, était malheureuse comme les pierres. Lev l'aurait tronchée comme une bête avec sa baguette magique piercée de platine avant de l'accompagner à l'Opium ou au Cameo. Ce nouveau mec était un monstre de frigidité totale – son expression ne changea pas d'un poil quand elle lui demanda de tenir le miroir et s'empara de son rasoir pour faire une retouche à son maillot. Il eut l'air aussi excité que s'il assistait au toilettage d'un caniche.

– Bordel, c'est quoi ton problème ? l'apostropha-t-elle pour finir.

– Tu as oublié un endroit, répondit-il en pointant son inhabituelle prothèse.

Pour ajouter à la morosité de Cherry, il y avait le fait qu'elle était à court de drogues. Tanner Dane Keefe, une fois encore, ne prenait plus ses appels, et Cherry lévitait presque à force de s'apitoyer sur son sort quand sa mère rappliqua pour que Chimio prenne sa pause.

– M'man, faut que tu vires cet obsédé ! exigea Cherry. Je l'ai surpris en train de mater sous mon peignoir.

Janet Bunterman lui dit de se calmer et de l'écouter.

– Ton père pense qu'un coup de pub ne serait pas de trop avant que tu entames la tournée.

– J'en ai ma claque des interviews. Tout le monde me parle toujours de Boston.

– Ce serait quelque chose de différent, ma chérie. Le marché est très dur cette année, question vente des billets. On a besoin de booster ton image un chouïa.

Même si Janet Bunterman ne désirait pas inquiéter sa fille, elle sentait qu'il fallait que Cherry acquière au moins une vague conscience que l'économie mondiale était dans le rouge, et que les fans de musique devenaient regardants avant de débourser leurs dollars dans un concert.

– OK, je vais adopter un môme… ça serait énorme, fit Cherry. Non, *trois* mômes ! Dis à Maury d'y aller à donf.

– Non, ma chérie, répondit Janet Bunterman, s'efforçant d'écraser l'idée dans l'œuf sans formuler l'évidence : à savoir que sa fille n'était pas armée pour s'occuper d'un poisson rouge, encore moins d'un enfant. Tout ce truc d'adoption, c'est du cuit et recuit. Angelina et Madonna ont déjà trop balisé le créneau.

Cherry tiqua et croisa les jambes.

– Très bien. Et si on disait que j'suis en cloque du bébé de Tanner ?

– C'est le cas ?

– J'pense pas, répondit Cherry. Mais Tanny est hypertendance en ce moment.

– On a mieux en tête, fit Janet Bunterman. Du plus costaud.

Cherry tortilla la ceinture de son peignoir.

– Quel genre ? Une autre *sex tape* ?

Il aurait été compréhensible qu'à cet instant-là, une mère dévisageant sa pitoyable enfant gâtée soit saisie par le doute, ou du moins se sente freinée par le remords. Mais, depuis longtemps, Janet Bunterman avait volontiers endossé le rôle clé de principale exploiteuse et apologiste de sa fille, en vertu du raisonnement que de telles tâches ne sont jamais mieux gérées qu'au sein de la famille. Le fait que l'ensemble de ce clan lamentable soit financièrement dépendant de Cherry était la force agissante à l'œuvre derrière cette dévotion maternelle, bien que Janet Bunterman préférât se justifier plus noblement. Même si Cherry n'écrivait pas ses propres textes et même si la partie vocale usait et abusait du re-recording sans vergogne, sa musique faisait toujours le bonheur de millions de jeunes et fidèles fans. C'était pour eux que Janet Bunterman s'imaginait se sacrifier sans trêve ni repos.

– D'abord, une question, dit-elle à Cherry. Quand tu as repris l'avion à L.A. pour revenir ici, tu as embarqué avec toi un photographe de tabloïd ?

– Ouais. Un rondouillard qui m'a emmenée à l'aéroport dans sa Mercedes.

– Il s'est passé quelque chose entre vous dans l'avion ?

– Non ! protesta Cherry.

Puis :

– Chais pas. Peut-être.

– Au nom du ciel.

– Il m'a fait de la peine, m'man.

– Un paparazzi t'a fait de la peine ? se récria Janet Bunterman.

– En plus, il avait un BlackBerry orange superclasse. Que j'arrive même plus à retrouver maintenant !

La mère de Cherry se leva et se dirigea vers le minibar, uniquement pour découvrir que Chimio, suivant ses ordres, en avait retiré toutes les boissons alcoolisées.

– Et merde, fit-elle en s'emparant d'un Schweppes.

– Ça va, y a pas de souci, disait Cherry. T'as jamais baisé par pitié ?

– Ça suffit, ma petite.

Janet Bunterman vint se rasseoir en face de sa fille, en envisageant de lui rappeler ce qui était arrivé à son album de comeback précédent, *Descente vers le bas*, qui avait eu des critiques sanglantes et bien failli anéantir sa carrière. C'était cette tournée qui avait été annulée après le pénible incident au Boston

Garden, immortalisé depuis sur YouTube. À ce stade, Cherry aurait pu être facilement effacée du paysage, mais sa célébrité fut maintenue à flots grâce, principalement, au dynamisme et à la détermination de sa mère. Cela aidait que Janet Bunterman fût dotée d'une capacité de dénégation infinie – *Cherry est encore si jeune*, déclarait-elle. *Tous les jeunes n'ont-ils pas tendance à exagérer ?*

– Ce photographe qui était à bord du jet… il t'a paru dangereux ?

Cherry jeta sa tête en arrière en éclatant de rire.

– Seulement si t'es une boîte de gâteaux. Je te l'ai déjà dit, ce mec-là pèse une tonne et des poussières.

– Donc, si tu devais le rencontrer à nouveau, tu n'aurais pas peur de lui ? demanda Janet Bunterman. Tu pourrais garder le contrôle ?

Cherry haussa les épaules.

– Bien sûr, que je pourrais garder le contrôle. De quoi j'devrais avoir peur ?

– Je te pose la question, c'est tout.

– Mais pourquoi, tu peux me dire, j'aurais envie de revoir un jour ce loser ?

– On va en parler, dit Janet Bunterman.

– C'est toi qu'on bipe ou moi ?

– Moi. Une seconde, mon cœur.

C'est d'une main tremblant légèrement qu'elle sortit le téléphone de son sac et cliqua sur le mail qu'elle attendait. Elle garda prudemment l'appareil au creux de sa paume pour éviter que sa fille ne jette un coup d'œil sur l'écran d'affichage.

– Ah ça alors, murmura Janet Bunterman, en voyant les photos d'Ann DeLusia menottée à une cuvette de chiottes.

– Qu'est-ce qu'il y a, m'man ?

– Rien.

– Allez, ça va.

Janet Bunterman fut contrainte d'improviser.

– On vient de booker le Staples Center.

– Trop mortel, fit Cherry, en se gratifiant elle-même d'un *high five*.

Le gouverneur, en quête de calme par cette bruyante soirée de samedi, se tapit en dessous d'une tour de surveillance inoccupée, non loin de l'endroit où il avait échoué la vedette. Le long du rivage, on distinguait dans la pénombre une poignée de couples : certains flânaient au bord de l'eau, d'autres, couchés, s'enlaçaient sur le sable. Ils ne remarquèrent pas le dénommé Skink, qui s'était creusé une fosse pour y dormir, et parlait à voix basse au téléphone.

Au bout du fil, il avait Jim Tile, alarmé d'apprendre que son instable ami se baguenaudait à South Beach.

– Rien de bon ne peut en sortir, le mit-il en garde.

– Qu'est-ce que tu as pour moi ? demanda Skink.

Au fil de ses années passées dans la police de la route, Jim Tile avait noué de nombreux contacts utiles dans les forces de l'ordre locales. Pour lui rendre service, l'un d'eux avait accepté d'appeler American Express en prétendant s'occuper d'une affaire de personne potentiellement disparue, et avoir besoin d'une sortie papier des récents mouvements sur le compte d'un certain Claude Abbott. Nom et numéro de carte avaient été procurés à Jim Tile par Skink, suite à son entretien fructueux avec le réceptionniste du Comfort Inn.

– Ton bonhomme a dépensé vingt-six dollars et quelque dans un sex-shop, dit Jim Tile, en lisant ses notes.

Le gouverneur rota.

– Puis, quarante-deux dollars dans une boutique appelée Le Bon Vieux Temps. Habillement, ça dit. Ensuite, il y a la facture d'un Marriott.

– Ici, sur la plage ? demanda Skink.

– 1530, Washington Avenue. Ça m'a l'air d'un acompte pour une chambre.

– Quand ?

– Aujourd'hui. Tous ces trucs, c'est aujourd'hui.

– Bon travail, mon frère. On se parlera plus tard.

– Ne raccroche pas. Dis-moi ce qui se passe, fit Jim Tile. C'est à propos de cette fille, tout ça, non ?

– Il faut que je la revoie. Elle fait remonter le genre humain dans mon estime.

Jim Tile lui fit valoir qu'Ann DeLusia était assez jeune pour être sa fille.

– Ou même ta petite-fille, ajouta-t-il malicieusement.

– Espèce de sale vieux bouc, dit Skink. Tu ne crois pas aux charmes de l'amour platonique ?

– En fait, si.

Jim Tile avait déjà observé son ami se comporter ainsi, après avoir été touché par une rencontre exceptionnelle avec ce qu'il appelait « une âme vraiment pure ». Il était clair que cette femme lui importait, sinon il n'aurait pas fait tout ce chemin pour la retrouver ; quasiment rien ne pouvait lui faire quitter son campement dans les Keys, pas même un cyclone.

– Gouverneur, où est le fusil de chasse ? lui demanda Jim Tile.

– Relax, grand-pa. Je l'ai planqué.

Depuis qu'il était retraité, il y avait des limites à l'assistance que Jim Tile pouvait fournir à Clinton Tyree si jamais on l'arrêtait pour fusillade en ville. Psychologiquement parlant, le bonhomme ne cadrait pas avec un environnement aussi criard et grotesque que South Beach ; il pouvait craquer à tout moment.

– Je t'en prie, rentre chez toi, insista Jim Tile.

– Quand Annie sera en sécurité. J'ai peur qu'elle soit dans le pétrin.

– Mais personne n'a signalé sa disparition. J'ai vérifié auprès des flics d'ici.

– Elle m'a appelé au secours, reprit Skink. Tu penses que j'ai rêvé ça ?

– Ça ne serait pas la première fois.

– Jim, tu es devenu vraiment grincheux en vieillissant. Je te signale que j'ai repêché son portable dans une cuvette de chiottes au Comfort Inn.

– Oh.

– J'accepte tes excuses. Je rappellerai.

Skink raccrocha puis reporta son attention sur deux hommes aux intentions tout sauf honorables qui avaient entraîné une jeune femme ivre sur la plage. Elle protestait et se débattait à présent pour se libérer, mais les deux hommes, enhardis par l'obscurité et le côté retiré de l'endroit, la repoussaient vers le sable. Ils ignoraient qu'on les observait d'en dessous la tour de surveillance, et ne virent rien venir. Plus tard, l'un des auxiliaires médicaux qui les soigneraient remarquerait qu'il n'avait jamais vu autant de fractures complexes par victime, une à chaque membre.

Pendant qu'on faisait la chasse au détourneur de bus, le pilote d'un hélicoptère de reconnaissance avait localisé un véhicule apparemment abandonné au fin fond d'un hammock d'arbres feuillus, limitrophe de la réserve naturelle des crocodiles. L'équipe de recherche guidée par radio jusqu'au site en question eut la surprise d'y découvrir la carcasse d'une voiture de stock-car, portant le numéro 77, et couverte encore de décalcos de Purolator, Firestone, Autolite, Delco et Kellog's Rice Krispies. La relique NASCAR rouillait non loin de la fosse d'un foyer remplie de cendres, en lisière d'un campement clairsemé, où les membres dudit groupe trouvèrent aussi deux couvertures, plusieurs bouteilles d'eau, une cafetière, trois peaux de raton laveur fraîches, une collection de crânes de buses polis, un ghetto-blaster datant des années 1980, un sac de cassettes huit pistes, un cartable en moleskine contenant plusieurs yeux de verre et un coffre de marin au bois gondolé, bourré de livres, la plupart des romans grand format.

L'inspecteur Reilly avait poussé jusqu'au campement, cet après-midi-là. Il lui apparut comme un endroit pouvant passer pour confortable aux yeux d'un SDF déjanté, s'il ne trouvait rien à redire aux scorpions, aux serpents ni aux sumacs vénéneux. Les effets personnels planqués sur les lieux, s'ils n'offraient aucun indice sur l'identité de l'individu auxquels ils appartenaient, donnaient un aperçu fort clair de ses goûts. Au vu de sa collection de cassettes, Reilly constata que l'habitant du campement était un fan de hard rock remontant aux sixties : parmi ses trésors figurait un import de contrebande du légendaire concert de Jimi Hendrix à l'Albert Hall. Dans la vieille malle de bouquins, l'inspecteur découvrit des éditions à l'état neuf de Kurt Vonnegut, Jack London, Ken Kesey, Jim Harrison et John D. McDonald, chacune protégée d'un plastique transparent. La seule trouvaille qui le laissa perplexe, ce fut la réserve d'œils de verre du vagabond, qu'on semblait avoir prélevés sur des animaux naturalisés.

Reilly laissa tout en l'état, exception faite d'une bouteille d'eau vide, qu'il confisqua dans l'espoir d'isoler une empreinte digitale ou une trace d'ADN salivaire. Cependant, plus tard, à son retour au commissariat, l'inspecteur dénota chez ses supérieurs un réel manque d'enthousiasme pour l'étrange affaire de Key Largo nord. On lui dit de se concentrer à la place sur une série de cambriolages dans des *trailers parks* à Marathon, où un groupe d'ados d'une audace insolente avait fait main basse sur iPods, bongs et matériel de pêche. L'un des neveux du lieutenant y avait, semblait-il, perdu trois cannes Penn pour eau profonde et une gaffe, véritable antiquité ; ledit lieutenant formula un fort intérêt pour la capture des auteurs des vols et la récupération de ces objets de valeur, *via* tous les moyens possibles, y compris filer un coup de taser dans les couilles de ces petits merdeux.

Si Reilly n'eut pas d'autre choix que de mettre de côté le dossier Sebago, il le conserva dans un angle de son petit bureau métallique, en gardant en permanence le suspect en tête.

Tout en attendant une réaction de l'entourage de Cherry Pye aux photos toxico-sur-le-pot, Bang Abbott se rappela que ses fonds baissaient. Sans son BlackBerry mandarine, contenant la liste encyclopédique de ses sources, le paparazzi était forcé de se fier à sa mémoire pour les numéros de téléphone de ses refileurs de tuyaux de South Beach. En fin de compte, il joignit un videur de chez Ortho qui, contre cinquante dollars d'émoluments promis, lui signala laconiquement que l'un des nouveaux concurrents d'Idol était en train de se torcher au *pool bar* de José Cuervo.

– Vous voulez dire d'*American Idol* ? demanda Ann DeLusia à Bang Abbott.

– Non, de *Bulgarian Idol.* Bordel.

Tout en préparant sa sacoche photo, il envoya un texto à Peter Cartwill de *L'Œil.* Même si Cartwill n'était pas à son bureau un samedi soir, il avait dû mettre son téléphone sur répondeur. Le mec était preneur de tout ce qui était labellisé *American Idol* et Bang Abbott calculait qu'un cliché de biture débraillée pourrait se négocier entre cinq et sept mille dollars, selon le candidat ou la candidate, et le stade où il ou elle serait bourré(e).

– Je peux venir avec vous ? demanda Ann.

– Ah bah !

– Allez, un bon geste, Claude.

Bang Abbott, reconsidérant le problème, changea d'avis. Il ne faisait pas suffisamment confiance à Ann pour la laisser seule dans la chambre d'hôtel ; même attachée aux tuyaux des toilettes, elle pourrait faire un boucan pas possible. Et quelqu'un était fichu d'appeler la sécurité.

Il l'emmena donc jusqu'à la voiture de location, l'installa à la place du mort, puis menotta l'une de ses chevilles, ravissantes à l'extrême, à l'armature du siège avant. Ann n'émit aucune plainte. Tout valait mieux qu'être bouclée dans le coffre. En outre, elle était curieuse des occupations de son ravisseur. L'observer en action pouvait se révéler instructif.

Pendant le trajet vers le club privé, elle lui lança :

– Vous chassez que du gros gibier, on dirait.

– Si on veut, fit Bang Abbott.

– Sauf qu'ils ne peuvent vous faire aucun mal.

– Parlons-en, ouais. Queen Latifah ? Elle m'a filé une commotion cérébrale.

Ann en fut aux anges.

– Comment ça ?

– Elle m'a frappé avec son Ferragamo de merde. Vous savez, un des grands modèles.

– Ouais, on dirait un sac de bowling.

– Tout à fait ! s'exclama Bang Abbott. Je lui ai foutu un méga-procès à son gros paf, aussi.

– Digne d'une mauviette, ça.

La réaction d'Ann le surprit.

– Quoi ? J'ai passé deux jours à l'hosto de Cedars Sinaï !

– Combien de blé vous lui avez soutiré ?

– Vous faites pas de souci, lui dit-il avec un rictus exagérément suffisant.

Il avait obtenu exactement zéro de son action en justice. À Century City, il avait déniché un nabot mielleux d'avocat, spécialisé dans la représentation des paparazzis s'estimant lésés. Cette ordure avait garanti à Bang Abbott que Queen Latifah négocierait une somme à six chiffres pour éviter un procès, mais avait eu tout faux. Un juge rejeta l'affaire en bloc, arguant que l'actrice avait eu légitimement tout lieu de craindre pour sa sécurité quand Bang Abbott l'avait accostée à l'extérieur d'un centre de yoga à Beverly Hills et qu'elle l'avait laissé pour le compte, louchant et gémissant, sur le trottoir.

– Racontez-moi d'autres faits de guerre, l'encouragea Ann DeLusia.

– Woody Harrelson m'a craché à la gueule.

– Tu parles d'un exploit.

– Deux fois dans la même soirée, précisa Bang Abbott.

– Bof, portez un imper.

– Ce job est coton... certains de ces people, c'est des barjos purs et durs. Une des bombasses de Tiger Woods m'a poursuivi avec un râteau à fumier.

– Dites-moi la vérité. Vous ne vous sentez pas un peu comme un vampire, des fois ?

– Faut grandir, lui dit-il.

En arrivant chez Ortho, il gara la Buick entre deux Hummer *stretch.* Trois, quatre vidéastes free-lance rôdaient devant le club.

– De vraies larves, grommela Bang Abbott avec mépris. Une saleté de chimpanzé pourrait faire la même chose qu'eux, et mieux.

Il suspendit les Nikon autour de son cou et appela le portable du videur pour s'assurer que l'« Idole » bourrée était encore à l'intérieur. Le bonhomme lui répondit qu'elle y était.

– Laquelle est-ce ? demanda Bang Abbott.

– Je ne connais pas son nom. Une latino en jean blanc.

– Tu m'aides beaucoup, là. Comment ça se fait que la CIA ne t'ait pas encore recruté ?

– Elle porte un de ces grands chapeaux mexicains, mec, reprit le videur. T'as besoin de quoi d'autre ?

Bang Abbott reposa le téléphone.

– Maintenant, on attend, dit-il à Ann.

Elle se demandait si le pistolet était sous le siège du paparazzi, et si elle aurait une autre chance de faire main basse dessus. Le photographe n'avait pas fermé l'œil depuis qu'il l'avait kidnappée ; il tenait sûrement en puisant dans ses réserves.

Ann lui dit :

– Peut-être que vous êtes amoureux d'elle et que vous ne le savez même pas.

– Amoureux de Cherry ? C'est le truc le plus idiot que vous ayez dit jusque-là.

Il lui montra deux, trois des autoportraits vulgos que la chanteuse avait laissés sur la carte mémoire de l'un de ses appareils. Ann ne put s'empêcher de sourire devant le cliché où Cherry tirait la langue.

– Je crois qu'elle vous cherche, Claude.

– Fermez-la, c'est tout.

Le Club Ortho appartenait à un groupe de spécialistes de chirurgie osseuse du Colorado, qui avaient jugé que ce serait cool que chaque client arbore un plâtre. Des fac-similés amovibles peints de couleurs acidulées étaient distribués à certains *happy few* parmi ceux qui faisaient longuement la queue derrière le cordon de velours. Les sélectionnés pour l'admission glapissaient de joie ou se congratulaient en se cognant les phalanges, avant de glisser le membre choisi dans l'un de ces manchons en néoprène un peu moites.

– Comment font-ils pour danser avec ces bidules ? demanda Ann.

Bang Abbott ne lui prêta pas attention. Il observait une mini-émeute près d'une entrée de porte sans inscription, à l'autre extrémité du bâtiment. Les charognards de la vidéo avaient coincé quelqu'un.

– Ne *songez* même pas à tenter un truc de ouf, avertit le paparazzi avant de bondir hors de la voiture.

Elle le regarda s'empresser de traverser la rue. Il était plutôt alerte pour un gros tas. Son appareil flasha plusieurs fois, dans un accompagnement de cris et de jurons. Puis un escadron musclé ouvrit la voie au groupe en fuite jusqu'à l'un des Hummer en stationnement. Même si Ann n'arriva pas à distinguer de qui il s'agissait, la manœuvre d'esquive lui était familière.

Alors que la limousine démarrait, elle aperçut Claude qui courait à sa hauteur. Puis il braqua son objectif à même la vitre teintée de la lunette arrière, et les éclats blancs bleutés de son Nikon illuminèrent la rue. Il revint à la Buick, congestionné et ouvrant la bouche, tel un mérou à l'agonie.

– Demi et Ashton. Du lourd, haleta-t-il.

– Qu'est-il arrivé à votre nez ?

– Slyke… l'un de ces connards de TMZ. Il m'a chopé avec son coude, accidentellement ou volontairement.

Bang Abbott se renfrogna en apercevant son reflet dans le rétro. Ann lui désigna son propre nez gonflé en ajoutant :

– Maintenant, on fait la paire.

Le photographe soudoya l'un des voituriers du night-club pour qu'il aille lui chercher deux gobelets pleins de glaçons, et en tendit un à sa captive. Enveloppant les cubes de glace dans des serviettes en papier, ils placèrent les compresses froides sur leurs parties amochées respectives, la tête inclinée vers le haut.

Au grand agacement de Bang Abbott, Ann se mit à rire. Puis lui balança :

– C'est le kidnapping le plus ridicule de toute l'histoire.

– Vous me remercierez un jour.

– De quoi ?

– D'avoir fait de vous quelqu'un de connu, répondit-il. Attendez seulement.

– Claude, arrêtez votre char.

– On passera à autre chose bientôt.

– Jamais assez tôt, répliqua Ann.

Elle était maintenant persuadée qu'elle survivrait à l'enlèvement. Le paparazzi était un barjo mais pas un criminel. Soit les Bunterman lui fileraient un bon paquet de blé soit il foirerait tout et se ferait poisser par les flics. Peu importe la façon dont ça se terminerait, Ann serait libérée… Et puis quoi ? Elle ne pourrait sans doute pas continuer à jouer les doublures de Cherry Pye, pas après un tel fiasco.

Bang Abbott fit :

– Tous ces bouffons de la vidéo ont couru après le couple Kutcher.

– Donc, restent juste vous et l'Idole.

– Ça m'en a tout l'air.

Il retira le paquet de glace de son nez et le balança par la vitre.

– Je n'ai pas toujours été actrice. Au départ, je voulais être scénariste, lui dit Ann.

– Avec des jambes comme les vôtres ? Quelle tristesse.

– Vous êtes trop nul.

Bang Abbott répliqua qu'au cours de toutes ses années passées à traquer les célébrités, il n'avait jamais photographié délibérément de scénariste. Il ajouta en guise de précision :

– Quand on se tape un tapis rouge, on shoote *tous ceux* qui sont fringués en smok, au cas où. Mais, promis juré, nommez-moi les cinq scénaristes les plus en vue de L.A., je reconnaîtrais pas un seul de ces enfoirés, même s'ils se pendaient au-dessus du 405 *freeway*.

– Je fais mon petit effet en smoking, fit Ann, taquine.

Elle déposa sa compresse de glaçons sur le plancher.

– Vous pigez pas, hein ? lui dit-il

– Je pige pas. Et j'ai pas envie.

Elle se surprit à penser à son piteux appartement à West Hollywood, s'efforçant de se rappeler ce qu'elle avait laissé au réfrigérateur. Elle espéra qu'il n'y avait pas de sashimis, comme la dernière fois. L'endroit empestait comme un quai de pêche à son retour.

Bang Abbott, studieux, était à présent courbé sur son appareil où il visionnait la série de clichés tremblés de Demi-Ashton. Quand Ann se pencha pour y jeter un coup d'œil, la menotte à sa cheville cliqueta contre les ressorts du siège.

– Combien vous pouvez obtenir de ces deux-là ? demanda-t-elle.

– Beaucoup plus s'ils étaient défoncés, grogna-t-il.

– Ils se tiennent la main. Ils ont l'air heureux.

– Ouais. Bien ma chance, merde.

– Haut les cœurs, Claude. Peut-être que votre Idole va tomber dans les pommes en pleine rue.

– Ou gerbera au moins dans son sombrero.

– Où est le flingue ? demanda Ann d'un ton léger. Il ne s'impose pas vraiment, vous savez.

– Peut-être pas pour vous, mais pour l'entourage de Cherry… c'est une autre histoire.

Le téléphone vibra dans sa poche. Bang Abbott le sortit et lut un texto de Janet Bunterman. Il poussa un hululement de jubilation puis s'écria :

– Yessss ! Les photos à la shooteuse leur ont flanqué la panique !

Son excitation gagna Ann. Dans peu de temps, elle ferait trempette dans un bain chaud, de retour au Stefano. Elle avait hâte de dire son fait à la mère de Cherry quant à son ton indifférent lors des négociations de la rançon.

– Combien vont-ils allonger pour me récupérer ? lui demanda-t-elle.

Le paparazzi gloussa.

– Pas un sou, mon chou.

– Pardon ?

– C'est un échange, juste comme je le voulais. Vous contre elle, sans déc.

Ann avait beaucoup du mal à y croire. Peut-être avait-elle sous-estimé les Bunterman.

– Wouah, fit-elle.

– Wouah, c'est le mot, bordel.

17

Janet Bunterman convoqua les jumelles dans sa suite, pour une réunion. Comme il était presque une heure du matin, elles supposèrent que Cherry Pye s'était faufilée hors de l'hôtel et livrée à un scandale quelconque, l'habituel pétage de plombs du samedi soir.

En arrivant dans la chambre, les Lark virent Maury Lykes qui l'arpentait devant la grande baie surplombant l'Atlantique.

– Écoutons les mauvaises nouvelles, dit Lila.

Janet Bunterman dégaina son portable et leur montra les photos d'Ann DeLusia menottée à la cuvette des W-C.

– Le paparazzi vient de me mailer ces merveilles, les informa-t-elle.

Lucy fit observer que la seringue avait l'air vraie.

– Ça pourrait être un problème.

– Vous croyez ? fit Maury Lykes d'un ton acerbe. À la façon dont il l'a fait poser, elle a tout d'un boudin camé, clone de Cherry, en train de se piquer. En particulier avec ce tatouage d'épouvante.

Lila claqua de la langue contre ses dents.

– Le tattoo n'est pas un plus.

Maury Lykes déclara que les ventes du nouveau CD seraient un désastre si jamais ces photos étaient postées sur Internet. Les Lark approuvèrent.

– Les menottes, on peut gérer. Les menottes, passe encore, dit Lucy. Mais la shooteuse, non.

– Et on peut aussi oublier la tournée, ajouta Maury Lykes. La plupart des fans de Cherry se paient leurs billets avec le fric de papa maman, et je devine déjà que papa maman ne voudront pas claquer cinquante-cinq dollars pour une pétasse pop toxico. Quelqu'un a des idées de génie ?

Les Lark échangèrent un coup d'œil. Cette fois, c'était duraille.

– Combien avez-vous proposé à cet individu ? demanda Lucy.

– Cinquante, répondit Janet Bunterman.

– Seulement cinquante ? Vous vous foutez de ma gueule ?

Maury Lykes était stupéfait.

– On était prêts à monter jusqu'à soixante-quinze.

– Hou-la-la. *Soixante-quinze mille dollars !*

Le producteur leva les bras au ciel.

– Mais c'est de la carrière de votre fille qu'il s'agit, nom de Dieu ! Celle de la poulette aux œufs d'or !

– Je vous ai déjà dit que nos fonds sont limités, rétorqua la mère de Cherry, d'un air pincé. Étant donné vos intérêts dans l'affaire, Maury, vous auriez pu nous aider en rajoutant deux ou trois cent mille dans la balance.

Il croisa les bras.

– Vraiment. Alors, ça ne vous suffit pas que je finance la production de l'album, les tournées de concerts, les avocats, les désintox. Rien que par curiosité, tous ces millions qu'a gagnés Cherry, grâce à *moi* – où sont-ils passés ?

Janet Bunterman rougit.

– La somme que nous avons offerte à cet homme n'a pas d'importance, Maury. Il n'a pas envie d'argent. Vous savez ce qu'il veut.

– Ce qui nous amène à l'objet de cette réunion intime.

Le producteur fit signe aux Lark de s'asseoir et leur annonça :

– Janet et Ned proposent que l'on accorde pour de bon à ce loser une séance photo en privé avec Cherry.

– Mais pourquoi ?

Le désarroi de Lucy suffit à faire onduler son front botoxé.

– Primo, il détruira toutes ces photos bidon, dit la mère de Cherry. Deuzio, Annie – il faut qu'on l'éloigne de lui, pour des raisons évidentes.

Maury Lykes demanda au bout de combien de temps un tattoo au henné s'effaçait. Personne ne semblait le savoir. Alors il ajouta :

– Je ne veux plus voir d'autres clichés du même genre. La prochaine fournée pourrait être pire.

– Il promet de libérer Annie dès que Cherry se pointera, dit Janet Bunterman.

Lila fit non de la tête.

– Trop risqué. Ce type est givré de chez givré.

– La situation serait totalement sous contrôle. Sans mauvaises surprises, affirma la mère de Cherry.

– Quel genre de photos il a envie de prendre – pornographiques purement et simplement ? demanda Lucy.

– Du porno hard ou du porno soft ? embraya Lila. Et qui décidera de l'utilisation desdits clichés ? Il faut que ça soit nous, Maury. C'est une clause d'annulation.

Maury Lykes lui répondit que les termes de l'accord seraient rigoureusement négociés.

– Personne ne meurt d'envie de traiter avec ce bibendum, mais il y a une autre raison pour ne pas écarter cette idée. Janet et Ned croient dur comme fer qu'en bonnes magiciennes vous pouvez transformer ce merdier monumental en un « coup fulgurant » de pub positive et par « positive », j'entends : concerts à guichets fermés et Top Ten au *Billboard.*

Le même frisson traversa simultanément les jumelles.

– Ce n'est pas un jeu, dit l'une d'elles.

Le producteur pouffa.

– Ben, merde, c'est sûr qu'on est pas non plus dans la réalité.

Il se prépara une vodka-tonic puis alla s'asseoir près de la fenêtre en ajoutant :

– Janet, vous prenez le relais à partir d'ici.

Quand la mère de Cherry eut terminé d'exposer le plan, les Lark étaient tout au bord du canapé. Et pensaient la même chose : ça pourrait tout bêtement marcher.

– Je vais lui envoyer un texto maintenant, fit Janet Bunterman.

Si Chimio arborait un taille-herbe en guise de prothèse, c'était parce qu'un gros barracuda avait confondu sa montre suisse flambant neuve avec une épinoche et lui avait boulotté la main gauche. Cela s'était déroulé de nombreuses années plus tôt, le jour où Chimio avait plongé d'une maison sur pilotis dans la baie de Biscayne pour éviter de se faire flinguer par l'homme même qu'il devait tuer par contrat. C'était l'odieuse ex-femme de la victime désignée que Chimio avait noyée à l'aide d'une ancre, lors de la même mission de triste mémoire. Le débile intégral qui avait loué les services de Chimio pour assassiner le type de la maison sur pilotis était un chirurgien esthétique d'une vulgarité crasse, et avait lui-même connu une fin peu ragoûtante ; très peu de temps après, Chimio avait été expédié en prison.

L'ensemble de cette expérience l'avait refroidi sur les contrats de tueur à gages. Mais bosser avec des célébrités ne valait guère mieux, s'avéra-t-il. Presley Aaron, le chanteur country, était à peine plus tolérable comme télévangéliste qu'il l'avait été comme accro à la méthamphétamine babillard. Et Cherry Pye, enfant gâtée complètement à l'ouest, était quasi insupportable. Chimio attendait avec une extrême impatience que la reprise économique atteigne la Floride, afin de pouvoir recommencer son négoce de demandes de crédit.

– Un barracuda ! s'exclama Cherry. Trop mortel !

– Quoi ?

– Et ça t'a fait plus mal, genre, qu'un requin ?

– Nom de Dieu de merde.

Chimio décida de se mettre à compter la fréquence à laquelle elle utilisait le mot « genre ». Ça le rendait fou. Il méditait de lui infliger une punition.

– J'ai super la dalle, mec, fit-elle.

– C'est deux heures du matin. Va dormir.

– Nan nan.

Affalée sur le sol, Cherry regardait un DVD où un pro exécutait la choré de la future tournée *LGR & Kourt Véku.* Maury Lykes l'avait fait livrer dans la suite afin que Cherry bosse les mouvements. Si elle ne pouvait pas pousser une seule note, les soirs avec, elle arrivait à danser.

– Allons manger un truc quelque part, dit-elle à Chimio.

Il lui conseilla d'appeler le room-service.

– Pourquoi t'es si con ? gémit-elle.

– Attention, lui dit-il. Sinon... glou... glou... glou.

Quelques minutes plus tard, Tanner Dane Keefe fit son apparition. Chimio le colla contre le mur et, malgré les protestations indignées de Cherry, le soumit à une fouille en règle. Le gamin avait apporté de la Vicodine, de la beuh, du X et de la poudre blanche grumeleuse non identifiée. Chimio balança le tout dans les chiottes et tira la chasse tandis que Cherry entraînait l'acteur désemparé au dernier degré dans sa chambre et claquait la porte.

Le garde du corps tourna son attention vers le BlackBerry mandarine du paparazzi, qui avait vibré toute la soirée.

– Ici, Fremont Spores, annonça une voix éraillée à l'autre bout du fil.

– Yo, fit Chimio.

– On vient de choper Larissa pour conduite en état d'ivresse sur le Julia Tuttle.

– Qui ça ?

– Larissa, mec.

– Oh. D'acc.

Chimio ne voyait pas du tout de qui il parlait.

– Ça vient juste de tomber *via* le scanner, continua le dénommé Fremont. La police de la route l'a arrêtée en plein causeway et elle a soufflé dans le ballon : 1,9. On l'embarque en ce moment même en cabane.

– Merci, dit Chimio.

– Ce coup-ci, c'est deux cents tout ronds. Parce que c'est une Idole et tout ça.

– Ça marche, dit le garde du corps.

Ça n'était pas son blé.

– T'as pas la même voix, Claudius. T'es malade ou quoi ?

– Grippe porcine, répondit Chimio, en mettant fin à l'appel.

Il composa le numéro du nouveau portable du photographe et lui demanda s'il était prêt à accepter l'offre de cinquante mille en échange de l'actrice saine et sauve. Bang Abbott eut un rire bizarre.

– Alors demande soixante-quinze. Ils sont prêts à les lâcher, dit Chimio.

– D'où tu sors, mon frère ? Le marché est passé.

– Pour combien ?

Chimio se demanda comment il avait pu perdre son rôle d'intermédiaire. Il avait escompté empocher une commission juteuse sur le paiement de la rançon.

– C'est pas une transaction en liquide, fit Bang Abbott.

– À d'autres.

– Sérieux. Donnant-donnant : le sosie de Cherry Pye en échange de la vraie.

– Pour toujours ?

– Une journée, j'ai pas besoin de plus, répondit le photographe.

Son ton suffisant marchait mal avec Chimio.

– Tu veux ravoir ton téléphone ? Maintenant, ça te coûtera deux mille.

– Garde-le, fit Bang Abbott.

– Je pige plus, là.

– J'ai plus besoin de cet engin. Avec Cherry, je suis blindé.

Le garde du corps n'aima pas qu'on l'ait supplanté dans la transaction. Il le prit comme une embrouille impardonnable.

– Tu connais une nana qui s'appelle Larissa ? demanda-t-il à Bang Abbott.

– *The* Larissa ? Celle d'*American Idol* ?

– Chais pas.

– Tu regardes l'émission, non ? C'est celle qui porte ces jean supercollants qui lui rentrent dans la chatte.

– Si tu le dis, fit Chimio. Un mec a appelé ton téléphone pour dire qu'elle s'était fait pincer pour conduite en état d'ivresse.

Le paparazzi émit un nouveau ricanement étrange.

– Ah ! C'est Fremont que t'as eu ?

– Je ne suis pas ton secrétaire, merde !

– Devine quoi : plus rien à fiche de Larissa. Plus rien à fiche de tous tant qu'ils sont.

– Dommage, reprit Chimio. Le mec qui a appelé, tu lui dois deux cents pour le tuyau.

– Tu as promis deux cents dollars à ce rat ?

– Mais, hein, avant que tu t'occupes de Freeman…

– Fremont, rectifia Bang Abbott avec irritation.

– Ouais, avant que tu t'occupes de lui, tu ferais mieux de ne pas m'oublier, moi.

Cette fois le photographe ne riait plus.

– Je pige pas. Pas t'oublier parce que… ?

– Parce que maintenant t'es blindé, fit Chimio. Tu te rappelles ?

Quand Bang Abbott lâcha le téléphone, Ann DeLusia vit qu'il était tracassé.

– C'était Larissa qu'on pistait au Club Ortho ? lui demanda-t-elle.

Il opina.

– Elle vient de se faire alpaguer pour conduite en état d'ivresse.

– C'est la poisse. Elle a dû filer par la porte de service.

– Pas si grave.

– Alors, d'où vient cette grise mine ? demanda Ann.

– Le nouveau garde du corps de Cherry veut que je lui file une prime.

– Pourquoi ?

Bang Abbott secoua la tête.

– Incroyable. Je vais peut-être devoir buter cet enfoiré.

– Voilà une idée qu'elle est bonne, Claude. Vous avez raison, utilisez votre point fort.

Ils venaient de quitter le Cheeseburger *Baby*, un fast boui-boui où le paparazzi s'était gavé en célébrant prématurément son bon coup avec Cherry Pye. Ses joues charnues luisaient de graisse de frites, et des graines de pavot piquetaient ses dents entartrées.

– Pour continuer sur une note plus gaie, quand serai-je à nouveau une femme libre ? lui dit Ann.

– Pas fixé. Sans doute lundi ou mardi.

– Alors, il me faudra des vêtements propres.

– Allez, on y va, grommela Bang Abbott.

En retournant au Marriott, ils virent trois véhicules de la police de Miami Beach garés près de l'entrée. Bang Abbott roula de l'autre côté de l'hôtel puis fit gravir en vitesse à Ann l'escalier jusqu'à leur chambre. Après l'avoir menottée à la tuyauterie de la salle de bains, il fourra son Colt sous l'un des matelas et redescendit au rez-de-chaussée pour s'informer.

Le hall était sens dessus dessous. Des articles de toilette et des vêtements étaient éparpillés un peu partout, et une marque de roussi rectangulaire était visible sur le sol en marbre clair. Le paparazzi se campa derrière un groupe d'autres clients, curieux comme lui ; certains, portant des peignoirs de l'établissement, avaient l'œil trouble, comme si on venait de les tirer de leur sommeil. En écoutant leurs conversations, Bang Abbott apprit qu'un individu était sorti de l'ascenseur puis s'en était pris à une femme qui s'inscrivait à l'hôtel. Il avait mis le feu à sa valise, arraché un bichon maltais de ses bras avant de filer par la porte d'entrée. Personne ne semblait savoir ce qui avait déclenché cette bizarre confrontation ni si cet homme et cette femme se connaissaient. Le nom du chien disparu était soit Bubba soit Barbara.

Bang Abbott se faufila assez près pour écouter en douce un des flics, qui interrogeait un grand duduche de réceptionniste à l'accent bizarre. De toute évidence, l'agresseur ne résidait pas à l'hôtel car, d'après l'employé, aucun membre de l'équipe de nuit ne se souvenait de l'y avoir vu auparavant. Le flic voulut savoir si l'intrus paraissait ivre ou défoncé, et le réceptionniste lui dit que non, pas vraiment. Toujours d'après lui, la femme avait dû faire quelque chose qui avait fait péter les plombs au type.

– A-t-il dit quelque chose en s'emparant du chien de la victime ? demanda l'agent.

– Seulement qu'il avait faim, signala le réceptionniste.

Bang Abbott en avait assez entendu ; toute cette activité policière n'avait rien à voir avec sa captive. Jusque-là, personne ne semblait rechercher la soi-disant actrice disparue.

En rentrant dans l'ascenseur, il aperçut un petit cylindre vert sur le sol et le ramassa. Ann remarqua l'objet dans la main de Bang Abbott quand, s'encadrant dans la porte, il lui narra la scène étrange qui s'était déroulée dans le hall d'entrée.

– Je peux voir ce truc ? lui demanda-t-elle.

Il lui lança le cylindre en plastique en lui disant où il l'avait trouvé.

– Pile maintenant ? fit Ann.

Cela se passait après qu'il l'eut détachée des tuyaux des toilettes et remenottée à l'un des lits.

– C'est une cartouche de fusil, dit-il.

– Je connais, Claude.

– On a fait sauter l'embout de cuivre. À quoi ça rime *tout ça* ?

Ann scruta Bang Abbott à travers le petit tube vert.

– On peut toujours l'enfiler sur une tresse, lui répondit-elle tout sourire.

Le SDF borgne de Key Largo l'avait retrouvée, exactement comme il l'avait promis. Ann avait enfin rencontré un homme qui tenait parole, sauf que maintenant, elle n'avait plus besoin de lui. Et elle se demanda comment il allait prendre la nouvelle.

18

La femme qui parlait fort dans le hall s'appelait Marian DeGregorio. Et le nom de son bichon maltais était Bubba, pas Barbara. Ils avaient pris un vol direct pour Miami, au départ de White Plains ; Bubba avait sa propre place et on lui avait filé le tiers d'un comprimé d'Ambien pour qu'il la boucle. Marian DeGregorio était venue en mission, celle de répandre les cendres de Victor, feu son mari, dans l'océan Atlantique. Victor était mort depuis bientôt sept ans et le petit ami de Marian DeGregorio en avait marre de voir l'urne, conservée dans le même placard de la cuisine que le café Sanka.

Victor DeGregorio avait mis presque sept mois à mourir, laps de temps au cours duquel il avait fait jurer à sa femme, à de multiples reprises et sur la Bible de sa communion, qu'elle répandrait ses cendres au large de la côte de la Floride du Sud. C'était là, à bord d'un bateau charter, appelé le *Joyeux Dragueur IX*, que Victor DeGregorio avait une fois remonté un requin-marteau. Il jugeait ce fait comme la plus grande prouesse virile de sa vie, et conservait un bocal rempli des dents pointues du requin sur son bureau, chez le concessionnaire John Deere où il travaillait comme gestionnaire des stocks. Parfois, Victor DeGregorio montrait l'une de ces dents à un client ou à un gros bonnet du siège de la John Deere de passage, et les destinataires étaient toujours impressionnés. Il y avait, également bien en vue, une photo format A4 encadrée de Victor, posant sur un quai près du monstre à la gueule béante et enchaîné par la queue, sur lequel on avait inscrit à la craie le nombre 100 pour mieux en claironner le poids. À la longue, les amis de Victor l'empêchèrent de mentionner ledit requin-marteau – même vers la fin – car il leur avait infligé le récit de sa capture un bon millier de fois.

Marian DeGregorio, pour sa part, était en train de retracer cette même histoire à un réceptionniste quand l'algarade éclata. Elle venait d'en arriver à la partie où Victor et ses potes pêcheurs s'attaquaient au requin harponné avec des battes de baseball en alu pour – selon les termes mêmes de la veuve – « achever ce méchant salopard », quand un grand type dépenaillé surprit ses propos en sortant de l'ascenseur. Il l'interrompit en exprimant son dégoût et se répandit avec sévérité sur l'effondrement imminent des populations de requins de par le monde. Mis à part sa dentition sans défaut, l'individu avait tout d'un SDF, si bien que Marian deGregorio mit en doute de façon un tantinet caustique ses compétences en matière d'écosystèmes marins. À ce stade-là, l'homme se saisit de la valise souple, en fit sauter les serrures puis enflamma le contenu avec une boîte de diluant de peinture qu'il avait barbotée dans la résidence de vacances de D.T. Maltby, son ex colistier. À peine l'alarme incendie du Marriott se déclencha-t-elle qu'il rapta le chien de Marian DeGregorio et s'enfuit de par les rues, laissant la veuve pousser les hauts cris, en battant l'air de ses bras comme une oie déboussolée, dans le hall enfumé.

Skink trotta jusqu'à la plage et se coucha sous les étoiles, la tête pleine d'Annie, l'actrice. Il avait arpenté en douce chaque étage de l'hôtel, en écoutant aux portes, mais sans se livrer à aucune investigation en règle, en raison de l'heure tardive et de son désordre apparent. En se fondant sur l'info de Jim Tile, il était certain qu'on retenait Annie prisonnière dans l'une des chambres. Il réessaierait plus tard de la trouver.

En attendant, le bichon renifleur se montrait remuant dans sa poigne. Skink ne faisait preuve d'aucune sollicitude à son égard. S'il lui était arrivé de dîner d'animaux de compagnie d'individus intolérables, il préférait ceux qu'il ramassait écrasés sur la route. Bubba n'avait pas l'air particulièrement appétissant et son pelage hyperpomponné n'aurait aucune utilité, sauf comme peau de chamois pour le fusil. En outre, Skink soupçonnait que faire un barbecue d'un chien de race attirerait une attention indésirable, même à South Beach.

Le soleil filtrait au-dessus de l'horizon quand deux femmes séduisantes, un brin ébouriffées, qui flânaient pieds nus avec une bonne gueule de bois, l'abordèrent. L'une d'elles faisait tournoyer un soutif taché de vin, l'autre froissait un paquet de cigarettes françaises. Ces femmes, avec force roucoulements et gloussements, s'extasièrent sur le côté mignon de Bubba, qui n'avait rien d'évident pour Skink. Après lui avoir retiré sa plaque d'identification et son collier en fausses pierreries, il leur donna le chien en précisant que sa propriétaire précédente avait été tragiquement décapitée sur la célèbre attraction des tasses, à Disney World, ce que les deux femmes s'empressèrent de croire. Elles lui promirent que l'adorable chien-chien connaîtrait une nouvelle vie fantastique à Cedar Rapids, où elles retournaient l'après-midi même.

Quand le gouverneur regagna à pied le Marriott, il fut courroucé en voyant aux abords une voiture de police et un fourgon rouge vif de l'unité incendies criminels des pompiers de Miami Beach. Il poursuivit sa route sur quelques blocs et finit par tomber sur un taxi qui poireautait, en toute illégalité, près d'une bouche d'incendie. Il y monta en demandant au chauffeur de l'emmener au Bath Club, précisant qu'il se rendait à un entretien pour en devenir membre. Le chauffeur choisit de ne pas mettre en doute cette histoire cousue de fil blanc et, suite à cette erreur, se retrouva dûment ligoté et bâillonné dans une *cabana* jonchée de tongs pourries.

Skink emprunta le tacot de l'homme et revint à l'hôtel, où il fit le tour du bloc jusqu'à ce qu'une place de stationnement se libère sur Washington. Ses pensées se portèrent sans raison sur un vieux poème écossais de Robert Burns appelé « Ode au haggis », qu'il se récita plusieurs fois à haute voix, en variant le ton. Il se souvint que M. Burns était mort à l'âge ridiculement jeune de trente-sept ans, le jour même où Mme Burns donnait naissance à leur dernier enfant.

De telles déprimantes futilités servaient à renforcer la conviction de Skink que l'ironie du sort était surévaluée. Il se tassa sur le siège, attendant qu'Annie et son ravisseur sortent du Marriott.

– Vous n'avez pas encore arrêté cet enfoiré de frappadingue ? demanda Jackie Sebago.

– Toujours pas, répondit l'inspecteur Reilly.

C'était la première fois qu'il interrogeait quelqu'un dont les bourses avaient la taille d'un ballon de rugby.

– Pas croyable, putain merde, maugréa Jackie Sebago.

– On a découvert un campement suspect. Mais il n'y était pas.

Le dimanche était le jour de congé de Reilly pendant le week-end, mais sa fiancée était allée faire des courses à Miami et il y avait trop de vent pour pêcher au large. Sur une impulsion, il avait appelé Jackie Sebago, qui se trouvait encore à Key Largo pour récupérer après l'attaque du détourneur de bus.

– Pourquoi vous n'arrivez pas à le retrouver, les gars ? Je ne pige pas.

Jackie Sebago écarta ses jambes nues et, en gémissant, remit en place la poche de glace.

Reilly se détourna. Il était d'avis qu'attacher de force un oursin aux parties d'autrui était un délit majeur, pas une blague de bizutage, et que le vagabond devait être poursuivi dans la pleine mesure autorisée par la loi.

– Redites-moi pourquoi cet homme vous a spécialement visé, fit l'inspecteur.

– À cause des résidences, à ce qu'il m'a dit. Il est évident que c'est un genre d'écolo-dingo.

– Il s'agit de votre projet ?

– Absolument. C'est pour ça qu'il s'appelle l'Îlot Sebago.

– Logique, fit Reilly.

– Eh, vous avez été sur le site. Vous savez de quoi je parle, dit Jackie Sebago. Ça va être phénoménal. Un vrai paradis.

– Magnifique endroit, tomba d'accord l'inspecteur.

– Ce type, c'était une vraie baraque, avec des tresses craignos décorées de cartouches de fusil. Il gueulait, jurait et m'a traité de tous les noms. Il m'a accusé de massacrer les arbres de la mangrove, de violer les îles, j'en passe et des meilleures, rapporta Jackie Sebago. Comment un frappadingue pareil a-t-il pu mettre la main sur un flingue ?

– Vous rigolez ou quoi ?

En Floride, les flics étaient formés pour supposer que tout le monde et n'importe qui, fou ou non, était porteur d'une arme à feu. Reilly s'inquiétait davantage des tendances sadiques et des idées politiquement « radicales » du suspect. On n'avait dérobé aux passagers du bus ni argent liquide, ni cartes de crédit, ni objets de valeur (sauf les téléphones portables), et personne, Jackie Sebago excepté, n'avait été physiquement mis à mal.

– C'est carrément un marché acheteur, disait le promoteur. Nos lots démarrent aux alentours de 450 000. Il s'agit de ceux à deux chambres à coucher, bien entendu, et c'est une cotation avant construction.

Reilly lui fit un sourire poli.

– Encore trop cher pour mon porte-monnaie.

– C'est une bonne affaire, mon pote. Faites-moi confiance.

Le jeune inspecteur, dont le salaire annuel n'aurait pas couvert le premier acompte, demeura déterminé à traiter Jackie Sebago de la même façon que toute victime innocente de violences. Mais ça n'allait pas être commode.

– Votre agresseur a-t-il dit quelque chose le concernant ? demanda Reilly. A-t-il livré des indices sur qui il était ou d'où il venait ?

– Non, mais il a chanté une chanson. J'ai oublié de vous en parler.

– Une chanson de son invention ou une vraie chanson ?

Jackie Sebago répondit qu'il n'avait pas reconnu le morceau, bien que d'autres passagers lui aient dit qu'il s'agissait d'un tube bien connu des Allman Brothers.

– Ça parlait d'un poteau de torture, fit-il.

Reilly nota ce détail, probablement inutile.

– Et quid de la jeune femme qui a arrêté le bus… vous pensez qu'elle était de mèche ?

– Difficile à dire. Elle m'a semblé terriblement calme face à tout ce bin's.

– L'homme était armé.

– Ouais, mais n'empêche, fit Jackie Sebago.

Pour avoir parlé avec les investisseurs qui s'étaient trouvés à bord du bus détourné, l'inspecteur savait qu'ils étaient mécontents de la lente avancée de l'Îlot Sebago, et aussi de l'état suspect des finances dudit Jackie.

– Est-il possible que quelqu'un ait engagé cet individu dans le seul but de vous effrayer ? lui demanda Reilly.

– Hors de question, répondit le promoteur, même s'il s'interrogeait à part lui sur Shea, le plus loquace et le plus mécontent du groupe.

Le virulent *hedge funder* se donnerait-il tant de peine pour mettre sur pied un enlèvement de grand chemin aussi élaboré ? Jackie Sebago en doutait. De même, organiser la perforation bizarroïde des parties d'un partenaire d'affaires paraissait, conceptuellement parlant, bien au-delà de l'imagination de Shea. Il était plus du genre à intenter un procès.

– C'est obligé qu'un homme dans votre position ait des ennemis, suggéra prudemment l'inspecteur.

Tout en braquant un doigt sur ses génitoires enflés et pustulés, Jackie déclara :

– Personne ne me déteste *à ce point-là.*

Il devrait réexaminer cette possibilité vingt-quatre heures plus tard, après que le permis de construire de l'Îlot Sebago aurait été inexplicablement suspendu, que D.T. Maltby refuserait de prendre ses appels téléphoniques et que Shea le bombarderait toutes les heures, depuis Providence, de textos assortis de menaces fort déplaisantes.

Tout en s'éloignant d'Ocean Reef, où Jackie Sebago coulait sa convalescence dans une villa d'emprunt, Reilly se demandait si l'insaisissable détourneur de bus menaçait vraiment l'ordre public, ou n'était pas simplement un groupe d'autodéfense à lui tout seul qui prenait soin de sélectionner astucieusement des cibles répugnantes. Un procureur aurait du fil à retordre pour trouver des jurés floridiens enclins à la sympathie envers un promoteur aussi vipérin que Sebago.

En tout cas, Reilly était loin d'être découragé, n'ayant nullement l'intention de se retirer de l'enquête. Il avait hâte de retrouver le suspect et de découvrir ce qui le motivait.

Tanner Dane Keefe avait peur du nouveau garde du corps de Cherry Pye.

– Il est total psychopathe, lui chuchota l'acteur. Qu'est-ce qui est arrivé à sa gueule ?

– Ah ouais, t'as remarqué ? fit Cherry.

Tous les deux étaient au lit. Les fesses nues de Cherry servaient d'oreiller à Tanner.

– Ce mec a foutu toute ma dope aux chiottes et tiré la chasse. Tu le crois, ça ?

– J'avais demandé un Black adepte des arts martiaux, répondit-elle avec irritation. Baraqué et chauve.

– Alors fais virer le balafré. Dis à Maury qu'il a essayé de te sauter ou un truc du genre.

– Euh, je l'ai fait. Flop total.

Tanner Dane Keefe, nerveux, n'arrêtait pas de déplacer sa tête sur le postérieur de Cherry.

– On dirait un tueur en série, je te jure.

Elle éclata de rire.

– Ouais, comme l'autre, dans *Vendredi 13*, sans son masque.

La porte s'ouvrit et Chimio entra nonchalamment. L'acteur chercha à tâtons le drap pour s'en recouvrir. Cherry se souleva et dit :

– Tu pourrais, genre, frapper ? C'est quoi ton problème ?

Chimio dit à Tanner Dane Keefe qu'il était temps qu'il s'en aille. Cherry lui rétorqua qu'elle n'avait pas envie qu'il parte.

– OK, d'acc. J'ai mon massage à la pierre de lave à 11 heures, fit l'acteur.

Cherry lui saisit le bras.

– Tanny, t'avise pas de bouger !

Chimio n'avait aucune patience envers les demeurés.

– M'oblige pas à te le demander deux fois si tu veux pas que je te rase le cul jusqu'à l'os.

Il leva le taille-herbe pour lui insuffler une bonne dose de motivation. Tanner Dane Keefe s'en tira en faisant oui de la tête.

– Espèce de c.o.n. ! cria Cherry à Chimio, en lui lançant un vibromasseur chromé, qui lui passa au ras du crâne avant d'aller résonner contre le mur.

L'acteur lui dit :

– À plus, mon cœur.

Il planta une bise sur le tatouage Axl-zèbre de Cherry et se bouscula pour rassembler ses vêtements. Il franchit la porte en soixante secondes chrono. Chimio odonna à Cherry de s'habiller. Une dénommée Laurel l'attendait.

– Dis-lui de revenir plus tard.

Cherry enfouit son visage dans les couvertures.

– Maury a dit maintenant.

– Je te déteste !

Chimio cligna de l'œil.

– Tu me fends le cœur. Allez hop, hors du lit.

Laurel était la nouvelle coach de play-back. Elle avait téléchargé la liste des chansons du concert de Cherry sur son MP3, qu'elle brancha sur un lecteur CD dans la partie salon de la suite. En tant qu'aide-répétitrice, elle avait même apporté un casque du même type que celui que Cherry porterait comme accessoire sur scène.

– Je sais déjà, genre, chaque chanson par cœur, insista Cherry, même si très vite, il devint clair que tel n'était pas le cas.

Chimio plaignait presque Laurel. Les paroles étaient débiles et répétitives, pourtant Cherry n'arrêtait pas de perdre le fil, même aux refrains. Chimio lui fit boire cul sec un Red Bull, sans amélioration notable. Pour finir, il dut quitter la pièce. C'était la soupe la plus monotone qu'il eût jamais entendue, et pourtant il avait été portier d'un club de rap blanc.

Les Lark se pointèrent, tournicotant avec curiosité. Depuis sa sortie de prison, Chimio en était venu à comprendre son pouvoir d'attraction peu courant ; certaines femmes étaient excitées par ce qui leur fichait la trouille. Mais son esprit ne déviait pas du bizness ; il ruminait ce qu'Abbott lui avait dit concernant l'échange de Cherry Pye contre sa doublure, et se demandait pourquoi le paparazzi avait refusé une rançon en liquide. Il était évident que ce cloporte craquait sérieux sur Cherry, maladie qui serait guérie, prédisait Chimio, après un bref laps de temps passé en sa compagnie.

Mais il devait y avoir bien plus de blé en jeu... un gros paquet, raisonnait Chimio, pour qu'un roublard du genre d'Abbott risque sa peau. N'importe comment, Chimio entendait bien rafler une part du gâteau. Il estimait qu'il l'avait bien gagnée. Chaque minute passée avec Cherry équivalait à un mois à Raiford.

– Dites-lui qu'on est ici, fit Lucy Lark. Et qu'on a pas l'éternité devant nous.

– Elle est occupée, elle s'entraîne, dit Chimio.

– Là-dedans ? Et elle s'entraîne à quoi ? demanda Lila.

– À remuer les lèvres.

Chimio fit reprendre aux jumelles le chemin du couloir ; une fois, à l'extérieur, il voulut savoir où en était la négociation du kidnapping.

– Quand Janet et Maury viendront ici, ils vous mettront au parfum, répondit Lucy.

– Alors le marché est conclu ?

Lila opina.

– À 99,9 %.

– Nom de Dieu.

Il expédia un coup de pied dans un palmier en pot, ce qui fit reculer les sœurs Lark et reconsidérer l'intérêt qu'elles lui portaient.

L'ascenseur s'ouvrit sur Maury Lykes et Janet Bunterman. Au même moment, des cris et des glapissements de colère éclatèrent dans la suite. La mère de Cherry fila à l'intérieur pour se porter à la rescousse de Laurel. Elle fut suivie des jumelles, qui prirent la direction du balcon pour vérifier leurs textos et se griller une clope en douce.

Se retrouvant seul dans le couloir avec Maury Lykes, Chimio profita de l'occasion pour coincer le producteur effrayé contre le mur et exiger de lui un briefing complet.

– Bon, comment tout ça va se terminer ? demanda-t-il.

Maury Lykes avait de la difficulté à répondre car le garde du corps lui comprimait le larynx.

– Après qu'il relâche la fille – l'actrice – quoi ensuite ? fit Chimio. Il disparaît simplement dans le paysage avec votre star et cliente ? Je ne pige pas. Vous faites confiance à ce branleur ?

– Pas une seconde, fit le producteur en respirant bruyamment. C'est pourquoi tu iras avec elle à la séance photo.

Chimio relâcha sa prise.

– Un bon point.

– Ou, ça va mieux en le disant, fit Maury Lykes en se frottant le cou.

Bang Abbott voulait se servir d'Ann DeLusia comme intermédiaire mais comme elle l'avait pris de haut avec Janet Bunterman, il fut forcé de décrocher le téléphone lui-même. Les échanges allèrent bon train – la mère de Cherry était coachée, c'était évident, depuis la coulisse – mais finalement les modalités de la séance photo furent établies.

Elle durerait six heures exactement, pause déjeuner comprise, et se déroulerait dans la grande maison louée par Tanner Dane Keefe sur Star Island. Cherry ne serait accompagnée que de son garde du corps. Si le gorille touchait d'un seul doigt (ou de son outil à émonder les haies) Bang Abbott, ou s'il se mêlait, de quelque façon que ce fût, des prises de vue photographiques, l'accord était rompu, et Cherry Pye, en tant que franchise musicale, de l'histoire ancienne.

Le moyen de pression de Bang Abbott, c'était le portfolio des photos brutes de décoffrage à la shooteuse, mettant en scène Ann, dans le rôle de Cherry, dans la salle de bains de l'hôtel. Si le rendez-vous de Star Island se passait bien, il effacerait – en présence de Chimio – les images chocs de son téléphone portable. Il passerait sous silence le fait qu'il avait déjà expédié un double du même fichier photo estampillé « Toilettes Art » sur son ordi perso, là-bas, à Los Angeles.

Et au moindre signe de rébellion de la chanteuse ou de son gorille à la gueule de délit de faciès, Bang Abbott appuierait sur un bouton de son portable qui mailerait les Jpegs dévastateurs à tous les tabloïds des States et d'Europe, avec des légendes en anglais, espagnol et français.

– Et moi dans tout ça ? demanda Ann.

– Dès que Cherry arrive là-bas, vous vous éclipserez par la porte de la cuisine. Une voiture vous attendra.

– Parce qu'ils ne veulent toujours pas qu'elle sache que j'existe. Sympa.

– Dépassez ça.

Bang Abbott lui confia qu'il avait promis à Janet Bunterman qu'il ne soufflerait mot à Cherry ni du fait qu'elle avait une doublure ni sur l'échange.

– Qu'est-elle censée croire quand elle rappliquera pour la séance de pose ?

– Ils lui diront que je bosse pour *Vanity Fair.*

Ann fut obligée de pouffer.

– Ne vous vexez pas, Claude, mais *Hustler* serait plus indiqué.

Il la zappa et attaqua les crêpes du room-service.

– Pour en revenir à moi, que se passera-t-il si jamais… dit-elle.

– Relax, Max. Vous êtes bien la dernière qu'ils ont envie de mettre en pétard, OK, parce que vous êtes au courant de *tout.*

Tout en parlant, Bang Abbott postillonnait des miettes gorgées de sirop.

– Dans l'entourage de Cherry, s'ils ont un grain de cervelle, ils vous traiteront aux petits oignons quand tout ça sera fini.

Ann picorait mollement dans une assiette d'œufs brouillés.

– Donc, en gros, vous diriez que ça représente un sacré coup d'accélérateur pour ma carrière d'avoir été kidnappée puis enchaînée à une cuvette de W-C et tout ça.

– Tout ce que je dis, c'est que vous êtes une fille intelligente. Faites marcher votre imagination.

On frappa à la porte et Ann songea : *Attention les yeux.*

Mais c'était une femme de chambre, pas le SDF aux tresses encartouchées. Ann se demanda où il était, et comment il signalerait sa présence. L'ayant vu en action contre le chargement de promoteurs dans le bus, elle prévoyait une nouvelle entrée mémorable.

Dès que Bang Abbott eut renvoyé la femme de chambre, Ann leva l'un de ses poignets menottés en disant :

– Claude, une idée, comme ça. Pourquoi ne pas me laisser partir maintenant ?

– Impossible.

– Comment ça se fait ? Le deal est bétonné, pas vrai ? Ils se fichent de moi… tout ce qu'ils veulent, c'est récupérer ces photos débiles.

– Ils vous veulent aussi, ma petite, dit-il. Carrément, et au-delà.

– Janet a vraiment dit ça ?

– Pas qu'une fois. Elle a hâte de revoir votre jolie frimousse.

– Alors je rentrerai en taxi à l'hôtel.

Bang Abbott fit non de la tête.

– Tout est réglé, alors on se calme. Un jour de plus, vous n'en mourrez pas.

– Mais je crois bien que je suis en train de me choper des crampes.

– Trouvez mieux.

– Claude, je vous en prie ?

Il enfourna un ruban caoutchouteux de bacon dans sa bouche, d'un coup de fourchette.

– Mangez votre petit dèj, lui dit-il.

Ann envisagea de ne pas l'avertir, de laisser les choses suivre leur cours. Il n'était qu'un parasite de bas étage armé d'un appareil photo, et méritait sans doute les redoutables emmerdes qui allaient lui tomber sur la gueule.

D'un autre côté, il n'avait pas tenté de la violer, ce qu'elle avait redouté au plus haut point. Et s'était, si on veut, excusé de l'avoir droguée et bouclée dans le coffre exigu de la voiture (« J'aurais dû louer le modèle au-dessus », pour le citer dans le texte). Aussi dénué de charme et infect que pouvait être Claude, Ann n'avait aucune hâte de le regarder souffrir, ce qui était un scénario plausible si jamais le dénommé Skink le piégeait.

– Flash info, fit-elle. Quelqu'un est à ma recherche.

– Il est grand temps.

– Ce n'est pas du pipeau. Et ce n'est pas quelqu'un que vous auriez envie de rencontrer.

Bang Abbott fit voleter ses mains de façon théâtrale.

– Ouh-la-la. Alors peut-être que je vais appeler les flics et me livrer.

Il passa la main sous le matelas, en sortit le Colt d'occasion et, se livrant à une mauvaise imitation d'Austin Powers, lança :

– Qui s'y frotte s'y pique, *baby*.

Ann repoussa ses œufs froids.

– Très bien. J'ai la conscience tranquille.

– C'est qui votre preux chevalier blanc ?

– Laissez tomber.

– Et comment diable saurait-il où vous trouver ? Enfin, vraiment. (Bang Abbott pouffa ironiquement.) Bien joué, choupinette.

Son téléphone sonna. C'était Peter Cartwill de *L'Œil*. Il cherchait quelqu'un pour aller sur un parking de la fourrière à Medley prendre en photo la Range Rover que Larissa, l'Idole ivre, conduisait quand elle s'était fait poisser. Bang Abbott dit à Cartwill qu'il se trouve un autre garçon de courses.

– Ces jours-là sont derrière moi, fit-il en coupant la communication.

– Quelle est la chose la pire que vous ayez faite pour obtenir une photo ? lui demanda Ann. La pire parmi les pires, pour vous.

Le paparazzi y réfléchit plusieurs instants.

– J'ai été sur le coup de l'agonie de Farrah Fawcet pendant deux, trois semaines. Je lui ai envoyé une maousse gerbe de fleurs, en graissant la patte au livreur pour qu'il shoote quelques photos en douce avec son portable. Elle dormait dans son lit, donc on ne voyait pas bien son visage, mais je me suis quand même empoché onze mille dollars de droits mondiaux.

– OK, Claude, c'est l'abomination de la désolation.

– Elle n'a jamais été au courant, dit-il en haussant les épaules. Y avait pas mort d'homme.

– Wouah !

– Mais voici un autre revers de la médaille.

– Régalez-moi, dit Ann.

– Une fois, j'ai obtenu un tuyau sur Charlie Sheen qui emmenait ses gosses chez le médecin… les jumeaux, vu ? Pour les faire vacciner. Alors je suis arrivé sur place de bonne heure et j'ai filé deux cents billets à une de ces mamans de Brentwood pour qu'elle me laisse m'asseoir avec elle et son moutard dont le nez coulait, dans la salle d'attente. Elle a raconté à l'infirmière que j'étais l'oncle, le parrain ou une ânerie du même tonneau.

Bang Abbott eut un sourire tristounet, en se rappelant comment tout s'était terminé.

– Donc Charlie et sa femme rappliquent avec les bébés – il me reconnaît, c'est évident – et le voilà qui pète complètement les plombs. Il me fait passer la porte en me traînant, m'allonge d'un coup bas, me piétine la tête, puis ouvrant sa braguette, entreprend de me pisser dans l'oreille ! Vous le croyez, ça ?

Ann songea que c'était fantastique.

– Pile dans le creux ?

– Il a visé d'une façon incroyable, répondit Bang Abbott. Il avait dû écluser des litres de café avant de quitter la maison... de la pisse m'a dégouliné le long du cou toute la journée.

– OK, ça, c'est dégueu.

– Le pire de tout, c'est que je n'ai pris aucune photo. Ce qui signifie que je n'ai pas été payé.

– Mon pauvre Claude.

– C'est simplement pour dire : chaque sou que je me fais, je le gagne.

Et il y croyait. Ann allongea le bras et souleva calmement le pistolet avait posé sur ses genoux. Braquant le canon sur son front luisant, elle lui dit :

– Donnez-moi la clé des menottes.

Si Bang Abbott fut surpris de son audace, il n'eut pas peur. Il pensait à la photo haute tension que ça ferait... une bombasse, une main enchaînée au lit, et de l'autre visant l'objectif avec un flingue.

– Comme si vous alliez me buter, dit-il.

– Oh que si, affirma Ann sans y croire, elle non plus.

Si ce type la tabassait ou essayait de lui arracher ses fringues, ce serait différent ; elle n'hésiterait pas à le plomber entre les deux yeux. Mais pas s'il restait juste assis là, comme le gros tas suant et soufflant qu'il était. Impossible.

– Je ne plaisante pas, dit-elle.

– Ann, rendez-moi ce flingue.

– Enlevez-moi ces saletés de menottes, sinon promis juré, je…

C'était humiliant que Claude ne manifeste aucune peur, pas même un frémissement. *Quelle actrice, je fais,* se dit Ann.

– Je compte jusqu'à cinq, annonça-t-elle.

– Allez jusqu'à mille.

Le Colt était lourd et la main d'Ann commençait à trembler. Bang Abbott le remarqua aussitôt.

– Regardez-vous, lui dit-il avec un sourire suffisant.

Du pouce, elle ramena le chien en arrière, comme on le fait dans les westerns. Et s'imagina dans le rôle de Christian Bale dans *3 h 10 pour Yuma.*

– C'est le moment ou jamais, Claude.

– Ah, bon Dieu, dit-il.

L'expérience de Bang Abbott en matière de manipulation d'armes à feu était comparable à celle de son otage, qui n'en avait absolument aucune. Empoignant le canon, il tira dessus, avec des résultats insatisfaisants. La main du paparazzi était si moite de transpiration que sa prise glissa, ce qui produisit, par simple loi physique, un effet détonnant à la fois sur l'arme et le doigt d'Ann DeLusia.

Bang Abbott fut ébranlé par le bruit du coup de feu et le fait que cette cinglée de fille ait vraiment appuyé sur la détente. Pendant un instant, il ignora qu'il avait été touché.

Son premier indice fut le machin sanglant collé au plafond de la chambre d'hôtel. Les yeux levés vers lui, il le scruta avec une curiosité morbide, la force de la décharge du pistolet l'ayant aplati sur le dos. Bientôt l'objet au plafond devint net et Bang Abbott prit conscience qu'il contemplait un petit morceau gluant de son anatomie.

Morceau important, s'avéra-t-il.

19

Ned Bunterman n'était pas l'un de ces pères despotiques du showbiz. C'était son épouse qui avait conduit Cheryl du stade de « trognonnette » de radio-crochet à celui de méga-star de la pop, Ned Bunterman observant le parcours depuis la coulisse avec un émerveillement non dissimulé. Dire que sa fille était faiblarde sur le plan tonalité était faire preuve de bonté ; enfermée dans un placard à balais, elle aurait été incapable de se faire entendre pour qu'on vienne la délivrer.

Il avait pourtant été sans importance, son pépiement monocorde et anémique, car Janet Bunterman et Maury Lykes avaient œuvré intelligemment en marketant un look et une attitude qui ne requéraient aucune aptitude vocale particulière. Maury appelait ça « le label PPP » – pute à peine pubère – dont l'ingrédient essentiel était une aura de « baisabilité » insouciante. Cet argument de vente était de plus facilité par les avancées technologiques de la production musicale moderne ; sur ses enregistrements, l'ex-Cheryl Bunterman possédait une hauteur parfaite, et un organe digne d'une choriste baptiste. Sa voix, mise angéliquement en valeur par des programmes informatiques et des chanteuses *backup*, était totalement méconnaissable pour son propre père, qui se satisfaisait, cantonné dans l'ombre, d'empiler la monnaie.

Avant que Cheryl ne devienne Cherry Pye, Ned Bunterman s'occupait de la gestion des comptes d'une concession Cadillac/Saturn/Hummer, près de Houston. Il n'était pas né au Texas mais y avait atterri, venant de Shreveport, âgé d'à peine vingt ans, fuyant une petite amie enceinte dont le père possédait la plus grande collection de AK-47 Kalashnikov à Caddo Parish. Il fit la connaissance de Janet Wingo dans un bar western bidon, où elle bossait dans la salle de billard, servant à boire et vendant de faux havanes. Ils sortirent ensemble quelques mois, se marièrent et en l'espace de six années, pondirent trois fils sans intérêt. Cheryl était le résultat d'un accident, Ned et Janet n'ayant *grosso modo* plus aucune attirance l'un pour l'autre à l'époque.

Leur mariage languissant subsista, grâce à un donjuanisme bipartite, jusqu'au premier concours de Cheryl à l'âge de quatre ans, où celle-ci se livra à une interprétation plaintive, mais guillerette, de *You Are My Sunshine* à la mémoire de JonBenét Ramsey, la minimiss assassinée. Le manque de goût et la fadeur atroce de cet hommage avaient turlupiné Ned Bunterman, qui avait exprimé ses doutes lors de la répétition. Janet passa outre son avis et, à la fin de la chanson, les jurés reniflaient et Cheryl remportait le deuxième prix, ainsi qu'un contrat d'un an de mannequinat. Ça devait être la dernière fois que Ned Bunterman remettrait en question le jugement de son épouse.

La carrière ascendante de Cheryl fut ce qui cimenta les rapports de Ned et Janet Bunterman, chacun d'eux se montrant patient et déterminé dès qu'il s'agissait de l'avenir de leur fille. Le jour où on lui proposa son premier contrat d'enregistrement, Ned abandonna sa concession automobile, consacrant dès lors toute son énergie au bizness de la fabrication d'une star. Il avait eu une préférence pour « Cherry Pop » – « sucette à la cerise » étant plus suggestif selon lui que « Cherry Pye » –, mais s'en remit à Maury Lykes, qui avait de l'expérience en ce qui concernait l'usinage de personnalités du show-business.

Cela se révéla payant. Assez vite, l'ex-Cheryl Bunterman devint une célébrité pour de bon, rapportant des millions de dollars. Malheureusement, elle dépassait aussi la mesure en « s'éclatant » à peu près chaque soir. Comme son épouse, Ned Bunterman choisit au départ de croire que les dérapages de

Cherry n'étaient qu'une phase, la réaction naturelle d'une jeune personne confrontée à une gloire et une richesse soudaines. Pourtant, il devint bientôt clair qu'elle avait un goût aveugle et authentique pour la drogue et l'alcool, et pas le moindre grain de bon sens. Même si Ned Bunterman aimait beaucoup sa fille, il ne se raccrochait à aucune illusion parentale ; c'était une idiote, à la cervelle de moineau. Et pour avoir travaillé dans une concession Hummer, il se considérait comme une autorité en la matière.

Janet Bunterman, tout en gardant une attitude protectrice de dénégation, partageait en privé le souci de son mari pour le bien-être de Cherry et aussi de celui des liquidités de la famille. L'impact du fiasco de Boston avait été instantané et vertigineux, sur le plan des revenus.

– Souviens-toi de ce qui est arrivé à Amy Winehouse, l'avait prévenue Ned Bunterman, et cette fille savait vraiment en pousser une.

Il était impératif que *LGR & Kourt Vêku* cartonne un max et pour cela, la tournée devait engendrer d'énormes profits. Cherry avait besoin de générer un buzz, mais rien de sordide, au sens habituel du terme. Il fallait que ses fans repassent dans son camp ; qu'elle soit une victime, pour changer, plus une paumée.

Si bien que Ned Bunterman fut ravi quand Janet, Maury et jusqu'aux jumelles Lark approuvèrent froidement sa suggestion audacieuse de laisser Cherry poser pour le paparazzi dément. Par la suite, après avoir payé Ann DeLusia pour qu'elle débarrasse le plancher, ils feraient circuler une histoire selon laquelle ce serait Cherry qui aurait été kidnappée, maltraitée et obligée de poser pour des photos dégradantes (dont le nec plus ultra serait fuité auprès des tabloïds.)

Selon le plan de Ned Bunterman, on laisserait le choix au photographe. Soit il entrait dans la combine familiale, soit il ferait face à des poursuites pénales, suivies d'un procès au civil qui le transformerait en indigent pour le reste de ses jours. L'individu qui lui communiquerait ces conditions drastiques, présentement assis dans la suite de Cherry au Stefano, vaporisait de WD-40 l'axe du rotor d'un appareil mécanique pour tailler l'herbe, fixé au moignon de l'un de ses bras.

– Ned, voici M. Chimio, lui dit Janet Bunterman.

Son mari s'avança, affichant un sourire de vestiaire.

– Heureux de vous rencontrer, monsieur.

Il lui tendit une main saisie d'un tic nerveux. S'il n'avait jamais posé les yeux sur quelqu'un comme ce garde du corps, il n'avait aucun désir d'entendre son histoire *in extenso.*

– Salut, fit Chimio sans lever la tête.

Ned Bunterman en fut pour sa poignée de main.

– Je suis le papa de Cherry.

– Chouette. Payez-le.

– Quoi ?

Chimio désigna de son unique pouce un porteur black qui patientait sur le seuil avec la valise de Ned Bunterman et une clé de chambre électronique.

– Juste, fit Ned Bunterman, qui donna à l'homme un billet de dix.

Maury Lykes et les Lark étaient déjà là, parlant à voix basse dans leurs portables. Après avoir terminé leurs conversations respectives, ils s'assirent tous pour discuter de ce qu'on raconterait à Cherry Pye à propos de la séance photo. L'une des sœurs Lark se demandait si le paparazzi devait prétendre être de *Maxim* au lieu de *Vanity Fair.* L'autre Lark dit que ça n'avait pas d'importance.

– Elle n'est pas branchée magazines, tomba d'accord Janet Bunterman.

– Ni périodiques, en général, ajouta le père de Cherry. Les jeunes de son âge ne lisent pas beaucoup.

Chimio jeta un œil par-dessus sa monture Sarah Palin.

– En tout cas, elle sait lire ce qu'il y a d'écrit sur un flacon de comprimés.

– Inutile d'être méchant, fit Ned Bunterman, même si personne ne le soutint.

Maury Lykes dit que ce serait sympa de choisir une publication dont Cherry avait entendu parler.

– Oh, elle a entendu parler de *Vanity Fair,* affirma sa mère. La double page sur Lindsay Lohan ? Ah mon Dieu.

Les Lark approuvèrent.

– Cherry a pété un câble, dit l'une d'elles. Elle s'est mordu le pied et ne voulait plus lâcher.

– Six points de suture, rappela Janet Bunterman.

Maury Lykes sourit.

– Parfait. Dites-lui qu'elle fera la couverture, comme Lindsay.

– Elle est cap de se boulotter les pieds ? demanda Chimio.

Une partie du plan inquiétait Ned Bunterman, qui dit :

– À un certain stade, elle va finir par comprendre que tout ce bazar n'a rien à voir avec ce qu'on l'aura poussée à croire.

– Vous voulez dire le jour où elle allumera la téloche et verra Billy Bush raconter dans son emission comment on l'a kidnappée sous la menace d'une arme à feu et retenue en otage ?

Maury Lykes renifla.

– Ouais, elle risque d'additionner deux et deux. Mais madame et vous, vous aurez une petite conversation avec elle, juste avant qu'on lance l'histoire, OK ? Vous lui direz que tout baigne. Et assurez-vous qu'elle jouera le jeu.

– Bien entendu, fit Ned Bunterman. Mais quelquefois, elle...

– S'écarte de la ligne ? Oui, nous savons, intervint l'une des Lark. C'est pourquoi elle ne fera qu'un seul entretien médiatique avant la tournée. Nous songeons à Larry King.

– Ou Mario Lopez peut-être, lança l'autre jumelle.

Ned Bunterman dit qu'à entendre ça paraissait un très bon plan. Janet et lui laisseraient le coaching de leur fille aux Lark, qui étaient spécialistes des people ingérables.

– Où est-elle ? demanda-t-il.

– Je vais la chercher, fit Chimio en se levant.

Ned Bunterman étouffa un hoquet de surprise ; l'homme était une vraie girafe.

– Vous regardez quoi, bordel ? le rabroua le garde du corps, qui se dirigea à grandes enjambées vers la chambre à coucher.

Il en ressortit quelques instants plus tard, Cherry Pye en remorque derrière lui. Elle portait un débardeur à l'envers, un pantalon de pyjama écossais et aux pieds, des Uggs en agneau noir, tachetées de bouloches de moquette. Elle avait noués ses cheveux en queue-de-cheval, ce qui exposait le tatouage bâtard sur son cou. Son père lutta pour masquer sa consternation ; « l'œuvre » paraissait encore pire en live que sur Internet.

– Bichette, tu es à peindre, roucoula-t-il.

– Salut, papa.

Elle le laissa lui faire une bise sur la joue avant d'aller s'affaler sur le canapé.

Maury Lykes se tourna vers Janet Bunterman et lui dit :

– À vous l'honneur.

Cherry se renfrogna.

– Quoi encore ? Je suis, genre, dans une nouvelle galère ?

– Pas du tout, répondit sa mère. Nous avons prévu un truc énorme pour demain.

– Mais Tanny et moi, on se fait le Seaquarium.

Ned Bunterman demanda :

– Qui est Tanny ?

– L'acteur qu'elle se tape, expliqua Maury Lykes. Il est dans le dernier Tarantino. Il joue le surfeur nécrophile.

– Je vais nager avec les baleines tueuses, continua Cherry Pye. Tanny tournera une vidéo et la postera sur YouTube.

La mère de Cherry eut un claquement de langue désapprobateur.

– Pas demain, ma chérie. Tu as une séance photo pour *Vanity Fair.*

– Mais c'est une vidéo de protestation, pour interpeller les Japonais, dit Cherry.

L'une des Lark faisait tourner entre ses doigts une cigarette non allumée, tandis que Maury Lykes plantait les talons de ses bottes en crocodile dans le teck de la table basse.

– Pasqu'ils sont, genre, en train d'exterminer toutes les baleines, poursuivit Cherry. Tanny et moi, on a vu ça sur Animal Planet. Avec des harpons autopropulsés !

– Bordel de merde, fit Chimio.

– C'est quoi *ton* problème ?

– C'est pas après les baleines tueuses qu'ils en ont les Japs. Mais après les baleines à bosse, précisa-t-il.

La chaîne Animal Planet était très regardée dans le système carcéral floridien.

– La baleine tueuse, ce n'est même pas une baleine, d'abord. Elle est de la famille des dauphins, putain.

Cherry parut perplexe. Janet Bunterman en rajouta une couche :

– La séance photo aura lieu dans la maison de Tanner.

– À Star Island ? Trop mortel.

– On nous a promis la couverture, juste comme Lindsay.

– Bon Dieu, elle est *tellement* vulgos !

– Seulement ton nom sera en plus grosses lettres, ajouta, enjouée, la mère de Cherry.

– Et c'est qui le photographe ?

– Ben, c'est ça le hic.

Cherry sortit de son avachissement en croisant brusquement les jambes.

– Pas le même qui a shooté Lindsay ! Oublie ça, m'man, c'est exclu de chez exclu.

– Pas lui, mon bébé. Tu te souviens du bonhomme qui t'a prise en stop à Rainbow Bend... celui avec lequel tu es revenue en avion à Miami ?

Maury Lykes se pencha près de Ned Bunterman et lui murmura :

– Elle se l'est tapé dans le G5.

Le père de Cherry opina d'un air sombre. Il aurait aimé avoir été choqué d'entendre ça.

– Ce total gros tas ? se récria Cherry. *Impossible* qu'il bosse pour *Vanity Fair* !

L'une des Lark – Ned Bunterman devina que c'était Lucy – dit :

– Son nom, c'est Claude Abbott et, pour info, il a obtenu un prix Pulitzer.

– Impossible !

– Possible, fit l'autre Lark.

Cherry devint songeuse.

– Alors, c'est pour ça qu'il a pu s'offrir une Mercedes.

– Et voilà, dit sa mère.

Maury Lykes regarda Chimio en douce : il affichait un air de lassitude dégoûtée.

– Ce Pulitzer machin truc, reprit Cherry, c'est genre un People's Choice ?

Ned Bunterman explora la pièce du regard en quête d'un minibar. Il se demandait s'il était possible que Cherry se soit cabossé le lobe frontal en tombant de son berceau. Il se souvenait de plusieurs baby-sitters à l'air peu fiable.

– La séance démarre à 10 heures, fit Janet Bunterman.

– Dix du mat ? Beurk.

– M. Chimio restera avec toi toute la journée.

– Sur le plateau ? Je crois pas, dit Cherry, en tirant la langue au garde du corps.

– C'est non négociable, dit Maury Lykes.

Se tournant vers son père, Cherry lança :

– P'p... pa ! Tu as vraiment envie que je me mette, genre, toute nue, devant ce supermons...

Elle s'interrompit à temps en se rappelant l'histoire du garde du corps, celle où il aurait noyé une femme avec une ancre parce qu'elle l'avait insulté. C'était probablement du pipeau, mais si jamais ce n'en était pas ?

– Pas de souci, bichette, dit Ned Bunterman. Tu n'auras pas à poser nue.

– Et même au cas où tu le ferais, intervint l'une des Lark, M. Chimio ne resterait pas là à baver comme un pervers de cour de récré. C'est un professionnel.

Le père de Cherry aurait aimé être déjà de retour en Californie, à compulser factures et autres relevés boursiers ou à passer une journée au spa avec les Jorgensen, ses Danois bien-aimés. Une fois la crise actuelle passée et la tournée de concerts de Cherry entamée, il pourrait reprendre sa routine apaisante faite de golf, de virées dans les vignobles et de triolisme sexuel ; sa femme, qui suivait la tournée, l'appelait habituellement une fois par jour pour obtenir les derniers chiffres, mais autrement, Ned Bunterman n'était pas trop mis à contribution.

– Qui s'occupera de mes cheveux et de mon maquillage ? fit Cherry. Je veux plus de Léo, je veux Chloé.

– Chloé est à Vancouver, dit Janet Bunterman.

– Y a qu'à lui envoyer le jet.

– Elle est sur un film avec Hilary Duff.

– Pitié ! Pas ce cageot !

Cherry chercha autour d'elle un truc à balancer et arrêta son choix sur une figue sèche bio du plateau de fruits.

– Et puis, ma garde-robe ? Comment porter autre chose que du Versace à Miami ? Sérieux, m'man.

Janet Bunterman adopta un ton gentiment explicatif.

– Ma chérie, ça n'aura rien à voir avec les autres séances photo que tu as faites jusqu'ici. Le bonhomme est un poil excentrique... il réclame un contrôle absolu.

– Mais il est génial, fit chorus l'une des jumelles.

– Claude ? fit Cherry avec une grimace. Il *sentait* pas génialement.

– En plus, c'est un giga fan, dit l'autre Lark.

– Vrai. Il connaît, genre, chacune de mes chansons.

Maury Lykes eut l'air ravi.

– Bon alors, on est prêts à y aller, hein ?

– Mais je me le ferai quand, le Seaquarium ? fit Cherry en se grattant sous un bras, qui la démangeait.

– Un autre jour, dit sa mère.

– Mais il me faudra un nouveau string, d'acc ? Pour notre vidéo « Sauvons les baleines ».

– Bien entendu, ma chérie.

– Après ma mort, j'avais vraiment envie de revenir comme une baleine, tu vois ? Mais maintenant, non, pasque qui a envie de se faire, genre, percer par un harpon ?

Cherry prit à tort le silence régnant dans la pièce pour de l'empathie. Chimio toussa sèchement.

– J'ai une question, fit-il en zieutant Ned Bunterman.

– Oui ?

– Toutes ces années, vous ne l'avez jamais soumise à des tests ? Merde, si c'était ma gosse...

– Ça suffit, le coupa Maury Lykes.

– Quels tests ? Pour quoi faire ? demanda Cherry.

Ned Bunterman se sentit le devoir paternel de signifier au garde du corps qu'il n'était pas très drôle. La seule réaction de l'individu fut un regard à vous glacer l'âme.

– Il parle du test VIH ? insista Cherry.

– Non.

– Pasque j'ai déjà fait le test, genre, une centaine de fois.

Chimio se pinçait un bouton enflammé sur son menton.

– Je parlais des tests qui indiquent si on est attardé mental ou pas.

Maury Lykes fit signe que la séance était levée et lança :

– J'ai une réunion avec ces raclures de Ticketmaster dans cinq minutes. (Puis à la toute spéciale intention de Chimio :) Toi et moi, on aura une petite discussion plus tard.

– Un peu, mon neveu.

Le groupe se sépara, et Ned Bunterman fit rouler sa valise dans le couloir jusqu'à sa chambre. Il avait une terrasse avec vue sur l'océan, mais ce n'était pas le bon océan.

Au lieu de défaire sa valise, il se servit un bourbon.

20

Même si ça faisait un bail qu'il n'avait pas vu ce film-là de De Niro – ni tout autre film, d'ailleurs –, le gouverneur saisit la référence quand le touriste le traita de « Travis Bickle ». Cela arriva pendant qu'il attendait dans le taxi volé près du Marriott, après qu'il eut informé poliment ledit touriste qu'il n'était pas en service et ne pouvait donc pas le conduire au match de basket. Le Miami Heat affrontait les Brooklyn Nets.

L'homme, un blaireau d'âge mûr en blouson de cuir vieilli, s'était tourné vers sa compagne en disant :

– Travis Bickle, là, y me dit qu'il est pas en service.

– Désolé, avait répondu Skink.

– C'est les implants les plus mochards que j'aie jamais vus. Tu devrais faire un procès.

– J'ai changé d'avis. Montez.

Skink prit le Julia Tuttle Causeway en direction du continent. Le type travaillait pour une compagnie aérienne dont la plaque tournante était à Newark – supervisant l'équipe de nuit des bagagistes, il portait tout le poids du monde libre sur ses épaules, à l'entendre. Sa petite amie bossait à temps partiel à New York.

– C'est encore loin ? demanda-t-elle. On va rater le début.

Le gouverneur leur demanda si c'était leur premier séjour à Miami, sans prêter attention à leur réponse. Il était furieux contre lui d'avoir cédé à un coup de tête inconsidéré ; il aurait dû rester en planque juste en face de l'hôtel, au cas où Annie et son ravisseur en sortiraient.

Mais ce type en blouson de cuir était un tel bouffon que Skink se sentait contraint de lui administrer une bonne leçon. C'était l'une de ses faiblesses chroniques ; il ne pouvait rien laisser passer. Il n'avait jamais pu. *Pourquoi perdre ton temps avec ces abrutis ?* lui disait toujours Jim Tile. *Les gens ne changent pas, Clint.*

Et sa réponse standard était : *Et puis, après ? Je sens que c'est juste.*

– T'es bourré ? lança le blaireau depuis le siège arrière.

Ce fut alors que la femme lui fit remarquer que leur chauffeur ne ressemblait en rien à M. Henri Juste-Toussaint, le brave Haïtien dont le visage photographié figurait sur la licence de taxi. Le passager de sexe masculin donna l'ordre à Skink de les déposer.

– Accrochez-vous. On y est presque, répondit Skink.

– Arrête ce tacot ou je vais te botter le cul.

– Dans tes rêves.

S'engageant dans la cité James Scott, il alla se garer près d'un terrain de basket où un match improvisé animé était en cours. La surface cimentée du terrain était décolorée par le soleil, les filets des paniers et les lignes des trois points avaient été bombés à main levée.

Les passagers du gouverneur bondirent hors du taxi, la femme dégainant son portable pour appeler les flics. Aussitôt le match improvisé s'interrompit, car les touristes ne fréquentaient pas le quartier. À présent, le seul son qu'on entendait était le bruit sourd du ballon de basket qu'un jeune Black élancé faisait rebondir en rythme : il portait un maillot des Cavs et des vieilles Air Jordan.

– Tu vas prendre ton pied. Ces mecs-là savent jouer, dit Skink au type en blouson de cuir.

– Tu trouves ça drôle ?

– Veille à bien te tenir et tout se passera bien, lui conseilla Skink.

– Ces putains de places pour le Heat, elles m'ont coûté cent dollars pièce !

– T'as bien raison. C'est un péché de les gaspiller.

Le gouverneur lui arracha les billets des doigts et beugla par la vitre ouverte :

– Yo ! Qui veut aller voir D-Wade faire un *dunk* ?

Il choisit les deux plus petits mecs du terrain et les emmena au Nouvel Arena de Downtown Miami où, en sus des billets de l'enfoiré, il leur fila du cash pour rentrer chez eux en taxi après le match. Retardé par un embouteillage monstre, il revint en roulant au pas jusqu'à South Beach et se mit à rôder autour du Marriott, en recherchant un endroit où se garer avec une vue imprenable.

À son troisième passage, il repéra Ann, la jeune actrice. Elle portait une robe sévère, tout sauf moulante, mais semblait sinon aller bien. L'homme à ses côtés était courtaud et corpulent ; il avait une casquette de base-ball bleu-vert vissée sur le crâne, et une main empaquetée de bandages blancs. L'autre était dissimulée dans un sac de voyage sombre qu'il serrait contre sa poitrine.

La mauvaise nouvelle, c'était qu'ils entraient dans l'hôtel au lieu de le quitter. Le gouverneur jura, en poussant un hurlement de loup blessé. C'était risqué de suivre Annie à l'intérieur, surtout après l'incident de la valise brûlée ; la direction du Marriott avait certainement dû renforcer l'équipe de sécurité.

Un long coup de trompe fit sursauter Skink qui, dans le rétroviseur, aperçut un bus municipal, collé à son pare-chocs. Levant sa basket pleine de sable de la pédale de freins, il poursuivit doucement sa route, en tâchant d'imaginer un nouvel angle d'attaque.

Ann DeLuisa fut stupéfaite qu'on puisse tirer un coup de revolver à l'intérieur d'une chambre d'hôtel et que pas un seul client n'appelle la réception pour se plaindre du bruit. Mais si on met à fond Radiohead pendant vingt minutes de rien du tout, en rêvassant dans son bain, on fait intervenir le SWAT, l'unité d'élite.

– Il n'y a pas de justice, fit-elle, en équilibre instable, pieds nus sur une chaise. Bang Abbott lui tenait les chevilles pendant qu'à l'aide d'un tampon de papier toilette, elle décollait du plafond le reste sanglant de son index à lui.

– Mon doigt déclencheur ! n'arrêtait-il pas de geindre.

Immédiatement après le coup de feu, il était devenu pâle et tout flageolant, sur le point de gerber, mais il s'était repris et avait arraché le Colt à Ann. Il avait tenté de récupérer son bout de doigt lui-même mais la chaise numéro un s'était écroulée sous sa masse.

– Qu'est-ce que je dois faire de ça ? lui demanda Ann après avoir sauté sur le sol avec le morceau mutilé.

– Seigneur Dieu, gardez-le au chaud !

– *Vous*, gardez-le au chaud, Claude !

Il s'était alors enfoncé le tampon suintant dans la deuxième cavité la plus humide de son corps jusqu'à ce qu'ils aient localisé une clinique cubaine, ouverte le dimanche. Là, un jeune médecin assistant l'informa que ce qui restait de son index tranché était trop endommagé pour qu'on le lui regreffe chirurgicalement.

– Ne me dites pas ça, fit Bang Abbott, abattu.

– Comment est-ce arrivé ?

– Un iguane m'a attaqué.

Le photographe ne pouvait révéler la vérité, car en Floride le personnel soignant est tenu par la loi de signaler toute blessure par balle à la police.

– C'est tout à fait inhabituel, observa le médecin assistant. Il a juste couru vers vous et vous a mordu sans raison ?

– Ben, c'était un iguane très gros.

Bang Abbott lança un coup d'œil à Ann pour qu'elle vienne à sa rescousse.

– Est-ce qu'ils sont porteurs de la rage ? dit-elle. Parce que celui-là avait l'écume à la bouche.

– Je n'en suis pas certain, reprit le médecin assistant. Mais je peux vérifier en ligne.

Il déposa le papier hygiénique trempé, contenant cette infime partie de Bang Abbott, dans une poubelle rouge, sur laquelle on lisait DÉCHETS BIOLOGIQUES.

Fusillant Ann du regard, le paparazzi dit :

– Les reptiles n'ont pas la rage.

Pour la rappeler à l'ordre, il pointa sa sacoche photo, passée en bandoulière à son épaule gauche. C'était là qu'il avait mis le flingue.

– Mon chéri, tu devrais te faire piquer, poursuivit-elle d'une voix douce. Rien qu'au cas où. Je sais que c'est atrocement douloureux, mais n'empêche…

– Ne lui faisons pas perdre son temps, objecta Bang Abbott.

Puis s'adressant au médecin assistant :

– Contentez-vous de me rafistoler la main, OK ?

De retour à l'hôtel, il menotta Ann à l'un des pieds du lit ; puis il s'accroupit avec un Nikon pour s'entraîner à appuyer sur le bouton du déclencheur avec le majeur. Coton, car sa nouvelle prise était gênée par la « poupée » à son doigt, décentrant, semblait-il, le poids de l'appareil. Le type de la clinique avait forcé sur la bande et la gaze.

– C'est demain qui vous met à cran. Ça se voit, dit Ann.

– Non, j'ai mal.

Il leva sa grosse patte bandée.

– Vous me l'avez shootée, vous vous rappelez ?

– C'était un accident, Claude. Je vous ai déjà dit que j'étais navrée.

– Fermez-la, c'est tout.

– C'est moi qui devrais l'avoir mauvaise, après toutes les crasses que vous m'avez faites.

Bang Abbott ne réagit pas. Il tentait de prendre une lampe en photo.

– Vous avez du pot que je ne vous aie pas filé un coup de pompe dans les burnes, lui dit-elle.

Ce n'était pas là une façon prudente de s'adresser à un individu armé, fragile sur le plan émotionnel, mais Ann était furieuse et affamée, et elle avait besoin d'un bain.

– Je ne peux pas attendre jusqu'à demain, lui dit-elle.

– Moi non plus.

– Oh, que si. Vous mourez de trouille.

– Dites d'excitation plutôt.

Le photographe agita le doigt qu'il n'avait pas testé.

– Ça va marcher. Je ferai en sorte que *ça marche.*

À dire vrai, Ann elle-même était anxieuse, face au rendez-vous de Star Island. La laisserait-il vraiment s'en aller, libre comme l'air, dès que Cherry aurait rappliqué ? Comment pourrait-il être sûr qu'elle ne courrait pas directo chez les flics ?

L'entourage de Cherry prendra bien soin de vous. C'est ce que Claude avait dit. Donc, on lui proposerait une certaine somme, ce qui n'était que justice – se faire kidnapper n'était carrément pas prévu au contrat. Ann avait bien l'intention de soulever ce problème, et d'autres, auprès de Janet Bunterman.

– Vous avez dit qu'ils m'enverront une voiture.

– Oui, répondit Bang Abbott.

– Pour m'emmener où ?

Il leva les yeux de son appareil.

– Comment je le saurais, moi ? Pour vous ramener au Stefano, je suppose.

– Peut-être que je préfère le Setai, moi, dit Ann.

– Mon chou, tu peux bien atterrir dans un Motel 6 merdique, je m'en tape complètement. J'essaie de bosser, là, alors tu la fermes ou bien je vais être forcé de te bâillonner.

– Ce ne serait pas la première fois, Claude.

Ann savait qu'elle devrait appeler son agent, une fois tout ça terminé. Ça faisait des mois qu'elle et Marcus ne s'étaient pas parlé. Sa dernière proposition royale : faire le mannequin jambe pour un dépilatoire à base d'écorce de mangue de Jamaïque ; Ann avait refusé. Marcus exigerait sans doute 15 % de la compensation des Bunterman ; mais du point de vue d'Ann, s'agissant de dommages et intérêts, c'était exempté de sa commission. C'est elle, pas Marcus pieds nus dans ses mocassins Bally, qu'on avait retenue prisonnière en la menaçant d'un flingue. Même selon les critères hollywoodiens, l'agence de ce dernier paraîtrait rapetout de tenter de taxer une de ses artistes, enlevée et maltraitée. Ce n'était pas le genre de brève qu'on avait envie de voir paraître dans *Variety.* Ann le soulignerait au jeune Marcus s'il s'avisait de se plaindre.

– Peut-être que je retournerai à L.A. et que j'écrirai un scénario.

Bang Abbott pouffa de rire.

– Quoi encore ?

– Vous, alors, fit-il. Vous me tuez.

Il posa son appareil et se mit à nettoyer l'objectif.

– Quand tout sera fini, au lieu d'écrire, c'est dicter vos conditions qu'il faudra faire, compris ? Ils vous fileront tout ce que vous voudrez parce qu'ils n'auront pas le choix. Et s'ils sont trop cons ou trop radins pour raquer, alors vous leur mettrez la pression. Comment ? Imaginez un peu : quelqu'un tuyaute quelqu'un d'autre, et tout à trac, ça devient viral : « Cherry Pye emploie une doublure ! » Vous avez un blog, pas vrai ?

Ann claqua des doigts :

– *Voilà* ce qui m'a toujours manqué dans la vie !

– Démarrez un blog, lui conseilla Bang Abbott. Allez-y mollo au début, mais obtenez leur attention. En me laissant en dehors du coup, évidemment.

Elle sourit.

– Mais pourquoi, Claude ?

Il s'agenouilla lourdement, lui prit le menton puis colla son visage rond et moite à quelques centimètres du sien. Ann fut effrayée.

– Car personne ne croira cette partie de l'histoire, lui dit-il. Et personne – pas un seul individu – ne la confirmera. Vous ne pigez pas ? Ce sera votre parole contre la mienne ; à ce moment-là, Cherry aura vu mes photos et sera au septième ciel, car elle n'aura jamais paru aussi belle et sexy. Je serai blindé, princesse, et les Lark publieront un communiqué disant que vous n'êtes qu'une…

– Ex-employée mécontente de plus, murmura Ann entre ses dents.

– Bingo. Avec des problèmes émotionnels. (Sa mauvaise haleine chauffait les joues d'Ann.) Elles diront que vous avez inventé cette histoire de kidnapping pour attirer l'attention sur vous et faire progresser votre propre carrière qui était en carafe. Ça paraîtra si moche que vous ne vous en relèverez jamais.

Il se remit debout avec un grognement.

– Mais, en revanche, dit-il, tout ce numéro de doublure, tous ces mois que vous avez passés dans la coulisse, ça c'est un vrai problème pour eux. Vous connaissez certaines dates et certains lieux, des détails que les tabloïds pourraient recouper… ce qui s'est passé au Stefano, la semaine dernière, par exemple. Un des grooms a vu Cherry évacuée par la cuisine, en train de vomir dans un seau… vous croyez que ce ce petit peigne-cul ne vendrait pas l'histoire en guise de pourboire ? Et il ne serait pas le seul. Si la digue cède, Cherry et son équipe seraient *muy* niqués. Pensez-y.

Malgré elle, Ann fut impressionnée que le paparazzi paraisse avoir tout envisagé. Pour sa part, elle n'avait jamais été douée pour flairer l'odeur du sang. En son for intérieur, cependant, elle ne se voyait pas orchestrer un chantage crapoteux.

– Tout ce dont j'ai envie, c'est de rentrer chez moi et de tout recommencer à zéro.

Bang Abbott ricana.

– C'est ce que tout le monde dit.

– Vous savez quoi, Claude ?

– Gardez-le pour vous. Faut que j'aille couler un bronze.

Il gagna la salle de bains en traînant des pieds et referma la porte.

Ann s'allongea sur le dos, les menottes cliquetèrent contre le montant métallique du lit. Elle se demandait si le photographe avait conservé sa petite robe noire et s'il y aurait une chance de la faire nettoyer avant demain.

– C'est quoi, ce bidule ? demanda Cherry Pye.

– Un aiguillon à bestiaux, répondit Chimio.

Il l'avait acheté dans un magasin de fournitures agricoles à Kissimmee, la semaine même où il avait été libéré sur parole. C'était un Sabre-Six Hot-Shot, avec un manche en fibre de verre et des picots plaqués nickel. Il s'en servait pour les boulots trop délicats pour le taille-herbe.

– Ça a un look SM. Ça marche comment ?

Tout en lampant un autre Red Bull, elle se peignait les doigts de pied.

– J'ai dressé une liste dans ma tête, fit Chimio.

Ils étaient dehors, sur la terrasse de la suite de Cherry ; cette dernière portait un T-shirt DOG THE BOUNTY HUNTER, le *reality show,* et un string bleu ciel. Le soleil était intense si bien que Chimio s'était badigeonné la figure d'écran total indice 70, ce qui le faisait ressembler à un mime Marceau de plus de deux mètres. Il attendait son rendez-vous avec Maury Lykes.

– Genre, quelle sorte de liste ? demanda Cherry.

Il effleura la cuisse nue de Cherry du bout de son aiguillon. Avec un cri de poulet passant sous les roues d'un camion, elle bascula sur le côté dans la chaise-longue.

– Chaque fois que tu diras *genre,* je te piquerai le cul, lui expliqua-t-il. Figurent aussi sur la liste : *ça déchire, trop cool, mortel, total, grave,* et *d'enfer.* Et ce n'est qu'un début.

Elle cessa de se trémousser au bout d'une minute à peu près. Essoufflée, ses premiers mots furent :

– Mais ça va pas la tête, mec ?

– En voila un autre : *mec.* Tiens-le-toi pour dit.

– C'est, genre, électrique ou quoi ?

Il l'aiguillonna à nouveau.

– Un peu, oui, que c'est électrique. On s'en sert pour les taureaux de rodéo.

–Mais je parle toujours comme ça, s'écria-t-elle. Je peux pas m'arrêter d'un seul coup.

Chimio s'était dit que le cerveau de Cherry fonctionnait au même niveau de simplicité que celui d'une tête de bétail.

– Certains gardiens à Raiford en avaient toujours un sous la main pour nous rassembler.

Cherry sauta sur ses pieds en le traitant de monstre et en lui ordonnant de balancer l'aiguillon à bestiaux.

– Relax, ça laisse pas de traces, lui dit-il.

– Ça te plairait *à toi* qu'on te fasse ce genre de truc ? s'écria-t-elle, avant de reculer en tressaillant.

Le garde du corps sourit.

– Tu vois, ça marche déjà.

– Mais comment ça se fait que tu m'aies pas piquée, cette fois ?

– Pasque tu as utilisé « genre » comme il faut… en tant que nom, pas comme interjection. « J'aime ce genre de bonne beuh » au lieu de « J'ai envie, genre, de bonne beuh ».

Une carmélite avec laquelle Chimio correspondait en prison lui avait envoyé une fois un livre de grammaire élémentaire, qu'il avait quasiment mémorisé. Même si son propre parler n'était pas sans défaut, il essayait de ne pas massacrer la langue.

– Pas de décharge pour l'usage correct de l'anglais, dit-il à Cherry.

– Je te déteste !

– C'est mieux. Tiens-t'en à des phrases simples.

– Je vais le dire à ma mère. Et à Maury, aussi.

– Te gêne surtout pas, fit Chimio. Ils ne te croiront pas.

Il sortit de sa poche le BlackBerry mandarine, qui n'avait pas cessé de gazouiller toute la journée.

– Eh, c'est mon téléphone ! s'exclama Cherry. File-le moi, là.

– Il n'est pas à toi. Tu l'as volé à Abbott.

– Total pipeau.

– Attention, fit Chimio en la piquant deux fois avec l'aiguillon à bestiaux… une fois pour *total*, l'autre pour *pipeau*, même si le dernier ne figurait pas officiellement sur la liste.

Il l'abandonna à ses tressautements sur la terrasse et rentra pour appeler Maury Lykes, qui avait promis de revenir après sa réunion avec l'équipe Ticketmaster. Le producteur répondit à la première sonnerie en disant qu'il était dans l'ascenseur. Dès qu'il entra dans la suite, Chimio le regarda de haut en bas et lui lança :

– Ticketmaster, mon cul !

Maury Lykes devint cramoisi.

– Et merde, occupe-toi de tes oignons.

Le Cirque du Soleil auditionnait en ville, et il s'était branché avec deux jongleuses d'assiettes tchèques, dont l'âge combiné atteignait au moins trente-cinq ans.

– Où est notre fifille ?

– Elle fait un exercice de Pilates sur le patio, dit Chimio.

– C'est quoi ce truc que t'as là ?

– Un motivateur à bovins.

Maury Lykes souffla.

– Ah bon Dieu.

– Pas de souci. Ça ne laisse aucune trace.

– Franchement ? Tout ce que je n'ai pas à savoir, je ne veux pas le savoir.

Il conduisit Chimio en vitesse dans l'une des chambres, dont il ferma la porte.

– OK, parlons de Star Island.

– Déballez tout.

– Entre toi et moi, je ne peux pas m'offrir de nouvelles surprises. Tout ce cirque de merde, tu vois…

– Parfaitement, fit Chimio.

– Les détails et tout ça… J'ai un bizness à gérer moi.

– Vous vous prenez déjà bien assez la tête, tomba d'accord Chimio.

Ils discutèrent brièvement des tenants et aboutissants.

– Mais personne d'autre ne doit être au courant, dit Maury Lykes.

– Je n'allais pas envoyer des cartons d'invitation.

– Cinquante mille, qu'en penses-tu ?

– Que vous vous foutez de moi.

– Soixante-quinze, contra Maury Lykes. J'peux pas faire mieux.

Le sourire de Chimio semblait sortir d'une BD macabre de Gahan Wilson. Le producteur ne savait plus s'il devait éclater de rire ou chier dans son froc.

– Maury, vous n'êtes qu'un sale menteur. Quatre-vingts mille, et quarante d'avance.

– Ça marche. Maintenant dis-moi la vérité… comment elle va ?

– Cherry ? fit Chimio, qui retroussa les lèvres de dégoût. C'est une chieuse, mais je la tiens à carreau. Pourquoi vous croyez qu'elle me déteste à ce point ?

Maury Lykes se détourna. Planté devant une fenêtre qui dominait la baie de Biscayne, il avait le soleil dans les yeux, si bien qu'il chaussa sa paire d'Oakley miroir bleues.

– Quand Michael est mort, dit-il, son fonds a crevé le plafond. Chacun de ses albums est revenu au hit-parade. Même chose pour Elvis, même chose pour Lennon. Mais Cherry Pye et Bambi, ça fait deux, et elle n'a rien d'une Beatle. Si elle se paie une overdose, il y aura un gentil sursaut des ventes pendant un mois, peut-être, et sur iTunes, principalement, tout dépendra du temps qu'on fera traîner l'analyse toxicologique. Mais après ça, elle sera *out* ou tout comme. Son catalogue n'est pas exactement à l'épreuve du temps, d'accord ?

Chimio faisait tourner l'aiguillon à bestiaux comme un bâton de majorette.

– En quoi c'est mon problème ? dit-il.

Le producteur pivota, en se frottant nerveusement les mains. Chimio songea que ses lunettes brillantes le faisaient ressembler à un taon géant.

– On a vendu pour dix-sept mille dollars, dix-huit disons, de billets pour la tournée *LGR*, fit Maury Lykes. Mais, malheureusement, le spectacle n'est pas assuré. Personne n'a voulu s'y risquer à cause de ces désintox en série, alors j'ai dû fonder ma propre compagnie et la couvrir moi-même… ce qui laissera ton dévoué serviteur pris à la gorge et au bord du désastre si jamais Cherry a l'insouciance de nous refaire un coup à la Heath Ledger. Donc, ce que je suis en train de dire, mon frère, c'est ceci : j'ai besoin de toi pour garder en vie cette évaporée le plus longtemps possible, car elle n'aura aucun avenir posthume dans les bacs, dès qu'elle aura cassé sa pipe.

– Je ne peux pas vous aider, là. Désolé, fit Chimio.

– Que veux-tu dire ?

– Après demain, j'irai voir ailleurs.

– Tu feras quoi ?

– Des expulsions haut de gamme. Les banques, elles bandent pour les gros bras.

– Je t'en prie, lui dit Maury Lykes. Je t'en supplie, ne t'en va pas.

– Si, c'est la seule chose intelligente à faire. Une fois ce truc terminé, vous n'aurez plus envie de moi dans les parages.

Le producteur se donna le temps d'y penser, et dut en convenir.

– En outre, poursuivit Chimio, un jour de plus et c'est moi qui finirai par la tuer.

Maury Lykes se fendit d'un léger rire, dans l'espoir que le bonhomme plaisantait.

21

Comme le suggérait son surnom, Ruben « S'passe Quoi » Coyle n'avait pas un vocabulaire très étendu. S'il n'en était pas moins apprécié d'un certain type de femmes, il le devait à sa stature de basketteur de la NBA. S'passe Quoi Coyle figurait actuellement comme meneur sur la liste des joueurs du Miami Heat, bien qu'il ait été mis indéfiniment sur la touche pour pubalgie. Cette blessure n'était pas intervenue sur un terrain de basket mais bien sur le plongeoir de trois mètres d'une propriété privée de Coconut Grove, pendant que S'passe Quoi Coyle se faisait allègrement chevaucher, en position cow-girl inversée, par son agente immobilière, une rousse naturelle qui semblait prête à tout pour lui fourguer ladite propriété.

C'était un bel endroit, avec six chambres à coucher et une salle de sport en sous-sol, mais S'passe Quoi Coyle cherchait à louer, pas à acheter. Comme il était transféré en moyenne tous les dix-neuf mois, il ne restait jamais assez longtemps au sein d'une équipe pour faire du *flipping* et acheter une maison à bas prix pour la revendre dans la foulée. De plus, même S'passe Quoi Coyle le savait, le marché en Floride du Sud était particulièrement en berne. Il fit connaître ses intentions de se loger modestement peu après que lui et son agente immobilière eurent chu du plongeoir, pendant qu'il nageait comme un petit chien, l'aine en feu, vers les marches en marbre de la piscine. Ladite agente immobilière se sécha avec une serviette, enleva son éponge contraceptive et renvoya fraîchement S'passe Quoi Coyle sur une vague agence de location de Coral Gables. Même si elle ne le rappela jamais, il n'en persévéra pas moins.

En l'espace d'une semaine, il avait trouvé une maison d'un étage sur Venetian Isle qui affichait, outre une « piscine-couloir », une salle de billard. Cerise sur le gâteau, elle n'était qu'à un quart d'heure de South Beach, où S'passe Quoi Coyle faisait le plus gros de sa désintox, habituellement au tout petit matin. Pendant sa carrière de *journeyman* à la NBA, S'passe Quoi Coyle s'était taillé une solide réputation de fêtard en dehors du terrain. En conséquence de quoi, les entraîneurs du Heat de Miami lui avaient demandé de bien vouloir utiliser un *car service* chaque fois qu'il allait en boîte. Ils se sentaient autorisés à lui faire une telle requête puisqu'ils payaient à S'passe Quoi Coyle la coquette somme de cinq millions par an et que son score – avant sa blessure – était de sept minables points par match. Le moins qu'il puisse faire, c'était d'engager un chauffeur et d'éviter les ennuis.

Mais S'passe Quoi Coyle leur dit non merci. Il prit en leasing une décapotable Jaguar XKR argent à moteur surcomprimé, qu'il plia rapidement autour d'un pin après avoir quitté la Forge (la faute à la fatigue, déclara-t-il aux policiers de la route). Au volant de sa deuxième Jaguar, il quitta le *causeway* Rickenbacker pour la baie de Biscayne (le flic qui le trouva, étant fan de sket, effectua un déchiffrage amical de l'alcootest). Une troisième décapotable roula direct du bac de Fisher Island dans Government Cut, le véhicule ayant été laissé avec insouciance en prise pendant que S'passe Quoi Coyle était distrait par la jeune héritière richissime d'une marque de cirage italienne (et dont la nage, par chance, figurait parmi sa pléïade de talents).

Aujourd'hui, S'passe Quoi Coyle en était à sa quatrième Jag, et la société de leasing l'avait prévenu que ce serait la dernière. Il avait reçu aussi un coup de fil de semonce de son coach qui, ayant eu vent de ses autres mésaventures, voulait à présent que S'passe Quoi Coyle se soumette à une visite médicale, ce qui en code *league* signifiait tests urinaires et dépistage de drogues. À cause des répercussions contractuelles liées à la preuve de prise de substances, S'passe Quoi Coyle se débrouilla pour retarder ledit examen médical le plus longtemps possible afin de permettre à sa carcasse d'1 m 98 de se repurifier. Il renonça à la marijuana, à la cocaïne et autres opiacés, se limitant héroïquement à l'alcool, qui était non seulement légal mais disparaissait du système sanguin quelques heures après absorption.

Le dimanche soir étant relativement calme à South Beach, S'passe Quoi Coyle eut quelques difficultés à trouver une fête à l'issue du match Heat-Nets. Ses repaires préférés étant morts, il tenta alors le coup au Shore Club, où il échangea des numéros de téléphone avec un mannequin finlandais, qui promit de le rejoindre plus tard au Rose Bar du Delano. Elle rappliqua avec un *infielder* remplaçant des Arizona Diamondbacks et proposa qu'ils prennent une chambre tous les trois. Au départ, cette idée laissa froid S'passe Quoi Coyle, mais bientôt sa curiosité de fourrer une foune scandinave l'emporta sur son dédain pour les joueurs de baseball. Il se dit que ça pourrait être l'éclate de frimer devant ce petit avorton.

Alors, il prit la chambre sur sa carte platine, et les voilà montant en ascenseur. La dernière chose dont S'passe Quoi Coyle se souvenait clairement, c'était d'avoir éclusé jusqu'à la dernière goutte un magnum de champagne au nom imprononçable pendant que la mannequin et l'*infielder* s'empoignaient sur la moquette, en soufflant comme des boucs. L'un ou l'autre faisait une pause de temps en temps pour venir sucer les orteils de S'passe Quoi Coyle, ce qui l'empêchait de se sentir leur partenaire à part égale.

Retour au présent. Il prit peu à peu conscience qu'il était à nouveau dans la Jag, affalé sur le volant. Le toit était ouvert, le moteur tournait, il était pieds nus et l'aube se levait. Un type tapotait sur le pare-brise, et S'passe Quoi Coyle supposa que c'était un keuf… avec un peu de chance, il serait lecteur de la page sportive. S'passe Quoi Coyle décocha un sourire penaud à la silhouette massive.

– S'passe quoi, monsieur l'agent ?

– Vous n'êtes pas en état de conduire.

– J'ai superteufé hier soir.

– Dehors, dit le type.

En émergeant de la voiture, S'passe Quoi Coyle vit que son interlocuteur n'était carrément pas de la police. L'homme avait le cuir cuit et recuit, comme la peau d'un Indien, et l'un de ses yeux était foutu. Il portait un imperméable mochard et son crâne chauve était rasé, sauf deux tresses désassorties où cliquetaient des accessoires rouges et verts.

S'passe Quoi Coyle peinait à se tenir droit. Puis flippa de constater que l'arrière de la Jaguar était froissé, apparemment il avait reculé dans le mur en ciment d'une boulangerie kascher avant de s'assoupir. Une poubelle en fer-blanc aplatie dépassait d'en dessous l'une des roues arrière.

– Et merde, fit-il.

L'inconnu monta dans la XKR dont il emballa le moteur.

– Oh, s'passe quoi ? redemanda S'passe Quoi Coyle.

– Elle est conduisable, fit le type.

– Sérieux, tu vas me chourer cette caisse ?

– Appelle ça un emprunt.

– Je t'emmerde, dit S'passe Quoi Coyle. C'est *ma* caisse, le vioque.

Quand il attrapa le type par l'épaule, quelque chose de métallique et de lourd s'abattit sur sa main : le canon d'un fusil de chasse, et S'passe Quoi Coyle se demanda pourquoi il ne l'avait pas remarqué plus tôt. Et songea : *je dois être raide bourré.*

– C'est ça le deal, dit le type.

– Neûn, ça baigne.

S'passe Quoi Coyle rétropédala jusqu'à ce qu'il se retrouve arc-bouté contre le mur de la boulangerie. Il se sentait dans le coatar et nauséeux.

– Où sont tes pompes ? lui demanda l'inconnu.

– Qu'est-ce que j'en sais.

L'homme pointa un doigt.

– Collins, c'est par là. C'est ta meilleure chance de choper un taxi.

Puis il démarra dans la décapotable d'import.

S'passe Quoi Doyle avait beau être imbibé, il comprit que ce serait contre-productif en ce moment d'en référer aux autorités.

Le rapport de police ferait sans doute mention de son état d'ivresse avancé, et pour finir, il aurait droit à un article dans le *Miami Herald*, ce qui n'améliorerait guère sa position auprès de son coach.

Il décida donc de rentrer chez lui et de cuver. Plus tard, il téléphonerait à la société de leasing, en disant qu'on lui avait volé la Jaguar pendant la nuit, dans son allée. De cette façon, si jamais la voiture réapparaissait, on ne lui imputerait pas les dégâts. Ça devait être le voleur qui l'avait emplafonnée, hein ? Prière de m'en livrer une neuve aussi sec... voilà ce que Ruben S'passe Quoi Coyle dirait. Argent, et toute pareille aux autres.

C'était un bon plan, et il se félicita de l'avoir tricoté si prestement. Puis plié en deux, il piqua du nez dans l'inconscience et un vieux paquet de pain de seigle.

Si D.T. Maltby n'avait pas été aussi radin, il ne se serait pas retrouvé dans la position délicate d'être interrogé par un inspecteur de Monroe County qui faisait du zèle.

– Ce n'est pas très grave, insista-t-il.

– Une effraction est toujours très grave, répliqua l'inspecteur Reilly, sans se donner la peine de préciser : en particulier, à l'Ocean Reef Club.

– À quoi ressemblait cet intrus, M. Maltby ?

– À un clodo. Vous savez, un de ces lamentables accros au crack.

L'ancien lieutenant-gouverneur n'avait nullement l'intention de révéler l'identité de Clinton Tyree ni d'orienter les représentants de l'ordre vers ce dégénéré revanchard. Maltby avait appelé la police seulement parce que sa compagnie d'assurances exigeait un procès-verbal et un numéro de dossier.

– Il était grand ou petit ? demanda Reilly.

– Je ne pourrais vraiment pas le dire. Vous voyez, il était assis.

– En train de déféquer dans votre sèche-linge.

– Lave-linge, rectifia Maltby.

– Vous êtes absolument certain qu'il ne vous a rien dit ?

– Écoutez, je vous ai déjà raconté ce qui s'est passé... il a chié et il s'est enfui. Pourriez-vous s'il vous plaît vous contenter de rédiger votre rapport ?

L'inspecteur demanda à Maltby pourquoi il avait a
sieurs jours avant de signaler l'effraction.

– Parce que je ne tenais pas à vous déranger po
aussi débile… ce sont les gars de l'assurance qui m'o
vous appeler.

– Ce n'est pas débile, M. Maltby, reprit Reilly. Il s'agit d'une violation de domicile. Vous déclarez que rien n'a été volé.

– Non, inspecteur.

– C'est plutôt bizarre de penser que cette personne soit entrée par effraction uniquement dans le but de…

– Eh, les gens sont dingues, lança Maltby inutilement.

– … se vider les boyaux dans votre lave-linge, alors même qu'il disposait d'une salle de bains des plus confortables au bout du couloir.

– Il est évident que ce type est un malade. (L'exaspération de Maltby montait.) Mais, bon, c'est pas le crime du siècle.

– On a volé une vedette à l'un de vos voisins au cours de la même soirée.

– J'en ai entendu parler.

Maltby espérait que Tyree était parti aux Bahamas. Peut-être qu'il chavirerait dans le Gulf Stream et s'y noierait.

L'inspecteur signala qu'un vagabond avait été impliqué récemment dans une série d'incidents bizarres survenus à Key Largo nord.

– Connaissez-vous un dénommé Jackie Sebago ?

La langue de Maltby devint pâteuse. Il n'aurait jamais dû s'embêter avec l'assurance. Il aurait dû passer outre et se payer un nouveau lave-linge de sa poche. Et le voilà maintenant qui mentait comme un arracheur de dents à un flic.

– Ce nom n'éveille aucun écho, dit-il.

Reilly lui relata que M. Sebago et plusieurs de ses associés avaient été détournés sur la Card Sound Road par un SDF à l'air dérangé, armé d'un fusil à canon scié.

– Il nous a décrit cet homme comme grand, le crâne partiellement chauve, avec un œil en piteux état. Le suspect était aussi accompagné d'une jeune femme. M. Sebago a été agressé personnellement, et d'une façon fort inhabituelle.

– C'est affreux, fit Maltby, grimaçant faussement.

Il préférait que l'inspecteur reste dans l'ignorance qu'il avait fait illégalement attribuer des permis de construire à Jackie Sebago pour son projet résidentiel, avant de les faire retirer après avoir été menacé par l'ex-gouverneur, son ancien colistier, qui avait chié dans son Whirlpool. Après l'effraction, Maltby avait bloqué les rainures de toutes ces portes-fenêtres coulissantes avec des manches à balai. Et n'avait pourtant pas fermé l'œil de la nuit.

Reilly reprit :

– À mon avis… vous êtes une personnalité connue en Floride.

– Pas vraiment. Plus maintenant.

– Mais ce qui vous est arrivé est tellement…

– Tordu ?

– Ciblé, fit Reilly. On dirait presque une vengeance.

Maltby le prit de haut.

– C'est ridicule. Je n'avais jamais vu cet abruti de ma vie. Et il n'était ni armé ni avec une petite amie.

– Peut-être qu'on l'a payé pour vous effrayer, spécula l'inspecteur, qui avait soumis la même hypothèse à Jackie Sebago, la veille. Êtes-vous impliqué dans des affaires déplaisantes ?

– Nullement.

– Des conflits de personne ?

– Nan.

– Et votre épouse, M. Matlby ? Existe-t-il des circonstances familiales qui pourraient provoquer ce genre d'hostilité ?

– Mais non, merde ! (Maltby était hors de lui.) Sacré bon Dieu, c'est simplement un fêlé qui a choisi ma maison, au pif, pour poser sa pêche. Il est sans doute à mi-chemin de Key West à l'heure qu'il est, et pendant ce temps ma pile de linge sale s'accumule, OK ? Tout ce dont j'ai besoin, c'est que vous rédigiez un fichu rapport afin que je puisse réclamer un nouveau lave-linge.

– Bien entendu, dit Reilly, en tendant la main vers son écritoire. Mais cette fois, vous pourriez envisager de vous offrir un de ces modèles qui se chargent par l'avant.

– Vous n'êtes pas drôle.

– Au cas où ce type reviendrait.

Si la séance de Star Island se déroulait comme le prévoyait Bang Abbott, il finirait la journée avec assez de portraits frappants pour un luxueux ouvrage, qui serait imprimé en toute hâte dans les semaines qui suivraient le dernier souffle de Cherry. Telle était la hauteur de ses illusions.

– Vous êtes un bel idiot, lui dit Ann DeLusia.

– Ne bougez pas.

Il la mitrailla encore une bonne dizaine de fois.

– Voyons ça, dit-elle.

Il examinait les images d'Ann dans le viseur.

– Le tatouage s'efface, remarqua-t-il.

– Pas assez vite.

– Vous n'avez pas pris du poids ? Regardez-moi ce petit bourrelet sur celle-ci.

– Je vous emmerde, Claude.

En fait, les photos sortaient plutôt pas mal : Ann menottée au lit, assise en tailleur sur le sol dans la chambre du motel. Bang Abbott était content de lui-même ; shooter avec un autre doigt déclencheur n'était pas si difficile, une fois l'habitude prise.

– Où est ma petite robe noire ? lui demanda-telle.

– Oubliez-la. Vous m'avez tiré dessus.

– C'était de votre faute. Faites pas votre chochotte.

– Cette robe est un torchon crade. De plus, il me la faut pour Star Island.

– Ne me dites pas que vous allez la lui donner à *elle* !

– Si, tout à fait. On aura l'impression qu'elle la portait pendant un gang bang.

– Y a pas à dire, m'sieur, vous êtes la classe même, dit Ann. Allez, laissez-moi voir.

Il lui tendit l'appareil et elle déroula les clichés d'un œil critique.

– Je vous avais dit que la captivité ne m'allait pas, fit-elle. Où est la touche pour effacer ?

Bang Abbott lui reprit le Nikon et supprima les photos, clic-clic-clic.

– Elles vous faisaient paraître réelle, c'est ça l'idée. Donner l'impression que vous êtes humaine.

– Comparée à quoi… un loup-garou ? fit Ann.

Le petit déjeuner se composait d'une barre de Granola préhistorique qu'il déterra du fond de sa sacoche. Lui-même ne mangea rien, ce qui était une grande première. Elle voyait qu'il était stressé et à cran, ce qui suggérait du moins un lien résiduel avec la réalité. *Il est impossible que ça se passe aujourd'hui comme prévu,* songea Ann. Il était grand temps que Claude devienne nerveux.

– Quel âge avez-vous ? lui demanda-t-elle.

– Quarante-quatre.

– Déjà été marié ?

– Pour quoi faire ?

– Ah ouais, j'avais oublié. Vous autres paparazzis vous baisez tout le temps, de vrais étalons. Et en Learjet, pas moins.

– C'était un Gulfstream.

– Cinquante dollars qu'elle ne s'en souviendra même pas, lui balança Ann.

Il lui fit un clin d'œil.

– Cent qu'elle n'oubliera jamais.

– Pauvre pomme.

– Riche pomme, rétorqua Bang Abbott.

Il déverrouilla les menottes et lui dit d'enfiler des vêtements, ce qui signifiait la mocheté en coton qu'il avait achetée à la boutique de fripes.

– Le moment est venu, Claude ?

– Ouaip, dit-il. Magnez votre mignon petit cul.

Le gamin du room-service tremblotait dans la penderie. Chimio passa la main à l'intérieur et lui administra une nouvelle décharge avec l'aiguillon à bestiaux.

– Redis-moi tout, fit-il. Et dans tous les détails.

Quand le gamin cessa de gigoter, il énuméra d'une voix asthmatique la liste de ce qu'il avait livré dans la suite de Cherry : Xanax, Tramadol, ecstasy, des capsules de gélatine Bayer, du laxatif Ex-Lax, des Cheerios aux bananes et aux noix plus une bouteille de vodka Stoli.

– Mais elle ne s'est pas enfilé tout ça ! s'écria-t-il.

Chimio était furax contre lui-même d'avoir commis une autre minibévue. Cherry faisait seulement semblant de dormir quand il s'était éclipsé pour aller manger un steak en bas. Il n'avait pas été absent plus d'une heure, mais était revenu à la suite au moment où le gamin du room-service en sortait discrètement. Ce petit maigrichon arborait un suçon tout frais sur son sternum, visible seulement parce que Cherry l'avait délesté de sa veste de smoking et de sa chemise. Le suçon était signé « Cherish », griffonné au feutre rose.

Après que Chimio eut poussé le gamin dans la penderie, il appela un numéro que l'une des Lark lui avait fourni le jour où il avait pris ce boulot. La ligne était celle d'un médecin qui avait traité auparavant la « gastrite » de Cherry et était connu pour être rapide.

– Elle respire ? lui avait-il demandé.

– Comme une fontaine morveuse.

– Je serai là-bas dans vingt minutes.

Après une rallonge d'aiguillonnage, le gamin du room-service apprit à Chimio que Cherry lui avait filé six cents dollars, négociés lors d'une livraison de jus de grenade et de canapés dans l'après-midi. Il avait fallu un petit moment au gamin pour rassembler toutes les drogues, qu'il avait planquées dans le placard à pâtisserie de la cuisine jusqu'à ce que Cherry l'appelle pour lui dire que la voie était libre. Et même si elle avait manqué à sa promesse de lui faire une pipe, elle lui avait octroyé la permission de poster un cliché du suçon autographié sur sa propre page Facebook.

Chimio vira le gamin et gagna, agacé, la chambre de Cherry. Il la trouva par terre, étendue sur le dos, en train de fredonner *Yellow Submarine* les yeux au plafond et en faisant claquer la ceinture d'un caleçon en soie, qui était tout ce qu'elle portait. La moquette était minée de flaques de dégueulis piquetées de Cheerios. C'était un triste spectacle ; et pire encore, il déteindrait sur Chimio. On l'avait engagé pour empêcher de telles absurdités casse-gueule.

De son bras intact, il la ramassa et la colla sous une douche froide. Pour garder l'équilibre, elle enfonça ses ongles dans la housse de sa prothèse.

– Z'est quelle heure ? demanda-t-elle.

– 4 heures 30.

– Du mat ?

– Lave-toi la figure, lui dit-il.

– Dis rien à m'man pour la dope, d'acc ? Et je te promets que je lui dirai rien sur le taser à bestiaux, donc on sera, genre, quittes.

– Nom de Dieu.

Chimio cueillit un comprimé blanc oblong dans les cheveux de Cherry et l'expédia d'une pichenette dans la cuvette des W-C.

Cherry éclata de rire.

– Qu'est-ce qui est vraiment arrivé à ton visage ? Allez, mon grand. Viens le murmurer à l'oreille de ton bébé.

Elle se mit à chanceler, si bien qu'il lui donna une gifle.

– Ressaisis-toi. On a une grosse journée.

– J'veux pas retourner en désintox, fit-elle d'une voix traînante. Je veux rester une vilaine fille.

Chimio la sécha puis l'enveloppa dans un peignoir. Le médecin arriva, empestant l'eau de toilette d'un bar à cigares. Il portait des chaussures de jogging, un survêt brillant et au poignet un bracelet en caoutchouc de couleur. Chimio n'aurait pas laissé ce type soigner un cochon d'Inde.

Après un examen superficiel, le médecin décréta qu'il pouvait soit envoyer Cherry à l'hôpital en observation ou lui faire garder le lit une journée au Stefano.

– On la mettra sous perf. Avec une infimière à demeure.

Ni l'un ni l'autre ne plaisaient à Chimio, car cela empiéterait sur le rendez-vous photo de Star Island et, par conséquent, sur son jour de paie. En se basant sur son expérience – il avait vu plus d'une overdose à l'époque où il était videur –, Cherry n'était ni aux portes de la mort ni même à celles d'un coma léger. Le garde du corps téléphona aux Lark pour leur décrire la situation.

– Pas d'hôpital, décrétèrent-elles à l'unisson.

– Et appeler p'pa et m'man ?

Sur cette question, les sœurs étant partagées, Chimio prit une décision importante. Il n'était pas d'humeur à traiter avec les Bunterman. Après avoir renvoyé le médecin, il transporta

Cherry dans l'autre chambre et sonna le service d'entretien, qui était accoutumé à éponger le vomi des superstars dans les suites. À 9 heures du matin, quand Ned et Janet Bunterman se montrèrent, la moquette était sèche et la puanteur, envolée. Encore plus important, Cherry avait passé la nuit sans aspiration fatale.

– Elle dort encore, leur signala Chimio.

– Pas de problèmes d'estomac ? demanda sa mère, en passant.

– Rien de grave.

Pendant que Janet Bunterman allait voir sa fille, Ned Bunterman se lança dans une tentative bâclée de discussion à bâtons rompus.

– Je peux vous demander ce qui est arrivé à votre bras ? demanda-t-il, poussant Chimio à libérer le taille-herbe et à ravager un bouquet de pivoines de Chine que le personnel de l'hôtel avait placé avec prévenance sur le home cinéma en noyer. Au vu de cette réaction, Ned Bunterman, concluant que le garde du corps était excessivement sensible et probablement sociopathe, ne lui parla pas davantage.

La mère de Cherry ressortit de la chambre, l'air agité.

– La pauvre petite est épuisée, fit-elle.

Chimio précisa que Cherry ne s'était pas couchée la moitié de la nuit, se matant des pornos en VOD. Ses parents parurent presque soulagés de l'apprendre.

– Mais pas de visiteurs, hein ? fit Janet Bunterman.

– Rien que le room-service.

Ned Bunterman consulta sa montre, signalant par là à sa femme qu'il fallait réveiller Cherry.

– Je suis sûr qu'elle se sentira fraîche comme une rose après le petit déjeuner, dit-il. Je vais faire monter des flocons d'avoine et du melon d'Espagne.

– Beurk !

C'était sa fille, tanguant sur le seuil de sa chambre. Elle n'avait rien d'éblouissant mais s'était du moins débrouillée pour s'habiller toute seule : jean, tongs et sweat-shirt d'UCLA.

– J'suis pas *tellement* partante pour des flocons d'avoine, fit-elle d'un ton sec à son père.

– Alors un smoothie, ça te dirait ?

Quand Cherry aperçut le garde du corps, elle le fusilla d'un œil noir et avança en titubant d'un pas.

– Ce mec, m'man, ce pervers, là... il m'a électrocutée avec un machin qu'on utilise pour les vaches !

Chimio simula une expression de perplexité désabusée.

– Sa place est en taule, bordel ! hurla-t-elle à ses parents.

– Maintenant, bichette, tu arrêtes... dit Ned Bunterman, craintivement.

Mais la mère de Cherry parut aux anges.

– Bien parlé, ma fille ! Remontée à bloc pour *Vanity Fair* !

22

L'assistante personnelle de Tanner Dane Keefe l'informa qu'il allait devoir s'absenter de l'île pour la journée.

– Et pour aller où ? demanda ce dernier.

– Où il vous plaira.

– Mais j'ai envie de rester ici, moi.

– Votre amie Cherry a besoin de l'endroit pour une séance photo.

La propriété était sur le marché depuis trois ans, en dépit des efforts obstinés de l'agent chargé de la placer. Sur Star Island, le principal argument de vente d'un bien était la célébrité de ses propriétaires précédents, par conséquent les agents immobiliers étaient devenus de fins stratèges du *name dropping*. Chaque maison qui cherchait preneur était présentée comme l'ancienne résidence de Capone, Sly, Shaq, Cher, Johnny, Rosie, Julio, Diddy ou Madonna. De temps à autre, un agent sans expérience citait Mickey Rourke ou l'un des Bee Gees. Les acheteurs potentiels vérifiaient rarement la véracité de ces prétentions prestigieuses car ils préféraient ne pas dégonfler une bonne réputation même usurpée.

La maison, louée par Tanner Dane Keefe, avait en fait été construite et occupée pendant de nombreuses années par un distributeur-grossiste de cathéters Foley à trois voies. S'il n'était pas célèbre, il était très riche. Le propriétaire actuel, un baron de la bauxite vénézuélien, avait pris la maison en grippe après que sa jeune femme l'eut largué pour un deejay de Crobar et se fut sauvée à San Juan.

Aujourd'hui, avec l'économie dans le rouge, peu de gens fortunés se bousculaient au portillon pour lâcher dix-sept millions de dollars pour les six chambres à coucher, les deux piscines, le ponton, la cave d'affinage et le *wet bar* sur lequel Cindy Crawford avait soi-disant simulé une *pole dance*. Ayant déjà baissé son prix à deux reprises, le Vénézuélien espérait qu'une double page photo dans un magazine américain haut de gamme pourrait rebooster la demande. Il n'eut donc aucun scrupule à déloger son locataire pour une journée.

– Mais c'est ici que je *crèche*, protesta Tanner Dane Keefe.

Son assistante personnelle arracha les couvertures et constata, soulagée, qu'il était seul dans le lit.

Après s'être essuyé le nez sur l'oreiller, l'acteur se redressa.

– Eh, au fait la vidéo sur les baleines ? Tu étais censée appeler le Seaquarium.

– Votre petit déjeuner est prêt. Des œufs brouillés, bien baveux.

– Des œufs de caille fermiers, d'accord ? Autrement, j'y touche pas.

– Ça va de soi.

L'assistante personnelle, qui avait fait l'emplette d'une nouvelle monture Sarah Palin après s'être fait faucher la sienne par le garde du corps de Cherry, guida Tanner Dane Keefe vers la salle de bains.

– Et la sauce Tabasco...

– Bio, mentit-elle.

– Cool.

– N'oubliez pas de vous brosser la langue.

L'acteur était toiletté, nourri et habillé quand le photographe et son assistante arrivèrent. Ils n'avaient pas fait suivre beaucoup de matériel, deux, trois appareils et deux accessoires SM : une arme de poing et une paire de menottes.

– Pourquoi je ne peux pas rester regarder ? demanda Tanner Dane Keefe.

L'assistante du photographe, qui s'appelait Annie, lui dit :

– Désolée, mon pote. M. Abbott procède à plateau fermé.

Tanner Dane Keefe avait brièvement croisé cette fille auparavant – le soir où Cherry avait craqué sur les graines pour oiseaux –, même s'il ne s'en souvenait pas.

– Mais je veux voir les photos, dit-il.

– Tout à fait, quand elles paraîtront dans *Vanity Fair*. On vous enverra un exemplaire avant publication.

– *Vanity Fair* ? Vous vous foutez de moi ou quoi ?

– Elle fera la couverture du mois d'août.

L'assistante personnelle de Tanner Dane Keefe conduisit le jeune homme dépité à l'extérieur jusqu'à sa Lexus en leasing, et l'installa sur le siège passager. Il avait tenté d'obtenir la couverture d'un grand magazine en amont de son nouveau film, mais jusqu'ici, aucune offre sérieuse ne s'était matérialisée. Même les magazines de surf se défilaient, en raison de la nécrophilie de son personnage.

– Tarantino, l'enfoiré, il va monopoliser tous les médias, pestait Tanner Dane Keefe.

– Vous avez besoin d'un nouvel attaché de presse, affirma l'assistante personnelle, en se glissant derrière le volant.

– J'peux pas au moins zoner dans le coin jusqu'à l'arrivée de Cherry ?

– Soyez un amour et attachez votre ceinture.

En quittant l'allée circulaire, ils aperçurent deux voitures garées sur Star Island Drive devant la résidence. L'une d'elles était une berline noire, l'autre une Jaguar à l'aile arrière froissée.

L'acteur se ragaillardit instantanément, croyant que la décapotable argent appartenait à son fournisseur de Vicodine.

– Non, Tanner, lui dit son assistante personnelle. Le docteur Angie conduit une Chevy Corvette.

– Votre Town Car est avancée, dit Bang Abbott à Ann DeLusia.

Le chauffeur avait appelé dès son arrivée. Mais n'avait pas pris la peine de mentionner la Jag qui roulait derrière lui.

– Quand la princesse Red Bull est-elle attendue ? demanda Ann.

– Incessamment sous peu, fit Bang Abbott.

– Je vais vous manquer, Claude. Je suis de bonne compagnie.

Le paparazzi souffla d'un air sournois.

– On se reverra.

– J'espère bien que non, fit Ann.

– Rappelez-vous, dès qu'ils seront là…

– Je sais, je sais. Rester dans la cuisine.

– Ne bousillez pas tout, l'avertit Bang Abbott.

Sur un seul point, les Bunterman avaient été intraitables : si jamais Ann montrait son visage à leur fille, fini la séance photo. Le garde du corps psychopathe rembarquerait vite fait Cherry au Stefano.

– Où allez-vous vous installer ? demanda Ann.

– Je ne suis pas encore sûr.

Ils avaient fait en hâte le tour de la maison, Bang Abbott vérifiant les dominantes, l'agencement et l'éclairage. Les portraits de Cherry sortiraient plus âpres et *arty* en noir et blanc, mais l'éditeur pourrait demander plus cher pour le livre si Bang Abbott shootait en couleurs. Le numérique rendait facile d'essayer les deux.

Ann déclara :

– Je vote en faveur de la chambre à coucher aux rideaux rouges. C'est d'un sordide criant.

Quand le carillon retentit à la porte, Bang Abbott poussa Ann dans un couloir en direction de la cuisine. Ses bajoues étaient cramoisies et son expression, celle d'une bête fauve.

– À fond les ballons, lui chuchota-t-elle.

– Du balai !

– Dites à Janet que j'attends.

Ann localisa du fromage blanc dans le caverneux frigo grand modèle et en tartina un bagel rassis. Pour se calmer les nerfs, elle passa un mug de camomille au micro-ondes, qui lui fit gargouiller le ventre. Elle eut bientôt envie de pisser, mais avait peur de s'aventurer à l'extérieur. S'approchant au plus près de la porte, elle entendit des voix, le rythme étouffé de propos courtois. Ni cris ni disputes. Bientôt des pas résonnèrent sur le plancher en frêne, et la mère de Cherry surgit dans la cuisine. Fixant Ann avec un air de soulagement extatique, les yeux pleins de larmes, elle se précipita vers elle, bras ouverts. Ann se dit qu'elle avait répété cette entrée à l'eau de rose avec l'une des Lark.

Après une étreinte asphyxiante, Janet Bunterman recula d'un pas et l'examina de haut en bas, comme une parente longtemps perdue de vue.

– Oh Annie, Dieu merci, tu vas bien !

– Non, ça ne va pas. Visez ma robe, Janet... j'ai l'air de m'être échappée de chez les Mormons.

– Tu es très bien, fit la mère de Cherry.

– Il faut qu'on parle.

– Je sais.

– Tout de suite, dit Ann.

– Pas le bon moment.

Janet Bunterman dirigea son regard vers la porte et chuchota à voix basse :

– Cherry est ici.

– Oui. Une créature si délicate.

– C'est flippant de négocier avec un dangereux criminel comme ce Abbott. Je ne doute pas que tu apprécies à leur juste mesure les risques qu'on prend... et tout ça pour toi, Annie.

– Quelle blague. Vous avez seulement peur qu'il poste ces photos de piquouze.

La mère de Cherry parut mal à l'aise.

– Eh bien, oui, il y a de ça.

Ann se repositionna pour lui bloquer toute issue.

– Le soir où on m'a raptée, lui lança-t-elle, vous avez signalé la disparition de la voiture... mais pas la mienne ?

– Les Lark, ça leur causait des inquiétudes.

– Je n'en doute pas.

– Parfois, les situations de ce genre se gèrent mieux en dehors de la police. Ça tourne mieux pour tout le monde, expliqua Janet Bunterman.

– Je pourrais être morte à l'heure qu'il est.

– Oh, Annie.

Elle partit d'un petit rire condescendant et perlé. Ann réagit en la clouant quelque peu rudement contre le réfrigérateur.

– Et si ce connard m'avait butée, Janet ? Vous aviez une histoire toute prête, vous autres ? Si mon corps criblé de balles avait reparu flottant dans les eaux de la baie de Biscayne ?

La mère de Cherry fut déstabilisée par la force musculaire d'Ann, sans parler de son irritation.

– Tu es saine et sauve, pas vrai ? Bon Dieu, lâche-moi.

– Claude avait raison. Je ne suis qu'un point de détail.

Ann avait cru s'être préparée à l'infecte vérité, mais elle tremblait de colère. Après avoir libéré Janet Bunterman, elle se hissa sur le comptoir de granit brillant et se colla le menton dans les mains.

– Vous êtes incroyables, vous autres, fit-elle.

– Retourne à ton hôtel dormir un peu. Tu en as besoin.

Janet Bunterman était passée maîtresse pour simuler la compassion.

– Ned et moi, on sait que tu as vécu un enfer, Annie, et on fera tout ce qu'on peut pour améliorer les choses. Mais d'abord, il faut qu'on traite avec ce fou furieux de paparazzi.

Il y avait une théière sur la gazinière, dans laquelle Ann distinguait le reflet du tatouage au henné sur son cou. Sa mésaventure avait un aspect comique, elle devait le reconnaître.

– Dis-moi, lui demanda la mère de Cherry, c'est un violent ?

– Claude, vous voulez dire ? C'est une question intéressante.

La porte du couloir s'ouvrit et Ned Bunterman entra, habillé soit pour aller au golf soit pour une *happy hour* dans une boîte de strip-tease. Il se mit immédiatement à flagorner Ann, lui disant quel bon petit soldat elle faisait ; une vraie championne, un as, avec l'esprit d'équipe.

– Vous permettez ? fit-elle avec irritation.

– Annie ne se sent pas bien, dit Janet Bunterman à son mari.

– Je suis *tellement* navré. Pourquoi ne pas retourner au Stefano et vous caler l'estomac avec un bon petit déjeuner ? lui suggéra Ned Bunterman. Ils servent là-bas un cocktail mimosa qui tue.

Ann retira une spatule du présentoir en cuivre et en frappa vivement le père de Cherry sur l'oreille. Avec ce commentaire :

– Mimosa, mon cul.

Janet Bunterman en resta sidérée, pourtant elle fut lente à prendre le parti de son mari. Il était clair qu'elle avait sous-évalué la profondeur du mécontentement d'Ann, ce qui lui causait plus de souci que les gémissements de Ned.

– Allez-vous en, point trait, dit Ann aux parents de Cherry.

– Bien sûr, ma chérie.

Janet Bunterman fit signe à Ned de se conduire en homme.

– Bon, Annie, on se revoit à l'hôtel ?

– Aucune chance.

Les Bunterman pivotèrent et virent un grand gaillard avec des tresses sonores et un fusil de chasse, au creux d'un bras. Il s'encadrait dans la porte menant de la cuisine à la cour, celle par laquelle Ann DeLusia était censée quitter discrètement les lieux.

Le visage d'Ann s'éclaira en le voyant, et elle se dit : *Enfin, vous voilà !*

Le père et la mère de Cherry s'étreignirent pour la première fois depuis des années. Cet intrus redoutable, larges épaules, boule à zéro et œil de verre, portait un imper crasseux sans T-shirt ; une pauvre bestiole morte, un lapin peut-être, était accrochée à un passant de sa ceinture.

– C'est qui ces bouffons ? demanda-t-il à Ann.

Tout en sautant du comptoir, elle lui dit :

– Ils se font appeler Ned et Janet.

Il leva le fusil.

– Je l'ai chargé de chevrotines. Parfait pour les rats.

– Non, capitaine, ne faites pas ça.

– Bon, alors, vous me suivez.

– Tout ce que je veux, c'est un bain chaud, fit Ann.

L'homme, qu'elle connaissait sous le nom de Skink, jeta la tête en arrière et partit d'un éclat de rire sismique qui découragea Ned Bunterman d'intervenir. Pour sa part, sa femme fut scotchée par le sourire de l'inconnu, d'une télégénie follement sexy.

– Prenez vos affaires, dit l'homme à Ann.

– Elles se résument à ça. Je suis venue sans rien.

– Magnifique !

Là-dessus, ils enfilèrent la porte de service, laissant les Bunterman se demander quel degré de probabilités il y avait qu'Ann DeLusia, cette *nobody*, puisse se faire enlever deux fois la même semaine.

Même si elle avait fait l'amour dans un jet Gulstream une bonne dizaine de fois, Cherry Pye ne se rappelait en détail qu'une seule de ces expériences : celle avec Lev, son ancien garde du corps au sexe piercé, formé par le Mossad. Elle n'avait rien pris cette nuit-là, ce qui expliquait la vivacité atypique de cette réminiscence. Lev l'avait baratinée pour qu'elle essaie une position exotique, une soi-disant variante de la « perceuse à la turque » ; une fois la chose faite, Cherry dut reprendre son souffle dans l'un des masques à oxygène de bord. Pendant des semaines ensuite, elle avait porté une minerve, qu'elle garda en souvenir du vaillant pilonnage de Lev.

Par contraste, la seule chose que se rappelait Cherry de sa baise de haut vol avec le paparazzi grassouillet, c'est qu'il s'appelait comme son petit chat qui était mort.

– Ça boume, Claude ? lui dit-elle.

– On se retrouve enfin.

Ils étaient dans le salon voûté de la maison de Tanner. Cherry remarqua qu'on avait roulé le tapis persan et entassé le mobilier d'un côté. Un unique fauteuil droit trônait au centre du parquet nu.

– Bon, quel look tu veux ? demanda-t-elle.

– Saignant, fit Bang Abbott.

– Et ça passera dans *Vanity Fair* ? Tu charries.

– La couverture, mon cœur… on ne te l'a pas dit ?

Il portait une casquette de baseball, un ample pantalon kaki et un T-shirt de bowling marronnasse froissé lui couvrait le bide. Même si Cherry n'était pas perspicace d'habitude, surtout après une soirée de défonce carabinée, elle sentait qu'un truc clochait dans cette séance photo. Le photographe paraissait nerveux, et la pièce n'avait rien d'un studio sérieux. Il n'y avait aucun assistant qui courait partout ; pas d'éclairage, de fonds ni de portemanteaux de garde-robe. Et pas la moindre bouteille d'eau minérale sur son lit de glace !

– Comment ça se fait que tu n'aies que deux appareils ? demanda-t-elle.

– Je n'ai pas besoin de plus.

– Et mon maquillage ?

– Je te l'ai dit, on va donner dans le saignant.

Bang Abbott se tourna vers Chimio, planté, l'air maussade, près des doubles portes. Le béret et les petites lunettes colorées du garde du corps n'atténuaient en rien la malveillance de sa présence. Cependant, Bang Abbott trouva le cran de lui dire :

– Tu peux attendre dehors, mon frère.

– Et toi tu peux toujours te brosser, Slim Fast.

– Eh oh, attends…

– J'ai des ordres, fit Chimio, songeant : *Quelle truffe, il n'en sait pas la moitié du quart.*

– Alors, je vais devoir te fouiller, fit Bang Abbott.

Le garde du corps leva simultanément son bras valide et sa prothèse. L'ombre qu'il projeta sur le mur blanc ressemblait à celle d'une grue à l'aile cassée. Tandis que le paparazzi le palpait, Chimio murmura :

– On se parlera plus tard, entre quat'z-yeux.

Bang Abbott s'était attendu à cette menace de chantage, le gorille attendant du fric pour un service ou une fleur imaginaires.

– Bien sûr. Quand tu voudras, dit Bang Abbott.

– Où est l'actrice ?

– En train de retourner à l'hôtel.

– Entière ? demanda Chimio, ne sachant trop ce qu'il en avait à faire.

Bang Abbott opina.

– Plus teigne que jamais. Ils ont envoyé une voiture la prendre.

Les Bunterman entrèrent, clairement aux cent coups.

– Qu'est-ce qui va pas maintenant ? fit Chimio.

La mère de Cherry l'écarta d'un revers de main.

– Rien. Tout va bien.

– Qu'est-ce qui est arrivé à votre oreille, merde ? demanda Chimio à Ned Bunterman qui, haussant les épaules d'un air penaud, regarda ailleurs.

Cherry dit à ses parents qu'il lui était impossible de démarrer la séance de pose sans plusieurs San Pellegrino frappées et un bol de M&M's bleus. Janet Bunterman courut à la cuisine et en revint avec deux bouteilles d'Aquafina et une boîte de Triscuit. Cherry grimaça et simula de se faire vomir avec deux doigts.

– Rien avant le déjeuner ! dit Bang Abbott. Je veux qu'elle ait l'air maigre et affamée.

– Mais enfin, m'man ! protesta Cherry.

– S'il te plaît, ma chérie ? Fais ce que le monsieur te dit. C'est lui, le pro.

Ned Bunterman renchérit :

– Voyons, Cherry, c'est pour la couve de *Vanity Fair*. C'est énorme.

– Mais je me sens à chier.

– Ben, à te voir, ce n'est pas le cas. Hein, M. Abbott ?

Le paparazzi, bras tendus, cadrait le visage de Cherry avec ses doigts.

– Pour moi, c'est un soleil, dit-il.

Cherry eut beau souffler, Bang Abbott savait qu'elle était ravie du compliment. Il dit à ses parents qu'il était temps pour eux de partir. Quand ils atteignirent le vestibule en marbre, il baissa la voix :

– Vous me prenez pour Ted Bundy Junior, mais attendez de voir ces photos. Elles entreront dans la légende.

Ned Bunterman avait encore du mal à se faire à l'idée que sa célèbre bombe de fille s'était envoyé ce branleur lambda. Était-ce sa façon de se rebeller, se demandait-il, ou bien n'était-elle qu'une traînée, au fond ?

– Rien de porno ou le marché ne tient plus, dit-il au photographe. M. Chimio sait ce qu'il a à faire.

– Pas de souci, papounet, fit Bang Abbott en lui tapant sur l'épaule.

Chimio se fendit d'un simple signe de tête pour indiquer qu'il avait la situation bien en main, Ned Bunterman se tourna donc et suivit sa femme qui franchissait la porte d'entrée.

Dans le salon, Cherry piquait une minicrise.

– Je suis censée porter quoi ? Je déteste ça !

Bang Abbott lui présenta la petite robe noire d'Ann. Elle la tint à bout de bras, souriant de mépris devant l'étiquette.

– Elle est toute froissée et crade, se plaignit-elle.

– C'est ça, l'idée, mon cœur.

– Dègue !

– Mets-la. Tu seras carrément la plus belle.

– Mais je veux du Versace, bordel. On est à Miami, putain !

Le paparazzi se mit les deux mains sur le cœur.

– Fais-moi confiance, Cherish. S'il te plaît ?

Elle sourit en entendant son nom à venir.

– J'y crois pas que t'aies, genre, total mémorisé.

De l'autre bout de la pièce, Chimio aboya :

– Qu'est-ce que t'as dit, fillette ?

Même si son garde du corps avait laissé l'aiguillon à bestiaux dans sa voiture, Cherry amenda sa grammaire par réflexe.

– Que je n'arrivais pas à croire qu'il s'en soit souvenu, j'ai dit.

Bang Abbott lui fit un clin d'œil.

– Eh, je me rappelle *tout.*

– Moi aussi, répondit Cherry, en lui décochant un clin d'œil appuyé de son cru.

– Sérieux ?

– Ce qui s'est passé dans le G5 ? J'ai pas arrêté d'y penser, mec.

C'était de la bêtise pure que de la croire, mais Bang Abbott y fut poussé par le frémissement d'excitation qui parcourut ses reins tapissés de graisse. Il n'entendait pas souvent des femmes qu'il n'avait pas payées faire des remarques favorables sur ses prouesses sexuelles.

– *Mec,* j'ai bien entendu ?

C'était le garde du corps estropié, interpellant Cherry derechef.

– J'ai dit « Claude », OK ? Bon Dieu, tu veux pas être moins relou !

Elle leva les yeux au ciel et chuchota à Bang Abbott :

– Trop monstrueux, lui. Maousse.

– M'en parle pas.

Tendant la main vers son poignet, elle souleva sa main, examinant le doigt bandé.

– Qui t'a mordu, mec ?

– Shakira, fit-il. Mettons de la musique.

– J'ai fait un clip avec Nickelback. Tu l'as vu ? Celui où j'suis en astronaute ?

– Ben oui. Je l'ai chargé sur mon iPod.

– Trop pas !

Il y avait un CD de Jack Johnson sur la platine et Bang Abbott mit en marche le lecteur. Il aurait préféré quelque chose de plus torride mais n'avait pas envie de perdre du temps à farfouiller dans le placard stéréo.

– Va t'habiller, dit-il à Cherry.

– Eh, mon tout rond, t'as pas de la beuh de ta prod perso ?

– Désolé, petite.

– Ou médicinale ?

– Nan, dit-il. Y a un cabinet de toilette au bout du couloir. Tu peux te changer là-bas.

Elle lui fit un grand sourire, et aussi sec se mit à ôter son sweat-shirt et son jean. Bang Abbott fut si troublé qu'il en oublia de dégager l'objectif de son appareil. Le temps qu'il se soit repris, Cherry s'était glissée dans la robe cocktail noire d'Ann DeLusia. Qui lui allait fabuleusement bien.

– Tanny a planqué des Lortab sous son lit, lui dit-elle.

– Le petit dèj des champions, fit Bang Abbott. Plus tard, peut-être.

Il la positionna dans le fauteuil puis lui passa une menotte à l'un des poignets, laissant l'autre pendiller, très bling-bling. Cherry pouffa en disant :

– Kiffant.

Chimio posa sa revue et s'approcha pour superviser le truc. Bang Abbott lui montra le Colt, dont il fit tourner le barillet comme dans les vieux westerns.

– T'inquiète, il est vide, lui dit-il.

Le garde du corps décapota sa tondeuse à gazon portative et laissa la housse tomber sur le sol. Bang Abbott en trembla.

– Écoute, *man*, faut que tu sois plus cool, sinon ma magie n'opèrera pas.

– Plus cool que moi, tu meurs, fit Chimio, qui partit calmement vers la cuisine en quête de gâteaux.

Bang Abbott se retrouva seul, complètement seul, avec Cherry. Submergé par un tourbillon d'émotions contradictoires, il se mit à haleter comme un saint-bernard. Un afflux de transpiration humecta son T-shirt alors qu'il s'agenouillait près du fauteuil dans un *floc.*

– J'ai quelque chose à te montrer, dit-il.

– 'Kay.

Il stabilisa le Nikon tant bien que mal afin qu'elle puisse voir la photo affichée sur l'écran LCD. Elle pépia :

– Ah ouais, je m'rappelle ce jour-là !

C'était l'un des autoportraits qu'elle avait pris avec l'appareil de Bang Abbott au Stefano, le cliché sur lequel elle louchait en tirant la langue.

– Pourquoi ? lui demanda-t-il.

– Pourquoi quoi ? Tu veux dire, le tattoo ?

Elle porta sa main non menottée à son cou.

– Non, cette grimace, je veux dire, fit-il. Celle que tu fais ! Où tu voulais en venir ?

L'ex-Cheryl Bunterman le dévisagea avec une perplexité cristalline. Claude semblait vraiment avoir les boules.

– C'était *mon* appareil, poursuivit-il, le visage tout rouge. Tu savais que je trouverais cette horrible photo, hein ? Tu le savais forcément ! Alors tu m'as pris de haut en me vannant comme ça, juste ? « Même si on a baisé comme des bêtes à bord de cet avion, voilà ce que je pense vraiment de toi, connard. »

– Wouah, fut tout ce qu'elle trouva à dire.

Au rang des avantages de la richesse et de la célébrité imméritées, figure celui de n'avoir jamais à se coltiner les sentiments blessés d'autrui. Cette corvée incombe toujours à quelqu'un d'autre, afin d'épargner à la star l'embarras des crises de larmes et autres grincements de dents. Par conséquent, Cherry Pye fut prise de court devant l'effet qu'avait sur le paparazzi la photo où elle louchait, et qui n'avait rien été de plus qu'une occasion de se marrer. Elle n'avait pas idée de pourquoi ça l'énervait, de ce qui la reliait, même vaguement, à leur baise rapide et oubliable dans le Gulfstream, et ne savait quoi dire.

– Cette photo, elle était pas pour toi, lui fit-elle. Elle était pour, genre, personne.

– Pipeau.

– Merde, Claude. J'étais foncedée sans doute.

Il se releva, prit une inspiration profonde et rauque. Son cœur cognait si fort que ses pectos flappis se trémoussaient sous son T-shirt de bowling. Il songea : *Mais qu'est-ce qui m'arrive, bordel ?*

– Et à quel point j'étais torchée ? J'ai même posté une de ces photos débiles sur MySpace.

Bang Abbott grogna.

– Ouais, je l'ai vue. Mais sur celle-là au moins, tu avais gardé ta langue dans ta bouche.

– Tu es allé sur ma page ?

– Je t'ai déjà dit que j'étais un fan.

Il se servit de sa casquette de baseball pour s'éponger le front.

– Pourquoi tu t'es fait booster les seins ? lui demanda-t-il.

Cherry poussa un soupir contrarié.

– C'est pas une idée de moi. Mais de m'man.

Bang Abbott s'entendit dire :

– Tu veux la vérité ? Celle que t'as postée, elle était supersexy.

Elle rayonna.

– Je faisais juste le clown devant le miroir de la salle de bains.

– On peut faire beaucoup mieux.

– Sérieux ?

Même si le paparazzi n'aimait pas ce qui lui rappelait de près ou de loin une plage, la musique ultra-sirupeuse qui sortait des baffles parut avoir sur lui un effet lénifiant. Il sentit son pouls s'apaiser et son intérêt lui revenir.

– Je peux te rendre si chaude bouillante, dit-il à Cherry, qu'ils seront tous scotchés. Je veux dire babas.

– Ah ouais ?

– Je parle au niveau *iconique*.

Elle n'était pas trop sûre de la signification du terme, mais elle fit voler ses cheveux, se lécha les lèvres et lui dit :

– Très bien, *baby*, allons-y.

– Ça, c'est parlé, fillette.

Bang Abbott leva son appareil et visa.

23

– C'est quoi, ça ? demanda Ann.

– Le déjeuner.

– Oui, mais encore ?

– Un garenne des marais, précisa Skink.

Ann lui fit observer qu'il était sans doute le seul à conduire un cabriolet Jaguar dans South Beach avec un lapin écrasé à la ceinture de son pantalon.

– Ça pourrait être pire, dit-il.

– Comment m'avez-vous retrouvée ? Vous êtes loin de chez vous.

– La vraie question est pourquoi.

– Je suppose, dit Ann.

– Parce que vous m'avez redonné espoir dans l'espèce humaine.

– Vous êtes en piteux état.

– J'ai traversé quelques mauvais jours, concéda Skink.

– Peut-on mettre quelque chose tout de suite au point ? Je vous suis reconnaissante de ce sauvetage couillu et tout, mais…

– Pas de baisouille.

– Bien peur que non.

Il lui décocha un large sourire.

– Annie, je suis assez vieux pour être votre papy.

– Un homme reste un homme.

Elle songeait à Lawrence, le flûtiste cavaleur, et à d'autres.

– Capitaine, où est passé votre bonnet de douche ? Il fait carrément la différence.

– Je l'ai perdu en mer, lui dit-il.

Le ciel sans nuages était d'un bleu nacré, et une brise fraîche soufflotait en provenance de l'Atlantique. Comme il avait baissé le toit, ils attiraient beaucoup l'attention, même sur Ocean Drive. De but en blanc, il lui récita le poème du haggis avec son meilleur accent écossais, qui n'avait rien de génial. Ann l'écouta poliment, puis suggéra qu'ils larguent la Jag et marchent jusqu'au Stefano. Il revint à la boulangerie kasher où il avait emprunté la voiture au basketteur beurré, la gara au même endroit et essuya les empreintes. Puis il planqua le fusil à canon scié dans l'ouverture d'une gouttière. Comme il refusait de se séparer du lapin, Ann lui boutonna son imper pour dissimuler le petit corps mou.

À leur entrée dans l'hôtel, un type de la sécurité aux yeux porcins et une mauvaise coupe en brosse les accosta.

– J'ai une chambre ici. Je suis actrice, lui dit Ann.

L'agent de sécurité, sceptique devant la tenue de la femme, qui tenait du paquetage, tourna son attention vers son compagnon borgne dépenaillé.

– Et vous, monsieur ?

– Je suis un enfant de la marée, lui répondit Skink.

– Un quoi ?

– Pou-pou-pi-dou.

Ann s'en mêla vite fait.

– Il est avec moi. On arrive tout juste d'une audition au Théâtre Jackie Gleason.

Elle baratina un des réceptionnistes afin qu'il lui donne un double de la clé électronique, même si sa pièce d'identité était à l'étage. Ils firent le trajet en ascenseur avec Ivanka Trump, sa garde rapprochée bien sapée serra farouchement les rangs à la vue du clodo baraqué, aux cartouches pendouillant de son crâne tondu. La direction allait en prendre pour son grade.

En pénétrant dans la chambre, Ann fut ravie de constater qu'on n'avait pas enlevé ses vêtements ni ses effets personnels, y compris son sac. Un énorme panier de fruits, fromages et vins trônait sur la table basse, avec une carte débonnaire des Bunterman : « Bienvenue chez toi Annie ! »

Skink s'approcha d'une fenêtre et lança un regard désespéré au rivage bondé et à l'eau tout aussi bondée.

– C'est le deuxième jour du printemps, dit-il d'une voix éteinte.

Puis il gagna le placard le plus proche et referma la porte derrière lui.

Ann frappa doucement.

– Ne vous en faites pas. On ne va pas moisir ici.

Elle prit une douche de quatre minutes chrono, se brossa les dents, ramena ses cheveux en queue-de-cheval, enfila chemisier et pantalon ample. Quand elle sortit de la salle de bains, Skink était sur le balcon, à bombarder poires Bartlett et parts de gouda de la corbeille cadeau. Il avait un bras puissant, et il se trouva qu'il avait assommé un joueur de volley-ball sur la plage, onze étages plus bas. Un petit attroupement s'était formé autour de la victime vêtue d'un Speedo tandis qu'un badaud montrait du doigt la façade de l'hôtel en direction de la chambre d'Ann. Elle tira Skink à l'intérieur et quelques instants plus tard, ils étaient dans un ascenseur de service, moyen de sortie furtive qu'Ann connaissait bien dans son rôle de Cherry Pye.

Une fois dans la rue, ils se fondirent, plus ou moins, dans la foule des touristes. Si on ne pouvait pas dire de Skink qu'il « se fondait », il n'était pas la seule figure outrancière à attirer les regards. Même si son âge d'or était passé, South Beach restait un podium en plein soleil pour la pavane grotesque de frimeurs en tous genres et autres narcissiques en manque.

Ann, par ailleurs, semblait la seule à faire rouler un sac de voyage. Elle s'empara du bras de Skink en lui disant :

– Ça ne marchera pas.

– Je m'en irai vers le sud, mais pas sans avoir dit son fait à M. Abbott.

– Oh, oubliez-le.

– Trop tard, dit Skink.

– Il ne m'a rien fait.

– Est-ce qu'il a… ?

– Non, capitaine. Juré.

– N'empêche.

Ann dit :

– Qu'allez-vous faire à un type comme ça ? Il est déjà lamentable.

– Dans un troupeau, on élimine ceux de sa sorte.

– Bon Dieu.

À cet instant, le lapin mort se décrocha du passant de la ceinture de Skink et tomba sur le trottoir entre ses pieds.

– Merde, fit-il en se baissant pour le récupérer.

Ann tira d'un coup sec sur son imper.

– Non, faites pas ça. Je vous en supplie.

Il s'immobilisa et regarda attentivement alentour. L'air fleurait une forte odeur de corned-beef, car ils se trouvaient devant une épicerie fine débordante d'activité, où des clients entraient et sortaient en rafale. Une fillette, qui avait repéré la forme fourrée marron sur le sol, tendait la main pour la caresser quand sa mère la tira à l'écart.

– Voilà de quoi je parlais, murmura Ann avec anxiété à Skink.

– Mais c'est un péché…

– De laisser perdre de la bonne viande. Ouais, je sais.

Se cramponnant à l'un de ses poignets épais, elle l'entraîna plus loin. Au bout de quelques blocs, il ralentit l'allure car il avait du mal à respirer. Ils enfilèrent une ruelle où il s'assit par terre, en se prenant la tête.

– Qu'est-ce qui ne va pas ? demanda-t-elle.

– Il me faut un endroit tranquille, et sombre.

– Sinon ?

– Le charivari. L'effusion de sang. Qui peut dire ?

– Simplement parce que je vous ai fait abandonner ce lapin ?

– Autrefois, tout ça n'était que marécage et mangroves.

Skink fit un ample geste du bras avec lassitude.

– Annie, il n'y avait pas de Miami Beach qui tienne… on a dragué tout le sable au fond de l'océan. C'est totalement artificiel, une façade obscène. Et tous les trois, quatre ans, on est obligé de déverser encore plus de sable, des milliers de tonnes, sinon tout ce bon dieu d'endroit disparaîtrait dans la mer.

Il fit tournoyer ses tresses, les cartouches de fusil faisant un bruit de maracas comme des dés dans un cornet.

– Je suis très loin de mon élément, ajouta-t-il.

– Merci de cet éclair de lucidité.

Ann s'assit en face de lui et souleva du bout du doigt son menton mal rasé.

– Où est votre téléphone, Capitaine ?

L'air absent, il tapota son imper.

– Quelque part là-dedans.

Quand le téléphone sonna, Marcus Mink était en rendez-vous avec une actrice qui venait de changer son nom en celui de Tessa Cloudfeather, avec l'espoir de décrocher le rôle juteux de l'Amérindienne Sacagawea dans un futur biopic consacré à l'expédition de Lewis et Clark. La triste tâche d'informer sa jeune cliente malléable qu'on avait confié le rôle à une authentique Indienne d'Amérique incomba à Marcus Mink, et aussi celle de lui conseiller de reprendre son identité de Tessa Grunwald, car les demandes de casting pour de jeunes squaws étaient relativement rares et espacées. Tessa avait encaissé la nouvelle stoïquement ; un dégueulis rapide, deux rails de coke, et la voilà requinquée. Marcus Mink qualifia son attitude de superclasse… il ne pouvait que lui arriver de bonnes choses.

Puis il s'excusa pour prendre l'appel d'Ann DeLusia, l'une de ses clientes de second rang préférées, dont il n'avait pas eu de nouvelles depuis des mois.

– Et comment va notre magnifique doublure de pop-star ? lui demanda-t-il.

– Elle est vannée. Je viens de passer trois jours retenue prisonnière par un paparazzi. Vous avez quelque chose d'autre pour moi ?

– Vous voulez dire sur le plan travail ?

– Non, Marcus, sur le plan recettes de lasagnes. Ne jouez pas les abrutis.

– Je n'avais pas entendu cette douce voix depuis une éternité, fillette.

– La vache, fit Ann, j'étais censée *vous* appeler, *moi* ? Je croyais que c'était l'inverse… que c'était les agents qui appelaient leurs clients.

– Au bruit qui court, le nouvel album, c'est de la daube. *LGR & Kourt Vêku,* avec tous ces *k* partout ? J'y crois pas.

Marcus Mink avait une politique d'airain : ne jamais en venir au fait, sauf s'il avait de merveilleuses nouvelles à communiquer.

– N'oubliez pas de m'appeler une fois sur les routes. Je veux ma ration d'anecdotes.

– Je ne suis pas de la tournée. Être Cherry Pye, c'est terminé, annonça Ann.

– Les Bunterman vous ont virée ? Ils ne peuvent pas !

– Je n'ai pas été lourdée, Marcus. Je démissionne.

– Que s'est-il passé ?

– Peu importe, répondit-elle. Dites-moi ce qui vous avez de disponible pour moi.

Marcus Mink, pivotant sur son fauteuil, fixa de l'autre côté de la fenêtre un ruban verdoyant du Memorial Park de Westwood Village. L'unique tombe de célébrité qu'il apercevait de son bureau était celle de Don Knotts ; seuls les agents seniors avaient vue sur la crypte de Marilyn. Un jour ou l'autre, Marcus Mink occuperait l'un de ces bureaux-là.

– Mon chou, j'ai bien peur de ne avoir pas grand-chose, dit-il à Ann DeLusia. Un peu de pub, à la rigueur un *soap opera.* Vous parlez toujours espagnol, hein ? C'est rude par ici.

– Pas de films ?

– Oh, comme d'habitude.

Marcus Mink feuilleta quelques demandes.

– Réceptionniste mutine mais nulle. Pute au troisième plan, sur un tabouret de bar. Auto-stoppeuse vampire enceinte.

– Avec du texte ? demanda Ann.

– Deux, trois répliques. La pute crame en faisant des UV, donc ils voudront un grand cri.

– Il y a du Golden Globe dans l'air.

– Écoutez, je sais bien que ce contrat Cherry n'a rien de méga-spectaculaire. Mais c'est un boulot stable, Annie, et vous palpez huit cents dollars par semaine. La plupart des jeunes actrices, soyez honnête, resteraient à bord aussi longtemps qu'elles le pourraient.

– C'est ce que j'ai fait, répondit Ann. À propos ? Janet est montée jusqu'à mille, mais je me tire quand même.

– Non, non et non !

Markus Mink pleurait sa commission perdue. Il se demanda ce qui avait bien pu se passer pour la pousser au point de rupture.

– Vous avez fait allusion à un paparazzi ?

– Cantonnez-vous à votre boulot, le coupa-t-elle sèchement, et elle raccrocha.

Après avoir quitté le manoir, ils tinrent réunion sous un banian, trois propriétés plus loin, sur la pelouse d'un vert émeraude impeccable de Julio Iglesias. Les Lark avaient un contact ayant représenté l'ami d'un ami de l'idole latino lors d'un scandale de reconnaissance en paternité de routine. La villa de Julio à Star Island était en pleine rénovation, mais ses gens avaient fait savoir que les parents de Cherry pouvaient rester aussi longtemps qu'ils le désiraient dans le jardin, donnant sur la baie de Biscayne. La *cabana*, cependant, leur était interdite d'accès.

– J'ai déjà vu cet individu, dit Janet Bunterman, en faisant référence à Abbott. Il rôde parmi la meute des vermines.

– Il ne m'a pas eu l'air si effrayant. M. Chimio peut le gérer sans problème, affirma son mari. Cherry s'en tirera très bien.

Les Lark, qui retrouvèrent les Bunterman sur place, profitèrent d'être à l'extérieur pour s'en allumer une. La séance photo de Cherry les inquiétait moins que la disparition toute récente d'Ann DeLusia. Les jumelles n'étaient pas convaincues qu'on l'ait enlevée.

– Pourquoi l'appellerait-elle « capitaine » si elle ne le connaissait pas ? se demandait Lucy à haute voix.

– Je me suis fait la même remarque, dit Janet Bunterman. Mais c'est sa façon de parler à tout le monde et n'importe qui… vous savez bien, Annie, c'est l'impertinence même, celle qui ne se laisse jamais démonter.

Ned Bunterman lâcha cette appréciation méprisante :

– Impossible que ce type soit capitaine de *quoi que ce soit.* C'est une véritable épave.

Lila secoua la tête.

– Lucy a raison. Tout ce truc sent mauvais.

Il était crucial pour leur stratégie médiatique qu'Ann soit maintenue sous le boisseau. Leur plan, c'était de la dédommager, en la menaçant de saboter sa future carrière si jamais elle blablatait. Du point de vue des jumelles, une actrice ambitieuse était une plus grande menace qu'un paparazzi tordu, qui était fondamentalement un organisme unicellulaire, motivé par la rapacité et/ou la luxure. Ann DeLusia était autrement plus complexe et imprévisible.

– À quoi ressemble ce nouveau kidnappeur ? demanda Lucy Lark.

– Grand, sale, crâne en boule de billard avec des tresses, énuméra le père de Cherry. Avec un œil en moins.

– Vous ne l'aviez jamais vu ?

– Je m'en serais carrément souvenu. Il avait un sourire éblouissant, répondit Janet Bunterman qui, comprenant que ça risquait d'être mal interprété, s'empressa d'ajouter : Sa dentition, je veux dire. Hors normes pour un SDF.

Ned dit sèchement :

– Je n'ai pas remarqué son sourire. Mais son fusil de chasse, *ça oui.*

Lila tira une nouvelle bouffée et souffla la fumée en biais. Comme d'habitude, elle et sa sœur pensaient la même chose : Annie pouvait tout foutre à l'eau.

Le soir précédent, les Lark avaient veillé tard pour peaufiner le premier jet du futur ajout au blog de Cherry, concernant son enlèvement et son humiliation abjecte aux mains d'un fan dément à l'identité inconnue. Pour corser l'histoire, les jumelles décrivirent le kidnappeur de la chanteuse comme un grand bodybuildé encagoulé à l'accent moyen-oriental. Armé d'un appareil photo, il l'avait forcée à poser pour des clichés dégradants en la menaçant de mort. Le troisième soir, Cherry avait eu l'audace de s'échapper en passant par une fenêtre et s'était retrouvée seule en pleine nature sauvage, infestée de serpents, sans doute dans les Everglades, où après avoir erré pendant des heures, elle s'était effondrée.

Je me suis réveillée dans un hôpital de Miami... couverte de bleus, assoiffée, mais heureuse d'être en vie, poursuivait le blog, Lucy au clavier. *Je n'avais aucune idée de la façon dont j'avais atterri là, mais je serai toujours reconnaissante à la personne qui m'a sauvée de ce marécage, où qu'il soit situé, et aussi aux médecins et aux infirmières qui se sont occupés de moi.*

En ce qui concerne le vicelard qui m'a kidnappée, puis harcelée pendant des jours et des nuits, j'ai, genre, une chose à lui dire : tu ne peux plus me faire de mal !

À ce stade-là, Lila prit le relais ; *tout excitée que je sois d'être libre, je sais que mon cauchemar n'est pas vraiment terminé. J'aimerais bien pouvoir oublier certaines choses qu'il m'a faites... et je suis sûre qu'il y en a d'autres que Notre Seigneur et Notre Sauveur n'a pas envie que je me rappelle. Je ne peux même pas imaginer ce que ce monstre compte faire de toutes les horribles photos qu'il a prises, total, elles peuvent être postées n'importe quand sur Internet.*

Alors je tiens à vous préparer tous et toutes – mes amis et mes fidèles fans – à ce choc. J'ai fait tout ce que je devais faire pour rester en vie.

Puis Lucy termina : *Mais je refuse de laisser ce lâche, genre, me hanter. C'est pourquoi je me lance à donf dans ma grande tournée de concerts pour promouvoir mon nouveau CD d'enfer,* LGR & Kourt Véku. *Même si cette prise en otage m'a plutôt lessivée, je répète tous les jours, bien décidée à vous donner un show giga-mortel que vous n'êtes pas près d'oublier !*

Love, câlins, bises... C.P.

Pour les Lark, faire le nègre d'une écervelée se révéla des plus amusants. Ni l'une ni l'autre ne doutait qu'on pourrait persuader ce minable de Claude Abbott de la boucler et de disparaître. Agiter le spectre de poursuites en justice, où simultanément on lui réclamerait jusqu'à son dernier sou, le motiverait puissamment à coopérer. Les jumelles soupçonnaient, cependant, qu'Ann DeLusia ne serait pas aussi facilement ramenée dans le rang.

– Disons que ce n'est pas un autre kidnapping, fit Lila. Disons que c'est une fuite. Peut-être qu'elle est l'amie du type au fusil et que...

– Elle n'a pas fui Abbott, la coupa Lucy. Elle nous a fuis, nous tous.

Les Bunterman avaient l'air perdus et bouleversés. Ned fila une tape maladroite à un insecte en souhaitant être à bord d'un avion à destination de chez lui. La Floride était un endroit dur et d'une inculture crasse ; qui faisait ressortir le pire chez les individus. Ann était la dernière personne qu'il se serait attendu à voir déserter.

Se débattant avec un tube d'écran solaire français, la mère de Cherry dit :

– Annie est énervée parce qu'on n'a pas dit à la police qu'elle était dans le Suburban quand Abbott l'a fauché. C'est compréhensible.

Les Lark fronçaient le sourcil, même si quelqu'un d'extérieur aurait eu bien du mal à le remarquer.

– Comment on la joint ? demanda Lila.

Janet Bunterman répondit qu'elle n'en avait aucune idée.

– Elle a noyé son téléphone.

– Supposons qu'elle n'appelle pas, lança Ned Bunterman.

– Ça ne serait pas bon signe.

Lucy, empaumant son iPhone, éplucha ses mails.

– Sauf si elle est morte. Autrement, il vaut mieux garder le dialogue ouvert.

La mère de Cherry dit qu'elle ne pensait pas que le vagabond armé du fusil avait l'intention de tuer Ann.

– Je n'ai vraiment pas perçu de mauvaises vibrations.

– Moi non plus, renchérit Ned Bunterman. Et Annie n'avait pas du tout l'air effrayée.

– Parce qu'elle connaissait ce type. C'est notre hypothèse de travail, fit Lila.

– Ce qui veut dire que vous devez vous attendre à recevoir sans aucun doute un appel, dit Lucy aux parents de Cherry. Préparez votre chéquier.

Janet Bunterman poussa un soupir de résignation.

– Bon, quelle somme serait honnête ?

Les jumelles pouffèrent avec morosité. L'honnêteté n'avait rien à voir là-dedans.

– Elle peut nous exterminer, c'est ça le problème, fit Lila. Pensez à ce qui arriverait si Annie allait chez les flics et leur déballait tout. Bien sûr, on pourrait toujours dire qu'elle est mécontente, aigrie, timbrée, au choix. Il leur faudrait enquêter quand même… et alors, toute l'histoire serait partout dans les médias. Un cyclone de boue de force 5.

– Dix mille dollars ? Vingt mille ?

Janet Bunterman fusilla son mari d'un œil noir en levant les mains au ciel.

– Tu veux bien m'aider un peu, là, Ned ?

– Peut-être qu'on devrait en parler à Maury, dit-il.

Un yacht élégant passa au ralenti, un drapeau rouge et blanc flottant à la poupe. Un couple d'âge mur plutôt grand, vêtu de lin blanc assorti, se tenait tête nue sur le pont supérieur. Ils écoutaient un morceau de musique classique, qui dériva jusqu'à Star Island, porté par la brise.

Ned Bunterman, en voyant le lettrage peint à la poupe, éprouva un pincement de mélancolie sous le sternum : *Sweet Dreams*, tel était le nom du yacht. Il était enregistré à Copenhague.

– Commencez à cinquante mille, suggéra Lucy Lark. Et voyez ce qu'elle en dit.

– C'est beaucoup d'argent, observa la mère de Cherry tristement.

Lila alluma une nouvelle cigarette.

– Il s'agit d'un marchandage, Janet.

– Très bien, alors. Jusqu'à quel montant iriez-vous ?

Les jumelles échangèrent un regard, comme elles le faisaient souvent avant de dispenser un conseil.

– Votre degré d'aisance s'élève à combien ? demanda Lucy aux parents de Cherry.

– Allons en parler à Maury, répéta Ned Bunterman.

Pour lui, il tombait sous le sens que le producteur devait casquer le prix du silence. Nul autre, outre les Bunterman, n'avait plus à perdre que Maury Lykes si le nouvel album faisait un bide et la tournée un fiasco, ce qui était de l'ordre du possible si jamais Ann jouant les *pop up* se mettait à multiplier les interviews sur les défonces à répétition et autres cours de *lip-sync* de Cherry Pye.

– Si je pouvais la revoir en tête à tête, ne serait-ce que quelques minutes, je pourrais aplanir tout ça, dit Janet Bunterman. Annie est une belle personne. Et elle *m'aime bien.*

Les Lark, qui n'avaient aucune patience pour ce genre d'absurdités fleur bleue, se levèrent et s'excusèrent de quitter la garden-party.

– Appelez-nous quand vous aurez de ses nouvelles, dit Lila.

– Mais si elle ne nous en donne pas ? demanda le père de Cherry.

– Alors, on ira de l'avant. On collera au plan, en gardant les yeux grands ouverts, fit Lucy à son tour. Quand pourra-t-on voir les nouvelles photos ?

– Ce soir.

Janet Bunterman leur dit que Chimio reviendrait au Stefano avec les appareils d'Abbott et aussi une autorisation de publication signée pour toutes les photos de Cherry.

– Et les faux clichés d'Ann en junkie ? La série de la cuvette des W-C ?

– Effacés. Chimio a promis d'y veiller personnellement.

Si la mère de Cherry ignorait tout des méthodes qu'utiliserait le garde du corps pour s'assurer de la coopération du paparazzi, elle supposait que le taille-herbe y tiendrait son rôle. Elle jugeait rassurant que Chimio n'ait manifesté aucune inquiétude devant l'arme de poing d'Abbott.

– Nous attendrons à l'hôtel. Essayez le spa en premier, fit Lila Lark, qui s'en fut, côte à côte avec sa sœur.

Aux yeux de Ned Bunterman, leur démarche et leur allure avaient quelque chose de paramilitaire, et il n'arrivait pas à s'imaginer une seconde coucher avec l'une d'elles (ou les deux), malgré leurs traits finement ciselés.

Il descendit jusqu'au ponton de Julio pour jeter un coup d'œil à l'eau, qui était laiteuse mais néanmoins apaisante. Sa femme l'y rejoignit bientôt, se protégeant les yeux, « lunettés de noir » de façon extravagante, contre l'éclat du soleil matinal.

– Je me demande comment ça se passe là-bas, dit Janet Bunterman, en jetant un regard vers la grande maison hispanisante où leur fille posait pour un taré, en croyant qu'elle ornerait la couverture de *Vanity Fair*.

– Janet, nom de Dieu, comment en est-on arrivés là ?

Son mari ne parlait pas de leur mariage, mais de leurs affaires.

– Cherry est un esprit libre, Ned.

– Non, c'est une cruche. Dur mais vrai, et on le sait tous les deux. Qu'est-ce qu'on va faire si ça ne marche pas ?

– Ça, c'est la différence entre toi et moi, dit sa femme. Je suis à fond dans une énergie positive.

Ils furent interrompus par une rafale de crépitements en provenance de la maison louée par Tanner Dane Keefe.

La mère de Cherry tressaillit et passa derrière son mari.

– Des pétards ?

– Des coups de feu, corrigea Ned Bunterman. Tu veux du positif, Janet ? Putain, c'était un flingue, je suis positif là-dessus.

24

Blondell Wayne Tatum, surnommé Chimio, en connaissait un rayon sur les familles dysfonctionnelles. Ses propres parents, membres d'une secte extrémiste qui rejetait la viande rouge, la monogamie et l'impôt sur le revenu, étaient morts stupidement lors d'un échange de coups de feu avec des agents fédéraux, à l'extérieur d'un bureau de poste du Dakota du Nord. Le jeune Blondell, qui n'avait que six ans à l'époque, s'en alla vivre avec une tante et un oncle, eux-mêmes en cavale pour délit de fraude postale, qui se faisaient passer, avec un succès mitigé, pour des céréaliers amish. Il ne fut donc pas surprenant qu'en l'absence de modèles de droiture, Chimio s'engage précocement sur la voie de la criminalité.

Ayant vu les Bunterman de près, le garde du corps n'était pas entièrement dépourvu de sympathie envers leur célébrité de fille. Avec Ned et Janet aux commandes, Cherry n'avait pas eu l'ombre d'une chance. Même si Chimio était ravi de la rapidité avec laquelle elle avait châtié sa façon de parler sous ses coups d'aiguillon, il n'envisageait pas d'aller au-delà, dans ce travail de sensibilisation. Il ne donnait pas dans le sauvetage des bimbos ; sa charité s'arrêtait au fait de ne pas assassiner Cherry, et basta.

Sa façon de chanter, cependant, attisait ses pulsions homicides.

Jalouse jusqu'à l'os, jalouse jusqu'à l'os-euh
Dedans mon corps-euh.
Ça fait trop longtemps. J'ai tellement eu toooort-euh
De me retenir-euh.
Alors, mec, dis rien, viens juste faire un touuuur-euh
Dans ma teuf-euh.
On a pas besoin d'savoir, pas besoin d'savoiiir-euh
Ce qui s'passe-euh.
Jalouse jusqu'à l'os, jalouse jusqu'à l'os-euh
Dedans mon corps-euh
Envie de ton os, jalouse de ton os-euh
Alors viens, je t'veux-euh !

C'était un miaulement braillard, faux et glottal.

Chimio s'avança vers Cherry Pye et lui dit :

– Arrête ça.

Bang Abbott le contourna, en continuant à mitrailler.

– Tu rigoles ou quoi ? C'est un supertitre.

– C'est le nouveau single, dit Cherry à Chimio. Bon Dieu, c'est quoi ton blème ?

À califourchon sur le dos du fauteuil, elle portait encore la petite robe noire d'Annie. Son string était de la même couleur.

– Le clip est une vraie tuerie, dit-elle, et d'un air de défi, entonna à nouveau la chanson.

Chimio lui plaqua sa main sur la bouche. Le paparazzi posa son appareil et de la poche de son froc minable sortit le Colt .38. Chimio, voyant des balles dans le barillet, se demanda quand ce salopard sournois l'avait rechargé.

– Lâche-la, lui dit Bang Abbott avec un tic. Son majeur, qui n'était pas bandé, crapahutait vers la détente.

– Mais oui, fit Chimio.

En s'éloignant à reculons de Cherry, il pivota, et d'un mouvement d'épaule de son bras gauche tronqué, brandit le taille-herbe comme une batte de baseball. Même si le choc fut un poil amorti par le sac de golf qui servait de housse, Bang Abbott n'en reçut pas moins un coup douloureux sur la calebasse. Il s'effondra, en grognant comme un phacochère dans le coaltar.

Chimio ramassa le .38 sur le plancher de frêne poli et le vida de toutes ses balles sauf une, en tirant dans une aquarelle de clown accrochée au-dessus de l'inutile cheminée. Il savait que cette peinture clownesque ne devait pas être d'une grande valeur car le propriétaire de l'endroit l'avait laissée sur le mur, surtout après avoir loué l'endroit à un acteur. Elle vaudrait encore moins trouée de balles.

– Tu as tué Claude, espèce d'enfoiré ! hurla Cherry à Chimio.

– Claude devrait avoir le bon sens de ne pas faire joujou avec un flingue.

Le photographe se hissa sur ses pieds, en se tenant au manteau de la cheminée. Quelques secondes plus tard, les Bunterman déboulèrent dans la pièce, le père de Cherry était armé d'un balai éponge sur lequel il avait fait main basse dans la cuisine. Mais il ne faisait pas le poids avec un broyeur de végétaux à moteur ; Chimio se vit obligé de sourire.

– Que s'est-il passé ici ? s'écria Janet Bunterman, en se précipitant aux côtés de sa fille. Tu vas bien ?

– Je le déteste ! Il a fait du mal à Claude !

– Et pourquoi ? demanda le père de Cherry, se cantonnant dans ce qu'il estimait un périmètre de sécurité.

– Cette tête de nœud a braqué une arme chargée sur moi. Pas acceptable, expliqua Chimio.

Ned Bunterman fut fier d'avoir identifié correctement le bruit de la fusillade. Si sa femme fut impressionnée, elle n'en laissa rien voir. Chimio lui tendit le Colt en lui disant de le ranger avant que quelqu'un ne soit tué. Nerveusement, elle le fourra dans son sac, le canon en premier.

Bang Abbott se palpait une protubérance rose d'un côté de la tête. Sa casquette de baseball fripée fut habilement balayée du sol par le père de Cherry, qui la lui rendit.

– J'ai du superbon matos. Elle fait un effet bœuf, dit le paparazzi.

– Il a raison, m'man. Je déchire gra…

Cherry s'interrompit, se remémorant la liste des mots interdits de Chimio, et gratifia le garde du corps d'un coup d'œil venimeux.

– J'ai l'air stupéfiante. Superstupéfiante. Claude m'a montré les portraits.

– Je te l'avais dit, ma chérie, c'est un artiste, fit Janet Bunterman.

– Je sais déjà lequel je veux pour la couverture !

Les oreilles lui tintant encore, Bang Abbott ramassa un Nikon et tripota le diaph.

– Merde, on s'y met à peine, fit-il. Pas vrai, Cherish ?

Janet Bunterman dit à son mari d'aller chercher de la glace pour la bosse de M. Abbott.

– Non, non, ça va comme ça, dit le paparazzi, quelque peu anesthésié par l'intensité de son obsession.

– On peut jeter un coup d'œil aux photos ? demanda le père de Cherry.

– Peut-être. Quand j'aurai fini.

Bang Abbott releva la tête et fixa le mur.

– Bon Dieu, je viens d'avoir une idée d'enfer. Vous autres, vous pouvez partir maintenant… tout est sous contrôle.

Descendant le tableau, il le déposa sur le sol devant le fauteuil. Il dit à Cherry d'introduire ses doigts dans les trous faits par les balles dans les yeux du clown, puis d'en agiter les extrémités de façon provocante vers l'objectif.

– Une tuerie, j'adore, dit-elle.

Chimio raccompagna les Bunterman jusqu'au vestibule. Il leur demanda de rester dans les parages un petit moment, au cas où les voisins auraient appelé les flics suite aux coups de feu.

– On leur dira que c'était un feu d'artifice, suggéra Janet Bunterman avec audace.

– Excellent.

Ned Bunterman appuya le balai éponge dans un coin.

– Qu'est-ce qu'on fait de cette arme, M. Chimio ? Je veux dire, bon Dieu, ceci excède notre compétence.

– Laissez-la sous le Denali.

– C'est sans danger ?

– Ouais, fit Chimio. Il n'y a pas de criminalité sur Star Island.

Il se força à sourire aux Bunterman en les laissant sortir.

Tout en revenant sur le lieu du shooting, il se disait que tous ces gens-là les lui brisaient, pas un pour rattraper l'autre, et qu'il avait hâte d'en finir avec ce job et de se casser.

Cette fois, Cherry cessa de fredonner à l'instant où il pénétra dans la pièce.

Jackie Sebago se dandina jusqu'à la salle de bains, où il hissa avec précaution ses bourses boursouflées sur la coiffeuse pour se livrer à un auto-examen. Il avait lu tout ce qui concernait les oursins sur Internet. L'infection était tenace. Jackie ne pouvait pas enfiler son outillage dans son caleçon Jockey, encore moins dans un pantalon, si bien qu'il était *grosso modo* confiné chez lui.

Plus tôt dans la matinée, après avoir reçu l'appel du service d'urbanisme de Monroe County, le promoteur avait enfilé avec fureur un peignoir et s'était mis en route vers la résidence de D.T. Maltby afin d'établir pourquoi, après tous ces pots-de-vin et autres magouilles, le projet de l'Îlot Sebago venait d'être bloqué *exabrupto.* La démarche laborieuse et l'apparence ébouriffée de Jackie avaient attiré l'attention d'un agent de sécurité d'Ocean Reef qui, installant le promoteur dans une voiturette de golf, le ramena au « condo » d'emprunt où il récupérait.

En tant que simple invité, et non pas membre, Jackie Sebago ne s'était pas pleinement familiarisé avec le code vestimentaire d'Ocean Reef. À tout le moins, il aurait dû sangler son peignoir de façon plus ajustée. Ses mornes perspectives ne s'améliorèrent guère quand l'agent de sécurité l'informa qu'un avion-taxi transportant M. Maltby venait de décoller, il y avait quelques minutes à peine, de la piste privée du club pour une destination tenue confidentielle.

Une fois seul dans le condo, Jackie s'affala sur une chaise longue en cuir, en écartant largement ses jambes filiformes pour relâcher la pression. Cette position obstétricale était d'autant plus appropriée que ses bourses grotesquement congestionnées ressemblaient à s'y méprendre au crâne « couronné » et veiné de violet d'un nouveau-né émergent. Il s'éventa l'aine, bouillonnant de colère contre l'inconnu borgne harangueur qui l'avait victimisé aussi sadiquement. Cette agression renforça son mépris congénital pour les écologistes… Faire autant de cirque pour quelques maisons résidentielles de plus ! On était dans le plus grand pays de la planète, soufflait-il *in petto*, le phare éclairant du capitalisme, et pourtant, un respectable entrepreneur tel que lui pouvait y tomber en embuscade, y être saucissonné et mutilé sexuellement par un zinzin complètement ravagé, au nom d'un idéal politique. C'était un véritable scandale.

Son portable sonna. Jackie Sebago reconnut l'indicatif 401.

– Merde, murmura-t-il.

C'était Shea qui l'appelait, l'investisseur qu'il aimait le moins. Il avait appris le retrait des permis de construire en contactant le service d'urbanisme pour découvrir si les autorisations de canalisations avaient été délivrées. Ce blaireau appelait toujours Key West dans le dos de Jackie, afin de pouvoir lui sonner les cloches à propos d'une broutille ou d'une autre. Shea lui avait envoyé une demi-douzaine de textos depuis une heure, mais Jackie ne s'était pas donné la peine d'en lire un seul.

À présent, le bonhomme gueulait dans l'appareil :

– C'est quoi ce bordel, *man* ? Ils ont bloqué le projet ! C'est quoi, ce bordel ?

– Je m'en occupe, dit Jackie.

Mais il n'en était rien, pas vraiment. Tout l'intérêt d'engager un « consultant » comme D.T. Maltby, c'était de rester au-dessus de la mêlée et à l'abri de tous les petits actes prosaïques de la corruption. Demeurer dans l'ignorance faisait partie du système de Jackie. Il ne savait pas qui avait été arrosé ni combien on leur avait donné… mais il avait carrément envie de savoir pourquoi ce joli monde faisait soudain machine arrière.

– Qu'est-ce qui s'est passé, merde ? Qu'est-ce que vous avez fait ? demanda Shea. Vous savez quoi ? Laissez tomber. Virez-moi mon fric. Je jette l'éponge.

– Pas si vite, Billy. J'aurai aplani tout ce merdier d'ici demain. Mercredi au plus tard.

Il y avait peu de chance, Jackie le savait, pas avec Maltby qui l'évitait.

– Faut que j'en cultive certains, dit-il à Shea. Vous voyez, répandre sur eux un peu de poudre magique.

– Je croyais que c'était déjà fait.

– Moi aussi. Mais, bon, on est en Floride.

– Vous savez quoi ? Vous pouvez vous asseoir dessus, répondit Shea. Je veux mon blé. Demain matin à 9 heures pile-poil, j'appelle ma banque. Il a intérêt à être là jusqu'au dernier cent, les huit cent cinquante.

Jackie Sebago ne pouvait absolument pas restituer à Billy Shea son investissement de 850 000 dollars, car il l'avait déjà dépensé ou sur une franchise d'hydroptères en Crête, ou bien en obligations pourries. Il ne s'en souvenait plus. Après avoir acquis les terrains destinés à l'Îlot Sebago, il lui restait encore cinq millions pour faire joujou. Pour Jackie, tout ça coulait de source, comme une chute d'eau tropicale.

Dans l'intérêt de faire régner l'harmonie, il avait laissé croire à Shea et aux autres bâilleurs de fonds que leurs capitaux étaient en sécurité sur un compte bloqué. Jackie pensait que les comptes bloqués, c'était bon pour les lavettes. Il était partisan d'une stratégie capitalistique plus dynamique.

– Voyons, Billy, haut les cœurs. Je suis encore sur les rotules à cause de ce qui est arrivé la semaine dernière, de ce que ce fou furieux m'a fait subir.

Aucune compassion à l'autre bout du fil :

– Vous pouvez encore composer un numéro de téléphone, oui ou merde ? Virez-moi le solde, Jackie. *Aujourd'hui.*

Le promoteur avait bien entendu dire que Shea était en liens étroits avec la pègre de Rhode Island, mais avait balayé la chose comme une simple rumeur. Shea était tout le temps en train de traîner quelqu'un en justice et, en règle générale, les mafieux évitent les tribunaux. Jackie Sebago prévoyait que l'individu allait passer à l'étape suivante : faire rédiger par son avocat une lettre au ton menaçant, puis il intenterait peut-être une action. Le temps que l'affaire se fraye un passage à travers le système judiciaire inerte floridien, le marché de l'immobilier serait reparti à la hausse, les lots de l'Îlot Sebago seraient prévendus, et il disposerait de liquidités à la pelle, grâce auxquelles il rembourserait M. William Shea, avec intérêts, si cette tête de nœud désirait toujours se retirer du projet.

– Jackie, me suis-je bien fait comprendre ? lui demanda Shea, d'un ton acerbe. Vous avez *bien* entendu ce que je vous ai dit, hein ? Tout ce machin à Key Largo, c'était entourloupe et compagnie depuis le premier jour, et maintenant, je veux récupérer mes 850 000.

– Vous êtes simplement frustré, Billy, comme je le suis aussi. Ne vous inquiétez pas… je vais faire lever fissa ce retrait de permis, et c'est reparti, dit le promoteur. C'est une erreur, rien d'autre.

– Non. Une erreur ? C'est toi qui en commets une en continuant à me baratiner. La voilà, l'erreur, sale petit menteur, résidu de bidet de mes couilles.

La ligne devint muette. Jackie Sebago jeta le téléphone, en songeant : *Un vrai cœur de pierre, ce mec. Il m'a même pas demandé des nouvelles des miennes.*

Ann DeLusia prit une chambre au Loft Hotel et Skink se roula en boule sur le sol. Elle passa un coup de fil à son ami, l'homme à la moto, qui se pointa une heure et demie plus tard. Ann le retrouva dans le hall, et ils allèrent prendre un café plus bas dans la rue. Il lui raconta toute l'histoire. Elle regretta de ne pas avoir cru Skink quand il lui avait dit qu'il avait été gouverneur autrefois.

– Il ne confie pas ça à tout le monde, lui dit Jim Tile.

– Et un beau jour, il est parti, comme ça ? Complètement dingo.

– C'était ça ou exploser comme une bombe à fragmentation.

– Bon, qu'est-ce qui vous lie tous les deux ? demanda Ann.

– J'ai bossé pour lui à l'époque, à Tallahassee. C'est moi qui l'ai aidé à disparaître.

– Ça lui a sans doute sauvé la vie.

– Ou celle de quelqu'un d'autre. Il n'était pas armé pour faire de la politique, faites-moi confiance.

– Ben, il n'est carrément pas armé pour South Beach non plus. Vous devriez le ramener dans les Keys.

– Il ne veut pas encore s'en aller, fit Jim Tile. Inutile de lui demander… le bonhomme ne veut pas s'en aller.

– Qu'est-ce que vous dites ?

Ann vit que l'ami de Skink faisait grise mine.

– Oh non. Je n'ai pas besoin de ça, dit-elle.

– Il reviendra chez lui quand il vous jugera en sécurité.

– Mais je suis en sécurité… maintenant. Complètement.

– N'en soyez pas si certaine, fit Jim Tile, à qui elle avait raconté aussi son histoire.

Il ajouta :

– Le gouverneur peut vous paraître instable, mais il a un instinct de survie remarquable. Écoutez ce qu'il vous dira.

– Mais il est marteau, sans vouloir vous vexer. De la poésie écossaise ! Et puis cette chanson, *Run Through the Jungle* ? Il a chopé une de ces blondes en rollers et la lui a chantée collé à son nombril, pitié.

Jim Tile haussa les épaules.

– Il adore Creedence Clearwater Revival. Il dit que c'est grâce à eux qu'il est revenu du Vietnam.

– Emmenez-le avec vous. S'il vous plaît ?

– Il ne vous fera aucun mal.

– Oui, je sais.

– Plus important : il ne laissera personne vous en faire.

– De quoi vous parlez, là ? fit Ann. Personne ne me veut du mal.

Tout en rentrant à pied à l'hôtel, Jim Tile la questionna sur le fusil de chasse. Ann lui dit où Skink l'avait caché.

– Vous allez le prendre, pas vrai ? lui demanda-t-elle. Comme ça, il ne pourra pas.

– Voyons voir… un grand Black armé d'un canon scié traversant Miami la Cité magique en plein jour à moto. Non, ma chère, je ne crois pas.

– Vous m'aidez beaucoup, là.

– Perdez pas mon numéro, lui dit Jim Tile.

Elle le remercia mille fois et monta dans sa chambre par l'escalier. Skink dormait encore, sa tête en sandwich entre deux piles d'oreillers. Elle prit une longue douche brûlante. L'eau lui fit un effet délicieux ; elle ferma les yeux et laissa le jet cribler ses joues. Elle ne savait pas trop si elle avait envie ou non que le gouverneur soit parti quand elle sortirait.

L'expérience qu'avait Ann des hommes abîmés par la vie était limitée ; pour une raison ou une autre, peut-être son look, elle avait tendance à attirer les égocentriques trop sûrs d'eux. Les hommes blessés étaient bien plus intéressants, selon ses amies, même s'ils donnaient beaucoup de boulot. Ann se demandait si son père avait été un homme de ce genre. Quand elle était petite, elle posait souvent des questions à sa mère sur lui, mais nul portrait précis ne s'en dégageait. « Un loser, un vaurien », lui disait sa mère un jour. Une autre fois, c'était « un imbécile, un irresponsable », « un zéro qui s'était fourvoyé » ou, plus simplement, il était « indigne qu'on y pense ». La définition qui avait quelque peu intrigué Ann, c'était celle de « rêveur déboussolé ».

Tout ce qu'elle savait en fait de son père, c'était qu'il se prénommait Gil, qu'il avait deux ans de moins que sa mère et qu'il avait quitté l'appartement peu avant sa naissance. Elle n'avait jamais vraiment su si la décision de partir venait de lui, mais elle en doutait. Sa mère était une briseuse de couilles patentée. Avant d'épouser le pro de bowling, elle avait épuisé une dizaine d'autres prétendants falots et accommodants, qui s'étaient convertis docilement au végétalisme, l'accompagnaient à des lectures de la Bible et réservaient leur samedi à l'entretien de sa pelouse. Tous finissaient par se faire jeter pour des infractions mineures, et Ann était toujours navrée pour eux. Sa mère ne lui manquait pas beaucoup mais elle supposait qu'un beau jour, elles renoueraient, sans doute aux obsèques du joueur de bowling.

Skink, réveillé, astiquait son œil de verre quand elle sortit de la salle de bains. Il ne parut pas remarquer qu'elle avait une serviette nouée sur la tête et une autre, drapée autour du corps.

– Je retourne à Star Island régler son compte à Abbott, lui dit-il.

– Vous ne ferez pas une chose pareille.

Ann s'assit près de lui au bord du lit.

– Que prévoyez-vous de faire… le battre comme plâtre ? Le tuer ? N'espérez pas m'impressionner.

Repositionnant l'œil de verre dans son orbite, il cligna pour le mettre bien en place.

– Il n'a pas bien agi. Il doit être châtié.

– Pourquoi aimez-vous qu'on vous appelle « capitaine » ?

– C'était mon grade dans l'armée. Peut-être que je ne devrais pas m'y accrocher.

Il fit mine de se lever, mais Ann lui saisit le bras.

– Vous n'avez pas eu de gosses ? lui demanda-t-elle.

– Ni enfants ni femmes.

– Ni regrets, je parie.

– Beaucoup, fit-il. Une chiée.

– Alors oubliez Claude et restez ici avec moi. Il faut que je vous raconte tout ce qui s'est passé et pourquoi, lui dit-elle. Il faut aussi que je vous parle de mon boulot ridicule.

– Vous êtes actrice. Ce n'est pas du tout ridicule.

– Non, capitaine. Je parle de ce *boulot-là*... celui qui m'a fichu dans cette galère.

– En serai-je désenchanté ?

– Ensuite, je vous demanderai de me rendre vraiment un grand service, fit-elle.

– Tout ce qu'il vous plaira.

– Même si ça comprend de faire du shopping ?

Skink éclata de rire.

– N'importe quoi pour vous, ma belle Annie.

25

Bang Abbott n'était pas un gros buveur, mais Cherry ayant déniché une bouteille de vodka Grey Goose, il accepta de se joindre à elle pour des dry martinis dans la cuisine, pendant leur pause repas. Elle se lâchait de plus en plus, ce qui augurait bien de la séance photo de l'après-midi et aussi des chances d'Abbott de s'envoyer en l'air. Il était conscient de l'effet repoussoir qu'il avait sur les femmes, même les putes dont il louait les services avaient besoin en général d'un remontant ou deux avant de se mettre à l'ouvrage.

Malgré la démonstration de tir et les grommellements sinistres de Chimio, Bang Abbott sentait bien la séance photo. Les clichés qu'il avait pris jusque-là étaient, de son point de vue partial, de purs bijoux. Cherry n'avait jamais paru plus belle ni plus allumeuse, plus délurée ni plus tourmentée…

L'état d'enchantement dégoulinant de Bang Abbott aurait ahuri ses collègues paparazzis, qui le jugeaient grossier et sans cœur. Mais jamais aucun de ces branleurs n'avait passé quoi – trois heures, maintenant ? – en tête à tête avec l'une des nymphettes glamour qui leur servaient de cibles.

Il avait eu droit à une exhib' en règle, recto verso, sur fond de sérénade. Elle avait même raconté une histoire salace, oui, Cherry, sur un homme qui avait trois testicules. Gestes à l'appui.

Mange ton chapeau, Teddy Loo.

Bang Abbott se prépara un troisième cocktail et fit défiler les photos, savourant son propre génie.

– Claude, faut que j'aille faire un pissou, dit Cherry. Ça ferait une superphoto, hein ?

– Pas pour *Vanity Fair*, ma chérie. (Il lui indiqua la salle de bains.) Fais ça rapido.

Le livre de portraits prenait forme dans sa tête – mais, non, d'abord une expo. À la Galerie nationale des portraits de Washington ! Encore mieux, une exposition itinérante, et dans la foulée, la publication du livre, un chef-d'œuvre du portfolio.

En revenant, Cherry gazouilla :

– Regarde ce que j'ai trouvé dans cette armoire à pharmacie !

Elle ouvrit sa main sur trois comprimés couleur cacao.

– C'est quoi, ces trucs-là ? demanda Bang Abbott.

– On s'en fout.

– Hep, pas ça !

Chimio, posant son sandwich, s'avança vers Cherry, mais elle fut plus rapide que lui. Elle avala les comprimés d'un seul coup, puis fit claquer ses lèvres à la toute spéciale intention du garde du corps.

– Tu vas faire quoi, main'nant ? le nargua-t-elle.

– C'étaient des cachets pour chiens contre le ver solitaire, l'informa Chimio. Je me demandais combien de temps tu mettrais pour les dénicher.

– Connard ! Je te déteste à donf ! hurla Cherry.

Bang Abbott lui dit de se calmer, des médocs pour clebs ne lui feraient aucun mal.

– Mais, nom de Dieu, Claude, j'ai envie de planer, moi !

Elle allongea la main encore une fois vers la vodka. Bang Abbott, qui lui même se sentait bien parti, pêcha une nouvelle olive dans le bocal et la laissa tomber dans son verre.

Chimio, feignant la désapprobation, fit grincer ses chicots crados et retourna à son pastrami pain de seigle. Il s'en tamponnait franchement que ces deux-là se bourrent la gueule ou se défoncent. Il avait mis en sûreté les premiers quarante mille dollars de Maury Lykes dans le compartiment du cric de son Denali, et le reste du cash serait bientôt entre ses mains. Demain, à la même heure, Abbott compterait pour du beurre et la fille prendrait la tête de quelqu'un d'autre.

Après le déjeuner, il les suivit à l'étage, où Cherry s'ombra les paupières de violet foncé et retira la robe de cocktail. Elle enfila un polo à manches longues, ouvert jusqu'au nombril, et un caleçon ringard de Tanner Dane Keefe, imprimé de grenouilles.

Puis Bang Abbott la menotta à la balustrade en fer forgé d'une véranda donnant sur la piscine. Et lui dit :

– Tu piges le concept ? Comme si tu étais prisonnière de la célébrité.

Cherry parut en rougir, des petites étoiles dans les yeux.

– Claude, c'est tellement fort.

Observer leur manège donnait la nausée à Chimio. Dénué de remords par nature, il se surprit néanmoins à repenser à tous ces pauvres abrutis qu'il avait entubés en les faisant emprunter à taux variable et qui, aujourd'hui, étaient lessivés et fauchés : leur seul péché avait été d'essayer d'acquérir un foyer convenable pour leurs familles. Le rêve américain dans toute sa splendeur ! Et ici, en face de lui : une nana débile, dont la voix faisait penser à un sac de chatons affamés, riche jusqu'à l'écœurement, et en passe de le devenir encore plus. Bonjour, la justice divine, songeait Chimio amèrement.

– C'est quoi *encore* ton problème ? l'apostropha Cherry.

En fait, le garde du corps caressait l'idée de s'attaquer au taille-herbe à ce tatouage d'une bestialité abominable, et de réduire son dessin à une bouillie écarlate. Au lieu de ça, il rentra et s'installa avec un *National Geographic*, devenu en prison son périodique préféré. Ce numéro particulier comportait un article sur la microchirurgie plastique, un sujet qui l'intéressait personnellement au plus haut point. Même s'il avait joué de malchance avec les médecins, maintenant qu'il entrait en possession de sommes conséquentes, peut-être trouverait-il un chirurgien de premier ordre pour lui pratiquer une décorrugation du visage.

Au bout d'un moment, Bang Abbott le rejoignit, venant de la véranda. Il s'approcha de Chimio en zigzaguant et lui dit, avec l'œil égrillard d'un étudiant de fraternité :

– Eh, tu peux nous laisser seuls une heure ? Moi et la pouffelette ?

– Tu plaisantes.

– Non, *man.* Je la sens carrément bien. Elle est, euh, en méga-manque.

– J'ai reçu des ordres de M. Lykes : je ne dois pas la quitter des yeux.

– T'as qu'à attendre devant la porte, d'acc ? Et merde, tu peux même *écouter* si ça te branche.

Bang Abbott transpirait plus abondamment que d'habitude, son front en nage était plus mouillé qu'un maquereau dans la mer. Il était conscient que son créneau d'opportunité charnelle avec Cherry Pye pouvait se refermer aussi sec, à n'importe quel moment.

– Allez, supplia-t-il le garde du corps. Donne une chance à un de tes frères.

– Tu es bourré, fit Chimio.

– Un tout petit peu.

– M'appelle pas ton « frère ».

– Qu'est-ce qu'il y a ? Tu crois pas qu'elle ait envie de se taper un mec comme moi, c'est ça ?

– Oh si, je le crois. Y a deux soirs de ça, je l'ai surprise en train de se faire reluire avec son iPhone. Elle l'avait laissé sur vibreur, si bien qu'à chaque texto ou à chaque appel... bref, ouais, je te crois.

Chimio se leva et fourra le magazine sous sa prothèse.

– Tu as trente minutes, dit-il à Bang Abbott.

Fremont Spores s'intéressa aux scanners de la police après que Lenore, son épouse, eut succombé à un cancer du poumon. Si elle n'avait jamais fumé, vivre avec Fremont, vraie cheminée humaine, l'avait tuée. Lenore Spores avait été à tous points de vue une forte présence, et sa mort laissa un vide sensoriel que Fremont eut besoin de remplir. Après vingt-neuf ans de bruit, il ne pouvait affronter un appartement silencieux. Les scanners ramenèrent l'endroit à la vie ; comme Lenore, ils ne la fermaient jamais.

Au début, écouter les fréquences des forces de l'ordre n'était qu'un hobby. Il y avait tant de carnage et de sang en Floride du Sud que Fremont Spores passait des heures d'affilée courbé sur ses appareils, passionné par leurs bulletins parasités par la friture : accidents de voiture, fusillades, violations de domicile, affrontements de gangs, combats de coqs, meurtres suivis de suicides, saisies de drogue, overdoses, cadavres flottants, attentats à la pudeur, chats dans les arbres, pythons dans les piscines. Fremont s'immergeait avec une telle ferveur dans les échanges de radios de police que parfois, il ne quittait pas son poste de toute la journée, sautant ses repas et pissant dans une bouteille de Javel.

Puis son propriétaire fit grimper son loyer et Fremont se retrouva pris à la gorge. Il vivait de la Sécurité sociale et d'une modeste pension du *Florida Times-Union*, où il avait travaillé comme mécanicien sur rotative avant de se retirer à Miami Beach. Le montant de sa retraite, qui couvrait à peine jusque-là l'addition mensuelle de graines pour perroquet et de Winston light, était maintenant requis par l'augmentation de loyer. Il se retrouva soudain confronté à une double tragédie, celle de cesser de fumer et aussi celle de dire au revoir à M. Pips, sa perruche anglaise muette mais adorée.

Un jour qu'il rôdait dans le magasin de scanners, Fremont Spores entra en conversation avec un personnage bourru qui avait apporté un vieux Uniden Bearcat à réparer. L'homme lui confia qu'il se faisait entre deux cents et trois cents dollars par semaine en écoutant les fréquences de la police, puis en alimentant d'infos les stations de télé et de radio locales et, à l'occasion, les tabloïds. Avec South Beach qui était devenu le point de chute obligé des top models, musiciens et autres bidons du showbiz en hiver, il y avait pas mal de thune à se faire, même quand on arrêtait un people de catégorie Z dans une rixe de bar ou pour conduite en état d'ivresse. L'homme introduisit Fremont dans la partie avec générosité, ayant le surcroît de générosité de casser sa pipe six mois plus tard d'une rupture d'anévrisme.

Fremont prit le contrôle des opérations, se transformant bientôt en accro virtuose du scanner. Il pouvait écouter simultanément vingt-deux départements de police et de pompiers différents, de Palmetto Bay à Palm Beach, tout comme la patrouille maritime d'État, les gardes-côtes, la DEA (Drug Enforcement Administration) et même le Fish and Wildlife Service. Au fur et à mesure que la réputation de Fremont grandissait, la liste de ses clients s'étendait, au-delà des journalistes et autres équipes de tournage, toujours aux trousses des flics, à ceux qui les fuyaient comme la peste : drogués, trafiquants d'armes, adeptes des courses de rue, voleurs de bétail et autres passeurs de main-d'œuvre immigrée. Fremont ne faisait pas le tri. Quiconque lui achetait une info pouvait se fier à son sérieux et à sa fraîcheur.

La plupart des clients étaient réglos, à l'exception de quelques paparazzis itinérants. Ils débarquaient en ville, contactaient aussitôt Fremont, lui promettant « beaucoup dollars » s'il leur indiquait où trouver une starlette lambda raide défoncée ou un sportif bourré à l'arrière d'un véhicule de police... ou, mieux encore, d'une ambulance. Les tarifs de Fremont étant corrects, il entendait être payé promptement pour ses tuyaux lucratifs. Même si coller aux basques d'un mauvais payeur de « shooteux » lui faisait perdre un temps précieux, en l'éloignant de ses scanners, il en faisait une question de principe. Par-dessus tout, Fremont Spores détestait se faire balader.

Il rappela le numéro de Bang Abbott. La même voix atone qu'auparavant lui répondit... Fremont soupçonnait que c'était Abbott lui-même, prétendant être quelqu'un d'autre. Ou peut-être qu'il était enrhumé.

– Ici, Spores. Je veux récupérer mes deux cents dollars.

– Pour quoi ? Rappelle-moi.

– Pour la conduite en état d'ivresse de Larissa, connard. L'Idole ?

– Pas de souci.

– J'ai déjà entendu ça. Demain matin, 9 heures pile-poil, à l'endroit habituel.

– Où déjà ?

– Pas d'embrouille, Claudius. J'ai pas la patience, répondit Fremont. Je te l'ai déjà dit, je connais un type à Bogotá que je peux appeler n'importe quand pour lui demander de me faire une faveur. C'est comme ça que tu veux la jouer ?

– À demain.

– J'aime mieux ça.

Fremont raccrocha, en songeant : *Il a intérêt à se pointer.*

À l'autre bout de la ligne, un individu qui n'était pas Bang Abbott sourit en rempochant le BlackBerry mandarine. Chimio n'avait nullement l'intention de rencontrer Fremont Spores. Pour dissiper son ennui, le garde du corps avait pris les appels d'Abbott, écoutant la tchatche des tuyauteurs et consentant avec désinvolture à tous les tarifs qu'ils réclamaient. Ça donnait un aperçu amusant d'un royaume de charognards spécialisés, peu familier à Chimio. Il ne vit aucun intérêt à leur proposer le nouveau numéro de portable du photographe parce qu'après ce soir, ce gros dégueulasse serait définitivement retiré des voitures.

Revenant à son *National Geographic*, Chimio se replongea dans l'article de microchirurgie et perdit la notion du temps. Une heure se passa avant qu'il ne se souvienne qu'il avait laissé Abbott et Cherry seuls dans une chambre. Ils y étaient encore, dans les pommes et dans le pieu, quand Chimio en franchit le seuil au pas de charge.

Le corpulent paparazzi était couché sur le ventre, nu, à l'exception de sa casquette de baseball et de son oreillette Bluetooth. Les Nikon étaient accrochés par leurs lanières au montant du lit. L'ex-Cheryl Gail Bunterman portait un kimono vert jade et une seule botte de cowboy en peau de serpent. Le garde du corps lui prit le poignet et chercha le pouls. Elle remua, cligna des yeux et souleva la tête.

– Pas toi, marmonna-t-elle.

– Félicitations. Toujours plus bas, dit Chimio.

– Comme si j'allais me retaper Claude sérieux. Non mais.

Elle eut un rictus somnolent pour son compagnon de lit qui ronflait.

– Tu parles d'un poids-plume, dit-elle.

Chimio pointa de son pouce la salle de bains.

– Va te nettoyer.

– Yo, je l'ai même pas sucé le mec. Juré !

Yo ? Chimio avait oublié de mettre celui-là sur la liste de l'aiguillon à bestiaux.

Cherry se redressa dans le lit et bâilla en faisant une grimace simiesque.

– Mon Dieu, mes cheveux, c'est la cata.

– Rien du tout, comparé au reste.

– Au fait… les « pilules du bonheur » de Tanny ? Je me suis faufilée dans le couloir et je les ai trouvées, crâna-t-elle. Et vlan.

– Combien t'en as filé à Abbott ?

Cherry se sourit à elle-même.

– Trois ou quatre. Chais plus.

– Géant. Je vais en avoir pour la soirée, vacherie.

Chimio, de la tête de sa tondeuse à gazon sous housse, poussa le paparazzi inerte, qui renifla mais ne se réveilla pas.

Entre les plis du dessus-de-lit, Cherry découvrit la bouteille de Grey Goose, qui était vide. Mais elle était trop dans les vapes pour s'en plaindre. Chimio l'observa boiter avec sa botte trop grande jusqu'aux chiottes. Elle ferma la porte et se mit à vomir vigoureusement, ses wouahs généreux résonnant à tous les échos sur le marbre d'Italie.

Chimio sortit le BlackBerry d'Abbott et tapa le numéro de Janet Bunterman.

– On a fini ici, lui dit-il.

– Déjà ?

– Et bien fini. Venez la chercher.

Le mélange alcool, olives et comprimés affecta défavorablement le sommeil de Bang Abbott. Il rêva qu'un requin lui mordillait le cul. Sur la plage, des jeunes femmes en émoi prenaient des photos, en poussant des hourras. Toutes portaient de petites robes noires. Bang Abbott luttait éperdument pour sortir de l'eau mais le requin ne voulait pas lui lâcher les miches… c'était un horrible remake de l'attaque subie par Terence Hughes, le touriste malchanceux qui avait pataugé sans le savoir dans la nappe de déchets de poisson répandue par Bang Abbott, à Clearwater Beach, tant d'années en arrière. Hughes avait récolté cent soixante-dix-neuf points de suture et Abbott, un Pulitzer.

Le paparazzi ne faisait pas souvent de cauchemars, et celui-ci était très réaliste. La douleur cuisante et lancinante qu'il éprouvait paraissait authentique, et n'était presque pas attenuée par les Lortab qu'il avait gobés stupidement, suite au défi lancé par Cherry Pye. Quand il se tourna pour flanquer un double coup de poing à ce requin obstiné, ça lui fit mal, aussi. Un mal de chien.

À l'aide ! cria Bang Abbott dans son sommeil.

Mais les filles sur la plage continuaient à se marrer et à le prendre en photo avec leurs appareils aux couleurs acidulées. En même temps, le requin se mit à émettre un bzz bzz suraigu tout en mâchonnant sa chair salée.

Je saigne ! hurla le photographe.

Et c'était le cas.

– Réveille-toi, Slim Fast. Qu'on en finisse.

Bang Abbott, soulevant une paupière collée, aperçut Chimio, qui planait au-dessus de lui comme un rapace squameux. Le rotor du taille-herbe tournoyait encore. Bang Abbott vit que ses phalanges étaient à vif et qu'une plaie cramoisie de la taille d'une soucoupe luisait de frais sur la vaste pente gélatineuse de sa fesse droite. Avec un gémissement, il roula sur le dos, en remontant la literie jusqu'à son cou. Sa Bluetooth tomba sur l'oreiller.

– Pourquoi tu m'as débité en tranches ? se lamenta-t-il.

– Pasque t'as essayé de me doubler sur le poteau.

Chimio appuya l'outil de jardin à moteur sur la tête de lit. De sa main valide, il tenait le Colt .38 de Bang Abbott.

– Qu'est-ce qui se passe, merde ? Où est Cherry ? demanda le paparazzi.

S'il n'avait aucun souvenir d'avoir baisé, il répugnait à en écarter la possibilité. Pourquoi sinon aurait-il retiré ses vêtements ?

– Elle est rentrée à l'hôtel avec papa maman, fit le garde du corps.

Bang Abbott luttait pour retrouver ses esprits. Il percevait avec justesse que son plan audacieux était en péril.

– S'il m'arrive quoi que ce soit, menaça-t-il, Cherry est *kaput.*

Chimio le gratifia de son regard de basilic.

– Bien joué, tête de nœud.

Le photographe se redressa, en s'appuyant sur les coudes. Il avait la tête comme un parpaing fendu.

– Ces clichés dans les toilettes que j'ai pris de sa doublure… avec la shooteuse ? S'il m'arrive quelque chose, ces photos circuleront partout sur Internet, bordel. Cherry sera *cuite*.

Chimio glissa le flingue sous son bras valide et sortit de sa poche de chemise le portable de secours d'Abbott, celui qui lui avait servi à photographier Ann DeLusia brandissant la seringue usagée au Marriott.

– Tu veux parler de *ces photos-là* ? demanda le garde du corps.

Bang Abbott se tassa sur lui-même. Ce salopard lui avait fait les poches pendant qu'il était HS.

– T'arrêtes pas de paumer tes bigos, lui dit Chimio. Ça devient du luxe.

Le paparazzi se ressaisit hâtivement.

– Tu peux balancer ce machin débile dans l'océan, pour ce que j'en ai à battre. J'ai déjà mailé les clichés de junkie à mon ordi portable, qui est resté à L.A. Il y a un rédac'chef de *L'Œil*, s'il n'a pas de nouvelles de moi demain midi, il enverra un de ses mecs à mon appart.

Chimio ne semblait pas plus inquiet que ça. Mais parut réfléchir. Il rangea le portable d'Abbott et reprit le pistolet en main.

– On m'a donné deux séries d'ordres, fit-il. Primo : les sœurs Lark, elles vont diffuser un communiqué de RP disant que Cherry – et pas l'actrice – s'est fait rapter par un fou qui l'a retenue prisonnière tout en prenant des photos limite porno. Celles que t'a faites aujourd'hui, elles vont en fuiter un choix, juste à temps pour la tournée. L'idée, je suppose, c'est de booster les ventes de billets. Mais si tu t'écrases pas et marches pas dans la combine, les Bunterman courront chez les flics et te feront poisser pour kidnapping. Puis, pendant que tu croupiras en taule sur ton gros cul, ils t'attaqueront au civil.

Bang Abbott avait du mal à digérer tout ce qu'il entendait. Chimio poursuivit :

– Mais M. Lykes a un plan différent. Il veut que je te bute.

– Non ! Quoi ?

– Je suis censé maquiller ça en suicide. Voilà comment : Cherry s'est échappée de ta planque et s'est enfuie. Tu sais qu'on va te retrouver et te boucler à perpète, alors – *pan !* – tu te fais sauter le caisson. Tu te rappelles le connard qui a assassiné Versace ? C'est comme ça qu'il s'en est tiré, il s'est buté pendant que les flics le cernaient, dit Chimio. Sauf que le tien, il serait comme on dit « assisté ».

– J'y crois pas, fit Bang Abbott, tout tremblant.

Ses yeux se portèrent sur l'arme de poing… il était pratiquement sûr que le garde du corps avait vidé toutes les balles dans le tableau de clown. Chimio se fendit d'un nouveau sourire à faire dresser les cheveux sur le crâne.

– Non, Slim Fast, j'en ai gardé une pour toi.

– Grossière erreur ! fit le photographe en frappant l'air de son avorton d'index bandé. Si tu me butes, tous ces clichés de junkie deviennent viraux et le nouvel album de Cherry est mort-né. La tournée ? Quelle tournée ? Tu piges pas ?

– C'est toi qui piges pas, fit le garde du corps.

À ce moment-là, ce qui lui embrumait le cerveau se dissipa et Bang Abbott comprit que Chimio était un criminel pur et dur, un freelance qui n'en avait absolument rien à battre de la future carrière de Cherry Pye. Bang Abbott se dit alors que le seul moyen de sauver sa peau, c'était d'embarquer le bonhomme avec lui.

– Combien te paie Lykes ?

– Quatre-vingt mille dollars, dit Chimio.

– Un peu de sérieux.

Bang Abbott se tortilla ; la lacération sanglante de son postérieur commençait à coller aux draps.

– Je vaux deux fois plus pour toi vivant. Trois fois plus.

– Ça pourrait peut-être le faire. T'arrête surtout pas de parler.

– Tu as vu les photos ? Elles sont incroyables, dit Bang Abbott. Jettes-y un œil.

Chimio fourra le flingue à sa ceinture. S'emparant d'un des Nikon d'Abbott, il s'assit sur un fauteuil droit pour mater de près l'œuvre de cette raclure. Il fut surpris de la qualité des clichés… même ceux avec la toile de clown perforée. À travers l'objectif d'Abbott, Cherry apparaissait infiniment plus intéressante qu'elle ne l'était en réalité. Quiconque n'avait jamais passé de temps avec elle pouvait déduire des photographies qu'elle était profonde et mystérieuse.

– Tu m'en diras tant, fit Chimio.

Les espoirs de Bang Abbott montèrent en flèche. Il était pleinement décidé à baratiner Chimio de ne pas l'exécuter.

– *L'Ange perdu.* Qu'est-ce que t'en penses ? demanda-t-il au garde du corps. Comme titre, je veux dire.

– Titre de quoi ?

– De mon livre de portraits de Cherry... *L'Ange perdu.* Ou peut-être *L'Ange maudit.*

Chimio n'eut pas l'air convaincu.

– T'en as assez pour en faire un bouquin ?

– Des tas, fit Bang Abbott.

Ce qu'il n'avait pas, c'était un éditeur... pas encore.

– Primo, je vendrai deux, trois de ces photos à un canard haut de gamme genre *Maxim* ou peut-être *W.* Tu vois, rien qu'en guise d'avant-goût. Puis, dès que ça s'affolera, je mettrai le projet de livre aux enchères à New York.

– Redis-moi voir pourquoi je dois pas me contenter de te buter et de prendre le blé de M. Lykes.

– Parce que je te filerai 40 % de tout ce que je me ferai, et je compte bien me faire un pacson.

– On voit bien que t'as encore jamais eu d'associé comme moi, lui dit Chimio.

– OK. Cinquante-cinquante.

– Je pourrais aussi juste te refroidir et vendre les photos moi-même.

Bang Abbott émit un rire tranchant, mais en se donnant du mal car il était terrifié. Son sphincter s'était fripé aux dimensions d'une tique.

Il dit au garde du corps :

– Tu ne saurais pas par où commencer. On te plumerait un max, j'veux dire, tu serais baisé dans les grandes largeurs. Y a zéro honneur dans mon bizness, *man.*

– Ah, tiens ? J'ai fait dans le prêt hypothécaire. (Chimio pela une écaille de son épiderme, de la taille d'un cracker, sur son menton.) Rien que des petits saints et des enfants de chœur là-dedans.

Bang Abbott suivit des yeux le vol de la peau morte jusqu'au sol.

– Ce serait un livre de très grand format, un beau livre, ajouta-t-il, en cadrant de ses mains les dimensions imposantes de l'ouvrage pour en donner une idée.

– Combien ça se vendrait ? demanda Chimio.

– Trente-neuf, quarante dollars.

– T'es dingue, Slim Fast. Personne ne paiera aussi cher pour voir des photos d'une pute allumée qui ne sait même pas chanter.

– Oh que si, fit Bang Abbott. Après sa mort.

Si Chimio trouvait cette idée de bouquin ridicule, il croyait que les photos, individuellement, pourraient avoir de la valeur dans de bonnes circonstances. Malheureusement, Abbott avait raison sur un point : il n'y connaissait que dalle question marchandage avec les magazines et autres tabloïds. Pour ça, il aurait besoin du paparazzi.

Il étira le cou pour scruter de plus près l'image sur l'écran LCD de l'appareil : Cherry en polo déboutonné et caleçon à grenouilles sur la véranda, regardant, par-delà de la baie de Biscayne, la *skyline* de Miami. D'une main aux ongles rongés, elle effleurait le tracé de la partie zèbre de son tatouage, tandis que l'autre – celle menottée à la balustrade – était crispée sur un briquet jetable. Pour quelqu'un ne la connaissant pas, son expression aurait pu traduire un état de tempête sous son crâne, Chimio, lui, savait qu'elle était simplement en manque de fumette.

– J'ai un meilleur plan que le tien, dit-il.

Bang Abbott ravala un rot parfumé à l'olive.

– Je peux savoir ?

– Faut que tu vives, lui dit Chimio. T'as rien d'autre à savoir.

26

Des *tweets* alléchants circulaient déjà. La note du blog de Cherry, peaufinée par la plume négrière des Lark, était dans les starting-blocks. De même que le communiqué décrivant son enlèvement fictif, son emprisonnement sordide et son audacieuse évasion. On avait alerté les producteurs de *Showbiz Tonight*, *Extra*, et *ET* de s'attendre à un tuyau qui allait méga-cartonner. Tout ce qu'il restait à faire – avant de lancer cette intox – c'était de s'assurer du silence d'Ann DeLusia.

Du moins, c'était ce que pensaient les Lark.

– Annie a quitté l'hôtel, disait Janet Bunterman. Elle a pris toutes ses affaires.

– Oh, elle appellera, fit Lucy.

– Cette fille n'est pas idiote, ajouta sa sœur.

Maury Lykes retira la branche de céleri de son bloody mary et en trancha le bout d'un coup de dents.

– Est-ce que j'ai bien saisi : on a *reperdu* l'actrice ?

– Temporairement, répondit la mère de Cherry.

– La seule personne qui peut tout révéler au grand jour… le sosie de votre fille.

– Ce n'est pas son sosie, Maury, juste sa doublure.

– Une doubleuse, oui.

Le producteur croqua bruyamment dans le céleri.

– Incroyable, bordel. Vous disiez vous autres que vous pouviez la gérer.

Les Lark auraient froncé le sourcil si elles l'avaient pu. Ann DeLusia ne relevait pas de leur responsabilité.

– Elle en a pas mal bavé, intervint Janet Bunterman. Je suis sûre qu'elle va changer d'avis.

Maury Lykes cracha un mollard de fibres vert dans sa serviette en papier.

– Un membre clé de l'équipe ne manque-t-il pas à l'appel ?

– Ned est avec Cherry. La retoucheuse de son costume fait un saut après le dîner.

– Je ne parle pas de Ned, merde. Mais de Chimio, dit Maury Lykes.

Il piqua une coquille Saint-Jacques sur un plateau d'amuse-gueules, consulta l'heure à sa Rolex et se demanda si quelque chose aurait mal tourné sur Star Island. S'il paraissait improbable que le garde du corps balèze ait pu être déjoué ou maîtrisé par un balourd comme Claude Abbott, le show-bizness avait appris à Maury Lykes que rien n'était jamais verrouillé. Si organiser le meurtre d'un paparazzi n'était pas la chose la pire qu'eût faite le producteur au bénéfice d'une star, cela comportait des risques peu communs.

– Ce truc a le même goût qu'une tumeur cramée, dit-il en rongeant la coquille Saint-Jacques.

– Essayez avec du *ponzu*, lui suggéra Janet Bunterman.

Lucy Lark dit :

– Et si Abbott ne cède pas ? Les clichés de piqure qu'il a pris d'Ann sont un très mauvais point. Avec cet horrible tatouage, on dirait exactement Cherry.

– Ces photos ne sortiront jamais, affirma Maury Lykes. Elles ne peuvent pas sortir.

– Même si c'est le cas, ce ne serait pas la fin du monde.

Cette phrase venait de Lila, qui prit même sa sœur de court.

– Non, sérieusement, j'y ai réfléchi. Menotter une jeune femme à la cuvette des toilettes et la forcer à se shooter… ça montrerait le pervers total que c'était, non ? Et comme Cherry a été courageuse de lui résister et de s'enfuir, non ?

Lucy s'avança sur son siège, très impliquée.

– Elle a raison. On peut surfer là-dessus.

– Si on y est obligés, reprit Lila. Quoi qu'il y ait dans cette seringue, ça n'est pas obligatoirement de l'héro ou de la *meth*. On peut toujours dire que c'était de…

– La coke, proposa sa sœur.

– Bien sûr. Ou encore de la kétamine.

Maury Lykes se frotta l'arête du nez.

– Ça alors, je me sens *déjà* mieux.

– Pouvons-nous changer de sujet, s'il vous plaît, fit la mère de Cherry.

On frappa à la porte. L'une des jumelles se leva et introduisit Chimio. Il s'assit sur le canapé entre Janet Bunterman et Maury Lykes. Pour donner de la place à ses jambes, il repoussa la table basse du pied.

– Eh bien, on a tous attendu patiemment, dit le producteur. C'était comment la fiesta ?

Chimio rajusta son toupet. Il réclama un Pepsi light, et Lucy lui en apporta un.

– Que s'est-il passé avec Abbott ? insista Maury Lykes. Il est cool ou pas ?

C'était le terme codé sur lequel Chimio et lui s'étaient mis d'accord. « Cool » voulait dire « mort ».

– On a changé de plan, dit Chimio.

– Qu'est-ce que *ça* veut dire ? demanda Janet Bunterman. Où sont les photos de Cherry ?

Maury Lykes remarqua que ses pieds étaient pris de tremblote, un symptôme de grande anxiété chez lui. Évidemment, le photographe était toujours vivant, ce qui ouvrait un champ de complications potentielles déplaisantes à envisager.

Chimio ôta ses lunettes Palin et en nettoya les verres avec le coin d'une serviette.

– J'ai les deux appareils du bonhomme. Les photos sont stockées sur les cartes mémoire.

– Dieu soit loué, soupira la mère de Cherry.

– Alors, où sont-elles ? fit Lila.

– Oui, il faut qu'on les voie rapido, renchérit sa sœur.

Chimio remit ses lunettes et dit :

– Le deal est le suivant. Les appareils sont en sécurité.

– Je le savais, fit Maury Lykes.

– Exact. Ils sont à moi maintenant.

– Laisse-moi deviner. Abbott et toi, vous vous êtes mis d'accord.

Chimio haussa les épaules.

– Il n'avait pas trop le choix.

Janet Bunterman avait l'air perdue. Les jumelles, qui n'avaient pas décelé le côté calculateur de la personnalité du garde du corps, furent simultanément alarmées et intriguées. Mais une fois encore, on les ignora.

Quand Maury Lykes demanda à Chimio la somme qu'il réclamait pour les photos, il éclata de rire en disant :

– Faites la queue comme tout le monde.

– Qu'est-ce que tu racontes, merde ?

– Abbott a les entrées qu'il faut.

Lucy Lark intervint :

– Une minute. Vous parlez des tabloïds, là ? Car notre histoire du kidnapping de Cherry ne peut pas fonctionner si on n'a pas ces photos en notre possession. Personne n'y croira sans photos à l'appui.

– Et même comme ça, elle ne sera pas facile à faire gober, remarqua Lila.

Chimio pinça un pompon de chair morte sur son front.

– Peut-être que je peux me séparer d'un ou deux clichés. Cinquante mille pièce, disons.

Janet Bunterman hoqueta.

– Vous êtes fou ?

Cent mille dollars allait bien au-delà du budget dont Ned et elle avaient discuté. Elle se tourna vers Maury Lykes et lui dit :

– Que se passe-t-il, là ? Vous ne pouvez pas faire quelque chose ?

Le producteur tâchait de garder son sang-froid. Au lieu de tuer le paparazzi, Chimio avait enrôlé ce fils de pute et confisqué la marchandise. Maury Lykes, qui n'avait rien vu venir, admira à contrecœur cette brute à la gueule grêlée. Par sa manœuvre perso détournée, Chimio avait cessé d'être un travailleur sous contrat ; il était devenu un acteur à part entière.

– Envisageons ça sous un angle où tout le monde y trouverait son compte, dit Maury Lykes.

– Pour quoi faire ? fit le garde du corps en scrutant les hors d'œuvre. J'ai les photos. Vous, que dalle.

Laissant les coquilles Saint-Jacques de côté, il choisit une crevette frite cajun. Maury Lykes, se tournant vers la mère de Cherry, lui dit :

– Il faut que je lui parle seul à seul. (Puis, aux Lark :) Ne bougez plus avant d'avoir eu de mes nouvelles.

Les jumelles quittèrent la suite avec Janet Bunterman. Dès que la porte fut fermée, Maury Lykes dit :

– Eh, c'est quoi ce bordel ? On avait un deal.

– L'occasion fait le larron, répondit Chimio.

– Combien tu penses que ces photos de la « bimbette » valent vraiment ? Sérieux.

– J'suppose qu'on va le savoir.

Le producteur avança l'hypothèse que la valeur marchande de la série Star Island d'Abbott serait nulle ou presque sauf si *LGR & Kourt Vêku* faisait un triomphe.

– Tu as intérêt à ce que cet album cartonne, conseilla-t-il à Chimio. Tu as intérêt à ce que le nom de Cherry Pye revienne au hit-parade… si tu veux palper gros, point trait.

La même idée était venue à Chimio. Un CD au top et une tournée affichant complet feraient des portraits mélancolico-boudeurs d'Abbott un produit bien plus vendeur quand Cherry Pye succomberait à son overdose finale. Le garde du corps comprit qu'il avait désormais intérêt à garder vivante cette écervelée *stone* pendant au moins les deux prochains mois.

– La tournée commence où ? demanda-t-il.

– Ici même à Miami, dit Maury Lykes. Puis direction Orlando, Charlotte et ainsi de suite, en remontant la côte.

Chimio détestait l'avion, non pas parce qu'il avait peur, mais parce que sa taille extravagante faisait de la position assise un supplice.

Maury Lykes éclata de rire.

– Elle voyage en avion privé, *man.* T'auras des masses de place pour tes jambes.

– En plus, je garde ces quarante mille dollars que vous m'avez filés. Pour le contrat Abbott.

Chimio comptait vivre sur cette somme en liquide en attendant que Cherry casse sa pipe.

– J'suis content que tu aies ramené ça sur le tapis.

Maury Lykes se glissa plus près et baissa la voix.

– Les autres quarante mille, la seconde moitié, elle est toujours à prendre.

Chimio saisit le producteur par les poils frisés de sa nuque et tordit sec.

– Je vous ai déjà dit que je buterai pas ce patapouf. Il a des relations de première pour négocier ces photos.

Rudement secoué, Maury Lykes sentit quelque chose craquer dans sa nuque.

– Stop ! glapit-il. C'est pas Abbott qu'il faut tuer. Mais quelqu'un d'autre.

– Qui ça ? s'enquit Chimio. C'est quoi son nom à celui-là ?

– À celle-là, pas à celui-là.

– Bordel de nom de dieu de merde.

Le garde du corps, relâchant les poils follets du producteur, le poussa sur le sol.

– Contente-toi de m'écouter, fit Maury Lykes.

En dépit de tous ses défauts de caractère, Bang Abbott n'était pas porté sur l'autoapitoiement. Il se considérait comme un guerrier de la rue aguerri. Son boulot de chasseur de people était criblé de déceptions, tromperies et autres humiliations. Dans la catégorie modeste des paparazzis tels que Bang Abbott, une bonne journée était celle où on ne vous crachait pas à la figure ni ne vous filait de coups de genou dans les parties. Pourtant, en se remémorant la semaine écoulée, il trouva difficile de ne pas se sentir floué. Ses précieux Nikon, volés par une starlette, avaient été récupérés, puis revolés. Il avait enlevé par erreur la doublure de la même starlette, qui s'était arrangée pour lui flinguer son doigt déclencheur. Puis, alors que les choses s'amélioraient finalement, il avait été agressé par un garde du corps manchot duplice, qui lui avait sadiquement passé au taille-herbe le gras de la fesse. Plus décourageant encore, le plan ambitieux de Bang Abbott pour exploiter l'autodestruction inévitable de Cherry Pye était en miettes. Les portraits de la série *L'Ange perdu* qu'il avait pris de la chanteuse à Star Island – à son avis, le plus beau travail de sa carrière – étaient entre les griffes de Chimio, cette face de pizza de plus de deux mètres, qui ne lui avait promis que le crédit photo et un vague excédent des profits.

Et à présent, Peter Cartwill, au bout du fil, venait de gâcher le dîner de Bang Abbott. Le paparazzi, se relaxant à l'extérieur du News Café, ingurgitait deux, trois cheeseburgers tout en observant la flânerie de superbes zombies sur Ocean Drive. Il avait appelé le rédac'chef de *L'Œil* pour lui dire qu'il allait bien et qu'il était donc inutile de récupérer son ordinateur portable dans son appartement de Los Angeles.

– Trop tard. Notre livreur est allé le chercher hier et on l'a reçu ce matin par FedEx, dit Cartwill. Ton économiseur d'écran, soit dit en passant, est pourrave.

– Mais je vous avais dit d'attendre demain, les mecs ! protesta Bang Abbott. Et seulement, si je n'avais pas appelé à midi !

– Vraiment, Claude. Comme c'est triste.

Cartwill avait raison. Bang Abbott ne savait que trop qu'il ne fallait pas se fier à un rédacteur en chef de tabloïd.

– Tu ne raisonnes pas juste, observa Cartwill. Je m'inquiète pour toi.

– Je viens de traverser une mauvaise passe.

– Ces photos, Claude, je dois dire…

– Alors vous les avez trouvées ?

Le gloussement de Cartwill avait quelque chose de papillonnant.

– Le fichier était intitulé « Toilettes Art ». J'ignore comment nos techniciens ont fait pour cracker le code. Elle se piquait à quoi, au fait : à l'héro ?

Bang Abbott lampa une gorgée de San Pellegrino tiède et faillit s'étouffer avec le zeste de citron. Si ces photos fuitaient maintenant, la tournée de Cherry Pye était condamnée, le portfolio de Star Island n'aurait plus de valeur et, pire que tout,

Chimio le courserait avec cette saleté de tondeuse à gazon puis le réduirait à un tas de cent kilos de coleslaw fumant.

– Vous ne pouvez pas publier ces clichés, Peter.

– Et pourquoi ça ?

– C'est compliqué, fit Bang Abbott.

– En fait, ça ne l'est pas. Tu te souviens de notre dernière conversation ? Concernant la photo que tu avais prise de Cherry devant le Viper Room ? Celle qu'on t'a payée six mille dollars ?

– Je m'en souviens.

– Sauf que Cherry était en réalité aux urgences de Cedars, cette nuit-là.

Bang Abbott répliqua avec véhémence :

– Vous croyez cette idiote d'infirmière, et pas moi ?

Le ton de Cartwill disait clairement que oui.

– La femme menottée à la cuvette des toilettes sur ces photos… dis-moi la vérité. Est-ce que c'est vraiment Cherry ?

– Ah ! Y a qu'à regarder ce tatouage zarbi.

– On l'a fait, Claude. Nos gars du numérique ont agrandi ces images. D'après eux, ça ressemble à du henné.

La Bluetooth de Bang Abbott en tomba et atterrit dans un éclat de ketchup. Il essuya l'oreillette et, après deux tentatives ratées, la réinséra.

– Il lui manque aussi une tache de rousseur au poignet gauche, poursuivait Cartwill.

– Vous êtes sérieux ou quoi ?

– La vérité, Claude, ou on ne reprendra plus jamais de matos venant de toi, l'avertit Cartwill. Une fois que l'info circulera, tu te retrouveras à shooter des croisières et des bar-mitsva jusqu'à la fin de tes jours.

C'était une menace qui sonnait faux ; Bang Abbott était sûr qu'il pourrait toujours placer ses photos de people non retouchées quelque part. Le marché était sans fond au sens premier du terme. Cependant, étant donné le leasing colossal de sa Mercedes, il ne pouvait se permettre d'être exclu des magazines et tabloïds bons payeurs tels que *L'Œil*, tout regardants qu'ils puissent être sur l'authenticité de la partie « artistique ».

– OK. Peter, vous m'avez eu. Ce n'est pas Cherry sur ces photos.

– Ah.

Cartwill n'avait pas un ton plus supérieur qu'à l'ordinaire.

– Elle est jolie. C'est qui ?

– C'est une longue histoire, fit Bang Abbott.

– Y a quoi dans la shooteuse ?

– De l'eau du robinet.

– Tu me déçois tellement, Claude.

– Mais, écoutez-moi : la photo devant le Viper Room après les Emmy, la fille en mini en cuir… c'était une véritable erreur.

Bang Abbott n'allait pas rester muet quand on mettait sa réputation en lambeaux. Il était bon dans sa partie, même si la plupart des gens jugeaient méprisable ce qu'il faisait.

– L'entourage de Cherry se sert d'un sosie quelquefois, apprit-il à Cartwill. Pour nous lancer sur une fausse piste.

– Peut-être que c'est elle qui t'a sauté dans le Gulfstream.

– Je ne plaisante pas. Ils ont engagé cette fille, une actrice de rien du tout.

– Je suis sur le point de te faire une énorme fleur professionnelle, Claude, dit Cartwill. Je vais effacer ces affreuses images de ton ordi portable. Passe au bureau le récupérer avant de t'envoler de nouveau pour L.A. Et ne nous refais plus jamais un coup d'enfoiré de ce genre. Suis-je clair ?

– Limpide, fit Bang Abbott, guilleret de soulagement. Eh, je suis encore à South Beach. Il se passe un truc, là ?

– Pas grand-chose. David Hasselhoff tourne une pub pour un after-shave allemand, près de la piscine du Delano, et Megan Fox est en ville pour une fête privée.

– Ah ouais ? Où ça ?

– T'occupe, mon pote. On la couvre.

Puis il raccrocha.

Bang Abbott commanda une aubergine avec une assiette de frites. Pour un homme qui avait vu ses rêves de grandeur piétinés, il conservait son robuste appétit coutumier. Il ne savait pas trop si le plan du sinistre garde du corps allait marcher, mais ce n'était pas comme s'il avait eu voix au chapitre. Ce type était un tueur. S'il arrivait à se faire de la thune avec les photos de Star Island et versait au compte-gouttes une poignée de dollars à

Bang Abbott, ben, ça serait mieux que rien. Et sûrement mieux que d'être mort, merde.

À tout le moins, Bang Abbott s'était débrouillé avec succès pour passer toute une journée avec Cherry Pye et finir avec elle entortillé entre deux draps. Même si, à présent, il lui semblait improbable qu'une baise ait eu lieu, il n'avait pas perdu son temps. Quelque chose d'important s'était produit. Cette dernière heure alcoolisée avec la jeune chanteuse avait servi à dissiper la fascination faussée et illégitime qui subjuguait Bang Abbott encore tout récemment. Cherry était en vérité une âme des plus simplettes, aussi vide que belle. Ce n'était pas de la frime.

La conversation avait été insupportable. D'accord, cette fille n'avait que vingt-deux ans, mais elle était star depuis presque la moitié de son existence. Quelque chose d'intéressant avait sûrement dû lui arriver sur le parcours. *Bien sûr, elle était défoncée en permanence*, se disait Bang Abbott. *Comme tous les gens chiants.*

Oui, il était guéri de sa fixette sur Cherry. Au bout du compte, il aurait pu en venir à apprécier d'être un photographe de portraits sérieux, à l'œuvre respectable, un artiste cyclothymique qui aurait été la coqueluche de divas capricieuses. Mais au fond de lui, Bang Abbott était un homme de terrain – les studios étaient trop propres et trop stériles pour son style. Il préférait le défi d'un environnement de boulot ouvertement hostile, où quotidiennement on l'abreuvait d'injures, lui montrait de la répugnance, on le rembarrait et lui échappait. Bang Abbott adorait le frisson, et adorait la chasse.

Parmi les paparazzis, seuls les plus tenaces et les plus impitoyables pouvaient prospérer. Bon Dieu, ce truc avec Cherry Pye n'était qu'un boulot merdique de plus. Bang Abbott avait éprouvé bien pire après que Charlie Sheen lui avait pissé dans l'oreille.

Bizarrement, de ces deux modèles féminins les plus récents, c'était le sosie de Cherry qui lui avait fait la plus forte impression. Elle était pugnace, drôle et fière, épuisante dans un autre genre. Après coup, Bang Abbott se surprit à penser plus fréquemment à Ann, en demeurant convaincu qu'un jour ou l'autre, elle deviendrait célèbre pour une raison ou une autre.

Se calant les joues de frites, le photographe se sentait de plus en plus optimiste eu égard à ses propres perspectives. Même si ce mutant de garde du corps lui avait confisqué ses Nikon hors de prix, Bang Abbott avait toujours le Pentax d'occase qu'il avait acheté, comme son portable cheap, à la boutique de prêts d'Hialeah. De quel autre matos de survie avait-il besoin ?

Malheureusement, les numéros de ses meilleures sources étant programmés dans son BlackBerry perdu, Bang Abbott bossait à partir d'une liste reconstituée de ses tuyauteurs. Mais il n'était pas inquiet ; il était déjà reparti de zéro auparavant.

– Ben, visez-moi un peu qui est là !

Un type à peu de chose près aussi ébouriffé que lui était planté près de sa table, avec un sourire de mange-merde. Il avait trois beaux Leica passés autour du cou.

– Mon jour de chance, fit Bang Abbott.

– Mec, tu vas même pas m'inviter à me poser ?

C'était Teddy Loo. Il s'assit d'office.

– Prends-toi une frite, lui proposa Bang Abbott, maussade.

Teddy Loo avait le cou en tuyau de pipe, la bouche largement fendue et l'oeil exorbité et brillant. Tout le portrait d'un crapaud buffle anorexique.

– Alors, ça boume, Claude ?

– À fond les ballons. Comme toujours.

– T'es ici pour Megan Fox ?

– Oh, tu parles, mentit Bang Abbott.

– J'ai entendu dire qu'elle créchait au Standard.

– Ah ! Qui t'a raconté ces craques ?

– Pourquoi ? Qu'est-ce que tu sais, mec ?

Teddy Loo fronça le nez et se pencha en avant.

– Au Clevelander, à ce que j'ai entendu, fit Bang Abbott, improvisant complètement.

– C'est quoi cette odeur, putain ? Bon Dieu.

– T'aimes pas les aubergines ?

Bang Abbott n'était pas prêt à admettre qu'il s'était bombé aisselles et autres anfractuosités d'un produit appelé Axe spray corporel. Les piques d'Ann durant sa captivité l'avaient amené à revoir son approche libertaire de l'hygiène.

– Le Clevelander… t'es sûr de ça ? fit Teddy Loo.

– Sûr comme fer.

– Cool. Et la fête, c'est toujours mercredi soir, hein ?

– Tout à fait.

– Au Pub'Bis, à ce qu'on dit.

– J'ai entendu parler du Mondrian, mais sans garantie, fit Bang Abbott avec un clin d'œil. (On allait bien se marrer.) Tu shootes pour *L'Œil* ? demanda-t-il à Teddy Loo.

– Bingo. Et toi ?

– *Le Globe.*

– Ouaich.

– Tu m'en diras tant.

Bang Abbott se leva et plaqua un billet de cinquante sur la table.

– Rendez-vous sur le front, dit-il à Teddy Loo.

– Ouais, mec. Merci pour l'info.

– Quand tu veux.

Bang Abbott souriait en avançant sur Ocean Drive. C'était une seconde nature chez lui de pipeauter ces imbéciles.

Comme de rouler à bicyclette.

27

Avant d'avoir été raptée par Bang Abbott, la pire chose qui fût arrivée à Ann DeLusia, pendant qu'elle servait de doublure à Cherry Pye, avait été les obsèques de Nils Creosote, pilote de formule 1 et play-boy international, avec lequel Cherry avait entretenu une liaison romantique ; en d'autres termes : elle avait couché avec lui plus d'une fois.

Comme cela arrive souvent dans l'univers des people, les circonstances de la mort de Nils Creosote étaient bien plus banales que les médias tabloïdiques ne l'auraient souhaité. Il s'était fait écraser en traversant la chaussée en plein jour à Bleecker Street, dans le Village. Pire encore, il était parfaitement sobre et habillé de pied en cap à ce moment-là. L'automobiliste qui aplatit Nils Creosote comme une crêpe n'était ni une ex-petite amie en pétard ni un pilote de course de ses rivaux, mais un immigrant nigérian innocent qui conduisait des taxis jaunes depuis onze ans et au casier blanc comme neige.

La police détermina que la faute de l'accident incombait entièrement à Nils Creosote. Ce dernier avait quitté le trottoir pour s'engager dans la circulation, fatalement plongé dans la lecture d'un journal – le *New York Post* pour être précis, qui fut éparpillé comme des plumes de pigeon sous le choc. On spécula par la suite (le *Post,* naturellement) que Nils Creosote lisait l'entrefilet de la page six le concernant, au moment où il avait été heurté de plein fouet. La notice potin, accompagnée d'une photo de lui et de Cherry Pye sortant du Morgan Hotel, disait ce qui suit :

> *Le viril as du volant gréco-suédois Nils Creosote n'effectue plus aucun circuit avec la boudeuse* ***Mary Kate Olsen****. Hier soir, il a véhiculé sa nouvelle flamme* ***Cherry Pye*** *au concert de* ***Yanni*** *au Garden, avant de regagner sa suite ultra-confortable pour un tour d'honneur.*
> *Un pote de Creosote nous a confié : « Ça devient très sérieux. Je ne l'ai pas vu aussi heureux depuis longtemps. »* ***Lucy et Lila Lark****, les porte-parole grosse cylindrée de Cherry Pye, déclarent que la pop-star au mode de vie turbulent est « en pleine santé, guérie, et profite de la vie. Elle est très attachée à Nils ».*
> *Le temps nous dira si ce dernier deviendra vraiment* ***Le Man(s)*** *de sa vie, ou rien qu'un arrêt ravitaillement rapide de plus pour cette folle enfant de Cherry.*

Si l'ex-Cheryl Gail Bunterman fut attristée, elle n'alla pas jusqu'à être frappée d'incapacité par la mort inattendue de Nils Creosote. Ils étaient sortis trois fois ensemble en tout et pour tout. Contrairement aux spéculations des médias, leur relation n'avait rien de sérieux. La course automobile faisait pleurer d'ennui Cherry, et Nils avait un penchant déconcertant au double débrayage pendant la baise. Leur dernière sortie avait été décevante car Cherry s'était rendue au Madison Square Garden en espérant y voir un spectacle de magie exotique. Elle n'avait pas soupçonné une seule seconde que Yanni était un musicien.

Peu après que Nick Creosote eut été renversé par le taxi, les Lark e-mailèrent massivement un sombre communiqué de presse selon lequel Cherry était « en état de choc et effondrée » par la tragique nouvelle. Elle était, en fait, en route pour Steamboat Springs en compagnie d'une porno-star du nom de Rod Harder. Quelques jours plus tard, quand le programme des funérailles de Nils Creosote fut dévoilé, les jumelles dirent aux

Bunterman que Cherry se devait d'y assister. D'après elles, cet enterrement lui offrait une occasion unique d'afficher son côté sensible et compatissant. S'y montrer comme la petite amie frappée de chagrin ne pouvait qu'améliorer son image… C'était le meilleur statut après veuve, expliquèrent les Lark.

Mais Cherry ne fut pas en état de s'y rendre. Si bien que, pendant qu'on la ramenait sous escorte à Los Angeles pour sa septoplastie semestrielle, Ann DeLusia montait à bord d'un avion à destination de l'Europe. Première escale, Göteborg, puis Athènes. Les cendres de Nils Creosote furent répandues pour moitié dans chaque ville, depuis une Ferrari roulant à vive allure, à la suite de lugubres cérémonies à l'église, où Ann sanglota comme une perdue, au tout premier rang. Cela était déjà en soi assez abominable. Mais le pire de tout, ce furent les embrassades consolatrices des parents du coureur automobile qui, la mort dans l'âme (et grâce à la saturation médiatique internationale due aux Lark), avaient été conduits à croire que Cherry était sa fiancée, et la lumière de sa vie. Si les Suédois faisaient des endeuillés flegmatiques, les Grecs étaient des pleureurs délirants. À la fin du voyage, Ann avait frisé dangereusement la dépression.

– Si je me souviens bien, on t'a laissé garder la robe de deuil, lui dit la mère de Cherry.

– Je l'ai donnée à Goodwill, fit Ann.

– Mais c'était une Vera Wang !

– Écoutez, Janet, c'est bien là le problème.

Les deux parties avaient accepté de se retrouver à Dinner Key à bord d'un yacht appartenant à un ami producteur de Maury Lykes. Les Bunterman étaient accompagnés de Chimio, en pantalon de velours côtelé, bottines Beatles vintage, béret fauve, Sarah Palin rouges sur le nez, et blouson de cuir aux manches extra larges qui dissimulait son inquiétante prothèse gainée. Ann amena Skink, relooké dans un costume sur mesure Ermenegildo Zegna, à rayures bleues, avec bandeau sur l'œil assorti. Elle l'avait persuadé de se débarrasser de ses tresses en bataille, quoique festives, et son crâne chauve, vulcanisé par le soleil, brillait comme du teck bruni. Le Remington à canon scié était rangé dans un sac de gym Converse, qui trônait sur le pont entre les nouvelles Kenneth Cole taille 45 du gouverneur. Ce look citadin incongru attisa une attirance secrète chez Janet Bunterman, même si le compagnon d'Ann n'affichait d'intérêt particulier pour nulle autre que cette dernière.

Chimio lui même fut décontenancé au début. Il ne s'était pas attendu à ce que l'actrice se pointe avec un garde du corps géant perso, et il se sentit un tantinet en infériorité vestimentaire.

– Annie, tu nous as vraiment sauvé la vie, pérorait la mère de Cherry. L'épisode Creosote… comme tu l'as dit, dépassait largement tout ce qu'on était en droit d'attendre. À maintes reprises, tu as fait ce qu'il fallait pour notre Cherry quand les carottes étaient cuites.

– Quand *elle* était cuite, vous voulez dire, rectifia Ann.

Chimio sourit *in petto*. Cette nana était à pisser de rire.

Ned Bunterman s'éclaircit la gorge.

– Nous sommes prêts à vous offrir cinquante mille dollars.

Ann fronça le sourcil en feignant l'incrédulité.

– Pour avoir été kidnappée, droguée et humiliée ? Ai-je précisé que ce type a uriné trois minutes chrono pendant que j'étais menottée à ces toilettes de merde ? Essayez de chiffrer un instant comme celui-là.

Le père de Cherry rougit. Chimio dit à Janet Bunterman :

– Parlez-lui du plan.

– Oui, je vous en prie, faites, dit Ann. Attendez… J'ai oublié de vous présenter mon ami. Voici le gouverneur.

Skink, qui se curait les dents avec un bec d'oiseau-moqueur dèsséché, ne pipa mot. Le costard Zegna l'avait mis dans une humeur pensive ; ça faisait des décennies qu'il n'avait porté de costume ni été convenablement chaussé. Cette tenue réveillait des fragments de souvenirs de Tallahassee.

La mère de Cherry s'avança sur son siège.

– Très bien, voici le topo : dans quelques jours, nous diffuserons une histoire selon laquelle notre fille a été enlevée et retenue prisonnière par un fan pervers se faisant passer pour un paparazzi. Le nom d'Abbott ne sera pas cité, mais deux, trois photos de Cherry qu'il a prises sur Star Island seront stratégiquement fuitées pour créer, vous voyez, un maxi buzz.

Ann, qui s'était acheté une robe bain de soleil sans bretelles et des nouvelles sandales pour la réunion, croisa les bras en disant :

– Mais c'est à *moi* que c'est arrivé.

– Qui vous faisiez passer pour elle, précisa Ned Bunterman.

Son oreille gauche, qu'elle lui avait frappée d'un coup de spatule, était encore douloureuse.

– Alors ces cinquante mille dollars, ce ne serait pas pour compenser mes douleurs et mes souffrances. Ce serait du fric pour la boucler, un baiser d'adieu. (Ann se tourna vers Skink.) Que dites-vous de ces gens-là, capitaine ?

Il glissa un doigt calleux sous le bandeau rayé et gratta son orbite vide, qui le démangeait. Tout en fixant de son œil valide un vol circulaire de sternes, haut au-dessus du yacht.

– D'où ça sort ce « capitaine » ? Tu viens de dire « gouverneur », lança Chimio.

Ann lui fit signe de se taire. Les Bunterman se trémoussaient dans leurs fauteuils de toile, comme deux vioques incontinents.

Skink remit en place son bandeau et dit :

– « Truands du monde entier, il y a un Cave que vous ne pourrez endormir : le Cave du Dedans. » C'est de William S. Burroughs.

– Ah, j'aime bien, remarqua Ann.

Chimio crut que William Burroughs était le mec qui avait écrit les bouquins de Tarzan qu'il avait vus à la bibliothèque de la prison, même si la citation du gouverneur ne semblait pas convenir à une aventure de la jungle.

– Revenons à nos moutons, dit Ned Bunterman.

Sa femme ajouta :

– Personne ici n'a rien à gagner à ce que la carrière de Cherry soit détruite. Pouvons-nous au moins être d'accord là-dessus ?

Chimio lança un coup d'œil au garde du corps d'Ann, qui l'observait avec un air de neutralité curieuse.

– Monsieur, quel est votre intérêt dans ce merdier ? s'enquit le type.

– C'est moi qui ai toutes ces saloperies de photos, répondit Chimio, et je tiens aussi Abbott à ma botte.

Ann parut impressionnée.

– Ma foi, un bon point pour toi, dit-elle en tendant la main pour tapoter une des jambes, tel un montant d'échafaudage, de Chimio.

Il songea : *Au cul, Maury. Impossible que je bute cette fille.*

Skink sortit le fusil de chasse du sac de sport et le déposa sur ses genoux. Puis il dit aux Bunterman :

– Vous aimez les *Stones* ? Parce qu'on dirait qu'on fait tous partie de *Memo from Turner.*

– Bon morceau, hasarda le père de Cherry d'une petite voix.

– Non, Ned, morceau *génial*, rectifia Ann.

Chimio fixait le Remington, qui battait son taille-herbe haut la main. Dix-sept ans d'incarcération avaient aiguisé ses dons d'observation, il cadra donc le type borgne comme une vraie menace, un déséquilibré n'ayant peur de rien. Ce qui formait une redoutable combinaison de traits de caractère.

– Vous avez combien de liquide sur vous ? lança Ann à Ned Bunterman.

– Quoi ?

– Vous avez bien entendu, mon grand. Sortez le portefeuille. Vous aussi, Janet, ouvrez votre sac.

À eux deux, les parents de Cherry réunirent mille quatre cent soixante et un dollars.

Ann plia le tout en une liasse en disant :

– Ça suffira. Mais vous allez aussi payer le nouveau costume du capitaine. Il en jette, vous ne trouvez pas ?

Skink dit à Chimio que le bandeau coûtait à lui seul trois billets de cent.

– Tu te fiches de moi ? C'est de la soie ou quoi ?

– De la laine mélangée, promis juré, répondit Skink. À ce prix-là, je pourrais me payer un mouton entier et le dresser pour qu'il se pose sur mon œil.

Tout le monde éclata de rire sauf Janet Bunterman. Son mari, par téléphone, donna le numéro de sa carte AmEx à la boutique Zegna de Bal Harbour. Ann s'assura qu'il donne instruction au vendeur de déchirer la facturette de sa carte de crédit à elle, dont l'achat de la nouvelle garde-robe du gouverneur avait crevé le plafond.

Un jeune homme en uniforme blanc leur apporta des boissons au rhum, une salade de homard et sur un plateau en argent massif des tataki de thon rouge, un poil trop saignants pour Chimio, mais qui les mangea quand même.

Dès que le serveur eut disparu, Ann dit :

– Je ne veux pas de vos cinquante mille dollars, Janet, mille quatre cents me suffisent largement pour rentrer en Californie.

Plus grippe-sou que jamais, Ned Bunterman tâcha de cacher sa joie, que sa femme ne partageait pas. Elle savait que Maury Lykes serait également inquiet qu'Annie fasse désormais cavalier seul… car on ne pouvait se fier à quiconque refusait cinquante mille dollars.

– Bon sang, Annie, prends cet argent. Tu l'as bien gagné, fit Janet Bunterman.

– Et au-delà, dit Ann.

– Alors, que cherches-tu à prouver ?

– Écoute, elle a pris sa décision, intervint le père de Cherry. On doit respecter ses desiderata.

Même si la réaction d'Ann chiffonna Chimio, il ne ressentit nullement l'envie de la persuader du contraire. Les cinquante mille dollars qu'elle repoussait pourraient être mis à bon usage par ces geignards de Bunterman comme prix d'achat de l'un des portraits les plus juteux de Star Island.

– Prends-les, Annie, répéta la mère de Cherry.

– Non, ça me va comme ça.

Elle se leva pour prendre congé. Skink remit le fusil de chasse dans le sac Converse. En se levant du fauteuil, il projeta comme l'ombre d'un cyprès sur les Bunterman.

– Alors, où en est-on ? demanda le père de Cherry avec un frétillement larvaire.

Ann soupira.

– Vous n'avez pas écoutée, hein ? C'est terminé pour moi, Ned.

– Oui, mais…

– À propos ? Votre fille est totalement à la masse. Elle va finir par se tuer.

– Oh, pitié, dit Janet Bunterman.

– Elle n'achèvera pas la tournée vivante, fit Ann. Pas à la façon dont elle fait la fête.

Ned Bunterman regarda fixement Chimio en disant :

– Ma foi, voilà une affaire bien bouclée. C'est un changement de programme radical, non ?

– Ouais, m'sieur, répondit Chimio avec un clignement reptilien.

– Et ne me rappelez plus jamais, dit Ann aux parents de Cherry. Quoi qu'il arrive. Je m'en tape qu'elle soit dans le coma.

Janet Bunterman en fut toute chose et désarçonnée.

– Quoi... alors, c'est pour ça ? Vraiment ?

Chimio ne pouvait plus supporter la proximité de gens pareils. Il envia la jeune actrice de se tirer.

– Personne ne meurt d'une gastrite ! s'exclama la mère de Cherry. Tu ne manques pas d'air, Annie.

Ned Bunterman, impatient de sceller l'accord et de faire économiser cinquante mille dollars à la famille, choisit une approche conciliante.

– Ne vous inquiétez pas, on sera aux petits soins avec Cherry pendant la tournée. M. Chimio veillera sur elle comme sur la prunelle de ses yeux.

– Euh-oh. J'espère qu'il fera du meilleur boulot que le soir où il veillait sur moi.

Cette pique d'Ann poussait déjà Chimio à reconsidérer sa décision de ne pas l'assassiner, mais elle ajouta en le taquinant du pied :

– C'était ton premier *carjacking*, tu es pardonné.

Ils se levèrent tous et descendirent sur le pont principal à la suite de Skink et d'Ann ; le yacht tangua doucement sous le sillage d'un bateau de touristes qui passait. Planté devant la passerelle, le gouverneur posa une question à Chimio sur son bras. Le garde du corps retira le sac de golf Cobra et effectua une démo de taille-herbe motorisé en déchiquetant le fanion coloré du Yacht Club de Coral Gables qui flottait gaiement à la poupe.

– Fantastique ! rugit Skink, son sourire cent mille watts déclenchant chez Janet Bunterman un picotement embarrassant.

Chimio s'était toujours senti plus à l'aise de discuter de son handicap avec quelqu'un qui en avait aussi un – dans ce cas, un œil en moins.

– La batterie est dans un étui, expliqua-t-il, en se tapotant la hanche.

– Du génie pur !

Peu d'hommes étaient assez grands pour murmurer à l'oreille de Chimio, mais le gouverneur se pencha et lui dit :

– En dépit de tes loyautés, rien ne doit arriver à la belle Annie.

– Je l'aime bien, admit Chimio, et c'est la seule de toute cette bande.

Skink approuva du chef et suivit Ann le long de la passerelle.

– Occupez-vous bien de vous, maintenant, lui cria Ned Bunterman, sans conviction.

– Je suis *extrêmement* touchée, lança Ann par-dessus son épaule. Tchao-tchao !

La mère de Cherry empoigna la rambarde nerveusement, en plissant des yeux à cause du soleil.

– Que veux-tu de nous, Annie ? Joue franc jeu.

Ann ne put que se marrer.

– Bonne chance pour votre « maxi buzz » ! cria-t-elle.

Puis, prenant Skink par le bras, elle murmura :

– Pauvre Janet.

– Halte, capitaine !

C'était Chimio, glissant la main dans son pantalon.

Sur le quai, Skink se plaça devant Ann juste au moment où le garde du corps manchot lançait quelque chose depuis le yacht. Skink attrapa le petit objet au vol et l'examina.

– Donnez-moi ça, fit Ann.

C'était un BlackBerry à la coque mandarine.

– Ce putain de truc la ferme jamais, leur cria Chimio.

Ann sourit et glissa l'appareil dans son sac.

Tout en se dirigeant en flânant vers le Grove, elle entendit le gouverneur grommelcr :

– Cette saleté de chemise me serre trop.

– C'est une Hermès, papy. Haut les cœurs.

On identifia le corps de Jackie Sebago à l'enflure de ses couilles. Des urubus à tête rouge lui avaient déjà rongé le visage.

– Pas de doute, c'est bien lui, dit l'inspecteur Reilly au caporal Valdez.

– Pourquoi avoir utilisé une arme sous-marine ?

– Ça envoie un message, dit Reilly. En plus, c'est moins bruyant qu'un pistolet.

Le policier de la route siffla.

– Ah, ces mecs de l'immobilier, dit-il.

– Ouais, quelle engeance.

On avait fait appel à Valdez pour aider à sécuriser la scène de crime, ce qui n'était pas nécessaire vu que le lieu en question était des plus reculés. Reilly et lui se placèrent contre le vent, par rapport au cadavre, qu'un collectionneur de papillons avait découvert dans un bois à huit cents mètres de la County Road 905, à un jet de pierre de l'Ocean Reef Club. Quelqu'un avait tiré sur Jackie Sebago en plein cœur avec une arbalète hawaïenne, appareil poids plume prisé des plongeurs et des braconniers de homard. Le harpon avait été projeté avec une telle force que, transperçant la poitrine du promoteur, elle l'avait cloué au tronc d'un gommier rouge, qui avait vite ployé sous les vautours affamés.

– Notre mec à l'oursin pourrait bien en être l'auteur, dit Reilly.

Valdez demeurait sceptique.

– La moitié des passagers de ce bus détourné étaient prêts à étrangler ce bouffon.

– Ouais, mais n'empêche.

L'inspecteur s'arrêta pour observer les techniciens de scène de crime en train de mesurer la partie de harpon dépassant des restes du promoteur.

– On a découvert un campement près d'ici, fit-il. On a relevé une empreinte digitale sur une bouteille d'eau en plastique, et obtenu un recoupement avec un individu du nom de Clinton Tyree.

– Alors, il a un casier, fit Valdez.

– Nan, il est blanc comme neige. L'armée avait ses empreintes sur fiche – ce mec est allé trois fois au Vietnam.

Ce qui expliquerait comment il survit dans une réserve à crocodiles, songea le policier de la route. Si c'est bien le même homme.

Reilly n'en avait pas fini.

– Devinez quoi d'autre ? Il a été gouverneur de Floride, genre un quart d'heure. Le *fameux* gouverneur.

– Vous plaisantez, fit Valdez, la jouant serré. C'était bien avant votre naissance, et moi, je dormais encore avec mon nounours. Un beau jour, il a disparu de la surface de la planète. Dépression nerveuse, d'après les journaux.

Valdez se tut. Les Keys étant un endroit relativement paisible, des inspecteurs tels que Reilly avaient une expérience limitée des crimes flamboyants, plus dans le style de Miami. Cependant, en tant que policier de la route, Valdez était assez futé pour réserver son avis sur tout ce qui était plus exceptionnel qu'une conduite en état d'ivresse.

– La vedette rapide volée à Ocean Reef a réapparu à South Beach, disait Reilly. J'veux dire, littéralement, sur la plage, merde. Vide, à part quelques bouteilles de bière.

– Empreintes latentes ?

– Aucune, répondit l'inspecteur. Mais pile le lendemain soir, pas très loin de l'endroit où le bateau s'est échoué, une espèce de givré correspondant au signalement de Tyree a mis le feu à la valise d'une dame et s'est enfui avec son chien. Ça a eu lieu dans le hall du Marriott.

– Un balèze avec un œil de verre ? demanda Valdez.

– Ouaip. On l'a vu ailleurs, aussi.

– Bizarre.

Il se demanda pourquoi l'ermite au tempérament volcanique avait quitté la sécurité de son marais pour le tintamarre de Miami Beach. Et pourquoi serait-il retourné à Key Largo en mission pour assassiner Jackie Sebago ? Le bonhomme avait mis les points sur les *i* (et de façon imagée) au promoteur... et aurait pu le buter pendant le détournement du bus, s'il l'avait voulu.

– Quand Sebago est-il mort ? demanda Valdez.

– Hier soir. Peut-être tôt ce matin.

Reilly savait ce que le policier de la route avait derrière la tête.

– Le trajet n'est pas très long d'ici à South Beach. Une heure et demie, même quand ça ne roule pas, lui dit-il.

– Alors vous pensez qu'il est revenu sur l'île.

– Si ce n'est pas le cas, quelqu'un d'autre a commis ce meurtre.

Valdez ne croyait pas que le lanceur de diatribes qui avait langé d'un oursin Jackie Sebago était celui qui l'avait tué, mais il était impossible de ne pas le prendre en compte.

– Vous avez fouillé son campement ? demanda Valdez.

– Aucun signe de vie. Alors demain, je vais rouler jusqu'à la plage et interroger ces témoins. (Reilly souffla avec amertume.) Je n'ai même pas une photo récente de ce fils de pute à leur montrer. Il n'a pas fait renouveler son permis de conduire depuis trente ans.

Les techniciens de scène de crime avaient fini de prendre en photo le corps de Jackie Sebago, qu'on était en train à présent de sangler dans un sac noir sur une civière. Une bosse de la taille d'un ananas de Kona délimitait les testicules congestionnés de la victime.

– Je parie que ce n'est pas lui. Mais quelqu'un d'autre, finit par lâcher Valdez, qui ne put s'en empêcher.

L'inspecteur accueillit ce commentaire pensivement.

– Vous pourriez bien avoir raison mais, dans un cas comme dans l'autre, il faut que ce mec soit retiré du circuit. Vous saviez qu'il avait posé sa pêche dans la machine à laver d'un richard ?

– Arrêtez.

– Eh ouais, fit Reilly. Ça s'est passé, là-haut, à Ocean Reef.

Valdez en riait encore quand il monta dans sa voiture de patrouille.

J'espère bien qu'on ne l'attrapera jamais, songea-t-il, mais ça, il ne le dirait jamais à haute voix.

28

L'ex-Cheryl Gail Bunterman avait des éclairs de lucidité sur elle-même, qui s'arrêtaient pile-poil avant l'introspection. Si elle savait qu'elle n'était pas la chanteuse blonde la plus talentueuse du monde, elle était heureuse de passer pour telle. Les caprices, crises et autres retards qu'on attendait d'elle, elle les fournissait. Quant à faire la fête, pas de quoi crier au secours : ça l'éclatait. Cherry hurlait de rire chaque fois qu'un blogueur développait l'hypothèse qu'elle se rebellait inconsciemment contre ses parents, ou clouait le bec à Maury Lykes. Elle adorait être une star et, en outre, n'était douée pour rien d'autre. Ses ambitions pleinement réalisées, se la couler douce était tout ce qu'il lui restait. La possibilité de perdre sa célébrité ne l'effleurait jamais. Elle n'aurait pas su mener une vie privée, même si, de temps à autre, elle imaginait que ça pourrait être sympa de bosser comme croupière sur un bateau de croisière dans les Caraïbes.

Si Cherry réfléchissait rarement à la trajectoire erratique de sa carrière de chanteuse, elle reconnaissait qu'un certain rétrécissement de son entourage était le signe d'une passe difficile. N'avoir qu'un seul garde du corps – et intouchable, en plus – était humiliant, même si Maury lui avait promis de lui en adjoindre un autre pour la tournée de *LGR & Kourt Vêku.*

Cherry faisait du lobbying auprès de ses parents pour qu'ils engagent un ex-poids moyen qui avait bossé précédemment pour Mary J. Blige et passait, selon la rumeur, pour être monté comme un taureau.

– Je m'en occupe, ma chérie, lui dit Janet Bunterman.

Avec son mari, ils avaient fait halte au Fillmore, où répétait leur fille. Cherry, plantée devant le miroir de sa loge, examinait le tatouage Axl Rose.

– Vous croyez qu'il lui manque un cul ? leur demanda-t-elle. Je parle de la partie zèbre. Peut-être que je devrais retourner voir ce mec et lui demander d'achever le boulot.

Tâchant de ne pas prendre un ton mortifié, Ned Bunterman lui dit :

– Non, mon cœur, c'est amplement suffisant.

Cherry était dans son costume – corsaire en lycra rubis, talons aiguilles de dix centimètres et bustier en néoprène fileté de tubes fluo bleu électrique clignotants. Coiffée à la Garbo dans *Grand Hôtel*, elle était maquillée comme Alice Cooper dans sa période python. Le père de Cherry avait renoncé depuis belle lurette à faire des suggestions de style.

– Prends un siège, bichette, lui dit-il.

– Pour quoi faire ?

– On a des nouvelles à t'apprendre, fit Janet Bunterman.

Cherry se couvrit les oreilles.

– Non, pitié. Pas aujourd'hui.

– Ma chérie, s'il te plaît.

– Pourquoi vous me faites toujours ça ? Bon Dieu !

Cherry décapsula un Red Bull et se jeta sur le canapé.

– Promets-nous de ne pas t'énerver, commença sa mère. C'est au sujet de la couverture de *Vanity Fair*.

– Ouais ?

– Eh bien... il faut l'oublier.

Ned Bunterman tressaillit quand Cherry lança la cannette contre le mur. Sa femme reçut la mousse en pleine figure.

– On se calme, maintenant, dit-il à sa fille. Il nous reste toujours *US Weekly*.

Il n'eut pas le courage de lui dire qu'elle avait été rétrogradée de la première page à un article intérieur, en raison des toutes dernières nouvelles concernant feu Anna Nicole Smith. Selon les Lark, se faire gicler d'une couverture de magazine par une actrice morte était à peine moins tragique que de se faire gicler par une actrice bien vivante.

– Je vous déteste tous les deux ! Vous êtes les *pires* êtres humains qui ont jamais existé ! hurla Cherry à ses parents.

– Ça suffit.

– Et *Esquire* ? Scarlett a fait la couve d'*Esquire* à Noël dernier.

– Écoute, s'il te plaît, lui dit son père.

– Et *Details* ? *Marie Claire* ? Bon Dieu, qu'est-ce que vous me racontez ?

Cherry arracha ses talons aiguilles et les balança eux aussi contre le mur. Quand elle traînait dans les drugstores, elle vérifiait toujours les présentoirs de magazines pour voir quelles VIP du spectacle obtenaient la une.

– M'man, dis-moi tout de suite ce qui s'est passé ! Et je ne rigole pas !

Après s'être séchée avec une serviette, Janet Bunterman lui exposa la situation. Pour finir, Cherry cessa de pester et s'efforça de démêler les faits.

– Donc, Claude ne bossait pas vraiment pour *Vanity Fair* ?

– C'est compliqué. Il essayait de nous faire chanter, fit Ned Bunterman.

– Wouah. On parle bien du même Claude, hein ?

Cherry avait du mal à en croire ses oreilles.

– Qui a pondu cette histoire de kidnapping bizarroïde ? C'est Lucy ou Lila ?

– Création collective, fit sa mère.

– Et je suis restée otage de lui combien de temps ? J'veux dire, si jamais on me le demande.

– Deux, trois jours à peine. Il se trouve que les photos de Star Island sont incroyables, entre nous soit dit. Pas vrai, Ned ?

– Spectaculaires, entérina le père de Cherry qui, pas plus que sa femme, n'avait encore vu un seul cliché de la série. Elles auront un effet boule de neige. Ça sera épique. On accusera le kidnappeur de les avoir fuitées aux tabloïds.

– Tout ça après ma soi-disant évasion, dit Cherry.

– Exactement.

– Et comment j'ai *réussi* ce coup-là ?

– Tu t'es faufilée par une fenêtre du sous-sol et tu t'es enfuie dans le marécage, fit Janet Bunterman.

Cherry retrouva du peps.

– Trop mortel. Et y avait là, genre, des alligators, des ours et d'autres bestioles ?

– Ma chérie, si tu joues bien ton rôle, ton nouvel album va grimper direct numéro un et tous les billets de ta tournée seront vendus dans la journée. On ne vise pas autre chose.

– Cool. Mais vous avez pensé à la police ?

Ned Bunterman eut un claquement de mâchoire.

– Faudra que tu les baratines un peu, j'en ai peur. Tu n'avais jamais vu ce type. Tu ne connais pas son nom. Tu ne l'as pas bien regardé. Et tu n'as pas la moindre idée de l'endroit où il t'a retenue prisonnière. Il faisait sombre dehors quand tu t'es enfuie. Et tu n'as fait que courir, sans te retourner. Tu crois que tu peux t'en sortir ?

– Et Claude, là-dedans ? fit-elle. Comme si j'en avais quelque chose à battre, remarque.

– Il restera sur la touche. Il marche à fond avec nous.

Janet Bunterman ne vit nul besoin de lui préciser que Chimio s'était emparé des photos d'Abbott. Dépouillé de son œuvre, le paparazzi n'était plus dans la course.

Cherry appréciait de plus en plus l'embrouille.

– C'est un truc de malade, dit-elle.

– Et ça marchera si on reste tous sur la même ligne, affirma son père.

– Les jumelles sont tout excitées, ajouta Janet Bunterman.

– Je peux raconter ça à Tanny ?

– Certainement pas. Tu ne peux en parler à âme qui vive.

– Ça craint !

– Rappelle-toi, bichette, dit Ned Bunterman, tu es censée récupérer après une agression affreusement traumatisante. Tu ne peux pas sortir pendant un petit moment, d'acc ? Tu es mal en point. Tu as peur. Il ne faut pas qu'on te voie courir partout à South Beach et t'éclater comme une folle. Tu es une *victime*, Cherry.

– Fais-nous confiance pour une fois, ajouta sa mère.

– Ouais, ouais.

Cherry se leva et prit une bouteille de Gatorade dans le réfrigérateur. Elle y avait mélangé de la vodka un peu plus tôt, après que ses parents furent partis à un rendez-vous d'affaires.

– Alors, quand est-ce que l'histoire sort ? demanda-t-elle.

– Les Lark veulent lancer ça ce week-end, dit Janet Bunterman.

– Ah wouah.

Ned Bunterman dit qu'ils attendaient que Maury donne son accord.

– Samedi ou dimanche ?

Cherry prit une gorgée à la bouteille. La vodka était claire et traître ; c'était ce qu'elle aimait en elle.

– Samedi matin, fit sa mère, juste avant le flash infos de 10 heures sur CNN.

Me laisse pas beaucoup de temps devant moi, songea Cherry. Elle allait en profiter un max.

Billy Shea était en plein double bogey au cinquième trou à Metacomet quand son portable sonna, violant une règle stricte du club qu'il ignorait systématiquement. L'homme à l'autre bout du fil attendait à Miami International son vol sans escale pour Las Vegas.

– On m'a mis en économique, se plaignit l'homme. Vous m'aviez promis la première classe.

– Ah bon ?

– Si le boulot était fait, ouais. Vous m'aviez dit que mon vol de retour serait en première.

Shea soupira.

– Mon agent de voyages est un crétin.

– Vous ne pouvez pas passer quelques coups de fil ?

– Je suis coincé sur un terrain de golf, *man*. Comment s'est passé le voyage ?

– Bien. Peut-être qu'en vous faisant rembourser des points de fidélité, vous pouvez m'obtenir un surclassement ?

– Hein, je vous avais bien dit que les Keys, c'était beau ? L'eau là-bas est tellement bleue, merde.

– Ouais, Billy. Je me suis harponné une anguille.

– Excellent.

– Et une grosse, l'enfoirée, dit l'homme. Maintenant, appelez votre agent de voyages et boostez-moi en première classe. L'embarquement est dans vingt minutes.

Une fois que Shea eut compris qu'il ne récupérerait rien ou partie de ses 850 000 dollars dans l'immédiat, et que Jackie Sebago avait dépensé le plus gros de la somme avant qu'un seul « condo » ne soit construit sur l'Îlot Sebago, il se tourna vers l'une de ses connaissances de la pègre de Providence qui le mit en rapport avec un tueur professionnel.

Ce dernier utilisait en temps normal un calibre .22, mais Shea insista pour qu'on réserve un traitement spécial à Jackie Sebago, de quoi donner à réfléchir à d'autres magouilleurs de bas étage de Floride, avant qu'ils ne s'attaquent à des investisseurs sérieux venus d'un autre État. Shea, espérant que le meurtre ferait sensation à la télé, le voulut exceptionnellement crade, avec pourtant la touche tropicale convenant au cadre. L'arbalète hawaïenne était une idée du tueur. Il déclara qu'il s'entraînerait sur des noix de coco.

– J'ai entendu dire qu'il y a un film de Vince Vaughn en première classe, poursuivait le type.

– OK, laissez-moi voir ce que je peux faire.

Shea fit signe à ses partenaires de golf de continuer à jouer. Et leur dit qu'il les rejoindrait au prochain fairway.

– Une promesse est une promesse, dit la voix de granit au téléphone.

– Vous avez parfaitement raison, *man.*

Shea n'avait nul désir de conclure un contrat de meurtre sur une note de rancune. Le tueur méritait d'être assis à l'avant de l'avion et de regarder un film de Vince Vaughn en se commandant un Beefeater martini, ou tout ce dont il aurait envie. Jackie Sebago était décédé point d'exclamation et ne jouirait plus des fruits de sa fourberie. Shea connaissait un cabinet juridique qui traquerait les avoirs de cette enflure et bloquerait sa succession pendant des années.

Il composa le numéro de son agent de voyages et lui dit :

– Laissez tomber.

Les policiers du coin étaient aux cent coups mais serviables. Ils fournirent à l'inspecteur Reilly un plan des rues et une pile de rapports récents sur des incidents jugés inhabituels, même pour Miami Beach. Ce dernier sélectionna les trois plus prometteurs et se mit en quête des témoins.

Malheureusement, le réceptionniste du Marriott avait une mémoire aussi mauvaise que son accent. Ne sachant sur quel pied danser face aux questions, son signalement de l'intrus qui avait mis le feu aux bagages de Marian DeGregorio et volé son bichon ne cessa de changer, jusqu'à ce que le type en question ne présente plus qu'une faible ressemblance avec le SDF de Key Largo, qui était le principal suspect de Reilly. L'arrêt suivant pour l'inspecteur fut le duplex d'une serveuse de bar à cocktails qu'on avait secourue lors d'une agression sexuelle sur la plage ; un bon Samaritain anonyme avait causé la mise en plâtre de ses agresseurs en puissance. La victime rapporta à Reilly que son sauveur plein de fureur avait le crâne rasé et portait un imper. Elle ne put faire mieux… elle avait bu ce soir-là, et le lieu de l'agression était très sombre. Pour finir, Reilly tenta d'interroger un chauffeur de taxi haïtien qui avait signalé le vol de son véhicule par un grand vagabond qui louchait, mais l'entretien fut improductif. Le chauffeur affirma avec insistance qu'il avait fait erreur ; que le délit ne s'était jamais produit.

– Il a encore peur d'être expulsé, même au bout de vingt-sept ans, expliqua un inspecteur de Miami Beach à Reilly.

Les deux flics mangeaient des sandwiches cubains quand l'inspecteur de Miami Beach reçut un appel de trouble sur la voie publique sur son talkie. Un grand type chauve pétait les plombs en plein Collins Avenue. Reilly pensa que c'était trop beau pour être vrai, mais bon. Ils se précipitèrent vers un petit hôtel appelé le Loft et se frayèrent un passage parmi les badauds amusés, attroupés devant l'établissement. L'homme qui piaffait autour d'un palmier, au cœur du tumulte, n'était pas celui que Reilly pourchassait. S'il était relativement grand et carrément chauve, il était aussi flasque, pâlichon comme une limande et en possession de deux yeux en bon état de marche, bien qu'enflammés.

Ayant bossé à la brigade des mœurs de Key West, confronté à un festival quotidien de comportements imbéciles chaque soir, Reilly resta de marbre devant la monstrueuse parade de South Beach. C'est pourquoi il ne serait pas tombé des nues en apprenant que l'homme torse nu qui caracolait en bramant, non loin de l'hôtel, était un podologue très respecté, coach de ligue mineure et membre d'une église, à Greenville, Caroline du Sud. Il était évident qu'on avait mal briefé le quidam sur les dosages optimaux en cas de mélange d'ecstasy achetée dans la rue avec du Xanax et des *mojitos.* Ses vacances en Floride avaient viré au pire.

Tandis que des agents en uniforme le poursuivaient en cercle, le touriste déchiré ramassa au hasard sur l'herbe ce qu'il prit pour deux câbles multicolores, dont il se mit à fouetter bruyamment l'air au-dessus de sa tête.

– Je te sauverai, Raiponce ! se vantait-il, la tête levée vers l'hôtel. Attends-moi, ma princesse !

La foule éclata de rire, même si Reilly ne riait pas, lui. Il voyait fort bien ce avec quoi le type cinglait l'atmosphère : deux tresses argentées, lestées de vieilles cartouches de fusil. Les flics « tasèrent » le podologue fourvoyé, lui arrachèrent les tresses des mains et les balancèrent dans les buissons. Reilly attendit qu'on ait embarqué l'homme et que les badauds se soient dispersés avant de récupérer les nattes stylées, qui paraissaient avoir été fraîchement tranchées à la racine.

L'inspecteur prit du recul et leva les yeux vers les fenêtres de la façade de l'hôtel. Une seule était ouverte.

Ann DeLusia acheta un chargeur pour le BlackBerry mandarine et, avec appréhension, une paire de lentilles de contact vert de mer. Puis elle alla trouver la tatoueuse au henné.

– Que fait encore cette horrible chose sur votre nuque ? lui demanda Sasha. Vous m'aviez promis de l'effacer.

– Bientôt, lui dit Ann. Mais il me faut d'abord un raccord.

– Non, c'est trop laid. Ce visage qui crie, c'est qui ?

– Un chanteur de rock célèbre. S'il vous plaît, Sasha, je vous donnerai cent dollars.

– Ce chanteur, il est du groupe Kiss ? Dites-moi son nom. Ou bien Pearl Jam ?

– Non, c'est Axl Rose. Le groupe, c'est Guns N'Roses.

– Et il s'est peint, cet homme, comme un zèbre ?

Sasha braqua sa lampe à dessin sur le tatouage d'Ann et se mit à bosser avec ses pinceaux.

– Cette fois, pas de pénis, dit-elle d'un ton ferme. Ça ne vous va pas du tout.

– Très bien, dit Ann. Pas de pénis.

Refuser l'argent des Bunterman avait été plus facile qu'elle ne l'aurait cru. Elle savait que les cinquante mille dollars ne l'auraient pas libérée – tout juste le contraire. Après l'épisode du paparazzi, Ann avait besoin d'une rupture nette et irréparable avec les parents de Cherry. Vu leur réaction mollassonne devant son kidnapping, il était clair qu'ils n'auraient pas été vraiment écrasés de chagrin si elle avait fini morte ou portée disparue à jamais. Sans être d'une nature revancharde, Ann avait un côté malicieux et du goût pour l'ironie du sort. Elle croyait aussi que Cherry Pye se tuerait bientôt accidentellement si personne n'appuyait sur les freins. Autant que ce soit elle qui s'en charge, s'était dit Ann.

– Vous n'avez pas besoin de rester pour ça, avait-elle dit au gouverneur.

– Bien sûr que si, avait-il répondu, avant de ramper sous le lit pour se dissimuler du personnel de ménage.

C'est là qu'elle l'avait laissé quand elle s'était dirigée vers le salon de tatouage au henné.

Dans son sac, le BlackBerry n'arrêtait pas de pépier : appels, textos, messages vocaux. C'est ainsi qu'Ann avait appris qu'il appartenait à Claude, même si la façon dont le garde du corps de Cherry était entré en sa possession et pourquoi il le lui avait refilé demeurait obscur.

Jusqu'à présent, Ann n'avait jamais compris comment les paparazzis se trouvaient toujours au bon endroit au bon moment. À en juger par l'activité incessante du smartphone de Claude, son réseau de vils fouineurs et autres mouchards était étendu et vigilant. Pendant que l'artiste du henné rafraîchissait à contrecœur son tatouage, Ann fit défiler la dernière vague de messages, qui offrait un instantané des activités des people d'une côte à l'autre. Ça lui rappela ces sites web qui, grâce à un radar en temps réel, montraient le suivi de vol de chaque avion de ligne.

À New York, Kate et A-Rod se serraient l'un contre l'autre dans un box à la Gramercy Tavern.

À Las Vegas, Becks et Posh se disputaient dans le hall du Bellagio.

À Santa Monica, Tom et Gisele faisaient du jogging sur la plage avec un rottweiler du nom de Ludwig.

À Chicago, Jennifer Lopez refusait de passer dans l'*Oprah Winfrey Show* sauf si elle pouvait venir accompagnée de son prof de zumba.

Et à Miami Beach, Tanner Dane Keefe se faufilait par l'entrée des artistes du Fillmore au Gleason Theater pour une idylle de midi avec Cherry Pye, qui répétait là sa nouvelle tournée de come-back.

– Renversant, dit Ann, en cliquant de plus belle.

Chaque info arrivait avec le nom (ou le surnom) du tuyauteur. Quand il y en avait plus d'un, le détail des repérages variait. Pour l'un, Khloe et Lamar s'enregistraient au National, pour l'autre, au Métropole.

Sasha leva les yeux du dessin et dit :

– C'est rien que des ragots, non ?

– Ces trucs-là ? fit Ann en tapotant l'écran tactile du téléphone de Claude. Oui, c'est assez abominable.

– Vous savez qui est Matt Damon ?

– Bien sûr.

– Votre BlackBerry sait où il est ? J'aimerais bien le rencontrer un jour.

– Il est marié, j'en ai peur, dit Ann.

– Merde, fit Sasha. Alors vous pouvez chercher pour moi Owen Wilson ?

Le portable se mit à sonner. Ann, d'habitude, laissait la boîte vocale de Claude prendre l'appel, mais elle se sentit poussée par Sasha, qui lui dit :

– Répondez. Je fais un break.

À l'autre bout du fil, un type réclamait de l'argent d'un ton bourru.

– Ici, Fremont Spores. Où est passé Abbott, bordel ?

– Il n'est pas disponible pour l'instant, répondit Ann. Je suis son assistante… en quoi puis-je vous aider ?

– Son assistante ? Elle est bien bonne, celle-là.

À l'entendre, Fremont Spores avait l'air d'un vieux croûton, chiffonné par quelque chose.

– Ouais, vous pouvez demander à Claudius où il était hier. Comment ça se fait qu'il ne s'est pas pointé comme il l'avait dit ?

Ann répondit de sa voix d'aéroport la plus suave :

– Je suis vraiment désolée. Vous aviez rendez-vous tous les deux ?

– Au MacDo sur Lincoln, comme chaque fois. Sauf qu'il m'a zappé.

– Eh bien, M. Abbott a eu une semaine très mouvementée.

– Qui êtes *vous* ? dit Fremont. Cet enfoiré gras du bide me doit deux cents dollars.

Ann repensa à la façon dont Claude l'avait bouclée dans le coffre de sa voiture ; ses phalanges gardaient encore les traces de ses essais pour s'en échapper. Le port des menottes, aussi… complètement inacceptable.

– Je ne voudrais pas vous donner de trop grands espoirs, M. Spores, dit-elle.

– Quoi ?

– Que vous récupériez votre argent. Claude n'est pas l'honorabilité faite homme.

– Écoutez, j'ai toujours été réglo avec lui. Et maintenant, il me nique de deux merdiques billets de cent ?

– Entre nous, ça vaut que ça vaut, il a aussi une dette envers moi, dit Ann.

– Combien ?

– Trois jours de ma vie.

– Je ne rigole pas, moi, madame. C'est avec ça que je paie mon loyer, dit Fremont.

– Eh, j'ai un truc qui pourrait vous intéresser.

Ann lui lut un texto arrivé une heure plus tôt : *teuf ce soir @ pub'bis. megan fox. lil wayne. tu paies pour + ? on dit lindsay pourré reskyé.*

– Si Claude en entend parler, il y sera, lui dit-elle.

Fremont savait que cette fille avait raison. Ils y seraient tous, la meute des vermines au grand complet.

– Ce soir, vous avez dit ? Alors, OK.

– Peut-être que vous récupérerez votre argent après tout.

– Un truc dans ce genre.

– Oh, encore une chose, ajouta Ann en sentant Sasha lui pincer le coude.

– Dites vite, fit Fremont.

– Vous ne sauriez pas par hasard si Owen Wilson est en ville ?

– Je le saurai s'il se fait poisser ou plie une caisse. Si ça arrive, vous voulez que je vous appelle ? Gratos.

Sasha, entendant ça, opina tout excitée.

– Vous êtes un prince, dit Ann à Fremont Spores, qui grogna dubitativement.

Elle ajouta :

– Vous avez bien compris le nom de la boîte, hein ? C'est le Pub'Bis.

– Oh, j'ai pigé. Pas de souci.

29

Chimio informa Maury Lykes qu'il avait décidé de ne pas tuer l'actrice.

– Gardez votre saleté de blé, dit-il au producteur.

– *Elle* m'a dit la même chose. Y a quelque chose dans l'eau ou quoi, bordel ?

Maury Lykes était soucieux ; il n'arrivait pas à imaginer qu'Ann DeLusia s'efface en silence de la scène.

– Je commence à me poser des questions sur toi, dit-il au garde du corps. Primo, tu fais l'impasse sur Abbott, et maintenant, la fille.

– Abbott, il peut m'être utile. L'actrice, elle, je l'aime bien.

Ils étaient assis face à face, à l'arrière de la limousine de Maury Lykes, le moteur tournant au ralenti, dans l'allée du Stefano.

– Mais elle peut tout foutre en l'air, objecta le producteur.

– Laissez-la tranquille.

Chimio, sans trop savoir pourquoi, n'avait pas envie que Maury Lykes engage un autre tueur à gages pour effacer Ann. Ça lui tenait fortement à cœur.

– S'il lui arrive quoi que ce soit, lui dit-il, je vous colle au train et je vous émince votre petit zob de singe jusqu'au trognon.

Pour aider Maury Lykes à visualiser la chose, Chimio enfonça le rotor sous housse de son taille-herbe dans le Y de l'entrecuisse du producteur, déjà irrité après ses ébats sur la moquette avec les gymnastes tchèques.

– OK, pigé !

Maury Lykes repoussa la prothèse. Le chauffeur de la limousine ouvrait des yeux de poupée de porcelaine dans le rétroviseur.

– Qui garde Cherry ?

– P'pa et m'man, répondit Chimio.

– Qu'est-ce qui est au programme pour elle plus tard ?

– Sacrée soirée. Room-service et VOD.

– Et pas d'acteurs !

– Pas de souci, Maury.

Le téléphone du producteur se mettant à sonner, Chimio descendit de la voiture. Il approchait de la porte du hall quand il entendit Maury Lykes crier son nom. *Quoi encore ?* songea Chimio. Il fit demi-tour et revint vers la limousine.

– C'était Janet ! Tu ne vas jamais le croire, écumait le producteur.

– Laissez-moi deviner.

– Elle m'a dit qu'ils l'ont laissée seule dix minutes et qu'elle a disparu. Ces deux-là sont des abrutis de première ! (Le teint de Maury Lykes avait viré au violacé malsain.) Crétins ! Débiles !

Chimio n'en disconvint pas. La preuve génétique en était fournie par Cherry elle-même.

– Je vais vérifier l'entrée de service, dit-il.

La femme qui vint ouvrir la porte était blonde et jolie à regarder. Elle portait un peignoir de l'hôtel. Ses ongles de pieds corail étaient vernis de frais. Quand l'inspecteur Reilly lui montra son badge, elle l'invita à entrer. La chambre était petite, meublée dans le style caribéen tendance ; rideaux blancs, ventilateurs plafonniers et des boiseries tropicales partout. Le lit à baldaquin était fait.

– Je m'appelle Ann, dit la femme.

– Ann qui ? demanda Reilly.

– DeLusia. Avec un L majuscule.

– Vous êtes seule ?

Elle désigna du doigt la porte de la salle de bains.

– Avec un ami. Il est là-dedans.

– Je cherche un certain individu pour l'interroger, fit l'inspecteur.

Il ajouta que le nom du suspect était Clinton Tyree et lui fournit un bref signalement haut en couleur.

– Je crois que ceci lui appartient. (Reilly brandit les tresses encartouchées.) Je les ai trouvées dehors, juste sous votre fenêtre.

La dénommée Ann examina les tresses et dit :

– Dingo.

Puis elle frappa à la porte de la salle de bains.

– Capitaine, vous êtes occupé ?

Reilly fut pris de court par ce qui se passa ensuite. Un grand type surgit de la salle de bains en chantant *Good Lord I feel like I'm dyin'* !

Le fan des Allman Brothers portait un costume bleu dispendieux et un bandeau sur l'œil assorti. Sa tête au bronzage naturel était décorée de traits obliques et autres symboles d'aspect mystique, dessinés, à première vue, avec un rouge à lèvres foncé. Il portait autour du cou une cravate lacet, fermée par un bec d'oiseau desséché.

– Êtes-vous le gouverneur Tyree ? lui demanda l'inspecteur.

– « L'homme le plus fort au monde est celui qui est le plus seul. »

– Pardon ?

– C'est d'Ibsen. Un de ces nordiques lugubres, mais agréables à petites doses.

La dénommée Ann intervint :

– Bavardez vous deux. Je dois me refaire une beauté.

Elle entra dans la salle de bains, dont elle laissa la porte entrebâillée.

Reilly ne s'assit pas car il sc scntait intimidé ; l'homme borgne le dominait déjà d'une bonne tête.

– Elles sont à vous ? demanda-t-il, en lui montrant les tresses.

Le suspect éclata de rire. Il devait avoir la soixantaine bien tassée et semblait pourtant dans une forme exceptionnelle. Ses poings pendaient à ses côtés comme des cloches à vache cabossées.

– Vous me semblez tout ce qu'il y a de correct, dit-il à l'inspecteur. Ayez l'amabilité d'en venir au fait. L'avenante Ann et moi sommes en pleins préparatifs pour une soirée de gala.

Reilly l'interrogea d'abord sur le détournement du bus et l'agression sadique de Jackie Sebago.

– Vous correspondez au signalement du suspect... ces fringues luxueuses mises à part.

– Vous trouvez ça un poil excessif ? fit l'homme borgne en pinçant le pli de sa jambe de pantalon. Les choses qu'on fait pour plaire à ces dames, pas vrai ?

– Nous avons découvert un campement, non loin du lieu du crime.

– Des boys-scouts, d'après moi. Une cellule gauchiste.

L'homme ne reconnaissait rien et Reilly ne pouvait pas faire grand-chose. Il n'avait pas le moindre indice reliant ce personnage au meurtre... sauf une empreinte digitale de rien du tout sur une bouteille d'eau récupérée au fond de la cambrousse, ce qui ne prouvait rien.

– Hier, on a retrouvé Sebago, mort, dans la réserve à crocodiles. Le cœur transpercé par une arme sous-marine.

– Oh la la, fit le colosse, en inclinant sa tête illustrée.

Il avait l'air authentiquement surpris.

– Vous savez quoi que ce soit à ce sujet ? demanda Reilly.

– Au sujet de ce meurtre ou de la mort en général ?

Ann sortit de la salle de bains et dit :

– Le capitaine est resté avec moi toute la journée d'hier, inspecteur. Et la veille, et l'avant-veille.

Elle mettait des créoles argent.

– Il faut que je m'habille, si vous n'y voyez pas d'inconvénient.

Reilly savait qu'ils n'étaient pas du tout obligés de lui parler. Il savait aussi qu'il pouvait appeler un des flics de la plage, faire embarquer le type borgne au poste, lui casser les burnes pour absence de pièce d'identité ou une autre connerie du même genre. Le crime n'en serait pas pour autant résolu, et Reilly finirait par passer une nuit de plus en ville, ce qui filerait les boules à son lieutenant quand il recevrait la note de frais.

– Vous possédez un fusil à canon scié ? demanda Reilly au bonhomme.

– Je ne suis pas un chasseur au sens traditionnel du terme. Je préfère manger ce qui est déjà mort.

L'inspecteur, avec patience, se tourna vers Ann.

– Les passagers du bus ont déclaré que le pirate de la route était accompagné d'une femme. Sa prisonnière, peut-être.

Elle sourit et désigna son compagnon de la tête.

– C'est *lui*, mon prisonnier. Est-ce qu'il n'a pas tout d'un tueur en costard à rayures ?

Reilly, qui avait vu plus d'un couple improbable à Key West, ne fit aucun commentaire sur la différence d'âge abyssale et quelque peu réfrigérante.

– Pourquoi vous appelle-t-elle « capitaine » ? demanda-t-il à l'homme.

– J'étais dans l'armée.

– Vietnam, hein ? Puis vous êtes revenu au pays et avez été élu gouverneur.

L'homme tourna le dos à l'inspecteur et s'approcha de la fenêtre. Ann reconduisit Reilly à la porte.

– Nous sommes désolés de ne pas avoir pu vous aider davantage, dit-elle. C'est un si méchant garnement quelquefois.

– Il s'appelle bien Clinton Tyree, non ? Vous pouvez me le dire.

– Je n'en sais vraiment rien.

Reilly doutait que le type borgne soit retourné à fond la caisse à Monroe County juste pour y transpercer Jackie Sebago d'un coup de harpon. Quant au précédent coup tordu sur Key Largo, Reilly avait également la forte impression qu'il avait le coupable sous les yeux. On pouvait toujours coller le bonhomme dans un tapissage, histoire de le secouer, mais ensuite, il faudrait faire venir en avion les témoins oculaires, un risque d'exploser le budget que les supérieurs de Reilly seraient peu à même d'approuver. Les passagers du bus détourné étaient éparpillés un peu partout dans le pays. Même si Reilly pouvait les ramener dans les Keys, le suspect serait pratiquement méconnaissable dans ses nouveaux habits, qui en faisaient un remake soigné de lui-même.

Pourtant, l'inspecteur passa outre et dit à Ann qu'il pourrait avoir besoin de leur reparler à tous les deux.

– Ce serait un interrogatoire plus formel, ajouta-t-il pour marquer le coup. Dans le bureau du shérif, là-bas à Marathon.

– Volontiers, dit-elle avec amabilité, en lui donnant un numéro de portable. C'est la première fois que je suis l'alibi de quelqu'un. C'est plutôt excitant.

Reilly descendit par l'escalier, les cartouches tressées cliquetant comme des castagnettes. Il était certain que, *via* un test ADN des cheveux argent, on remonterait à l'homme qu'il venait de rencontrer, mais ce ne serait pas suffisant pour assurer des poursuites pénales. Il y avait pléthore de rastas à la manque qui se baladaient en Floride du Sud. Son lieutenant ne serait pas plus impressionné que ça.

Une question plus générale trottait dans la tête de Reilly : qu'est-ce qui serait obtenu en bouclant Tyree, si c'était bien lui ? Ce type avait donné ses jeunes années à son pays, gagné une pleine boîte de décorations... S'il avait envie de vieillir maboul et solitaire, en plein territoire des crocodiles, ça regardait qui ? Il semblait ne représenter aucune menace pour les innocents, uniquement pour les gredins et autres imbéciles qui croisaient son chemin.

Devant l'hôtel, l'inspecteur marqua une brève pause, essayant de se souvenir où, sur Collins Avenue, il avait garé sa voiture. Le long trajet vers le sud des Keys, à l'heure de pointe, ne lui souriait guère. Quelqu'un siffla, et il leva les yeux. S'encadrant dans la fenêtre d'Ann DeLusia, se tenait l'homme qui avait peut-être été, ou peut-être pas, gouverneur dans une autre vie. Il souriait largement à Reilly, en le toisant, et fit claquer le bandeau élastique griffé qui lui couvrait l'œil.

– J'aimerais qu'on chevauche la tempête ensemble ! lui cria-t-il. Comme deux fantômes dans le ciel !

Reilly, reconnaissant les Doors et Johnny Cash, se fendit d'un petit salut et lui dit :

– Bonsoir, capitaine.

L'ex-Cheryl Gail Bunterman s'esquiva du Stefano pendant que ses parents, dans la suite des Lark, examinaient à la loupe le récit fabriqué de toutes pièces du « kidnapping » de leur fille, avant sa diffusion sur Internet. Cherry, qui avait jeté d'avance une tenue de soirée dans un sac, prit un ascenseur de service jusqu'au rez-de-chaussée, puis un taxi pour Star Island.

Tanner Dane Keefe était des plus abattus, ayant capté une rumeur comme quoi Quentin Tarantino supprimait certaines des meilleures scènes de l'acteur dans son film choc à venir, déclinaison sanglante des films de plage des années 1960. Il était évident que le cinéaste avait été persuadé par le département marketing du studio de repenser l'importance du surfeur nécrophile par rapport au message du scénario. Des diffuseurs clés du Japon, de l'Inde et de certains territoires du Moyen-Orient avaient déclaré clairement ne pas être intéressés par la vente d'un film où des touristes noyés se faisaient allègrement sodomiser, sur des airs de Frankie Avalon, sous la digue de Newport Beach. Le sentiment prédominant, c'était que certains publics étrangers seraient dérangés, et peut-être même poussés à l'émeute.

– Quentin ne répond même pas à mes textos, le lâche, l'enfoiré, se lamentait Tanner Dane Keefe.

Cherry était bien entendu plus intéressée par le stock de médocs de l'acteur que par les déboires de sa carrière. Elle lui suça les doigts sans honte aucune tout en palpant comme un chimpanzé les poches de son jean.

– *Baby*, où sont mes Vico ? roucoula-t-elle. Dis-le à m'man, tout de suite.

– Faut vraiment qu'on sorte ce soir ? bougonna Tanner Dane Keefe.

– Carrément et même plus. Et faut qu'on s'éclate comme des oufs, fit Cherry. Pasqu'à partir de demain, j'deviens, genre, une bonne sœur.

– De quoi tu parles ?

– Tu verras.

Localisant un flacon d'hydrocodone, elle en goba deux comprimés avec une lampée de gin Bombay Sapphire.

– Plus de teufs pendant un moment, annonça-t-elle.

– Ouais, c'est ça.

– Sérieux, Tanny. C'est un truc énorme.

Elle dut tout lui raconter par le menu.

Après coup, il lui dit :

– Putain, Cherry, c'est de la folie.

Elle pouffa.

– Pas vrai ?

– Non, je veux dire, genre, de la folie, vraiment dans le mauvais sens. Qui va croire qu'on t'a kidnappée ?

– Attends, et tu verras. J'ferai une déposition à la police et tout. M'man et p'pa sont à fond partants, dit Cherry. Et les Lark aussi… elles ont fait tout mon blog et les *tweets*.

– Sans déconner ?

Tanner Dane Keefe avait essayé une fois d'engager les jumelles comme attachées de presse, mais elles avaient décliné sa proposition, en lui disant qu'il n'était ni assez célèbre ni assez paumé.

– D'après Maury, je peux pas être victime d'un kidnapping et faire la fête en même temps. C'est pour ça que ce soir, toi et moi, on fera pas de quartier.

Cherry le tapa d'un doigt.

– Maintenant, va te saper superhot. Tu sais ce qui déchirerait ? Ce pantalon stretch Prada noir que je t'ai payé.

– Ça marche, dit-il.

Elle roula sur le ventre et rota dans un oreiller.

– Je suis la meilleure, oui ou quoi ?

Ann examina son visage dans la glace sans y découvrir de traces persistantes de l'accident de voiture, ni du coup de poing sur le nez de Claude. Le tatouage au henné retouché sautait aux yeux dans tout son mauvais goût, il lui tardait d'effacer ce truc idiot dès le lendemain matin. Son défi immédiat était de mettre les lentilles de contact vertes en place ; Ann ne tolérait pas la sensation d'un corps étranger sur l'œil. Elle n'arrêtait pas de tirer sur ses paupières et de cligner, telle une maniaque de l'ordre. Pour finir, l'une des lentilles tomba dans le lavabo et fila sur une gouttelette par la bonde.

– Et puis merde, marmonna-t-elle, en fourrant une paire de lunettes noires Tom Ford dans son sac.

La nouvelle robe sans manches qu'elle avait achetée était rouge cerise et fort courte ; la cambrure des talons assortis était vertigineuse, mais donnait l'air sexy. Lawrence, le flûtiste cavaleur, aurait applaudi des deux mains. Sortir excitait Ann. Quel sentiment de liberté de ne pas avoir les Bunterman sur le dos, à critiquer ses choix en matière vestimentaire !

Skink arpentait la chambre d'hôtel en fredonnant une mélodie qu'elle reconnut pour être celle de la pub d'une banque, mais qui était censément un hymne rock des sixties. Il avait menacé plus tôt de tirer dans l'écran plat de la télé pendant une émission où des obèses morbides concouraient pour perdre du poids. L'appétissante coach avait fait craquer l'une des participantes. Cette scène avait grandement énervé le gouverneur qui, sortant le fusil du sac de sport, avait glissé une balle dans la chambre avant qu'Ann ne réussisse à le calmer.

C'était un personnage si intéressant et compliqué qu'elle décida d'imaginer, le temps de cette soirée du moins, qu'il était son amant secret. Il était important qu'elle se sente portée par une audace à tout va, quand elle ferait son entrée, et un fantasme aussi énorme la mettrait dans l'humeur adéquate. Même si elle savait que jamais rien de physique ne se passerait entre eux, elle était flattée qu'il ait insisté pour dormir sous le lit, soi-disant pour éviter d'être tenté.

Après qu'elle fut sortie de la salle de bains, Skink s'arrêta d'aller de long en large et dit :

– Ce soir, je ne suis pas au mieux.

Ann tourna gaiement sur elle-même :

– Comment trouvez-vous ma robe ?

– J'en pense que je suis né trop tôt.

– Planquez ce fusil, lui dit Ann.

– Vous avez lu Nietzsche ? Évidemment, oui.

– Écoutez, je sais que ça n'est pas facile pour vous.

Skink avait l'air sombre.

– Je ne peux pas vous promettre de me comporter courtoisement. Si jamais quelque chose se passe, dites que vous ne m'avez jamais vu.

– Au nom du ciel, ce n'est qu'une boîte de nuit.

Ann se mit sur la pointe des pieds et l'embrassa légèrement sur la joue, en prenant garde de ne pas étaler les marques tribales qu'il s'était tracé au rouge à lèvres. Un peu plus tôt, elle lui avait demandé si le motif saisissant qu'il s'était dessiné sur la figure et la tête était d'origine maya. Il lui avait répondu que c'était un masque de cérémonie calusa, reconstitué de mémoire d'après une pièce de musée à Fort Myers. Les Calusa, avait-il ajouté, étaient de magnifiques carnes. Ils décapitaient leurs ennemis et avaient inventé aussi la tradition du *mooning*, qui consistait à montrer son cul et qu'ils utilisèrent la première fois pour insulter les missionnaires espagnols.

– Si je survis à cette soirée, je filerai aussi sec dans les Keys demain, dit Skink.

– Et moi, à L.A. Et toc.

Il finit par sourire.

– Annie l'actrice.

– Vous êtes un champion. Ça nous fera des souvenirs.

– Je ne danse pas, dit Skink.

– Mais vous avez une certaine présence. Je crois qu'on va se payer une bonne partie de rigolade.

– Mettez vos chaussures.

– Ma culotte, d'abord.

Ann sortit un string chair d'un sac plastique et le fit tourner sur son petit doigt, ce qui le fit soupirer.

– Il faut me promettre quelque chose, dit-elle.

– Quoi encore ?

– De garder le costume Zegna, après mon départ. Au cas où on ressortirait ensemble, un jour.

Il éclata d'un rire tonitruant.

– Ne jouez pas avec le feu, Annie.

Bang Abbott avait retrouvé le confort de son mode de fonctionnement habituel. Il passa la nuit dans une voiture de location, et la matinée sur une plage seins nus, en quête de poitrines moyennement célèbres. Les tabloïds européens étaient insatiables, même s'ils étaient lents à payer. Il avait suivi quelques pistes, toutes avortées : un repérage de Lindsay Lohan au Delano, Daisy Fuentes jouant au volley-ball à Lummus Park, Paris Hilton sortant en douce d'une clinique spécialisée dans les implants de collagène, sur Lincoln Road.

Tout ça était de l'intox, mais c'est comme ça que ça marchait. Y avait des jours où on se cassait le cul et où on se retrouvait sans rien dans les mains.

Bang Abbott se rappela ce que Peter Cartwill lui avait dit quand il avait essayé de vendre son idylle aérienne avec Cherry Pye à *L'Œil national* : que même les tabloïds étaient friands d'images volées en vidéo en ce moment. *Ouais, mon pote, on paie bien. Va voir ce qu'on poste sur le Web.*

Bof, rien à foutre. Bang Abbott n'avait pas envie de se trimballer une équipe, et carrément pas de s'embarrasser d'une Betacam. En outre, il n'y avait aucun défi stratégique dans la traque vidéo ; la meute grouillait à l'unisson, telle une bande de babouins de l'autofocus. Bang Abbott aimait mitrailler à l'arrache car ça réclamait un engagement créatif des méninges. Et tant que les kiosques d'Amérique afficheraient un tel assortiment de torchons people, il pourrait vachement bien gagner sa vie. Si les gros titres faisaient vendre du papier, les photos faisaient vendre les gros titres.

Il se demandait ce que le garde du corps de Cherry avait fait de ses Nikon. Cette grande perche de tueur ne répondait pas à ses appels, mais Bang Abbott n'avait pas envie de paraître insistant. Il pouvait se débrouiller avec son vieux Pentax pour le moment. Malgré l'échec stupide de son plan de Star Island, il demeurait optimiste que du cash lui reviendrait un jour des photos de Cherry Pye. Il avait insisté pour que Chimio télécharge les images à partir des cartes mémoire des appareils, en guise de sauvegarde, mais le garde du corps n'avait pas de PC et ne faisait confiance à aucun de ses associés qui en possédaient un. Tant que ce monstre de foire mènerait la danse, Bang Abbott ne pourrait pas faire grand-chose, si ce n'est espérer, pour le mieux. En attendant, il devait régler le loyer, sans parler du lcasing de sa voiture.

Il perdit le plus gros de l'après-midi à Surfside, à planquer devant une église catholique, et nulle part ailleurs. Un prêtre de soixante et un ans passait pour entretenir une liaison passionnée avec la star de vingt-cinq ans d'un *soap opera* américano-cubain à succès, intitulé *Amor y Lágrimas.* Un canard italien, qui se repaissait de déstabiliser le Vatican, offrait deux mille dollars pour une photo du couple se serrant fortuitement la main, six mille pour un baiser à pleine bouche. Le tuyauteur de Bang Abbott avait omis de lui préciser si la jeune vedette de la *telenovela* était mâle ou femelle, détail qui avait plus d'importance pour l'Église que pour le paparazzi. En ce qui le concernait, le prêtre pouvait bien se taper un lama.

Pendant plus de trois heures, Bang Abbott eut beau s'accrocher aux branches d'un banian infesté de fourmis qui donnait sur le presbytère, le père Franco et son amour mystère n'en sortirent jamais. Une dissimulation complète était irréalisable pour le photographe, étant donné sa corpulence et la hauteur relative de son perchoir : à un moment, une bonne sœur apparut, traversa la cour en poussant une brouette, et Bang Abbott aurait juré qu'elle lui fit un doigt d'honneur.

À la tombée de la nuit, il descendit, revint à South Beach et commença ses préparatifs crépusculaires pour la fête au Pub'Bis. Sûr et certain que ça allait être embouteillé, mais il se ferait un peu de blé. Comme d'habitude, Bang Abbott prévoyait d'ignorer tapis rouge et cordon de velours ; les occasions de photos payantes se présentaient toujours plus tard, aux issues de secours, quand la fête tirait à sa fin et que les stars sortaient en titubant, rétamées jusqu'à la débilité.

En nettoyant l'objectif, vérifiant le flash et rechargeant la batterie de son appareil, Bang Abbott ne tourna pas une seule fois ses pensées vers Fremont Spores. Il avait presque oublié la conversation où Chimio l'avait informé qu'il devait deux cents dollars à Fremont pour son tuyau béton concernant l'American Idol biturée. Même s'il s'était souvenu de sa dette, Bang Abbott n'aurait pas payé un sou à ce vieux branleur tout rabougri, puisqu'il n'avait pas utilisé son info.

Il serait tombé des nues en apprenant combien Fremont était en pétard.

30

Le jeune Russe ambitieux, propriétaire du Pub'Bis, devait sa fortune à la vente de coloscopes de contrebande et de stents cardiaques recyclés. Ayant acquis la boîte de nuit à des fins de blanchiment, il s'était laissé emporter par le nom de l'endroit, suggéré par sa strip-teaseuse de petite amie. Toutes les barmaids et le reste du personnel portaient des pantalons vinyle taillés en V, à ras de la foune, teinte en fluo. Encore plus classieuse, la principale piste de danse offrait 270 m^2 de touffe synthétique, de la moquette noire peignée en forme de cœur, qui surmontait un mont de vénus sculpté en fibre de verre lumineux couleur chair.

Chimio resta imperméable à ce motif douteux ; pour lui, toutes ces boîtes se valaient : sombres, bruyantes et barjo. Le body-buildé qui servait de portier lui avait confisqué son aiguillon à bestiaux et donné du fil à retordre avec sa prothèse mécanique, que Chimio refusa de détacher. Au sous-directeur appelé à la rescousse, Chimio avait récité, avec le ton menaçant idoine, les droits des personnes handicapées dans l'État de Floride, et énuméré aussi les conséquences juridiques pour tout établissement pris en flagrant délit de discrimination. À présent, il sirotait en paix au bar un Sprite light, en attendant que Cherry Pye se pointe avec Tanner Dane Keefe. L'assistante personnelle de l'acteur avait mis obligeamment Chimio sur leurs traces après que ce dernier eut interrompu un échange génuflectionnel entre elle et un jeune livreur en pharmacie, sous le belvédère, au bord de la piscine de la villa.

La boîte se remplit vite. Chimio réprima ses instincts de videur et garda le dos tourné à la porte, car il savait que Cherry guetterait sa présence. Il avait troqué ses Palin rouges contre des Ray-Ban noires. Son look était complété par un béret framboise et le blouson noir à manches extra-larges pour y loger le taille-herbe, qui reposait pour l'heure sur le bar en similicuir. Tapi dans l'ombre, loin des lumières stroboscopiques, Chimio espérait que son épiderme igné et sa « NBA Altitude » demeureraient inaperçus... du moins tant qu'il n'aurait pas à passer à l'acte. Le miroir incliné derrière le bar offrait une vision en coupe de champagne de la salle principale, et même s'il ne reconnut personne, il supposa, à cause de la présence de tant de sangsues, bimbos et autres anges gardiens, que certains des fêtards étaient célèbres. Une call-girl assise deux tabourets plus loin se pencha pour lui dire qu'une chanteuse du nom de Pink était dans le carré VIP. Mais en voyant Chimio de près, elle attrapa son sac et déguerpit ailleurs.

La musique, à donf, était chiante, et aussi mélodieuse que la roulette d'un dentiste. World beat, trance, techno, électro, house funk... Chimio s'en cognait de faire la différence. Il la zappait totalement par réflexe, un don de survie qu'il avait affiné au fil de ses boulots de gros bras dans les boîtes de nuit. L'unique autre option, c'était d'étrangler le deejay, dans ce cas précis, un petit épouvantail excité qui se faisait appeler Ricky Joy-Boy et portait un gilet safari, pour mieux étaler la crucifixion tatouée sur son biceps filiforme.

Alors que le barman lui servait un autre Sprite, Chimio jeta un œil dans le miroir et se raidit. Dans son dos se tenait une blonde mince en jupe courte et lunettes de soleil lavande rondes. Un zèbre tronqué familier jurait en Technicolor sur son cou.

– Salut, toi, dit la fille d'un ton badin.

Chimio pivota lentement sur le tabouret de bar. Après l'avoir bien regardée, il comprit que ce n'était pas Cherry, mais l'actrice. Celui qu'elle appelait « capitaine » rôdait dans les parages, vêtu de son costume bleu à rayures, avec sa cravate lacet à bec d'oiseau et un air de mélancolie douloureuse. Son dôme sans un poil était crânement strié de marques primitives.

– Jolie robe, dit Chimio à Ann DeLusia.

– Tu l'aimes bien, vraiment ?

Le borgne gronda.

– Cet endroit est toxique.

– Oh, ressaisis-toi, lui dit Ann en lui filant un coup de coude.

Puis, souriant au barman, elle commanda deux margaritas.

Cherry Pye et Tanner Dane Keefe fumaient un joint à l'arrière d'un Escalade devant le club. Elle portait un haut en soie transparent, des escarpins noirs et un jean à quatre cents dollars. Elle aurait mis sa nouvelle Max & Cleo si elle n'avait pas été trop *stone* pour se raser les jambes.

– T'as jamais été mariée ? lui demanda Tanner Dane Keefe.

– Nan, mais fiancée deux fois.

Le premier fiancé de Cherry organisait les tournées de Phish ou de Rusted Root... elle les confondait souvent. Eric et elle avaient rompu quand il refusa de demander à son groupe de la laisser chanter sur leur prochain album. Son second fiancé, qui s'appelait aussi Eric, était un skateur pro qu'elle avait rencontré aux X Games ; il n'écoutait que du reggae et insistait pour garder ses protège-coudes au lit. Ces deux périodes de fiançailles furent brèves, et Cherry ne récolta même pas un caillou dans l'affaire. Ayant la capacité d'attention d'une gerbille, elle n'accordait jamais à ses coups de cœur assez de temps pour s'épanouir en amour. Elle se fatiguait déjà de Tanny.

– Je suis pour la liberté totale, affirma-t-elle, d'une voix sourde.

– La liberté, c'est bien.

Alors que Tanner Dane Keefe finissait le pétard, il remarqua un entourage vibrionnant auquel on faisait franchir le cordon en velours. Il le montra du doigt en disant :

– Regarde. Les sœurs Kardashian.

Cherry applaudit.

– Elles dansent comme des vaches ! Dépêche, allons-y.

L'acteur l'aida à descendre du 4×4 et, bras dessus bras dessous, ils entreprirent de traverser la rue en tanguant. Deux, trois paparazzis crièrent le nom de Cherry mais elle fit semblant de ne pas entendre.

Elle poussa son chevalier servant au début de la queue, mais l'abruti simiesque de service à la porte les toisa d'un air sceptique. Après avoir revérifié la liste, il déclara :

– Je vous ai déjà laissée entrer.

– Ah, ce que je me marre, dit Cherry.

Le sans-cou haussa les épaules.

– Genre, y a une heure. Vu ? « Cherry Pye ». J'ai déjà inscrit le nom.

– C'était pas moi, connard. Eh oh, tu veux mon ADN ou quoi ?

Elle était prête à cracher sur l'écritoire du type quand Tanner Dane Keefe avança d'un pas en disant :

– Elle est cool.

L'agent de sécurité, reconnaissant par miracle l'acteur, souleva le cordon. Agacée par cet affront, Cherry déboula dans la boîte et mit le cap droit sur les toilettes.

Tanner Dane Keefe alla au bar. Un Turc à cheveux longs s'assit près de lui en grommelant :

– Pas bon, ça. La zique craint un max.

L'acteur était bouleversé pour une autre raison. Il tapota ses poches et dit :

– J'y crois pas, cette tarée m'a chourré mes médocs.

Skink descendit sa margarita en deux gorgées. Chimio dit qu'il ne buvait pas. Ann était déjà sur la piste de danse, à s'éclater comme une folle.

– Celui qui l'a kidnappée, le soi-disant photographe, j'aimerais bien lui dire deux mots, fit Skink.

Chimio répondit que c'était faisable.

– Mais tu peux pas encore buter cet enfoiré.

Il sortit de sa veste deux puces en plastique, les cartes mémoire des appareils d'Abbott, expliqua-t-il.

– Y a mon fonds de retraite là-dedans. J'ai besoin que ce sac à merde m'aide à vendre ces photos.

Skink se pencha plus près.

– Des photos de qui ? Pas d'Annie, j'espère.

– Non, *man*. Celles qu'Abbott a prises de Cherry.

Chimio avait retiré les cartouches de la taille d'un timbre-poste avant de mettre au clou les Nikon du paparazzi dans une boutique de prêt de Biscayne Boulevard.

– Quand donc cette juteuse vente aux enchères aura-t-elle lieu ?

– Après la tournée, dit Chimio. Quand Cherry aura fait son overdose. Abbott dit qu'il n'y a pas photo. Alors les gens deviendront raides dingues d'elle, tout juste comme pour Michael Jackson.

Skink tripota son bandeau. Il ignorait tout de la mort de Jackson et des convulsions médiatiques qui l'avaient suivie. C'était l'un des avantages de vivre dans un marais à crocodiles.

– Qu'est-ce qu'il lui a fait, de toute façon ? À l'actrice, je veux dire, dit Chimio. À part la menotter *et cetera*. Il n'a pas essayé de la…

– Elle m'a dit que non.

– Parce que s'il l'avait fait, je te dirais fonce et crève-moi ce salopard.

Chimio rangea les cartes mémoire. Dans le miroir, il regardait Ann danser.

– Je lui ai dit de ne pas lui faire de mal, ajouta-t-il.

– Bon, et où est *la tienne* de blonde ? demanda Skink.

– Je l'attends d'une minute à l'autre.

Même si le garde du corps manchot et l'ermite décoré ne se fondaient pas exactement dans la clientèle élégante, l'arc-en-ciel stroboscopique de la boîte leur fournissait une bonne dose de camouflage. En outre, le coefficient mutant au Pub'Bis était élevé ; ils n'étaient pas les seuls à attirer les regards.

– Comment ça t'est arrivé ? fit Chimio en montrant du doigt le bandeau de Skink.

– On m'a filé un coup de botte. Et toi ? fit Skink en tapotant le manche du taille-herbe.

– Un barracuda, fit Chimio.

Le gouverneur émit un sifflement de compassion.

Chacun des deux hommes ne pouvait s'empêcher de se questionner sur les antécédents de l'autre, mais ils laissèrent couler. La seule chose qui comptait, c'était comment la soirée allait tourner, et où se trouvaient les limites. La décision viendrait en partie des deux femmes imprévisibles sur lesquelles il leur incombait de veiller.

Skink pressa son front d'une de ses phalanges. La ligne de basse que crachaient les amplis du plafond lui imprimait des bleus à l'âme.

– J'ai réfléchi à ce que tu viens de dire… tu as vraiment envie que ta blonde fasse une overdose ? C'est plutôt raide, fiston.

Chimio s'épila une lésion qui lui démangeait le nez.

– Tu veux qu'on échange ? Je prends l'actrice, et toi, la cata ambulante.

Il s'essuya les doigts à une serviette en papier en ajoutant :

– Si Cherry canne, je serai pas le seul à palper de la thune. Chaque magazine de la planète collera sa gueule en couverture. Et tous ces connards dehors avec leurs appareils… tu crois qu'ils se faufileront pas à l'enterrement ?

Skink se détourna du miroir. Y voir son reflet costumé sur mesure le déstabilisait.

– J'ai juste envie de rentrer chez moi, dit-il.

Même si Annie sur la piste de danse était *une vraie vision.*

Une serveuse passa en coup de vent, en leur tendant des colliers tubulaires fluo. Le gouverneur en ouvrit un et se barbouilla les joues de vert lumineux.

Chimio tiqua.

– Tu as une belle peau. Tu devrais en prendre soin.

Skink tournait son large dos au bar. Il dit :

– Ma foi, *monsieur,* elles se ressemblent *bel et bien* !

– Qui ça ? fit Chimio qui pivota pour voir. Bordel de nom de dieu de merde.

Cherry Pye venait de faire son apparition, dansant sur la partie « touffue » de la piste avec l'acteur au triple nom. Bien entendu, elle était déjà dans le coaltar.

Chimio se leva.

– J'y vais, dit-il.

Le gouverneur lui posa une main sur l'épaule.

– Attends une minute.

Il souriait. Le garde du corps haussa les épaules.

– Bof. Et puis merde.

Il commanda au barman un grand verre de gin pur, avec un zeste de citron vert.

Ann aperçut Cherry la première et bondit quasiment à travers la piste. La chanteuse était ailleurs, scrutant vaguement les lieux à la recherche de Jay-Z, Lil Wayne ou même Justin… n'importe qui avec un nom. Vraiment *n'importe qui.*

Tanner Dane Keefe reconnut en Ann l'assistante du photographe de la séance photo de Star Island. Quand il se représenta, elle lui claqua des bises dans l'air sans jamais perdre le rythme, sans cesser de se démener. La soirée lui appartenait ; fini, les pizzas et les films du câble dans le bureau du directeur. Ann dit à Tanner Dane Keefe que son nom était Cheryl Gail. Il lui proposa de l'ecsta et elle lui dit :

– Non, merci, *baby.*

« *Baby* » ça le faisait, d'habitude, avec les plus jeunes. Tanner Dane Keefe souriait.

– Alors, Cheryl, je dois faire quoi pour avoir la couve de *Vanity Fair* ?

– Danser avec moi, dit Ann.

– Eh, je ne plaisante pas. (Puis, avec un clin d'œil appuyé :) Tu peux pas passer quelques coups de fil ?

Elle songea : *Pourquoi crever sa bulle ?*

– OK, mais ça te coûtera un max.

– Trop cool, dit l'acteur, plus dans les vapes que jamais.

Non loin de là, Cherry Pye secouait mollement sa crinière en musique, en zieutant toujours la foule. Elle avait beau remuer les pieds, ça tenait davantage d'un traîne-savates de maison de retraite que d'un pas de danse techno. Ann vint se placer juste à côté d'elle en lui disant :

– Je kiffe tes pompes.

Tanner Dane Keefe, remarquant le tatouage d'Ann, le montra joyeusement du doigt à Cherry, que ça n'amusa pas du tout. Elle plaqua une main sur sa nuque, en lâchant :

– Je croyais être la seule à l'avoir !

Ann lui chuchota :

– J'ai copié sur *toi.*

– Ah bon ?

Cherry choisit d'être flattée. À part le tattoo Axl, elle ne nota pas de ressemblance entre elle et cette radasse inconnue.

Tanner Dane Keefe, si – les deux bombes blondes longilignes, scintillant côte à côte, en lunettes noires griffées.

– Trop fort, dit-il. Vous êtes, genre, le miroir l'une de l'autre !

Ann éclata de rire.

– Trop barje, hein ?

L'acteur dégaina illico son portable, prit une photo des deux filles qu'il montra à Cherry, qui mit quelques instants à imprimer. Avant d'apostropher Ann avec colère :

– T'es quoi, toi, une imitatrice à la con, une fan accro, ou quoi ? Casse-toi d'ici, bordel ! Tanny, va me chercher un videur !

Ann passa à la vitesse supérieure. Saisissant les mains de Cherry, elle lui dit :

– Allez, viens.

La chanteuse tenta de se dégager mais Ann était la plus forte, et avait en outre l'avantage de ne pas être chargée en beuh, vodka plus un diazépam de dix milligrammes négocié aux chiottes à une pouffe à pédés. Cherry n'eut pas d'autre choix que de danser.

– Qui *tu* es ? demanda-t-elle, en grinçant des dents.

– Je suis toi, Cheryl Gail.

– C'est pas mon nom, bordel !

D'autres fêtards s'étaient arrêtés pour regarder ce tango bâclé. Tanner Dane Keefe shootait d'autres photos avec son portable.

– Sérieux, je suis *toi*, fit Ann en attirant Cherry plus près. C'était mon job… jouer ton rôle. C'est pas lamentable, ça ? Demande à papa maman, si tu ne me crois pas. J'étais toi quand tu étais trop déchirée pour l'être.

Quelqu'un dans la foule cria le nom de Cherry. Ann leva un bras et effectua un gracieux mouvement de lasso, en s'attirant des vivats et autres hourras.

L'instant d'après, elle était clouée au sol sous la vraie Cheryl Gail Bunterman, qui la bourrait sauvagement de coups de poing. Ils étaient maintenant des tas à avoir dégainé leur portable et à prendre en photo ce méli-mélo. Ne souhaitant pas exhiber son intimité au monde entier, Ann s'efforçait de garder les genoux serrés l'un contre l'autre. Elle avait prévu un moment d'embarras, pas un pugilat pur et dur, même si les coups que lui portait Cherry étaient si faibles que c'en était triste à pleurer.

– Espèce… de sale… pute ! grognait la chanteuse à chaque coup de poing. Qui… tu… es… sale pute ?

– J'essaie simplement de mettre fin à tout ça, fit Ann. Pour toi comme pour moi.

– Je te déteste !

– Sinon, tu vas finir par te tuer.

– Non… c'est… toi ! fit Cherry d'une voix rauque. Tu vas… crever… sale pute. Rien qu'un coup de fil.

– OK, d'accord.

– Un… seul… coup… de… fil… et… tu… es… morte… bordel !

– Bon, t'as fini ?

Ann repoussa Cherry et s'assit. Elle aperçut Skink et le garde du corps de Cherry qui s'avançaient, traversant la salle en écartant du geste les gorilles de l'endroit.

– Je crois qu'on a été de vilaines filles, dit-elle à Cherry, qui se remit sur pied en chancelant et tenta de s'enfuir.

Chimio, la chopant par la taille, la balança sur une de ses épaules. Un fan pompette, qui vint se greffer à eux, se retrouva à plat dos, face à l'extrémité active d'un outil de jardin à moteur.

Chimio piétina le crétin piauleur et fonça vers la sortie de secours. Où il fut intercepté par Maury Lykes, flanqué de deux jeunes femmes à la limite de l'âge légal mais drivées par lui pour se présenter comme ses nièces. Le visage du producteur se décomposa au spectacle de Cherry crachant et se débattant sous la poigne de Chimio.

– Merde, qu'est-ce qu'elle fout ici ? aboya-t-il.

– Rien de bon, concéda le garde du corps.

– Je veux dire à part tout foutre en l'air. Sors-la !

– Wouah, Cherry Pye ! glapit l'une des conquêtes de Maury. C'est elle, ma sonnerie de portable !

Le temps que Chimio émerge du Pub'Bis avec Cherry, elle était devenue toute molle. À grandes enjambées, il se dirigea vers l'Escalade ; pour s'ouvrir un chemin entre les paparazzis, il garda le taille-herbe en mode ronronnant. La chanteuse pendait comme un poids mort, le visage enfoui contre la poitrine de Chimio. Sa chevelure, brillant comme une fourrure filasse, cascadait bien en dessous de la ceinture du garde du corps. Lui, obnubilé par le fait de se ménager une sortie, ne remarqua pas que Cherry vomissait tranquillement dans la poche droite de son blouson, celle où il avait planqué les cartes mémoire des Nikon de Bang Abbott.

Le portfolio de Star Island, sans plus aucune valeur désormais, barbotait dans le dégueulis.

Bang Abbott fut si éberlué de voir Chimio surgir du club privé en portant Cherry qu'il en oublia de shooter.

Qu'est-ce qu'elle fiche ici ? se demanda le paparazzi. *Comment ce fou furieux de 2 mètres a-t-il pu la laisser sortir et se torcher ?*

À présent, l'intox du kidnapping tomberait à l'eau. Le nouveau CD serait un bide assuré, la tournée finirait en sucette et toutes ces photos d'art qu'il avait prises d'elle étaient condamnées à être vendues en vrac à une agence, sauf si Cherry avait l'obligeance de mourir très bientôt.

Ce soir, par exemple.

Mais pourquoi ma chance tournerait-elle à présent ? songeait Bang Abbott avec amertume.

Il ne leva même pas le Pentax pour viser… il resta comme cloué au trottoir pendant que Chimio fendait la cohue, en brandissant sa foutue tondeuse à gazon. Quelques instants plus tard, l'Escalade noir démarrait en trombe.

Teddy Loo eut l'exclu, bien entendu. Comme toutes les équipes vidéo, y compris Slyke, ce rat de TMZ. Les seuls à rater le scoop furent Bang Abbott et un *geek* à l'air fuyant qu'il n'avait jamais vu auparavant : mince, propre sur lui, habillé impec. Le mec avait tout d'un vendeur de chaussures de Neiman's, et rien d'un

« shooteux ». Les Canon pendus à son cou brillaient comme un sou neuf, sans une seule éraflure ; clairement, ce gamin était un amateur. Pendant que le reste de la vermine se lançait aux trousses de Cherry, il resta à la traîne près d'Abbott, qui l'ignora.

Il s'appelait Silvio. Il travaillait pour un certain Necker, qui travaillait pour un dénommé Smith, qui travaillait pour un dénommé Restrepo de Bogotá, en Colombie. La mission de Silvio à South Beach avait été activée par un coup de fil de Fremont Spores à M. Restrepo qui, prisant fort les dons de ce dernier pour scanner les fréquences de police, fut malheureux de l'entendre dans un tel état d'agitation.

Il était vrai que Silvio n'était pas un grand connaisseur en appareils, mais il n'était pas là pour prendre des photos. Très vite, il s'écarta de Bang Abbott pour mieux se fondre dans le groupe compact des paparazzis, qui refluaient pour se remettre en planque devant le Pub'Bis.

Des portables tintaient, *ping ping*, donnant des nouvelles de la crise de nerfs de Cherry, assorties de mauvais clichés à contre-jour pris à l'intérieur du night-club. Bang Abbott gémit en apprenant qu'elle avait plaqué une femme sur la piste de danse, gros titre qui n'allait pas favoriser la mise sur le marché d'un bouquin de portraits rêveurs. Il résolut de se sortir cette linotte de pouffelette de la tête et de se concentrer à la place sur les activités de prédateur qui n'attendaient que lui.

Un people quelconque allait forcément sortir du club privé en piteux état, d'un instant à l'autre. Il était temps d'alimenter la machine.

Une issue de secours s'ouvrit et il y eut une explosion de flashes. Puis, à l'unisson, les paparazzis cessèrent de shooter, réflexe conservateur de batterie qui se déclencha dès qu'ils déterminèrent que la personne quittant le Pub'Bis était un *nobody*.

Il s'agissait d'un chauve balèze, les joues badigeonnées de vert fluo. Il portait un costume sombre classieux et un bandeau sur l'œil assorti, mais autrement paraissait brut de décoffrage et imprévisible. Les photographes le jugèrent trop vieux pour être garde du corps même s'il avait une démarche athlétique et semblait animé d'une détermination farouche.

Bang Abbott, d'instinct, accourut plus près, et en fut récompensé. Une jeune femme séduisante se matérialisa aux côtés de l'homme peinturluré. Elle portait des lunettes noires qui ne passaient pas inaperçues, des créoles argent et une robe rouge pétard… Bang Abbott la reconnut immédiatement.

– Ann ! lui cria-t-il, tout excité. Eh oh, par ici !

Elle scruta l'attroupement agglutiné.

– Claude ?

Skink se mit à la guider à travers la rue, vers un homme à moto qui l'attendait.

– Ann, faites-moi un grand sourire, vous voulez bien ? lui cria Bang Abbott, en commençant à shooter.

Les autres paparazzis ne demandèrent pas leur reste, se précipitant après eux.

Ann DeLusia ôta ses lunettes de soleil et prit la pose. Elle ne put s'empêcher de rire, tout ça étant d'un ridicule achevé. Il y avait Claude, avec son moignon de doigt déclencheur bandé, qui la mitraillait. Il s'approcha si près qu'elle sentit qu'il s'était aspergé de frais d'Axe, son spray corporel, béni soit son cœur reptilien.

– Eh bien, qu'est-ce que je vous avais dit ? lui cria-t-il tout joyeux. J'avais pas raison ?

– Si, Claude. Vous êtes si malin que ça donne le frisson.

L'un des autres shooteux, Teddy Loo sans doute, la héla :

– Yo, ma poule, t'es *qui* ?

– Oh, moi, personne, fit Ann.

– Plus maintenant ! cocorica Bang Abbott.

Alors Silvio, qui se tenait juste derrière lui, sortit un flingue.

Quand l'appel du 911 arriva, Jimmy Campo et son collègue se trouvaient à l'angle de Collins Avenue et de la 36e Rue, en train de bander la cheville d'un joggeur qui avait trébuché sur un bichon errant. Les auxiliaires médicaux accoururent au Pub'Bis et tombèrent en plein chaos. Des flots de people s'écoulaient du club privé, leurs gardes du corps repoussant à coups de poing et de pied l'essaim des photographes, Kanye, Lindsay, Wayne, Khloe, Fergie… yo, voilà Megan Fox ! Jimmy Campo les connaissait uniquement parce que sa petite amie s'était mise à acheter *L'Œil*.

La rue était tellement bondée de 4×4 noirs que les flics durent ouvrir un chemin à l'ambulance. Masse en sueur couchée sur le trottoir, un homme blanc en surpoids avait été blessé par balle au bas du dos. Jimmy Campo reconnut la victime : c'était le blaireau qui, dix jours plus tôt, lui avait filé mille dollars pour prendre une civière en photo, derrière le Stefano. Le portefeuille du type mériterait peut-être un coup d'œil si jamais il tombait dans les pommes, se dit Jimmy Campo.

Agenouillée près de lui et lui tenant la main, une blonde mignonne en minirobe rouge lui rappela vaguement quelqu'un. Jimmy Campo jugea impossible qu'il s'agisse de la petite amie du bonhomme, pas s'il y avait un Dieu au paradis. La femme, lunettes noires et tatouage approximatif dans le cou, déclara que le nom du blessé était Claude. Planté près d'elle se tenait un individu d'un gabarit peu commun, avec un bandeau rayé sur l'œil et une cravate lacet. Son crâne chauve était marqué de symboles indiens voyants et sa figure barbouillée de traînées d'une bouillasse phosphorescente.

C'était à tous égards un appel de routine pour le 911 à South Beach. Jusqu'à ce que le bon Samaritain borgne ne baisse le pantalon de la victime et ne révèle une profonde perforation sanglante dans le gouffre celluliteux et poilu de ses fesses pleines de croûtes.

– Contemple ! tonna l'homme peinturluré au paparazzi déchu. Quelqu'un t'a doté d'un nouveau trou du cul !

Jimmy Campo s'avança et dit :

– Nous prenons le relais, monsieur.

L'homme chauve chargea la femme en rouge sur ses épaules puis l'emporta à travers le tumulte. Jimmy Campo et son collègue entreprirent rapidement de soigner leur nouveau patient qui, blême et poisseux, n'avait pas encore perdu conscience.

Les autres photographes s'intéressaient bien plus à poursuivre les célébrités paniquées qu'à consoler leur confrère éprouvé ; seul Teddy Loo s'attarda pour le voir hisser sur une civière.

– Ça te fait mal, mon frère ?

Bang Abbott se débarrassa du masque à oxygène d'un coup de tête et le fusilla du regard.

– J'ai une balle dans la raie du cul, espèce de fils de pute débile.

– Yo, écoute, avant que tu t'en ailles… c'était qui la meuf avec ce tattoo de malade ?

– Quoi ?

– Celle qu'on vient de shooter. La bombasse, le sosie de Cherry.

– Tu sais même pas ça ? Merde, j'y crois pas.

– Ne sois pas comme ça, mon frère. Aie l'amour de ton prochain.

– Va chier, Teddy.

Pendant que les auxiliaires médicaux faisaient rouler en vitesse la civière vers l'ambulance, Teddy Loo trottina pour ne pas se faire distancer. Brandissant un de ses appareils, il visa.

Bang Abbott souleva la tête, accablé.

– Non, mais t'es sérieux ?

ÉPILOGUE

CHERYL GAIL BUNTERMAN passa sept semaines dans un centre de désintox à Saint-Barth spécialisé dans les purifications holistiques à la grenade. Sa tournée de concerts fut annulée et son album, *LGR & Kourt Véku*, se vendit mal. *Rolling Stone* le qualifia de « honteusement surproduit et sous-interprété », tout en faisant l'éloge de la chanteuse *backup* dont la voix assurait sur la majorité des titres. Le single « Jalouse jusqu'à l'os » remporta un succès modeste, totalisant 79 312 téléchargements payants, après avoir été plébiscité par Howard Stern dans son émission de radio. À son retour des Caraïbes, Cheryl Bunterman annonça qu'elle changeait de nom : Cherry Pye devenait Chairish, l'orthographe commune ayant été déposée par la compagnie Hasbro pour une nouvelle poupée qui fait pipi. Le premier CD de Chairish post-désintox, collection de versets bibliques sur des airs de *junkanoo* bahamiens, ne fut jamais distribué. Elle adhéra brièvement à l'Église de Scientologie mais en fut exclue quand un bong tomba de son sac lors d'une séance « d'introspection récapitulative ». Présentement, elle vit à Los Angeles, où elle participe à *Quasi Clean*, une émission de télé-réalité pour TLC. Le premier épisode la montre qui persuade un voisin récalcitrant de l'aider à la débarrasser d'un tatouage inesthétique au possible.

Suite au flop de *LGR & Kourt Vêku*, NED et JANET BUNTERMAN se séparèrent. Ned s'associa aux Jorgensen pour faire l'acquisition d'un vignoble de quinze hectares à Mendocino County, pendant que Janet s'installait avec son professeur de tennis. Les Bunterman continuent à gérer conjointement la carrière de leur fille, du moins ce qu'il en reste et, à l'occasion, font des apparitions (rémunérées) dans son émission de télévision.

MAURY LYKES, inculpé d'évasion fiscale, s'enfuit à Bangkok, où il acheta un hôtel touristique populaire et y introduisit le karaoké topless. Il fut par la suite attaqué (et démembré) dans son jardin de fougères par le père fou furieux d'une jeune chanteuse de cabaret du nom de Linga Li. Ce crime sauvage connut un tel retentissement qu'un producteur de musique chinois doté d'un bon esprit d'entreprise signa à ladite Linga un contrat discographique de longue durée. Son premier album, qui sera distribué à travers toute l'Asie le jour de ses dix-huit ans, sera dédié à « mon cher oncle Maury ».

Après l'incident du Pub'Bis, LUCY et LILA LARK mirent fin à leur association avec Cherry Pye et la famille Bunterman. L'agence de RP des jumelles continue à prospérer, rejetant toutes les célébrités, sauf le *nec plus ultra* des déjantés. Tout dernièrement, les Lark ont consenti à représenter une star bien connue de films d'action, qui avait failli s'étrangler lui-même pendant un acte vigoureux d'auto-érotisme dans le D Train, en plein *midtown* à Manhattan. On raconte que les deux sœurs ont obtenu une interview exclusive de leur client dans un numéro à venir de *60 Minutes*, où il révélera à Lesley Stahl un sombre secret d'enfance (à s'en tordre les boyaux) que les Lark sont en train de concocter en ce moment même et de bidouiller aux petits oignons pour en tirer un maxi buzz.

Le personnage du surfeur déviant fut complètement supprimé au montage final de *Blister Beach*, le film très attendu de Quentin Tarantino. Furieux, TANNER DANE KEEFE vira son agent et permuta légalement l'ordre séquentiel de son nom en DANE KEEFE TANNER. Après leur rendez-vous calamiteux au Pub'Bis, il ne recontacta plus jamais Cherry Pye. Sur le conseil d'une barmaid, il changea de dépendance aux substances chimiques, en zappant l'hydrocodone pour l'oxycodone, et se mit à faire de la muscu. Il tourne actuellement pour Showtime une minisérie sur la bataille de Little Big Horn, dans laquelle il joue le rôle de Kyle, le palefrenier loyal mais forte tête du général Custer.

Après avoir été recalé à neuf tests urinaires d'affilée, METHANE DRUDGE fut viré par les Foun's Pilotes, et remplacé en tournée par le batteur de longue date du groupe d'heavy metal Chankre Kru. Pour sauver sa carrière de rocker, Drudge, aux cent coups, supplia les sœurs Lark de devenir ses attachées de presse, mais elles refusèrent. Il s'enfuit alors loin de la scène de L.A. pour rejoindre une obscure secte pratiquant le culte du peyotl, et fut retrouvé mort par la suite, à demi dévoré par les coyotes, dans un sauna bricolé maison à la périphérie de Las Cruces, au Nouveau-Mexique.

On arrêta l'homme qui tua JACKIE SEBAGO après avoir remonté la trace de l'inhabituelle arme du crime jusqu'à un magasin de plongée de Miami, dont le parking était équipé de caméras de surveillance. Une bande vidéo livra le numéro d'immatriculation de la voiture de location du tueur à gages, et la société Avis fournit aimablement tous les renseignements sur son permis de conduire. Lors de son arrestation, le tueur balança aussitôt WILLIAM SHEA, la personne qui l'avait engagé, et dont l'agent de voyages avait échoué à le faire passer de classe éco en première. Tandis que ledit Shea attend en ce moment d'être jugé pour le meurtre de Sebago, lui et les autres investisseurs attaquent énergiquement la succession du feu promoteur pour récupérer leur mise de départ dans le projet résidentiel de Key Largo, qui demeure non autorisé et est abandonné à ce jour.

Après avoir résolu le meurtre de Sebago, l'INSPECTEUR ROB REILLY reçut des éloges et un beau presse-papier en verre de la part du bureau du shérif de Monroe County. N'ayant pas fermé le dossier concernant la personne qu'il croit être CLINTON TYREE, l'ancien gouverneur de Floride, il est retourné plusieurs fois au campement reculé de Key Largo nord. Mais sans y trouver le moindre signe d'une occupation des lieux récente.

Faisant valoir que son assurance habitation ne couvrait pas la contamination bactérienne des appareils ménagers, la compagnie Gulfstream refusa à D.T. MALTBY l'achat d'un nouveau lave-linge. L'ex-lieutenant-gouverneur de Floride perdit en fin de compte sa maison de l'Ocean Reef Club au bénéfice de sa quatrième épouse, qui divorça, lui préférant un guide de pêche du coin. Maltby revint à Tallahassee, développa discrètement une insuffisance rénale et, sur son lit de mort, raconta à ses amis la visite effroyable de Clinton Tyree. Tous jugèrent qu'il était en plein délire.

RUBEN « S'PASSE QUOI » COYLE fut viré du Miami Heat, après avoir accidenté une nouvelle Jaguar décapotable en leasing. Incapable de décrocher un poste au sein de la NBA, il partit à Athènes et joue actuellement meneur chez les Olympiacos, l'une des principales équipes de basket de Grèce. On ne lui permet ni de conduire ni de boire de l'ouzo les soirs de match.

Les cartes mémoire contenant les photographies de Cherry Pye à Star Island furent détruites par son propre vomi, et en tout cas n'avaient éveillé aucun intérêt chez les éditeurs d'ouvrages photographiques. BLONDELL WAYNE TATUM, plus connu sous le nom de Chimio, abandonna le métier de garde du corps des people après cette soirée chaotique à South Beach. La somme qu'il avait reçue de Maury Lykes fut dépensée à mauvais escient dans une série de protocoles dermatologiques expérimentaux qui échouèrent à améliorer sa tragique apparence faciale. Suite à ça, le médecin qui pratiquait cette technique – dite de « dermabrasion extrême au laser » – disparut de sa clinique de Coconut Grove et ne fut jamais retrouvé. Chimio bosse depuis lors comme spécialiste ès expulsion pour plusieurs banques de Floride, en attendant une embellie du marché immobilier qui le verra reprendre à plein temps son business d'agent hypothécaire.

La police ne découvrit jamais qui avait tiré sur BANG ABBOTT ni pourquoi. Un cliché du paparazzi blessé, emmené sur une civière, fut publié en page trois de *L'Œil national*, avec la légende suivante : **VICTIME D'UN CRÊPAGE DE CHIGNONS.** ***Un photographe est abattu par un tireur embusqué après la folle raclée de Cherry à South Beach.*** Abbott subit cinq heures d'intervention chirurgicale d'urgence pour réparer les dégâts causés par balle à son rectum. À cause de sa localisation problématique, l'orifice d'entrée de la blessure fut laissé ouvert et un tuyau inséré pour servir indéfiniment de drain. Deux jours après le coup de feu, alors qu'il était encore en soins intensifs, Abbott gribouilla un chèque personnel à l'ordre de FREMONT SPORES pour un montant de deux cents dollars, qui lui fut remis de la main à la main par TEDDY LOO. Abbott guérit de ses blessures, même s'il lui fallut plusieurs mois avant de pouvoir tenir un appareil à nouveau. Aujourd'hui, locataire d'un minuscule studio à Culver City, il se spécialise dans les portraits d'enfants en bas âge, de couples de bal de promo et de petits animaux de compagnie. On peut aussi faire appel à lui pour les fêtes et autres cérémonies d'entreprise.

ANN DELUSIA devint une star, mais à ses propres conditions. Elle choisit *People* au lieu de *US Weekly*, *Details* au lieu de *Vanity Fair*, Larry King au lieu de Mario Lopez. Ellen au lieu de Tyra, Kimmel au lieu de Jay Leno, Tribeca au lieu de Sundance, ICM au lieu de CAA, et Revlon au lieu de Garnier. Elle n'emploie toujours ni styliste, ni attachée de presse, ni garde du corps. Dans ses interviews, elle parle d'un air songeur de l'époque où elle servait de doublure secrète à Cherry Pye, et exprime toujours de la compassion pour la chanteuse déphasée. Ann refuse obstinément de discuter de ce qui s'est passé pendant qu'elle était retenue captive par un « fan profondément dérangé » de la chanteuse pop, et qui l'avait confondue avec elle. Elle n'a jamais engagé de poursuites à l'encontre de Claude Abbott, dont elle n'a jamais révélé publiquement l'identité. Trois éditeurs lui ont offert un contrat avoisinant les 500 000 dollars, mais Ann les a tous refusés car tous exigeaient qu'elle fasse équipe avec un nègre. Elle déclina aussi des rôles prometteurs dans des films de Judd Apatow et des frères Coen, car elle s'était engagée précédemment à participer à un projet de Pedro Almodóvar, où trois femmes parapentistes s'échouent à Gibraltar pendant un tsunami. Elle n'a plus revu Skink après leur virée à moto le soir où on avait tiré sur Abbott, même si à l'occasion elle parle à JIM TILE, qui lui confirme que l'ancien gouverneur se trouve en lieu sûr.

Du même auteur

Strip-tease
Denoël, 1996

Pêche en eau trouble
Denoël, 1998

De l'orage dans l'air
Denoël, 1999

Mal de chien
Denoël, 2001

Fatal Song
Denoël, 2003

Queue de poisson
10-18, 2008

Croco-deal
Denoël, 2008
10-18, 2010

Cousu main
Éditions des Deux Terres, 2012

Littérature de jeunesse

Chouette
Gallimard Jeunesse, 2003

Comme un poisson dans l'eau
Gallimard Jeunesse, 2007

Panthère
Gallimard Jeunesse, 2010
Prix du Livre Environnement (Fondation Veolia) 2011

Dans la même collection :

Patricia Cornwell
Jack l'Éventreur
Signe suspect
Sans raison
Tolérance zéro
Registre des morts
Scarpetta
Trompe-l'œil
L'instinct du mal
Havre des morts
Voile rouge

Jeffery Deaver
Le Rectificateur

Jilliane Hoffman
Justice imminente
Ultime témoin

Jesse Kellerman
Jusqu'à la folie

Alexander McCall Smith
Le Club des philosophes amateurs
Amis, amants, chocolat
Une question d'attitude

Ruth Rendell
Rottweiler
La 13e Marche
Deux doigts de mensonge
Et l'eau devint sang
On ne peut pas tout avoir
Portobello
La maison du lys tigré

Jô Soares
Meurtres à l'académie

Traduit de l'anglais (États-Unis)
par Yves Sarda

Titre original :
Skin Tight

Éditeur original :
G.P. Putnam's Sons, Inc., New York

Découvrez l'autre visage de Chimio avant sa rencontre avec le « Docteur » Rudy...

L'une des particularités les plus extraordinaires de la Floride, songeait Rudy Graveline en mastiquant une énorme crevette, c'était son climat de corruption éhontée : il n'y avait absolument aucun mauvais pas d'où l'argent ne pouvait vous tirer.

Rudy avait découvert cette loi, des années plus tôt, quand le conseil de l'ordre de Floride avait tenté une première fois de lui interdire d'exercer la médecine. L'ordre des médecins s'était livré à une longue et difficile enquête, examinant les plaintes de patients défigurés, comparant les photos « avant » et « après », passant au crible les menus détails des treize actions judiciaires intentées pour négligence chirurgicale. Comme le conseil se composait principalement de confrères, Rudy Graveline s'était attendu à une relaxe pleine et entière – le corps médical se serrant les coudes comme la merde colle à la semelle de vos chaussures.

Mais l'énormité des fautes professionnelles de Rudy crevait tellement les yeux que même ses pairs ne pouvaient les fermer ; ils recommandèrent qu'on lui interdise à vie d'approcher d'une table d'opération. Rudy engagea un avocat de Tallahassee et porta l'affaire devant une juridiction administrative. Le fonctionnaire faisant office de juge n'était pas médecin, mais un connard qui gagnait à tout casser vingt-huit mille dollars par an. Au bout de trois jours d'audience, où certains témoignages furent si horribles qu'ils donnèrent la nausée au propre avocat de Rudy, ce dernier aperçut le modeste fonctionnaire monter dans une vieille Ford Fairmont délabrée pour aller retrouver sa femme et ses quatre enfants. Ceci donna une idée à Graveline. Le lendemain, quatrième jour du procès, il passa un coup de fil. Le surlendemain, un break Volvo flambant neuf fut livré au domicile du chargé d'audience. Et le sixième jour, le Dr Rudy Graveline fut innocenté de toutes les accusations portées contre lui.

COMPOSITION : NORD COMPO
IMPRESSION SUR ROTO-PAGE PAR L'IMPRIMERIE FLOCH À MAYENNE
DÉPÔT LÉGAL : MAI 2012. N° D'IMPRESSION : 82350
Imprimé en France